中國歷史與文化的新探索

陳弱水 著

陳弱水作品集

中國歷史與文化的新探索

2021年8月初版　　定價：新臺幣600元

著者	陳弱水
叢書主編	沙淑芬
校對	吳淑芳
內文排版	菩薩蠻
封面設計	沈佳德

出版者	聯經出版事業股份有限公司
地址	新北市汐止區大同路一段369號1樓
叢書主編電話	(02)86925588轉5310
台北聯經書房	台北市新生南路三段94號
電話	(02)23620308
台中分公司	台中市北區崇德路一段198號
暨門市電話	(04)22312023
台中電子信箱	e-mail：linking2@ms42.hinet.net
郵政劃撥帳戶第0100559-3號	
郵撥電話	(02)23620308
印刷者	世和印製企業有限公司
總經銷	聯合發行股份有限公司
發行所	新北市新店區寶橋路235巷6弄6號2樓
電話	(02)29178022

副總編輯	陳逸華
總編輯	涂豐恩
總經理	陳芝宇
社長	羅國俊
發行人	林載爵

行政院新聞局出版事業登記證局版臺業字第0130號

本書如有缺頁，破損，倒裝請寄回台北聯經書房更換。　　ISBN 978-957-08-5894-5 (平裝)
聯經網址：www.linkingbooks.com.tw
電子信箱：linking@udngroup.com

國家圖書館出版品預行編目資料

中國歷史與文化的新探索/陳弱水著．初版．新北市．
聯經．2021年8月．452面．14.8×21公分（陳弱水作品集）
ISBN 978-957-08-5894-5（平裝）

1.文化史　2.中國史　2.文集

630.7　　110009314

自序

這本書收了我近年的一些論文，除了一篇，都曾經發表過。把這些文章匯集在一起，主要是覺得它們都有些新意，而且幾乎都關係到中國歷史文化上比較大的問題，可以供知識界和學術界多方參考。由於我的主要研究領域是中國中古，大部分文章屬於這個範圍，但多數涉及很長的時段，另外也有兩篇是有關近代以前中國的通論。

本書的論文採用了各種不同的研究取向和撰述方式，代表著不同形式的求新努力。因此，揭示本書特色的最好辦法，也許是先介紹各篇文章，再做歸結。以下就依照文章在書中的次序，逐一說明它們的寫作緣由與意旨。

「社會政治篇」的第一篇文章是〈從東亞歷史經驗看英法王權〉。這是偶然之作。國立政治大學林美香教授主編《百合與玫瑰：中古至近代早期英法王權的發展》（台北：臺大出版中心，二〇一九），邀我撰寫跋文，我從學生時代以來一直對歐洲史有興趣，因此欣然同意。我在仔細閱讀該書各文後，依照書中所論，將英法王權和以中國為主的東亞王權做了比較。傳統中國的王權現象向來為學者所關注，有非常多的論說。我這篇文章的要點，是從東亞王權的角度來觀察英法王權的特色，這樣所映照出的中國王權的圖像，可能比過去的一些說法來得更具體清晰，有助於大家反思這一個重要的老問題。

和前文相反，〈早期中國東南原住人群——以山越和姓氏為例的探討〉是準備和寫作都歷時很久的實證研究。這篇論文探討從漢末到隋朝中國東南的原住人群，這裡的「東南」，特指安徽南部山地、浙江中南部以及福建。中國長江以南，原來居住的都是非華夏的土著，除了少數地域，華夏化是秦漢以後才開始的，這個過程持續非常久，也就是說，在中國歷史上很長的時間，華南地區有大批非華夏或華夏化程度很淺的人群。學界對這些人群了解相當有限，遠遜於北方的胡人。我關注這個問題，希望能在學界既有業績的基礎上，對從漢末到宋代的華南土著進行系統的探討，但因為手頭一直有其他研究在進行，還沒能如願。

不過，關於早期華南土著，有個問題長期吸引我，決定先行探討，本文就是這項工作的成果。在長江以南，上述東南多山的一帶，相當晚才和中國的郡縣統治發生密切關係——基本上是孫吳以後，當地的居民當然是以土著為主。但在南朝末年以前，除了在很短暫的一段時間，有限的地理範圍內，這個廣大的地區沒有見到任何族稱，其他訊息也很少，我們對這裡的認識有很大的空白。我希望有所突破。由於資料零星，加上問題性質特殊，我採取實驗的方式來進行研究。我以當地的姓氏作為主要課題，除了由此獲得對東南人群的具體了解，對於華南華夏化的歷程，也觀察到前人未曾揭櫫的模式。

「社會政治篇」的第三篇文章是〈唐代長安的宦官社群——特論其與軍人的關係〉，這是我從墓誌中發掘的問題。我在廣泛閱讀唐代墓誌的過程中，注意到宦官不僅是政治勢力與內廷官員，而且在長安建構了自己的社群，我感覺，探察這個現象，能夠拓展我們對唐代社會和文化的認識。宦官不能生育，他們透過婚姻和收養，組建了家庭與家族，居住在特定的地點，代代相傳。唐代宦官的這種生活是另類的，但他們用以建構社群的元素則廣泛存在於唐代社會。此外，唐代宦官社群的對外關係以軍人為主，特別是關中軍人，這一點發現也增加了我們對長安及其周邊社會的認識。傳統唐代史料中的訊息集中於政府高官和上層士人，學界對社會其他成分了解很薄弱，近年大批出土的墓誌含有不少宦官和軍人的資料，本文利用這些資料，稍微進入以前人們知道很少的世界——也許可以稱為「社會中間層」的世界。

本書的第二部分是「思想文化篇」，收論文五篇。第一篇〈傳統中國思想與文化中的「義」——兼論「義」與「正義」（justice）〉取自我的另一本書《公義觀念與中國文化》（新北：聯經出版公司，二〇二〇）。收入本文的原因是，本書有不少文章涉及傳統中國史上具有普遍性的問題，加上這篇，應該可以呈現給讀者更廣闊的中國歷史與文化圖景。「義」是傳統中國的重要觀念和價值，世界上很多地方也有類似的想法。在中國，「義」觀念有特殊的命運。「義」在學術思想上有重要性，主要限於從春秋到西漢，東漢以下就逐漸邊緣化，但此後，這個觀念卻在民間流行很廣，內容多樣，有超乎其古典涵義之處。到了近代，西方justice觀念傳入，一般譯為「正義」或「公義」，「義」的意識似乎又因此有所提升。本文是對傳統中國「義」觀念的整體說明，並與justice觀念進行比較，希望能揭示中國「義」觀念的關鍵特色和當代潛力。

接下來的文章是〈漢晉之際的名士思潮與玄學突破〉。漢晉之際思想變動，玄學興起，深刻改變了中國的心靈圖景。這是中國歷史上的一件大事，有關研究可謂汗牛充棟，但是對我而言，一直有個疑問：漢末以來，知識界百花齊放，諸流並競，為什麼玄學最終成為主流？漢晉之際是傳統中國思想史上最複雜多變的一個時段，過去學者進行研究，有兩個主要方式，一是著眼於此時的思想情勢，一是追索玄學的來源。對了解玄學的興起，這兩個方式似乎還是有所不足。前一種研究讓我們認識到漢晉之際發生了廣幅的文化和思想變化，但玄學的出現和這些變動有什麼關係，並不容易看清楚。後一種研究雖然對玄學的淵源提出了有價值的說法，但在漢末以來的大變局中，只挑選有玄學影像的元素進行討論，就歷史敘述而言，有目的論的嫌疑，好像推動玄學興起的力量就是漢晉之際思想的主線。真的如此嗎？

為了解答自己的疑惑，我採取一個非正規的研究方式。我顛倒了歷史時序，先分析從曹魏到西晉玄學思潮的要素，再根據分析所得的認識回頭觀察東漢後期以下的思想動態及其與玄學興起的可能關係。東漢晚期開始，士人的心態和行為都發生變化，局面很複雜，先仔細了解玄學本身，有助於辨識玄學形成的背景和動力。此外，過去的玄學研究，往往集中於抽象的核心觀念，對玄學作為關懷廣闊的思潮性質重視不夠，本文分析玄學的多元要素，也能比較明確展現玄學與漢晉之際歷史環境的關係。我的非正規研究對玄學興起的問題應該有重要的澄清作用。本文確認，玄學的興起是很突然的，這一點顯示，歷史上的重要思潮未必都經過長期的醞釀，在某些條件下，突發的思想也可能有強大的力量和深遠的影響。

「思想文化篇」的第三篇論文是〈王弼政治觀的一個解釋〉，這是我研究玄學興起的副產品。王弼（二二六—二四九）的《周易》、《老子》注和相關著作是玄學成立的關鍵。這兩部經典的內容和王弼的注文往往很抽象，很「玄」，好像離具體的人間事務很遠。不過學者已指出，王弼的作品其實有政治思想的色彩。本文主要在說明王弼的政治觀與歷史環境的相關性，特別想展現，在儒家早已成為正統的文化情境，道家型的政治思想可能有怎樣的樣貌和涵義。在本文，我應該也揭示了王弼政治社會思想若干較少為人注意的部分。

接下來的文章是〈中國中古佛教與國家關係的若干考察——從歷史看「宗教」的中國處境〉。如果把宗教界定為對人以外力量的崇拜和相關活動，或者說，一切關於「靈」的信拜，宗教在中國一直存在，而且在古代非常興盛。但有教義、有組織的制度性宗教（institutional religion），則是因為佛教傳入，才在中國出現。漢末道教教派的產生是否受到佛教影響，不得而知，但佛教為中國最早的制度性宗教，是沒有疑問的。從佛教進入中國到現在，已經有兩千年之久，宗教（特指「制度性宗教」）卻一直是「有問題的存在」（problematic existence），正當性一直受質疑，發展受到壓制。其中最關鍵的因素就是國家對宗教的疑忌。我是從這個關心出發，討論從東晉十六國到北宋初期（約四世紀至十世紀）佛教與國家的關係。

我在學界既有研究和個人史料探索的基礎上，提出一個「三階段說」，作為對中古政教關係的初步通盤說明。有關中國佛教和國家關係的研究相當多，但不是都注意國家和宗教間的緊張，事實上，在中國佛教史的一般性描述和討論中，這一點常被忽略。希望本文能幫助大家認識這個重要的歷史問題，歷史的回顧也應該能透露宗教在當代中國遭逢困境的部分緣由。

本書的最後一篇文章是〈唐五代女性的意義世界——兼顧基層與菁英的考察〉。這個主題是從我的專書《唐代的婦女文化與家庭生活》（台北：允晨文化實業公司，二〇〇七）所引發的。這本書主要採取社會史的視角，研究女性在唐代家庭生活中的角色，但不免也接觸到女性生活中的意義問題，因此書題中有「文化」一詞。該書出版後，我對書中的「文化」部分一直不很心安。原因是，這部分基本上是對於我所觀察到的現象的意義層面之抉發，我沒有特意選擇文化涵義豐厚的課題，也很少針對婦女文化直接進行論說。多年後，我覺得，我也許可以再做一件事：設法對唐代婦女文化建立理解的架構。本文就是這項工作的成果，除了唐代，也兼及五代。

勾勒唐五代女性的意義世界是有點冒險的。關於時代比較早的婦女，原本訊息就少，這些資料又多集中於統治階層及其周邊，但要建立大體的認識，必須踏出狹窄的菁英圈，發掘更為隱晦的民間婦女生活樣貌，所得如何，事先很難預知。本文在重重限制之下，設法辨識唐五代婦女文化的主要元素，指出它們之間的關聯與斷裂。本文最主要的目的，是想為唐五代婦女文化提供一個系統但又呈現多元和衝突的圖像，一個盡可能貼近現實的架構，讓讀者獲得巨視的觀點，這樣，我們對有關婦女的個別案例，將能有更深入了解的基礎。

總結而言，從撰述的形式來說，本書包含了兩類論文，一類是實證性的個案研究，另一類有比較強的綜合與解釋性質，無論是哪一類，這些文章其實都代表我對我所感知到的一些中國歷史和文化重要問題的新探索。本書觸及的課題有：王權、宦官與軍人、華南原住人群、「義」與「正義」、魏晉玄學的形成、婦女文化、政教關係。在其中，學界對王權和玄學探討已多，但其他幾乎都相對隱晦，僻處於知識的邊疆，本書盡量利用新的研究手段，希望能為這些問題開拓出新的認識。我最大的心願是，歷史研究能照射至人間世的各個角落，被遺忘的人群，被忽略的重要現象，不論是什麼原因所導致的，都有機會重新露面，有機會成為我們反思過去，了解當代，開創未來的依據。

過去十餘年，大多數時間，個人公務非常繁重，研究寫作的時間變得零碎。本書所收的文章幾乎都是在這種情境下完成的。在這段忙碌的時期，除了緩慢進行我長期耕耘的唐宋之際思想演變研究，我也利用空檔，探討若干蓄之於胸已久的其他個別問題，有時受邀寫稿或演講，也藉機進行這項工作。現在這些成果結集於此，是生命史上很可紀念的一件事。是為序。

陳弱水

二〇二〇年十一月於台北市龍坡里

目次

社會政治篇

從東亞歷史經驗看英法王權

作者識：本文原來是為林美香主編《百合與玫瑰：中古至近代早期英法王權的發展》（台北：臺大出版中心，二〇一九）所寫的跋。文中因此提及這本書中的各篇論文及其論點，為方便讀者了解本文的敘述脈絡，結尾附有《百合與玫瑰》一書的目錄，請讀者參考。又，本文現在從書跋轉變為具有獨立性質的文章，文字做了一些相應的調整，實質內容則無改動。

很高興有機會在《百合與玫瑰：中古至近代早期英法王權的發展》出版前閱讀全稿，也很榮幸能為本書撰寫跋文。我把這篇文章定位為讀後心得：一個中國史研究者對英法王權論集的解讀，解讀的基礎則主要是我最熟悉的中國史。在歷史時代，中國人口長期約占全世界人口的三分之一到四分之一。中國史雖然規模龐大，性質到底有些單一，單純依此談論王權，可能視角過於狹窄，因而我也想就知見所及，稍微納入東亞其他區域的歷史經驗，希望這篇讀後感能幫助讀者認識和思考有關王權的問題。

什麼是王權？這是人類歷史上普遍而多元的現象，在複雜社會和小規模社會都能看到，本書展現和討論的只是某些形態的王權。就本文而言，也許可以這樣說：「王權」指的是君主政體中君王的權力、地位和性質。這裡最關鍵的概念是「君主政體」，也就是說，本書主要關注兩個君主政體中的最高統治者，而非任何具有「王」或其他高階稱號的政治領導者。君主政體的基本特點是，有一個最高統治者，地位和權力明顯高於其他政治領袖，而且這個統治者的位置通常是世襲的。君主制也有發生變形或混合其他要素的情況。由於能夠集中權力並有比較高的穩定性，在近代以前，君主制是很有競爭力的政體，大部分強有力的國家都屬於君主政體，許多在較早時代不具有明顯君主制的地域，也慢慢演變為君主制。在很長的時間內，這種政體出現在廣大的歐亞大陸及其周遭，對前近代歷史的了解而言，王權是非常重要的課題。君主政體影響深遠，即使在今天，君主制的影子仍存在於不少國家的政治文化與政治運作，還在對我們的命運發生作用。[1]

本書探討從中古到近代早期英國和法國的王權，從比較史的觀點看來，涉及了很多王權的一般面向，但西歐王權也有重要的獨特性。在這篇跋文，我打算從本書的導言和六篇專題研究中列舉出有關英、法王權的主要現象，略加說明和討論，一方面可以權充本書的摘要，一方面也試圖抉發這些現象更廣泛的涵義。

就最一般的觀點來說，從中古到近代早期（光榮革命之前）的英國和法國都是君主制國家，在這兩國，不但存在具有國王名銜的政治領袖，而且這些國王基本上也是政治運作的最高點。不過，無論在權力或象徵的層面，英、法國王都面臨競爭。在權力的層面，兩國都有強大的貴族，

---

1 《百合與玫瑰》這本書和本文是從歷史學的觀點討論王權，人類學家也研究王權，特別重視非洲、拉丁美洲、大洋洲、東南亞等地區的經驗。這些討論的內容和重點與本書有相當的差距，但也有相似之處。研究王權的人類學家很多，特別著名的有詹姆斯．弗雷澤（J.G. Frazer, 1854-1941）、霍卡特（A.M. Hocart, 1883-1939）、馬歇爾．薩林斯（Marshall Sahlins, 1930-）等。在一篇合著的文章，薩林斯與格雷德（David Graeber, 1961-）介紹了人類學王權研究中的主要課題。見 David Graeber & Marshall Sahlins, "Introduction: Theses on Kingship." in *On Kings* (Chicago: Hau Books, 2017).

英國尤其如此，長期約制國王的權力行使。也許更重要的是，兩國都存在涉及王權的法律、協議和制度安排，王權並非獨立自足的。英、法的差別是，從中古到近代早期，法國王權越來越大，所謂「絕對王權」興起，直到法國大革命。在象徵的層面，在西歐，天主教會具有崇高的權威，不但長期主導民眾的信仰生活，也在王權合法性的建構上扮有重要角色。相較之下，在觀念上，中國的王權可說近乎絕對，在華夏傳統，除了堯舜禪讓，甚至沒有非世襲君主制的記憶；權力運作上，秦漢以後，除了少數時代，如東晉南北朝，也難有力量對王權造成系統性的限制。中國的周邊國家（如東北亞諸國、北亞政權、中亞西域國家、西藏）則都存在貴族階層，王權的威力不如中國。東亞最重要的例外是日本。日本是由大和王權所建立的，但在古代一直有強大的貴族，平安時代（七九四—一一九二）之後，政治權力主要轉入幕府和武士階級，王權等於是分化了。[2]以上所說都是一般知識，但如果帶有這樣的視野，可能有助於思考本書中各項研究的涵義。

關於英、法王權的基本性質，在本書林美香的導言、陳秀鳳的兩篇論文（〈王權神聖化：法蘭克國王的祝聖典禮〉、〈王權世俗化：中古晚期法學思想與法蘭西王權〉）以及劉慧的〈十三世紀中期的英格蘭王權：亨利三世時期的君主與貴族〉都有所呈現。在英格蘭，十三世紀《大憲章》的簽署意味國王承諾要按照法律和傳統治國，王權同時受到法律與貴族的節制。法國雖然沒有這種正式的承諾，但貴族有相當大的力量，法蘭克王國國王的世襲地位就是在七五四年獲得貴族同意才成立的，而這項承諾又是出現在教宗主持的膏油禮，明白展現法國的王權要和其他權威協商和競爭。不過另一方面，王權概念也有所發展，十三、四世紀以後，英國和法國都出現了王位繼承即時性與無間斷性的確認，也就是說，王位的世襲、新王的就位是自明的，無待外在力量的認可，不但展現了國王在一國之內的特殊地位，也顯示王權抗衡教權的力量。

在本書有關英、法王權林林總總的探討中，出現最頻繁的，就是王權正當性或合法性的問題。正當性顯然是人類社會王權現象中的普遍關注點，在東亞也是如此。本書諸文涉及的王權合法性問題有好幾個。首先是國王的神聖性格。本書出現的相關信仰和觀念有：英、法國王醫病的能力（「御觸」）、國王的雙體（國王同時擁有會衰敗的「自然的身體」以及永恆的「政治的身體」）、國王為上帝在塵世權力的代理人。李若庸的論文〈編造王權：亨利八世政府對君王典故的新歷史解釋〉揭示，亨利八世的王權論述將他比擬為舊約中的大衛王，傳達的也是國王身負神命的意念。上述說法大都和基督教義及教會有關。可以想見，國王或王權的正當性很需要透過禮儀來確認和宣揚，在這方面，本書觸及了國王的膏油禮（抹油禮）、加冕禮和進城禮。前兩者屬於國王的即位禮，後者也往往和新王就任有關。膏油禮是基督教的禮儀（原出猶太教），由主教

2　日本皇室曾經極端衰微，從十三世紀初到十九世紀中葉，有超過六百年間未使用「天皇」名號（「天皇」稱作「禁裡」、「禁中」、「天子」、「主上」等），這段時期的天皇諡號是二十世紀才追加的。在江戶時代，「朝廷」一般指幕府。見渡邊浩，《東アジアの王権と思想》（東京：東京大學出版會，一九九七），序〈いくつかの日本史用語について〉，特別是頁七—八。此外，十五世紀中期以後，皇室有兩百多年未舉行即位禮中最重要的大嘗祭。

或教宗為新即位的國王抹膏油，加冕禮原來是異教徒的儀式，但九世紀以後在法國也成為國王祝聖禮的一部分；至於國王的進城禮，則是世俗性的。

英、法王權正當性的另一基礎是血緣。前面已經提過，君主制中的國王大都是世襲的，在這樣的體制，王族的血緣取得了特殊的地位，其本身就成為王權正當性的重要依據。歐洲從中古中期以後，世襲君主成為常態，在本書討論的範圍內，英國亨利八世和瑪麗一世的王權論述中，血緣都是要點。王位繼承即時性與無間斷性觀念更可說是王權繼承血緣論的極致，這個觀念在法國於十五世紀初透過立法獲得實施的保證。英、法王權建構最特殊的地方可能在於其中有法律和政治的安排。英國十三世紀初的《大憲章》系列、法國十五世紀初落實王位繼承即時性的法律，都是這方面的例子。英國史上第一位女王瑪麗一世即位後，英國國會也在次年（一五五四）通過《女王王權法案》，宣示女王所享有的權力以及所受的規範和限制與先前所有國王完全一樣。在英國與法國，王權仍然具有神祕性和神聖性，但這些世俗性的安排使得王權成為政治制度的一部分，而非在其之外或之上，這是「有限王權」的重要土壤。

上面提及的英、法王權正當性建構要素有國王的神聖性、禮儀、家族血緣、法律與政治安排，相較之下，中國的情況如何呢？中國歷史長久，整個歷史過程中只有君主制，但狀況多變，譬如先秦和秦漢以後就有很大的差別，無法一概而論。這裡以秦漢以後為主，就正當性的問題稍作比較。在神聖性方面，中國的皇帝是有這個因素的。皇帝神聖性的主要來源是天。他是天子，承天之命治理人間，教化人群；王都和宮城的設計也往往考慮到皇帝與天帝對應的地位。皇帝——特別是開國皇帝——經常有奇異事象與之連結，例如傳說劉邦斬白蛇（白帝之子），朱全忠睡覺時化為赤蛇，這些都是天意的顯露。不過，中國皇帝雖然號稱天子，也使用過「天王」、「天皇」的稱號，與天有特殊的關係，但他們並不是「天」的一部分。在祭天禮中，皇帝其實自稱為「臣」；中國皇帝也沒有可與「御觸」比擬的特異能力。中國對君主還有一種特殊的說法。戰國時期，思想界出現風潮，把理想君王描繪為全知全能、德智兼備的聖人，從秦漢起，皇帝就占據了聖人的位置，他有聖人的稱號，所作所為都可以用「聖」來形容。但這似乎只是美化的說法，並不需要落實展演。整體而言，中國皇帝一直有神聖之名，但這個神聖性顯然屬於人間，不屬神界。[3]

此外，中古前期佛教、道教興盛之後，宗教的經典、象徵、儀式、教義也曾在王權合法性的建立上扮演過相當重要的角色。例如，北魏文成帝（四五二—五六五在位）下令依照北魏五帝的身形鑄造佛像，體現皇帝即當今如來的意念；中國唯一的女皇帝武則天（六九〇—七〇五在帝位）登基，很依靠佛教建立有關論說；唐玄宗（七一二—七五五在位）、宋真宗（九九八—一〇

3 關於皇帝祭天禮與聖人稱號的討論，參考金子修一，《古代中國と皇帝祭祀》（東京：汲古書院，二〇〇一），第二章〈中國古代皇帝制の特質〉，頁三七—八一；第三章〈漢代の郊祀と宗廟と明堂及び封禪〉，頁八三—一三九；甘懷真，《皇權、禮儀與經典詮釋：中國古代政治史研究》（台北：財團法人喜馬拉雅研究發展基金會，二〇〇三），貳、〈西漢郊祀禮的成立〉，頁三三—七七；蕭璠，〈皇帝的聖人化及其意義試論〉，《中央研究院歷史語言研究所集刊》，第六二本第一分，頁一—三七。

二二在位）大量利用道教塑造自己和王朝的正當性。不過，中國王權和宗教的關係完全無法和英、法相比，在中國，王權不但遠大於宗教的力量，而且在意識形態的選擇與凝塑上，王權有很高的獨立性，文化價值體系的支撐只是輔助的。[4]在王權正當性的問題上，主要是王權利用宗教，宗教方面缺乏自主性，主動作為多屬輸誠的性質。

需要指出，中國價值體系的樣態在世界歷史上是很獨特的，勢力最大的儒教雖然與佛教、道教並列「三教」，它和起源於西亞、南亞的宗教（religions）有相當大的差異。西漢以後，儒教不但成為知識人階層中的主流思想，更逐漸取得正統的地位，南宋之後，作為新形態儒學的道學興盛，儒教的文化力量又有進一步的增長。以此，中國王權的正當性也一直與儒教、儒士有密切關係。儒教的情況和英、法難有可比性，此處存而不論。

中國皇帝正當性的建構與展現和禮儀關係也很密切。中國從西晉以下，歷代王朝都編有禮典，與法典並立，作為國家的兩大規範系統。禮典當中，與皇帝有關的部分很多，其中吉禮祭天與祭天地諸神的禮顯示皇帝與天地的連結，和君王正當性關係特深，其他如皇帝親耕的藉田禮也明顯與此有關。一般來說，在中國歷史上，統一王朝的開國前期特別重視和王權正當性有關的禮儀，在這類禮中，等級最高的是在泰山祭天的封禪，中國歷史上只有六位皇帝行過完整的封禪禮，最後一位是宋真宗。

血緣也是中國王權正當性中的要素。前面說過，中國歷史和歷史記憶中，幾乎只有君主世襲制，這個制度在中國有無上的權威，以此，開國皇帝及其家族的血緣（或者說，祖先的功德）是君主正當性的重要來源，這個觀念表現在政治言說與行動的種種方面，社會上也對此信仰甚深。在有關皇帝的禮儀中，祭天之外，祭祀皇家祖先的宗廟（太廟）禮就是最重要的了，天子享有最高級的祭祖廟制（七廟），顯示皇族的唯一性。此外，秦漢以前，是長達五百多年的春秋戰國時期，此時周王勢衰，列國是政治主體，一般而言，列國統治者沒有祭天行郊禮的權利，在君主正當性的建構上，祖先祭祀顯然比祭天地重要。[5]

相較之下，中國王權正當性建構與英、法最大的差異是在缺乏法律和政治的安排。前面說過，西晉之後，法典和禮典構成中國國家兩大規範系統，禮典中涉及皇帝的部分很多，但法典中就很少了（主要是謀反、儀制之類），更沒有關於皇帝職權的規定。唐宋刑律中的「議」對皇帝

4 有關的討論，可例見余英時，〈反智論與中國政治傳統〉，收在其著，《歷史與思想》（新北：聯經出版公司，一九七六），頁四三—四四；〈君尊臣卑下的君權與相權〉，同上書，頁五一；陳弱水，〈排佛論說與六、七世紀中國的思想狀態〉，收在其著，《唐代文士與中國思想的轉型（增訂本）》（台北：臺大出版中心，二〇一六），頁一三七—一五六；黃進興，〈清初政權意識形態之探究：政治化的道統觀〉，收在其著，《優入聖域：權力、信仰與正當性》（台北：允晨文化實業公司，一九九四），頁八七—一二四。

5 有關戰國國君祭祀的資料很少，也缺乏專門研究。戰國國君雖在西元前四世紀晚期都已稱王，顯然未以祭天地為首要的正當性禮儀，但秦國從春秋初期開始就有君主祭天的畤祭，可能和當地的習俗有關。至於宗廟禮，源遠流長，戰國國君即位的禮儀程序大概主要依憑於此。相關的大略討論見楊寬，《戰國史》（上海：上海人民出版社，一九八〇年第二版），頁二五二—二五六；徐迎花，〈秦代以時祭為特色的郊祀制度考〉，《牡丹江師範學院學報》，二〇〇八年第一期，頁三六—三九。另外秦始皇也說，他能一統天下，是「賴宗廟之靈」。見《史記》（北京中華書局點校本），卷六，〈秦始皇本紀六〉，頁二三六。

的地位都有這樣的說明：「王者居宸極之至尊，奉上天之寶命，同二儀之覆載，作兆庶之父母。」[6]但這只是既有認知的宣示，並不是法律條文，更不可能修改。事實上，中國還不乏法律出於帝王或君主高於法律的說法。《管子．任法》有言：「有生法，有守法，有法於法。夫生法者，君也……。」甚至在皇帝與士大夫合作密切的北宋，徽宗皇帝（一一〇一－一一二五在位）曾說：「夫擅殺生之謂王，能利害之謂王，何格令之有？」（「格令」是法律的意思。）[7]此外，秦漢以後，即使在貴族力量最大的東晉南北朝，也沒有任何關於王權（皇權）的協議。在中國，王權基本上是獨立自足，高於典章制度的。

總的來說，君主世襲制在中國是唯一存在且不可置疑的政體，但由於各種因素，中國的王朝統治並不很穩定，經常出現危機，帝制前期尤其如此，個別王朝乃至皇帝仍須努力建構自己的正當性。中國皇帝正當性的基本特點是，皇帝為政體的最高點與總樞紐，他是天子，是聖人，具有神聖性，但並沒有天界或超人的身分；皇帝的正當性展現在種種與其相關的文書和儀制中，但仍然有特殊的禮儀，特別是祭天禮，用來彰顯他獨一無二的地位。除了天命，血緣是君主正當性的另一要素，分析來說，開國皇帝接受天命，後代皇帝主要以血緣繼受，在傳統的用語，前者是「受命之君」，後者是「繼體之君」。宗教在中國君主正當性的建構中，扮演的角色是次要的。此外，中國君主的正當性中，可以說完全沒有法律和政治的安排。中國王權的這些特點與英、法王權的異同是很明顯的。中國和東亞諸國也有差異。譬如說，在中亞絲路國家（今新疆塔里木盆地）和西藏，佛教和王權關係密切；[8]在古代新羅，國王必須出自王族骨品中的「聖骨」（後來為「真骨」），國王顯然有特殊的血緣神聖性；在日本，天皇為天照大神的後代，具有神的位格，日本古代確實也有天皇即神的思想，根據《養老令》（七五七），天皇詔書中的自稱有「明神御宇日本天皇」、「明神御宇天皇」、「明神御大八州天皇」等。[9]

要再提出一個問題：為什麼在王權思想或現象中，正當性的問題占據如此重要的地位？在理論的層面，這個問題可以有各種解釋，譬如說，有人認為天神觀念的出現遠在君王之前，地上的王根本就是天上的神的複製品，君王與君王的正當性原是不可分的。[10]本文涉及的都是複雜而運作長久的國家，距離原始的政治情境已經非常遠了。也許這樣說比較合理：君主制是有效、有國

---

6 劉俊文，《唐律疏議箋解》（北京：中華書局，一九九六），卷一，〈名例・十惡〉，頁五六；薛梅卿點校，《宋刑統》（北京：法律出版社，一九九九），卷一，〈名例律・十惡〉，頁七—八。

7 《宋史》（北京中華書局點校本），卷二〇〇，〈刑法志二〉，頁四九九〇。關於一個從負面觀點對中國皇帝與法律關係的討論，見王毅，《中國皇權制度研究——以十六世紀前後中國制度形態及其法理為焦點》（北京：北京大學出版社，二〇〇七），第二編〈作為皇權制度核心的法理與法律體系〉。

8 中亞國家的部分參考Mariko Namba Walter, "Kingship and Buddhism in Central Asia," Ph.D. dissertation, Harvard University, 1997. 西藏自十三世紀以後政教關係密切，最後形成教派統治的體制。

9 井上光貞、關晃、土田直鎮、青木和夫，《律令》（日本思想大系三；東京：岩波書店，一九七六），《令》卷八，〈公式令第廿一〉，頁三六五；仁井田陞著，池田溫編集代表，《唐令拾遺補——附唐日兩令對照一覽》（東京：東京大學出版會，一九九七），第三部〈唐日兩令對照一覽・公式令第二十一〉，頁一二三五—一二三八。

10 參考Marshall Sahlins, "The Original Political Community," in David Graeber & Marshall Sahlins, *On Kings*, pp. 23-64.

際競爭力的政體，在歷史上，是許多政治社群仿效或努力建構的方向，它一個比較大的困難是，為什麼某一人或某一家剛好占據政體的唯一樞紐，這個問題要費許多心思、論述、唇舌、展演來回應，處理成功，政權才能穩定存在。

以上是王權正當性的課題，接下來討論本書觸及的其他幾個議題。首先是王權與性別。君主制除了絕大多數是世襲，以男性擔任也是一大特點。歐洲有女性君主，但人數很少，英國到了十六世紀的瑪麗一世才出現第一位女王，法國一直沒有女性君主，西班牙和哈布斯堡王朝都有，但也很少。[11]法國不但沒有女王，而且在十四世紀兩次的王位繼承危機中，法國貴族引用中古早期海濱法蘭克人的撒利安法（*Lex Salica*, Salic Law），宣示女兒及其後代不能繼承王位，從此在原則上否定了女性擔任君王的可能。關於這個問題，陳秀鳳在〈王權世俗化〉一文中說明，法國此舉的目的，是在基於民族情感和利益，防止英國愛德華三世以法王腓力四世外孫的身分成為法國國王，其實當時人對於撒利安法的內容不甚了了。簡言之，西歐諸國的君主幾乎都是男性，女性繼位是例外，法國十四世紀後禁止女性任君王，有其特殊背景，未必意味法國皇室和貴族特別輕視女性。不過值得強調，英國隨著瑪麗一世登基，通過《女王王權法案》，泯除國王性別的差異，立下和法國不同的傳統，還是具有重要的文化史意義。

至於中國，以男性擔任君王的習慣近乎絕對。在中國漫長的君主歷史上，只有武則天一位女皇帝，不但秦漢以後只有這一個例外，在秦漢以前列國並立的時代，也沒有聽聞有任何女性君主。武則天成為皇帝，完全出於她徹底掌政的個人因素，但當時在言說的層面，還是稍微鬆動了女性參政乃至繼承皇位的空間，但這個小小的衝擊並沒有在後代歷史發生任何影響。[12]至於其他東亞地區，古代新羅和古代日本都有女性君主，人數也很少，雖然顯示至少在古代，這兩個國家的皇族對男女角色區別的看法不若中國嚴格，但差別似乎不大。

本書討論英、法王權，還涉及一個面向，就是王權的強化。這一點在法國非常明顯，法國從十二、三世紀以後，以王權為國家唯一核心的政治思想就在醞釀，十六世紀以後王權高漲，至路易十四而達頂點。秦曼儀〈絕對王權下的宮廷與貴族：拉侯什傅科公爵的《道德箴言錄》與其讀者〉處理的就是此時一位曾對抗王權的貴族個案。在路易十四時期，國王摒棄貴族，不任用他們擔任政府要職，而依靠中產階級出身的官員治理國家，徹底展現王權獨大。英國方面，雖然發展方向與法國不同，十七世紀後期建立以國會為首的君主立憲制，但在此之前，亨利八世仍極力伸張王權，宣揚國王神聖不可違逆，要求臣民無條件服從。

王權強化涉及了君主制的另一個特點：往往形成中央集權，國家力量擴大，得以集中資源，對內壓制異己，對外征戰或力抗強敵。中國很早就走上這條路。戰國以後，各國君主統領軍隊和

11 哈布斯堡王朝只有一位女性君主：瑪麗亞・特蕾莎（Maria Theresa, r. 1740-1780）；近代西班牙（十五世紀中期以後）則有三位。

12 陳弱水，〈初唐政治中的女性意識〉，收在其著，《唐代的婦女文化與家庭生活》（台北：允晨文化實業公司，二〇〇七），頁一九九－二四一。

官僚系統，成為中國國家的基本架構。秦帝國建立，以此模式統治「天下」，不再分封諸侯，漢帝國自景帝（西元前一五七—一四一在位）七國之亂以後，也完全採行此制，以後亙二千餘年，無論君主實際控制力如何，制度都不變。中國在東亞影響極大，經常受到模仿，但在政治運作上，由於各國都有深厚的貴族和地方勢力，難以真正移植華制，中央集權的程度一般都較中國為淺。

本書也觸及王權與人民關係的問題。林美香在〈女人的王權：十六世紀英格蘭女性統治的建立〉提及，中古以來，人民的歡迎與支持也構成王權合法性的一部分，英國瑪麗一世的兩次進城禮都含有國王與人民互動的因子，而伊莉莎白一世一再強調她對人民的愛，甚至說她的權力來源是人民的期盼。陳秀鳳的〈王權世俗化〉指出，在中古後期，擁護王權的知識分子已根據羅馬法，主張君主是公共利益的保證人。君主即位所依靠的正當性原則和政治支持力幾乎與人民完全無關，但君主治理的對象是人民，人民也可能在王權思想中扮有角色，這在中國也有表現。如所周知，中國主流政治思想強調君主對人民的責任，儒家尤其如此。《荀子．大略》有言：「天之生民，非為君也；天之立君，以為民也」；漢初儒生酈食其說：「王者以民人為天。」[13] 可以說表達了儒家政治觀的重要精神。就一般資料所見，儒家這個對君王的看法只呈現於論說的層面，而不涉及制度運作。不過例外還是存在。唐代李華（七一五—七七四？）為宰相議事所在的政事堂寫記，其中說：「君不可以枉道於天，反道於地，覆道於社稷，無道於黎元。此堂得以議之。」在一份半官方文件中明白宣示君主必須遵道而行，服務社稷人民，否則宰相得以議論，應該就是中國歷史上對君主責任正式要求的極致了。[14]附帶一提，在記述春秋時代政事的《左傳》，「成公十五年」有言：「凡君不道於其民，諸侯討而執之，則曰『某人執某侯』。」這段文字好像可被理解為，春秋霸主政治中有國君不得無道於民的約束，但檢討《左傳》中有關資料，這應該只是《左傳》作者對《春秋》經文的主觀解釋，並無證據顯示實際存在這樣的規範。[15]

最後，英、法王權歷史中出現的最特殊現象大概就是「有限王權」了。前面說過，英、法王權合法性的建構中包涵了法律與政治的安排，在國王的職責方面也是如此。也就是說，關於英、法國王的責任和權力，除了事實上的限制（如慣例、貴族勢力），還有出於政治過程的明文宣示或規定。劉慧的〈十三世紀中期的英格蘭王權〉清楚呈現，在十三世紀初《大憲章》發布前後，英格蘭貴族透過國會和政務會議，行使他們參與國家決策的權利，國王在立法和稅收上都必須與

---

13 《史記》，卷九七，〈酈食其傳〉，頁二六九四。另參《漢書》（北京中華書局點校本），卷四三，〈酈食其傳〉，頁二一〇八。

14 李華〈政事堂記〉見於《文苑英華》（北京中華書局影印宋明本合刊）卷七九七，亦見《全唐文》（台北：大通書局影印，一九七九）卷三一六。本文歷史意義的討論可見余英時，〈君尊臣卑下的君權與相權〉，收在其著，《歷史與思想》，頁五六—五七。

15 楊伯峻編著，《春秋左傳注（修訂本）》第二冊（北京：中華書局，一九九〇），頁八七二—八七三。特見楊伯峻的注。

貴族共治。在這個傳統的基礎之上，英國終於在十七世紀形成以國會為核心的君主立憲制。與英格蘭相較，法國以王權強大著名，但法國仍然有節制王權的傳統。陳秀鳳的〈王權神聖化〉說明，八六九年西法蘭克國王禿頭查理的祝聖禮中，在主教的主持之下，查理公開宣誓他作為國王的三項承諾：保護教會、維護各階層人民既有的利益與安全、在個人遵行規範的前提下使每個人獲得到公正的待遇。從此時起，國王的承諾成為國王祝聖禮中的必要環節，不但施行於法國，也為其他基督教王國所仿效。「有限王權」或「國王承諾」的現象顯然沒有出現於東亞，無論是中國或其他國家。在世界歷史上，這應該也是獨特的現象，使得西歐能以君主制為核心，發展出強大的國家，但國家最高權力又受到限制，社會各方的利益獲得保護，力量得以成長。

現在要為本文下結語。《百合與玫瑰》這本書對從中古到近代早期的英、法王權做了多方面的探討，本文把書中揭示的主要現象與中國及東亞諸國進行大略比較，注意到英、法王權既有一般性的面向，也有明顯的特點。一般性的面向有：世襲制、國王幾乎都是男性、重視正當性問題、王權發展有中央集權的傾向等。此外，王權與宗教有密切關係、王權思想包含了對人民的責任，應該也是相當常見的。英、法王權最特殊之處在於有相關的政治和法律安排，王權是國家制度的一部分，而非在它之外。這一點尤其以英格蘭為明顯，英國也因此從有限王權走上君主立憲的道路，為人類政治體制和價值的發展開闢新局。英國和法國幅員都不很大，但在人類歷史上有特殊地位，許多為現代社會奠基的制度、觀念、技術都主要發源於此。從本文可以得知，英、法王權並不是什麼都特別，它們與歐亞大陸其他地方相似之處其實不少，但特殊之點顯然產生了重要的歷史動力。另一方面，在本文中，經由與英、法和其他東亞王權的比照，中國王權的普遍和殊異之處似乎也顯得更為明朗。

附錄

《百合與玫瑰：中古至近代早期英法王權的發展》目錄

早期中國東南原住人群

——以山越和姓氏為例的探討

前言

本文研究早期中國東南原住人群，首先要對這個課題涉及的時地提出說明。在地域方面，所謂「東南」，大體相當於今天的安徽南部、浙江、江西與福建，秦漢以後，在很長的時間內，這裡還是原住人群活躍的地域。不過，在這個範圍之內，本文要排除兩個部分，一是杭州灣南北的平原，此處很早就成為江南的華夏核心區，另一則是江西，留待以後另行探討。本文涵蓋的地域可以用西晉武帝太康四年（二八三）的行政區做相當精確的表達——即當時的新安郡、東陽郡、臨海郡、建安郡和晉安郡。（附圖一）這個區塊的最大特點是多山，陳隋之際夏侯曾先的《會稽地志》如此描述會稽郡的地理位置：「南面連山萬重，北帶滄海千里」，上述五郡，大體就是這片「連山萬重」之地。[1]（附圖二）

在時段上，「早期中國東南」的「早期」主要指東漢晚期和魏晉南北朝。在中國歷史的脈絡裡，原住人群的概念基本上是針對華夏而發的，秦以前，長江以南華夏化的地區很少，談不上有意義的原住人群問題。秦漢之際，江南華夏化稍深的地方大概只限於當今江蘇南部、江西與湖南北部。舉例而言，漢文帝即位（西元前一七九）之初，南越王趙佗（當時仍稱帝）給他一封信，其中說，南越「西北有長沙，其半蠻夷」，長沙指長沙國，就是後來的湖南中北部偏東一帶，「其半蠻夷」恐怕還是低估。至於南越所在的今廣東地，幾乎可說是全蠻夷了，趙佗在信中即自稱「蠻夷大長」。[2]兩漢時期，特別是漢武帝（西元前一五七—八七）之後，隨著郡縣統治在華南的擴大和深化，華夏民與土著的分野浮現，漢末北方大亂，更令政府與江北移民的力量深入南方，廣大的華南土著深受衝擊。設法從他們的立場來認識這塊土地的歷史，是一項必要的工作。

本文討論的時段，就整個中國史的架構而言，一般稱作「中古前期」。不過，兩漢之時，除少數區塊，本文所涵蓋的地域基本在中國統治之外，而且除了史籍所載的東甌、閩越國以及考古發現，我們對這個地區在漢末以前的情況可說毫無所知。以此，就這個地區而言，從東漢晚期到隋代只能說是早期歷史，而很難說是中古，因為「中古」假定了之前有「古代」，但在漢末之前，這裡大部分只能屬於「原史」時期。本文題目中的「早期」是界定「中國東南」而非「中國」的，但本文行文仍必須經常顧及中國史的整體脈絡，使用「中古」一詞和朝代名稱，還請讀者理解。

本文立意從事早期中國東南土著的研究，原因有二。首先是我對這個歷史問題有興趣。長江以南遠離華夏形成區，東南則本為所謂百越之地，早期在此建國的吳、越，華夏化的程度都很

1　樂史撰，王文楚等點校，《太平寰宇記》（北京：中華書局二〇〇七年點校本；以下簡稱《太平寰宇記》），卷九六，〈江南東道八〉，頁一九二二。《會稽地志》又有稱《會稽志》或《會稽記》者，見劉緯毅，《漢唐方志輯佚》（北京：北京圖書館出版社，一九九七），頁三二一。

2　《漢書》（北京中華書局點校本），卷九五，〈西南夷兩粵朝鮮傳．南粵〉，頁三八五一—三八五二。《史記》也記載此函，但不若《漢書》引用全文，見《史記》（北京中華書局點校本），卷一一三，〈南越列傳〉，頁二九七〇。

低，越國尤其如此。秦漢以後，華夏文化開始在長江下游平原生根繁盛，到唐宋之際，這裡連同東南的其他許多地域，一躍而成為中國經濟與文化的新中心。關於這段歷程，深度的研究似乎還相當有限，以原住人群為中心的探討更是罕見。

其次，我想做個實驗：看如何研究歷史上的邊緣人群，更確切地說，如何研究文字社會中幾乎沒有文字資料的人群。歷史研究的對象是過去的人類生活，不但在知識上，我們想了解各種各樣的人群，盡量多知道一些，而且在道德上，有責任如此做。我們不應該特別偏重某些人群，或某些形態的活動，如果這樣，我們得出的圖像是片面的，大體認識也容易偏差。可是在現實上，歷史學基本上是依賴文字資料所得出的知識，我們最了解的或是最能了解的，就是與文字關係密切的人。這些通常是有權者和知識分子，以及他們身邊的人。簡單說，歷史研究的一個困境是，就知識目標和倫理責任而言，它的對象是人類生活整體，但我們所奉行的方法準則，卻強迫我們不斷把眼光放在特定的人群，強迫我們默認生產話語的人掌握了歷史的發言權，於是，在歷史知識邊緣或其外的人，往往比在現實的處境中還要邊緣。如何突破這個困境——即使局部突破也好，是歷史學的重要課題。

現在想具體說明，我為什麼選擇早期安徽南部、浙江中南部與福建的原住人群作為研究課題。我想探討這些地帶土著的根本原因是，在早期帝制中國，這裡是南方原住人群的聚居地，但有關的記載卻特別稀少——少於華中、華南大部分其他地區，甚至連族稱都很難看到，政府與華夏士人通常只在特殊的時刻才對這些人群有所記錄和書寫，很適合作為探測史料與歷史知識關係的園圃。[3]以下分區略作介紹。

首先是安徽南部。這主要指安徽在長江以南部分的山區，其實也包含浙西一小塊地區，約略等於西晉宣城郡的南半部與新安郡，其核心地帶就是後世的徽州。直到漢末，在這裡活動的都是與郡縣統治關係甚稀的土著人群。

其次是位於今浙江中部偏西的錢塘江上游衢江流域盆地，約當西晉時的東陽郡。在東漢後期（二世紀中葉），此地只有兩個縣：烏傷（今義烏）和大末（即太末，金華與衢州之間），郡縣化的程度約同於安徽南部。

再來則是前文所說的會稽以南「連山萬重」之地，即今浙江中南部山地與福建。橫亙整個漢代，這裡至多只能算是帝國的極邊疆。在東漢後期，從今浙江臨海以南至福建、廣東交界約十六、七萬平方公里之地，只有三個縣：章安（今臨海）、永寧（今溫州）、侯官（俗稱東冶，今福州），而福建境內只一縣。在此區域，政府有效管轄的範圍有多大，華夏化程度如何，可想而知。漢末許靖從會稽搭海船到交州（今越南北部），說他和同行者「經歷東甌、閩越之國，行經

3　考古發掘也顯示本文研究的地域在漢代有強烈的在地文化要素，例見劉波，〈浙江地區西漢墓葬的分期〉，《南方文物》，二〇〇〇年第一期，頁五八—六九；吳春明，〈福建秦漢墓葬文化類型及其民族史意義〉，《東南文化》，一九八八年第三、四期，頁九二—九五，一四六。

萬里，不見漢地」，指的就是這一帶，至於「不見漢地」，則是逕視此為域外了。[4]在文化上，漢帝國的實質東南邊界在哪裡呢？從行政區劃分看來，大概在會稽郡北端，今杭州灣南岸、錢塘江下游之地。三國吳末帝鳳皇三年（二七四），會稽人邵疇上言皇帝孫皓：「疇生長邊陲，不閑教道，得以門資，廁身本郡」，邵疇可能是郡治山陰人，他的話似可支持上述的判斷。[5]

本文研究的就是上述幾個地區，我將利用不同的取向探討兩個課題，一個採用比較傳統的歷史研究法，另外一個則具有實驗性。在進入具體的個案之前，我想對如何研究資料稀少的問題，略作方法論上的反思。

一、方法論的考慮

如何研究缺乏史料的課題，如何突破史料稀少的限制，不能盲目而為，要有方法論上的基本考慮：歷史知識的基礎是什麼？它和史料有怎樣的關係？關於這個問題，近代史學有很清楚的看法，也可以說，這個看法是現代史學成立的基礎：歷史研究的基本工作是，利用史料重建史實，然後再解釋重建的史實——事情「何以如此」。這是十九世紀德國蘭克（Leopold von Ranke, 1795-1886）所確立的原則，在中國，湊泊清代考證學，也成為中國現代史學的主要基礎，雖則中國學界對歷史解釋的強調不若西方。現在要提出的是，近幾十年來，有個小思潮對歷史知識建立的問題提出不同於上述的論說。這個說法和現代史學的實際工作方式有相當程度的契合，但是從知識論的角度，對歷史知識的性質與成立過程提出了特殊的說明。至少對我個人而言，在突破歷史知識的傳統邊界以獲取新知的問題上，這個說法很有啟發性。

我所談的是當代歷史哲學中的一個小潮流。如果說，韓培爾（Carl Hempel, 1905-1997）歷史知識論的關鍵詞是「涵括律模式」（covering law model），柯林烏（R.G. Collingwood, 1889-1943）的關鍵詞是「再現」（re-enactment），海登·懷特（Hayden White, 1928-2018）的關鍵詞是「轉喻」（tropes），我所談思潮的關鍵詞就是「尋求最佳解釋的推論」（inference to the best explanation）。這個對於歷史知識的論說大概如下。歷史學是研究過去的學問，但過去已經消失了，歷史學者必須利用目前可以觀察的資料，對過去是什麼樣子，何以如此，進行分析和推測。因此，本質上，歷史學是推論（推測）性的學問，推論的基礎則是可以作為證據的史料。這種論說的涵義很多，我主要談談與實際歷史研究直接相關的涵義。

現代史學原來的根本想法是：史料是建立史實的基礎，因為史料是歷史現場遺留的紀錄，或

4　《三國志》（北京中華書局點校本），卷三八，〈許靖傳〉，頁九六四。

5　引文見《三國志》，卷四八，〈三嗣主傳·孫皓〉，頁一一七〇裴松之注引《會稽邵氏家傳》。至於邵疇鄉里或為山陰，則據李昉，《太平御覽》（石家莊：河北教育出版社一九九四年點校本；以下簡稱《太平御覽》），第七冊，卷八七一，〈火部四〉，頁九三八引《邵氏家傳》述及山陰人邵貞。同一會稽郡而有二邵氏家傳的可能性不高。

接近歷史現場的人的聽聞，可以作為重建現場的根據。我所介紹的看法與現代史學正統觀的最大差別在於，這種看法認為，在絕大多數情況下，證據本身就是被解釋的對象，所謂史實重建就是解釋或推論，這種工作的結果可能有相當的確定性，也可能是不甚穩定的。在這種想法之中，史實重建與歷史解釋的區別並不明顯。尤有進者，史料的根本重要性並不在於它們的來源；史料的真義是，對探索已消失的過去的工作而言，史料是可被觀察、值得推敲的資料，它們是知識產生的基礎。如果讓我做一點引申，個人以為，這種說法把原始資料與二手資料之間的神聖區隔打破了。從實務的立場來說，這樣的觀點有一定的合理性，雖然應用時需要謹慎。

從「尋求最佳解釋的推論」的概念出發，我們可以看到，歷史學並不是獨特的學問，有些其他學科也有相同的模型，譬如比較語言學、考古學、演化生物學。此外，「尋求最佳解釋的推論」也是很多重要知識的根據。舉例而言，當前科學家對於地球暖化原因的判斷主要就是基於這個模型。

除了「尋求最佳解釋的推論」，我所介紹的說法有時還跟溯因推理的概念連結在一起。邏輯推理的基本形態除了演繹（deduction）和歸納（induction），美國哲學家查爾斯・皮爾士（Charles Pierce, 1839-1914）還提出溯因推理（abduction）的說法。「尋求最佳解釋的推論」就屬於或接近溯因推理。這是從已知現象出發，推導未知的推理。大略而言，它是演繹的顛倒。我這裡試著舉一個對比的例子。

演繹：

A是公牛＋公牛是牛→A是牛（恆真）

溯因：

A是牛＋若干相關訊息和背景知識→A很可能是公牛（概然）

演繹為已知事物（或假定事物）中的推理。溯因邏輯的特點是，能推演至未知，但結果是概然的。歷史屬於失落的、無法直接觀察的領域，適用此一邏輯。[6]

以上所述關於歷史知識性質的見解，對我們研究資料稀少的課題可以有什麼啟發呢？至少我個人得到如下的啟示。史料之所以作為歷史研究的基礎，並不完全因為它們是歷史現場的遺留物。事實上，我們知道，文獻的意義是很不穩定的，近幾十年有關人文或歷史研究的反省和批評，很多是針對文本的問題而發的。史料之所以能夠作為建立合理歷史知識的依據，是因為它們存在，可以讓我們檢視，作為推測看不見的世界的基礎，而不在於它們具有怎樣的先天價值。這

6 屬於上述論說形態的著作有：Leon Goldstein, *Historical Knowing*（Austin and London: University of Texas Press, 1976）；Leon Goldstein, *The What and the Why of History: Philosophical Essays*（Leiden: E.J. Brill, 1996）；Aviezer Tucker, *Our Knowledge of the Past: A Philosophy of Historiography*（New York: Cambridge University Press, 2004）；Allan Megill, *Historical Knowledge, Historical Error: A Contemporary Guide to Practice*（Chicago: University of Chicago Press, 2007）。其中Megill是歷史學家，其他兩位為哲學家。

樣的推論工作如果做得好，得出的認識有一定的可靠程度。依照這個道理，研究資料稀少的課題有兩個可能的著力點。首先，設法恰當發揮史料的推論潛能，而不僅著眼於它們重建事實的功能，這樣的做法可以擴大史料的知識建構能量。其實，歷史學者已經在使用這種方式進行研究了，特別是在上古史的領域，但是有意為之，力求嚴謹為之，可以達成更大的效果。其次，「尋求最佳解釋的推論」的道理似乎也提示，獲得歷史知識，不一定要完全依賴傳統意義上的原始文獻，任何現在觀察得到、掌握得到，可能成為我們推論過去的資料，都可以作為建立歷史知識的根據。對我個人而言，這個論說具有鼓勵我們擴大訊息搜尋範圍，以突破歷史知識的傳統疆界的意義。這裡要重申，我們不是為突破而突破，而是要為達成歷史學的應有目標而尋求突破。

二、「山越」補論

現在進入本文的第一個個案：漢末孫吳的山越。在與早期中國東南原住人群有關的課題當中，山越是唯一史料留存較多的一個（雖然數量並不大），因此歷來的研究很多，有的還相當精細。我完全無意再就此進行全面的論述，這裡想做的，是從社會結構——特別是早期華南社會結構——的觀點探討幾個特定問題，只能算是「補論」。不過，在提出看法之前，還是要對這個（或這些）人群做簡要介紹。

如名稱所示，山越的意思是山間的越人，他們活躍於漢末和三國時期的孫吳，常與孫吳政權有嚴重衝突，屢遭征伐，延亙了幾十年（約從二世紀末至三世紀三〇年代）。就史籍所見，山越主要分布於今天的安徽南部、江蘇南部、江西東北部以及浙江中、北部偏西，另有浙東一例，也偶有地域指涉模糊的情況。[7]山越基本上活動於郡縣統治之外，他們的族群成分如何，學界有爭論。三國之後，特定人群意義的「山越」名稱變得罕見，一個原因大概是華夏化，也有學者認為，有些地方的山越可能被改作他稱。[8]有關這個問題，本文稍後會有所補充。

7　近人研究中，陳可畏〈東越、山越的來源和發展〉中的「山越分佈圖」包括今江西全境，顯然太廣。陳文見中國科學院歷史研究所編，《歷史論叢》第一輯（北京：中華書局，一九六四），頁一六一—一七六，圖見頁一七五。有人還把華南內陸地區的許多土著一併歸為山越，更不足深論。見程凌雷，〈建國以來山越研究述評〉，《中國史研究動態》，二〇一一年第二期，頁六。

8　三國以後至南朝齊梁，傳世文獻幾乎不見「山越」之名，陳、隋史料中又較頻繁出現，其中有指稱後世浙東、福建人群的情況。見《陳書》（北京中華書局點校本），卷三，〈世祖本紀〉，頁四六；《南史》（北京中華書局點校本），卷二四，〈王准之傳〉，頁六六六。不過，隋唐以下，「山越」一詞似乎愈趨遠於實際，有時泛指華南土著，有時僅為典故使用。泛指華南各地土著之事，可例見《隋書》（北京中華書局點校本），卷四六，〈蘇孝慈傳〉，頁一二五九（桂林）；《舊唐書》（北京中華書局點校本），卷一七七，〈盧鈞傳〉，頁四五九二（嶺南）。三國以後山越名稱的用例可略見川本芳昭，〈六朝における蠻の理解についての一考察——山越・蠻漢融合の問題を中心として見た——〉，收入其著，《魏晉南北朝時代の民族問題》（東京：汲古書院，一九九八），頁四四六—四四七。至於山越改用他稱的可能性，參考呂春盛，〈三國時代的山越與六朝的族群現象〉，《臺灣師大歷史學報》，第三三期（二〇〇五年六月），頁一八一—二一一。

由於過去對山越的研究重點在於其族群性格，本文也要從這一點出發。關於山越，有一個以近代史學大家呂思勉（一八八四－一九五七）與唐長孺（一九一一－一九九四）為代表的看法，這就是：山越不能算非漢族，山越基本上是指住在吳越之地山區的人，其中不少是因犯罪和逃避賦役逃至山中，其他有些可能是古越人的後代，但他們應該都已華夏化了。呂、唐兩先生的基本論點是，山越與平地的編戶並無本質（族群）上的差異，唐先生甚至引《魏書．羊深傳》稱山東泰山附近的人為「山齊之民」來做佐證。[9]他們的說法有其根據，但也有可商榷之處。在一個晚近的研究中，呂春盛指出，姑不論山越或漢末三國的山民中有多少是入山的平民，姑不論山越的族群內涵為何，山越在當時是有蠻夷或異族形象的。[10]個人以為，這是很重要的論點。現在想以這個認識為基礎，為山越的族群性格問題再進一解。

現在學界都了解，族群的差別並不只是人群語言、文化、生活方式歧異的問題，人群如何看待自己、他人如何看待某人群，以及這些看法所構成的認同與認定，也是族群形成的要素，有時重要性更勝客觀的界線。在山越的問題上，漢末三國之時，政府與主流社會把山越視為具有族群性質的他者，殆無疑義。

漢獻帝延康元年（二二〇）十月，曹丕（一八七－二二六）登基為皇帝，國號魏，孫權（一八二－二五二）遣使稱藩，曹丕給他的策命中有言：

以君綏安東南，綱紀江外，民夷安業，無或攜貳，是用錫君大輅……。君宣導休風，懷柔

> 百越，是用錫君朱戶以居……。

在北方政權的認識裡，江南社會是由「民」和「夷」所構成的，此時孫權集團經略今湖南地未久，曹丕所說的「東南」、「江外」應該主要指長江下游一帶，詔中確實也有「懷柔百越」之語，這無疑是以山越為江南之「夷」。[11]

以山越為蠻夷，不但是北方人的觀點，孫吳政權自己也這樣看。《三國志．吳書》記載，獻帝建安七年（二〇二），孫權命朱治（一五六—二二四）為吳郡太守，「征討夷越，佐定東南」；[12]吳大帝黃武二年（二二三）秋天，魏軍襲吳，《吳書》則說：「時揚、越蠻夷多未平集，內難未弭，故〔孫〕權卑辭上書。」[13]上引文句雖然來源不明，但頗有可能出於吳國自己的

---

9 呂思勉，〈山越〉，收入其著，《呂思勉讀史札記（增訂本）》（上海：上海古籍出版社，二〇〇五），頁六四〇—六四五；唐長孺，〈孫吳建國及漢末江南的宗部與山越〉，收入其著，《魏晉南北朝史論叢》（北京：三聯書店，一九五五），頁三—二九。

10 呂春盛，〈三國時代的山越與六朝的族群現象〉，頁一〇—一三。

11 《三國志》，卷四七，〈吳主傳〉，頁一一二二。可笑的是，孫權在嘉禾二年（二三三）封遼東公孫淵的詔書中，大量抄襲曹丕的策命，「民夷安業，無或攜貳」之句一字不改。見同書，卷四七，頁一一三八裴松之注引《吳書》。

12 《三國志》，卷五六，〈朱治傳〉，頁一三〇三。

13 《三國志》，卷四七，〈吳主傳〉，頁一一二五。

文獻，前者尤其明顯。此外，吳大帝嘉禾元年（二三二），孫權想攻打遼東的公孫淵（？—二三八），陸遜（一八三—二四五）之弟陸瑁（？—二三九）上書勸阻，其中有言：「使天誅稽於朔野，山虜承間而起，恐非萬安之長慮也」，意思是，如果不能立刻剿滅遠在北方的公孫淵，可能造成吳國後方動亂。[14]《資治通鑑》胡三省（一二三〇—一三〇二）注「山虜」曰：「謂丹楊、豫章、鄱陽、廬陵、新都等郡山越也」，大體不錯；[15]「虜」在此是對外族歧視的說法。

此外，《漢書・地理志》「丹揚（即丹陽）郡」條有言：「黝，漸江水出南蠻夷中」，「黝」就是「黟」，「漸江」則為浙江，此句《水經注》引為：「水出丹陽黟縣南蠻中。」[16]皖南黟縣位處山越的大本營，東漢初班固（三二—九二）寫《漢書》時逕視為南蠻之地，班氏去世於西元九二年，一個世紀後，這個形象恐怕還沒有完全褪去。

事實上，在孫吳，「越」本身就有異類的意味。先舉一例，吳大帝嘉禾三年（二三四），諸葛恪（二〇三—二五三）主動要求深入丹陽與鄰近諸郡交接的山地，討伐山民，就史籍所見，這是孫吳最後一次對山越的大規模軍事行動。為此，孫權封諸葛恪為「撫越將軍」。[17]這個名號顯示，雖然孫吳立國的核心就在吳越，「越」可以是被鎮撫的他者。

還有一個類似事例，出現在不同的地方。約在獻帝建安十年（二〇五）前後，侯官（今福州）一帶發生亂事，孫權派蔣欽（一六八—二一九）和呂岱（一六一—二五六）征伐，蔣欽事後授為「討越中郎將」。[18]這顯然意味，閩北的人是族群意義上的越人，而非華夏。這個觀點在《三國志・吳書》的一段記事也有表現。早先在建安元年（一九六），孫策（一七五—二〇〇）

派賀齊（?—二二七）至侯官，征討自立名號的官長豪強。據《三國志》記載，賀齊兵力不如對方，於是採離間之計，「令越人因事交構，遂致疑隙，阻兵相圖」。[19]這段史文來源為何，已不得而知，但有可能出自孫吳的著述如韋昭《吳書》。[20]「越人」比「山越」之名更具疏離色彩，在山越活躍區，某些山間的人群是異類，到閩北這樣的地方，好像所有人都是。附帶說明，孫吳統治華南期間，與政權一再發生衝突的所謂「山越」，集中於前段所說的諸葛恪征伐之地，即吳、會稽、丹陽、新都、鄱陽等郡交接處，孫權還於黃武七年（二二八）在這一帶別置東安郡，數年後罷廢。[21]侯官所在的建安郡不屬於這些衝突的核心地帶，此處人群與長江下游統治集團的

14 《三國志》，卷五七，〈陸瑁傳〉，頁一三三八。

15 《資治通鑑》（北京：古籍出版社，一九五六），卷七二，頁二二八八。不過，《三國志》及該書裴松之注所引文獻似未有將廬陵、豫章郡土著視為山越的情況。

16 《漢書》，卷二八上，〈地理志〉，頁一五九二；楊守敬、熊會貞疏，段熙仲點校，陳橋驛復校，《水經注疏》（南京：江蘇古籍出版社，一九八九），卷四〇，〈漸江水〉，頁三三七五。

17 《三國志》，卷六四，〈諸葛恪傳〉，頁一四三一。諸葛恪封將軍號的年份，是依他的年歲估算的，《資治通鑑》亦繫於此時，見卷七二，頁二三〇一。

18 《三國志》，卷五五，〈蔣欽傳〉，頁一二八六；卷六〇，〈呂岱傳〉，頁一三八三—一三八四。

19 《三國志》，卷六〇，〈賀齊傳〉，頁一三七七—一三七八。

20 《三國志・吳書》主要參考吳國官修之韋昭《吳書》，為學界通說，參考陳博，〈韋昭《吳書》考〉，《文獻》，一九九六年第三期，頁六八—七七。

21 《三國志》，卷六〇，〈全琮傳〉，頁一三八二。另一說為黃初五年（二二四）設，七年（二二六）廢，見同

關係當然也更遠。（參見附圖三、四、五）

關於越人及「越」的異族性或非華夏性，還可以從周處（二三六—二九七）《陽羨風土記》看到端倪。該書早已散失，有佚文曰：

> 越俗，飲讌即鼓，拌以為樂。取大素圜柈，以廣尺五六者，抱以着腹，以右手五指更彈之以為節。舞者蹀地擊掌以應，柈節而舞。[22]

又有文曰：

> 越俗性率朴，意親好合，即脫頭上手巾，解要間五尺刀以與之為交。拜親跪妻，定交有禮，俗皆當於山間大樹下，封土為壇，祭以白犬一、丹雞一、雞子三，名曰「木下雞犬五」。其壇地人畏不敢犯也。祝曰：……[23]

前段文字有費解處，但大意可知，是描寫越人宴飲後以大圓盤為鼓打節拍，跳舞的人邊跳邊擊掌以和；後者則敘述越人訂交的禮儀。陽羨是周處的家鄉，即今江蘇宜興，但他所寫的「越俗」，顯然不是自己生活圈的習俗，而是他所聞見的「他者」。逯欽立（一九一〇—一九七三）編《先秦漢魏晉南北朝詩》引《陽羨風土記》越俗祭禮這段文字，特別加上按語：「其所謂越，指當時山越，非春秋時代越人也。」[24]這個說法不錯，周處是以吳越華夏士大夫的身分記述土著風習，但要指出，陽羨其實和山區頗有距離，可見這些越俗也存在於平野。孫堅（一五五—一九一）、孫權的家鄉在今浙江富春，屬於古越地，在他們所建立的政權，「越」卻有異族的意味，毋寧是相當諷刺的。看起來，華夏化也代表著某種程度的自我異化。

以上所述為東漢至西晉的情況，即使到了隋唐之際，東南山區為蠻夷之地的形象也沒有完全褪去。《隋書》載，文帝開皇十年（五九〇）江南動亂，郭衍（？—六一一）隨軍征伐，「乃討東陽、永嘉、宣城、黟、歙諸洞，盡平之」。[25]「洞」是南北朝中晚期以後，漢文文獻中對南方

書卷四七，〈吳主傳〉，頁一一三三—一一三四。

22 《太平御覽》，第五冊，卷五六七，〈樂部一〉，頁四三七引。這段文字也見於汪紹楹校，《藝文類聚》（上海：上海古籍出版社，一九九九年新二版據一九六五年中華書局上海編輯所斷句本影印），卷七三，〈雜器物部〉，頁一二五六；《太平御覽》，第七冊，卷七五八，〈器物部三〉，頁一〇五。但這兩段引文顯然已經修整，不若本文正文所引之存真。

23 《太平御覽》，第四冊，卷四〇六，〈人事部四七〉，頁三七九引。在此版本，「其壇地」作「其壇也」，「也」應該是錯字。參見四部叢刊三編本《太平御覽》（上海：商務印書館，一九三五年據上海涵芬樓影印中華學藝社借照日本帝室圖書寮京都東福寺東京岩崎氏靜嘉堂文庫藏宋刊本影印），同卷，頁二〇〇六—二。

24 逯欽立輯校，《先秦漢魏南北朝詩》（北京：中華書局，一九八三），〈晉詩卷十八〉，頁一〇一九。此書收錄《陽羨風土記》中的訂交祭禮祝語，訂名為〈越謠歌〉。郭茂倩《樂府詩集》將此歌列為「古辭」，逯欽立不同意，故有此按語。參見郭茂倩，《樂府詩集》（北京：中華書局，一九七九年點校本），卷八七，頁一二二二。

25 《隋書》，卷六一，〈郭衍傳〉，頁一七四〇。

土著聚落的通稱。[26]上引文句中涵蓋的地方，都是越人故地，「宣城、黟、歙」尤其是山越大本營。《隋書》所寫，恐怕不僅是歧視性的表述，即使在這個時候，當地還是有非華夏人群。

三世紀之初，南方與北方政權都把山越視為異族，山越怎麼看待自己和主流社會呢？我們當然無從知道，但是以理度之，被優勢集團當作他者的人群，對於那個集團多少也會有同樣的感覺吧。另外，我們還是要問：郡縣有效統治內的社會主體與山越之間有沒有實質性的族群差異呢？在這一點上，一份東漢後期的資料或許可給我們提示。抗徐是丹陽人，為活躍於桓帝時期（一四七－一六七）的名將，據《後漢書》所記，他年輕時擔任本郡宣城縣長（今安徽宣城），「悉移深林遠藪椎髻鳥語之人置於縣下，由是境內無復盜賊。」[27]宣城往南即是山區，也就是後來山越的集中地。事實上，東漢後期已經有「山越」、「越寇」的說法了，[28]《後漢書》所謂「深林遠藪」之人無疑即是山越，抗徐的傳記形容他們為「椎髻鳥語」，語言服貌與華人不同。

山越所說的「鳥語」是華夏語還是古越語的遺留，或是兩者的某種混合？都有可能。語言演變很快，說同種語言的人群分離若干年歲，後代就會漸漸聽不懂彼此的話（mutually unintelligible），如果漢晉之際山越說的是主流社會的人感覺異樣或難以了解的華夏語，出於歧視的心理，還是有可能被形容為「鳥語」。另一方面，說古越語的人群曾經有過強大的力量，建立起吳國和越國，留下大量的越語人名和地名，也有少數語言資料存於文獻。這在中國歷史上是很特殊的。[29]秦漢之際，江南顯然還有講越語的人，《太平寰宇記》引《吳越春秋》曰「秦徙大越鳥語之人置朁」，「朁」即後來的於潛縣，但「於潛」恐為越語原名，「朁」反而是華夏化的省字。[30]東漢、三國之際，江南大部分的縣級地名都還是越語，如烏程、烏傷、於（讀烏）潛、餘暨、餘姚、餘杭、餘汗（讀干）、于湖、由拳、會稽、故鄣、句容、句章、太末（大末）、鄞，縣級以下的地名就更不用說了。此外，西、東晉之交的郭璞注揚雄《方言》有言：「今江南山夷呼虎為䖘，音狗竇」，明顯不是華夏語詞。[31]在上述背景之下，孫吳時代，如果山深距城遙遠之處還有人講越語或越語和華夏語的混合，並非不可想像之事。至於浙南、福建等遠離主流社

---

26 川本芳昭，〈六朝における蠻の理解についての一考察〉，頁四五五—四六六。

27 《後漢書》（北京中華書局點校本），卷三八，〈度尚列傳〉，頁一二八六。

28 《後漢書》，卷八，〈孝靈帝紀〉，頁三三〇；嚴可均校輯，《全上古三代秦漢三國六朝文·全後漢文》（北京：中華書局，一九五八年影印），卷一〇三，〈費鳳別碑〉，頁六—七。〈費鳳別碑〉錄文原出洪适《隸釋》，《四部叢刊三編》本（上海：商務印書館，一九三五年據上海涵芬樓影印固安劉氏藏明萬曆刊本影印），卷九。

29 古越語文獻見《說苑·善說》的越人歌及《越絕書·吳內傳》的維甲令。語言學家曾根據不同的語言——如南島語、壯語、泰語——對這些文獻進行解讀，但顯然尚未達成共同的認識。有關討論見泉井久之助，〈劉向「說苑」卷第一の越歌について〉，《言語研究》二二、二三合冊（一九五三年三月），頁四一—四五；鄭張尚芳著，孫琳、石鋒譯，〈《越人歌》解讀〉，收入南開大學中文系《語言研究論叢》編委會編，《語言研究論叢》第七輯（天津：語文出版社，一九九七），頁五七—六五；鄭張尚芳，〈句踐「維甲」令中之古越語的解讀〉，《民族語文》，一九九九年第四期，頁一—八。

30 《太平寰宇記》，卷九三，〈江南東道五〉，頁一八六六。此句不見今本《吳越春秋》。

31 周祖謨，《方言校箋》（北京：中華書局，一九九三年據一九五一年巴黎大學北京漢學研究所本影印），卷八，頁五一。

會的地區，講非華夏語應該就是常態了。[32]

以上的討論，簡單說，是在試圖揭示，孫吳政權和其所代表的社會主體（其實不能完全代表）與山越之間的關係是有族群性的，這個性質有多強，形態為何，難以細判，但是明確存在。再來要談山越的組成和實際性質：他們是以因戰亂脫離郡縣統治的逃戶為主，抑或自來就是具有獨立性的人群？也就是，他們在當時的社會結構中，位置為何？

在這個問題上，距離長江下游遙遠的浙南、閩北與國家和華夏社會關係不深，當地住民大體為世居土著，當無疑義，今皖南、浙西、贛東北的山越情況如何，則須稍予討論。在這一點上，《三國志．吳書》對西元二三四年諸葛恪欲伐山越的記述提供了最清晰的資訊。關於諸葛恪自求入山，該書是這樣描述的：

> 恪以丹楊山險，民多果勁，雖前發兵，徒得外縣平民而已，其餘深遠，莫能禽盡，屢自求乞為官出之……。眾議咸以丹楊地勢險阻，與吳郡、會稽、新都、鄱陽四郡鄰接，周旋數千里，山谷萬重，其幽邃民人，未嘗入城邑，對長吏，皆仗兵野逸，白首於林莽。逋亡宿惡，咸共逃竄。山出銅鐵，自鑄甲兵。俗好武習戰，高尚氣力，其升山赴險，抵突叢棘，若魚之走淵，猨狖之騰木也。……每致兵征伐，尋其窟藏。其戰則蠭至，敗則鳥竄，自前世以來，不能羈也。[33]

這段文字有三點值得注意。第一，孫吳雖曾屢次征討山越，諸葛恪認為，那些行動掠奪到的，不過是「外縣平民」。「外縣」是指靠近孫吳核心區的地方，「外」是就山地的觀點而言；「平民」照字義，則為一般老百姓，這裡大約指居處鄰近編戶的人。第二，諸葛恪的對象是「幽邃民人」，一生都在山林，而且「前世以來，不能羈也」，顯然是世居山地的人群。第三，諸葛氏也說，「逋亡、宿惡」跟「幽邃民人」共同逃竄，但他們並不是山居者的主體，如果要以這段文字來指稱山越主要來自漢人入山，就不符合文意了。

諸葛恪征伐成功，擄獲大量民眾後，孫權派薛綜（？—二四三）前往勞軍。薛綜致諸葛恪的賀文有言：「山越恃阻，不賓歷世，緩則首鼠，急則狼顧。……皇帝赫然，命將西征，……元惡既梟，種黨歸義，蕩滌山藪，獻戎十萬。」[34]這段文字也顯示，山越向來沒有臣服於華夏郡縣的統治（「不賓歷世」），但從「緩則首鼠」之語看來，也非完全無關，至於「種黨」、「獻戎」

32 川勝義雄曾對山越的語言問題有所討論，見〈孫吳政権と江南の開發領主制〉，收入其著，《六朝貴族制社會の研究》（東京：岩波書店，一九八二），頁一五三—一五四。他不同意呂思勉和唐長孺對山越族群性質的看法，見同書頁一五四—一五六。

33 《三國志》，卷六四，〈諸葛恪傳〉，頁一四三一。關於引文最後一句，《冊府元龜．將帥部》作「其戰，勝則鑱至……」，或許是正確的原文。見王欽若撰，《冊府元龜》（北京：中華書局，一九六〇年影印明刻本），卷四二六，〈將帥部．招降〉，頁五〇七三—一。

34 《三國志》，卷六四，〈諸葛恪傳〉，頁一四三一。

云云，都有非我族類的意味。山越作為具有獨立性的人群，有時也可以從他們與郡縣並舉的書寫透露出。譬如，黃蓋（一四五—二二二）詐降曹操（一五五—二二〇）時上書有言：「孫氏……用江東六郡山越之人，以當中國百萬之眾，眾寡不敵，海內所共見也。」[35]「六郡」與「山越」是孫吳統治下兩個分立的元素。此外，朱治是丹陽郡故鄣縣人，追隨孫堅、孫策、孫權父子各處征討，他年邁時思念故鄉，「自表屯故鄣，鎮撫山越」。朱治當是縣治或其附近的人，他歸鄉駐軍，來威震安撫周遭的治外人群。[36]

從漢末到三國，浙江中北部與皖南的山越顯然是具有不等獨立程度的人群，浙南和福建的「越人」就更不必說了。我們是否知道，或能否推測，他們的政治社會文化形態？西漢中期至南北朝的東南人群有個特色，就是資訊很少，幾乎沒有族稱，山越是例外，從三國之後到南朝梁，史籍中這塊地區又歸於沉寂，一直要到陳霸先崛起廣州，情勢才有變化。個人瀏覽有關此地的傳世史料，唯一見到的重要早期文化特徵是，當地流行懸棺葬，也就是，人死後停棺於山上岩石間、峭壁上以為葬。三國吳沈瑩《臨海水土志》載今溫州瑞安之民：「父母死亡，殺犬祭之，作四方函以盛屍。飲酒歌舞畢，仍懸着高山巖石之間，不埋土中作塚槨也。」[37]今閩西北建安郡亦有此俗，梁蕭子開《建安記》美稱為「懸棺仙葬」。[38]浙南與閩北不屬山越核心區，以上所述不足以說明與孫吳關係最密之山越的文化狀態，但以此例彼，皖南、浙中的人群若仍保有相當程度的土著文化，也是情理中事。前引周處《陽羨風土記》記述越俗，朋友訂交祭以白犬，就和浙南殺犬祭父母有相似之處。[39]

東南人群闃然無聞到極少表現族群色彩的情況，不但不同於長江流域的「蠻」，也與嶺南、交州有差異。這種情況可能意味，這裡的人群零散而地位平等，缺乏大型、階層化的有力組織。這跟三國時長江中游的「蠻」有「夷王」（朴胡、梅敷、梅頤），是非常不同的。[40]在漢末三國時期的江南，山越當然有領導者，如史籍中所稱的「渠帥」、「魁帥」、「賊帥」，有的甚至為曹魏所知，費棧就是這樣的人物，[41]但他們的勢力似乎缺乏政治架構或強大共同體的支撐。至於

35 《三國志》，卷五四，〈周瑜傳〉，頁一二六三裴松之注引《江表傳》。

36 《三國志》，卷五六，〈朱治傳〉，頁一三〇五。

37 《太平御覽》，第七冊，卷七八〇，〈四夷部一〉，頁二六〇引。《臨海水土志》一書異稱甚多，見劉緯毅，《漢唐方志輯佚》，頁五七。

38 《太平御覽》，第一冊，卷四七，〈地部十二〉，頁三八六，「闌干山」條引；另見同頁「武夷山」條。又可參《太平寰宇記》，卷一〇一，〈江南東道十三〉，頁二〇一六，「建陽縣」條。再往西南的贛南也有此俗。見《太平御覽》，第八冊，卷八八四，〈神鬼部四〉，頁九四四引南朝宋鄧德明《南康記》。許多其他華南內陸地區亦有。

39 《隋書．地理志》載今浙江中南、閩北、江西有畜蠱的習俗，亦可參考。見《隋書》，卷三一，〈地理下〉，頁八八七。

40 《三國志》，卷一，〈武帝紀〉，頁四六；卷五六，〈朱然傳〉，頁一三〇七；卷五八，〈陸遜傳〉，頁一三五一。《晉書》中也記錄了東晉初年的「蠻王」向蠶，見《晉書》（北京：中華書局，一九七四），卷八一，〈鄧嶽傳〉，頁二一三一。

41 《三國志》，卷五七，〈虞翻傳〉，頁一三一八裴松之注引《吳書》；卷五八，〈陸遜傳〉，頁一三四四；卷六〇，〈周魴傳〉，頁一三八七，一三九一；卷六〇，〈鍾離牧傳〉，頁一三九三。

山越的生活方式，顯然以農業經營為主，也會製作金屬器。[42]他們可能也狩獵，前引《三國志・吳書》諸葛恪傳形容山民為「升山赴險，抵突叢棘，若魚之走淵，猨狖之騰木」，不能不令我聯想起臺灣的山地原住民。當漢末三國之際，吳地仍然遍布榛莽山林，孫策、孫權都特好打獵，孫權還曾在今江蘇溧水一帶獵虎。[43]這裡屬於吳地的平原帶，山越所居之處景況如何，可想而知。

總結以上，山越與孫吳政權的關係具有明顯的族群性質，山越的成分主要是獨立於郡縣之外的原住人群，逃戶應該只占少數，至於其文化內涵，則因資料不足，難以具體言說。另外要提出一點，過去學者一般把孫吳轄下的越人都視為山越，但細繹當時史料，「山越」之稱絕大多數用於蘇、皖、浙、贛交界的人群，該地與浙東、浙南被錢塘江上游河谷所分割，說不定是不同的文化區。[44]（見附圖六）

最後要談山越與國家及社會主體的實質關係。在漢末三國，山越與國家最主要的關係當然是雙方歷時將近四十年的衝突。造成這段血腥歷史的原因，顯然不只一端，孫吳政權和山越兩方都有主動的作為。不過學者已經指出，這些事件背後的一個重大因素是，孫吳政權刻意擄掠山越人口，作為兵源，進入軍隊的山越，並不全部成為兵士，也有從事農耕，供給軍糧的。漢朝末年，中國動亂不斷，戶口逃亡甚多，加上社會結構發生變動，私屬人口大增，郡縣領有編戶大減。於是，國家也仿效豪強大族，找尋自己的依附人口，以確保資源，曹魏和孫吳實施屯田制，都出於這個意圖。在江南，山越成為孫吳政權與將領掠奪的對象，前述諸葛恪深入山區的大規模討伐，沒有受到任何挑撥，完全是為奪取人口，還有山越領袖戰敗後交出部屬充作孫吳兵士的。[45]此外，孫吳的兵制大體為世襲，軍士成為將領的家產，世代相傳，將領擄獲人口後，也往往分給下屬。就社會史長期的角度而言，這些行動代表人群破滅，成員受政權與軍隊役使，後代即使被解放，也留在郡縣治下，流入社會主體。在中國歷史上，郡縣的擴大、治外人群的縮減，雖然並非遍地皆然，但確實是廣泛的趨勢，孫吳征伐山越，正是這個過程的極端表現。[46]

孫吳政權擄獲的山越人口，主要作為兵源，但也有編為戶口的情況。建安二十二年（二一七），陸遜破丹陽郡費棧領導的山越，就「彊者為兵，羸者補戶，得精卒數萬人」。[47]吳大帝嘉禾四年（二三五），孫權派人剿除嶺南土著羅厲的勢力，顯然也將餘眾編戶供賦役。[48]在山越方

42 《三國志》，卷六四，〈諸葛恪傳〉，頁一四三一—一四三二。

43 《三國志》，卷四七，〈吳主傳〉，頁一一二〇。孫權的兒子孫奮在南昌也游獵不止。見《三國志》，卷五九，〈吳主五子傳．孫奮〉，頁一三七四。

44 孫吳時代，在漢會稽郡的範圍（即後世浙東、浙南、福建），人群被具體指為「山越」者，僅賀齊破剡縣（今浙江嵊州）斯從記事一例。見《三國志》，卷六〇，〈賀齊傳〉，頁一三七七。另偶有地域指涉模糊的情況。

45 《三國志》，卷六〇，〈鍾離牧傳〉，頁一三九三。

46 關於孫氏政權擄掠山越以為兵源的相關問題，見唐長孺，〈孫吳建國及漢末江南的宗部與山越〉，頁一四—二五；胡守為，〈山越與宗部〉，收入《學術研究》編輯部編，《史學論文集》（廣州：廣東人民出版社，一九八〇），頁一〇—一六；呂春盛，〈三國時代的山越與六朝的族群現象〉，頁一七—一八。胡守為認為，孫吳的將領私兵制，只是兵權世襲，不代表子孫能接收父祖的全部軍隊。

47 《三國志》，卷五八，〈陸遜傳〉，頁一三四四。此事之時點依《資治通鑑》所定，見卷六八，頁二一五三。

48 《三國志》，卷六〇，〈呂岱傳〉，頁一三八五。

面，陸遜所為或許並不是孤例。

前面談過，漢末孫吳之時，國家視山越為蠻夷，兩者之間具有族群性的關係。國家對山越還有一個特殊的觀點，即他們是「惡民」、「宿惡」，需要教化。這些詞彙頻繁見於孫吳史料，大約是當時的公文用語。[49]以山民為「惡」，一方面是出於偏見，另方面恐怕也有合理化出兵行動的涵義。此外，這種用語也反映了一種意識形態，就是國家當以教化為己任，人群臣服於國家，就是「從化」、「慕化」，這在史籍中也有表現。[50]至於多少人把這個意識形態當真，很難說，個人猜測，在當時除了士人和官員，真心相信的恐怕有限。

山越和孫吳政權的關係應該是以衝突為主，但他們和社會主體的關係並不全然如此。在山越研究中，有一個重要的問題，就是山越與「宗部」（或稱「宗伍」）的關係。「宗部」的意思，大約就是親戚同姓之人組成的團體，他們的領袖常被稱為「宗帥」，「宗民」則指成員，也有「宗人」、「宗兵」等說法，至於這種團體與歷史上其他時代、其他地域的宗族有何可能異同，此處姑且不論。史籍中有些關於山越的記載，和宗部一起出現，兩者關係為何，學界有不同的意見。有人主張兩者基本相同，宗部就是有組織的山越，有人以為兩者有區別。[51]一般討論中，和山越有關的宗帥特有三人：斯從、嚴白虎、祖郎，以下分別評析。三人之中，斯從顯然不是山越。《三國志．賀齊傳》有文：「〔斯〕從，縣大族，山越所附，今日治之，明日寇至。」[52]斯從是會稽剡縣人，史文說他為山越所附，則似乎不屬山越，但他的族人的確不住縣治城內。剡縣即後世的嵊縣，四周環山，斯從的族黨與山越關係匪淺。《三國志》記載，孫吳將領太史慈在歸從孫策之前，曾經自稱丹楊（陽）太守，進駐涇縣，「大為山越所附」。[53]太史慈來自山東半島，當然不是山越，上引的表述應可佐證，斯從大概不是山越。

嚴白虎是孫策征戰江南時，所面臨的最大在地勢力之一。他是吳郡烏程「彊族」，但勢力範圍顯然甚廣，史籍中曾稱他為「山賊」。[54]《資治通鑑》胡三省注對這個稱呼的說明是：「嚴白虎有眾萬餘人，阻山屯聚，在吳郡之南」，應是正解。[55]嚴氏的家鄉烏程即今浙江湖州，在太湖南岸平地，但烏程西南則為綿延之山區，他就以此為基地。山區中顯然有山越，但無跡象顯示白

49 《三國志》，卷五二，〈顧雍傳〉，頁一二二八裴松之注引《吳書》；卷五五，〈潘璋傳〉，頁一二九九；〈張溫傳〉，卷五七，頁一三三一—一三三二；卷五八，〈陸遜傳〉，頁一三四四，一三五二；卷六〇，〈呂岱傳〉，頁一三八五；卷六〇，〈鍾離牧傳〉，頁一三九四；卷六四，〈諸葛恪傳〉，頁一四三一。呂思勉認為「宿惡」一定指「中國人」，似乎未必如此。見其〈山越〉，頁六四二。

50 《三國志》，卷五二，〈顧雍傳〉，頁一二二八裴松之注引《吳書》；卷六四，〈諸葛恪傳〉，頁一四三一。

51 有關討論可參見：唐長孺，〈孫吳建國及漢末江南的宗部與山越〉，頁三—一四；胡守為，〈山越與宗部〉，頁一—一〇；施光明，〈山越非山民、宗部解〉，《民族研究》，一九八四年第十期，頁六六—六九；程凌雷，〈建國以來山越研究述評〉，頁四—六。

52 《三國志》，卷六〇，〈賀齊傳〉，頁一三七七。

53 《三國志》，卷四九，〈太史慈傳〉，頁一一八八。

54 《三國志》，卷五六，〈朱治傳〉，頁一三〇三。另參卷四六，〈孫破虜討逆傳・孫策〉，頁一一〇四—一一〇五裴松之注引《吳錄》，頁一一〇七裴松之注引《江表傳》；卷五六，〈呂範傳〉，頁一三一〇。

55 《資治通鑑》，卷六一，頁一九七五。

虎和他們有什麼特別關係。[56]最早把他與山越連在一起的是注《三國志》的裴松之（三七二—四五一），裴氏未必有把嚴白虎視作山越的意思，但可能造成誤導。[57]

至於祖郎，曾被稱為「涇縣山賊」，《三國志》裴松之注引《江表傳》，說袁術（一五五—一九九）曾授官給「丹楊宗帥陵陽祖郎等，使激動山越」，祖郎活躍於丹陽郡中南部的涇縣、陵陽縣，這裡是山越集中之地，他與部眾屬於山越人群的可能性較高。[58]三人之外，有關江南宗部、宗帥的記載還有少數，但除了一位焦已因資料太少難以判斷，其他顯然都與山越無關。[59]舉例而言，鄱陽郡上繚縣是一個宗部重鎮，但不見任何與山越聯手的跡象。[60]

綜上所述，史籍所載的宗部、宗帥中，除了祖郎，都難以視為山越，但其他宗部應有與山越關係密切者，斯從就是明確的例子。我們雖然不知道為什麼山越會和特定的宗部來往，這至少顯示，山越——特別是接近平地或城邑的山越——有時和社會主體頗有交接，而主流社會成員對待治外人群的態度，未必與政權或軍政領袖一致。至於宗部的社會位置，大抵在郡縣治下，是具有濃厚共同體色彩的集團，承平時期應已存在，漢末大亂後其勢力與獨立性更增。

以上討論有關山越的三個問題：族群色彩、游離於郡縣和社會主體之外的人群性格、與國家和社會主體的多重關係，希望能夠增益我們對於這些群體的了解。山越崛起於漢末巨變之際，他們在史籍中所顯露的種種樣貌，可能因為處於特殊的情勢而與平時有差異，但也正是亂局所帶來的放大顯影效果，讓我們有機會觀察到難得出現於士人與國家書寫中的東南土著。其他早期的東南人群就沒有這樣的機會了。

最後談一下山越後裔的問題。前面提過，三國之後，特定人群意義的「山越」名稱罕見，從西晉到南朝齊、梁，傳世文獻中幾乎不見蹤影，陳、隋後才又出現，但意義常變得寬泛。[61]這裡要指出，孫吳以後，其實史籍中還是有山越後裔的紀錄，這些人也幾乎都是和反亂相連結的，只是他們沒有背負「山越」或其他具有族群意味的標籤。一個明顯的例子是位於當今皖南的宣城郡。史籍記載，東晉成帝咸和二年（三二七）蘇峻（？—三二八）亂起，宣城內史桓彝（二七六—三二八）想馳援朝廷，長史裨惠「以郡兵寡弱，山民易擾」，勸他先按兵不動。[62]宣城的山

56 吳末帝孫皓寶鼎元年（二六六）分吳郡、丹楊郡九縣為吳興郡，治烏程，一個主要理由就是「鎮山越」。見《三國志》，卷四八，〈三嗣主傳．孫皓〉，頁一一六六裴松之注引孫皓詔書。

57 裴松之對嚴白虎的評論見《三國志》，卷四六，〈孫破虜討逆傳．孫策〉，頁一一一二。原文如下：「于時彊宗驍帥，祖郎、嚴虎之徒，禽滅已盡，所餘山越，蓋何足慮？」

58 以上引文見《三國志》，卷四六，〈孫破虜討逆傳．孫策〉，頁一一〇一；卷五一，〈宗室傳．孫輔〉，頁一二一一。其餘有關資料見卷四六，〈孫破虜討逆傳．孫策〉，頁一一〇四；卷五〇，〈嬪妃傳．孫破虜吳夫人〉，頁一一九五；卷五五，〈程普傳〉，頁一二八三；卷五六，〈呂範傳〉，頁一三一〇。

59 焦已活動範圍似與祖郎接近，但訊息只一見，難以多談。見《三國志》，卷四六，〈孫破虜討逆傳．孫策〉，頁一一〇四。

60 見《三國志》，卷一四，〈劉曄傳〉，頁四四三—四四四；卷四六，〈孫破虜討逆傳．孫策〉，頁一一〇四；卷四九，〈太史慈傳〉，頁一一八九；《資治通鑑》，卷六二，頁二〇一一。

61 見本文註八。

62 《資治通鑑》，卷九三，頁二九四八。同樣的記述，在《晉書》，「山民易擾」作「山人易擾」，《晉書》成於貞觀年間，顯然是避唐太宗的名諱，所以這裡取《資治通鑑》的語句。參見《晉書》，卷七四，〈桓彝

地在該郡南部，就是漢末孫吳山越集中之地。梁武帝天監九年（五一〇），此地則有「山賊」吳承伯起事，蔓延至南邊的新安郡，即後世徽州之地，更是原來山越的大本營。[63]這些「山民」、「山賊」恐怕大都是山越後裔，即使到六世紀，也未必都華夏化了。另外還有梁武帝時會稽山賊屢起的記載。武帝中大通二年（五三〇），山賊聚集，攻打會稽郡諸縣；大同三年（五三七）山賊又起；太清三年（五四九）再有山賊田領羣（羣或作郡）起事。[64]會稽郡除了杭州灣南部一帶，大多為山地，也是廣義的山越舊地，這些「山賊」大概也多孫吳時越人之後。簡單說，從西晉到南朝，即使在接近華夏核心區的蘇南、皖南、浙北，山間仍有疏離於郡縣統治的人群，其中如果有越人文化和認同的持續，也是情理中事。

三、從姓氏看東南原住人群

本文要探討的第二個課題是早期中國東南（漢末至隋代）原住人群的姓氏。姓氏制度形成早而普遍，是中國社會的一大特色，世界史上罕有其匹，秦漢以後，與華夏有密切接觸或受其影響的人群受此沾染，往往也使用相同或類似的命名方式。就史籍所見，西漢東甌、閩越國人尚未使用漢式姓氏制度（兩國亡於漢武帝元封元年，西元前一一〇），漢末該地訊息再現，住民幾乎都帶漢姓。以此，姓氏研究或許可以成為認識早期東南人群的一道途徑。[65]不過，整體來說，華南姓氏是相當貧瘠而不穩定的資訊。根本原因在於，華南本土語言大都和漢語一樣，具有強烈的單音節性格，造成原住民大量直接採用漢姓（有時也自創漢式姓氏），土著與華夏經常難以分辨，這和華北阿爾泰與伊朗語系背景的胡人名字易於識別，剛好形成鮮明的對照。[66]此外，早期華南土著地域的姓氏資料稀少，分析不易。但是如本文起始所說，研究基層與非主流社會，特別是較

傳〉，頁一九四〇。

63 《梁書》（北京中華書局點校本），卷一五，〈謝覽傳〉，頁二六五；卷二一，〈蔡撙傳〉，頁三三三；《南史》，卷二九，〈蔡撙傳〉，頁七七五。吳承伯是郡吏，顯然為當地有力人士，他的起事似乎也有宗教色彩。

64 中大通二年事見《梁書》，卷三，〈武帝下〉，頁七四。大同三年事見《隋書》，卷二一，〈天文下〉，頁五九五；卷二三，〈五行下〉，頁六六四。田領羣見《梁書》，卷四四，〈南郡王大連傳〉，頁六一六；《冊府元龜》，卷二九〇，〈宗室部．立功第一〉，頁三四一五—二。此外，南齊武帝永明四年（四八六），寓居桐廬的富陽人唐寓之起事，並攻襲錢塘（今杭州）和東陽郡，桐廬、富陽在錢塘江西岸，亦多山地，唐氏也有「山賊」之稱。見《南齊書》，卷三，〈武帝紀〉，頁五一；卷四四，〈沈文季傳〉，頁七七六—七七七；《南史》，卷三一，〈張稷傳〉，頁八一七。

65 漢初東甌、閩越王族及軍將絕大多數未使用漢式姓名（姓＋名），以下諸例可證：搖、無諸、郢、餘善、丑、敖、居股、說、福、多軍、甲。統治階層如此，一般民人如何，可想而知。見《史記》，卷一一四，〈東越列傳〉；《漢書》，卷六四上，〈嚴助傳〉。東甌、閩越所統地相當於後日的浙江南部與福建北部，該地命名習俗之華夏化，應該經歷了相當長的時間，可惜尚無資料可證。又，在一九五八年發現的福建崇安漢城，許多陶器和瓦上印有文字，有些看來是漢姓或漢式姓氏，但以該遺址不易斷代，資訊過於孤立，此處不論。參見楊琮，〈福建崇安城村古城遺址出土文字及考釋〉，《東南文化》，一九九三年第一期，頁一一八，一二三。

66 華南本土語言顯然主要是壯侗語（Tai-Kadai languages）和苗瑤語（Hmong-Mien languages）。北亞具有相似性的語言為同源之阿爾泰語（Altaic languages）的說法恐怕難以成立，此處姑用之。

早年代，往往面臨史料闕如的狀態，對此，我們有尋求突破的責任，不能任憑歷史知識集中於有限的課題。姓氏研究就是本文尋求突破的實踐。我將盡量蒐集早期東南的姓氏資料，再參考其他——包括後代的——訊息，希望對這些零碎的資料提出恰當的解釋。說不定，有關東南原住人群的重要新認識能夠從這樣的工作中迸發出來。

㈠早期華南姓氏的一般狀況

本節企圖根據姓氏資料進行有關早期東南人群的探索。個人以為，要評估東南住民姓氏的涵義，必須先對華南的姓氏有廣泛的了解。為此，我對從漢到隋的華南姓氏資料做了兩個基本考察：第一是自今湖南以東、五嶺以北的主要姓氏，但排除了華夏化最深的吳地（太湖周邊），會稽郡的平原帶則列入；第二是華南的原住民姓氏，地域擴及嶺南、湖北、四川東部。我把蒐集的主要成果列於附表一和附表二，分別說明，以揭示華南姓氏的若干特點。

首先是附表一。這個表蒐羅的是特定地域的姓氏資訊，地域背景不明確的姓氏則不收入。我們現在掌握的早期華南姓氏資料雖然不多，但要全部羅列，也會過於繁雜。此表對本文所探討的東南以外地域的資料，僅部分呈現，目的在展示華南姓氏的大略樣貌。

從附表一看來，華南姓氏有幾個值得注意的形態。第一，有些姓氏有地域的獨特性，具體來說，各地都有不見或少見於其他地區的姓氏。以下是幾個明顯的例子。湖南長沙及其附近的大姓烝就很獨特，該地還有一些他地罕見的較小姓氏，如這、逄（未收入附表）。[67]江西也有特殊姓氏，如湛（諶）、修（脩）、喻、危、淡。由於資料有限，以上所舉例子未必完全正確，但這裡想指出的是，獨特姓氏是重要現象，它們可能是土著自創，或雖從外來但為土著所特愛的姓氏，可以作為追溯或判斷原住人群的標記（markers）。以前舉姓氏為例，長沙大姓中的烝姓顯然出自今湖南衡陽一帶的地名，該地有河流烝水（又名承水，今名蒸水），有行政區域烝陽、臨烝。[68]在江西方面，脩、修為臨川郡、廬陵郡大姓，臨川之北的豫章郡（郡治在今南昌）有河脩水，脩水中游有縣永脩，脩（修）姓可能也出於河名。[69]更有趣的是，南朝有人姓東陽，如撰有《齊諧記》的南朝宋東陽无（無）疑，應該就是東陽郡人以郡名為姓。東陽郡治在今浙江金華，孫吳於西元二六六年所設，可見有東南土著得姓甚晚。[70]

67　魏斌，〈吳簡釋姓——早期長沙編戶與族群問題〉，收入武漢大學中國三至九世紀研究所編，《魏晉南北朝隋唐史資料》第二四輯（武漢：武漢大學出版社，二〇〇八），頁二一五—二一六。

68　王子今、馬振智，〈烝姓的源流——讀《嘉禾吏民田家莂》札記〉，《文博》，二〇〇三年第三期，頁四六—四九。

69　梁洪生，〈唐以前江西地方姓望考〉，收入中國地理學會歷史地理專業委員會《歷史地理》編輯委員會編，《歷史地理》，第十輯（上海：上海人民出版社，一九九二），頁八一—九〇，特見頁八三，八八，九〇。

70　南朝宋東陽无（無）疑撰有《齊諧記》，該書多記東陽郡事。見李劍國輯釋，《唐前志怪小說輯釋》（上海：上海古籍出版社，一九八六），頁五三六；魯迅，《古小說鉤沉》，收入《魯迅全集》（台北：唐山出版社，一九八九），第二卷，頁二三一—二三六。

第二，早期華南也有遍布各地的姓氏，其中最常見的是黃，即使就當前斷簡殘篇所見，從湖南到福建，無處不有。另外如周、陳、吳見於大部分主要地區，胡、朱、張傳布也很廣。華南何以會有遍布各地的大姓？這裡可以提出的是，四個最普遍的姓氏（黃、周、陳、吳）之中，除了吳，都是土著性格極強的姓。其中以黃和陳最突出，幾乎所有的原住人群中都有（見附表二）。普及程度較次的姓氏中，張的土著色彩也很強，獨不見於形跡最隱晦的溪人。華南很早就存在遍見各地的姓氏，原因何在，是否有少數姓氏在土著世界中大量傳布，是值得注意的問題。

第三，在獨特與遍布各地的姓氏之外，還有區域性比較明顯的姓。以胡為例，這個姓氏雖然出現在不少地方，但最主要還是分布於江西，是該地的大姓，從北部的豫章郡到最南的南康郡都有。[71]另如熊姓，從漢末以降都是豫章郡大姓；區（讀歐）則在今湖南南北都很醒目。[72]姓氏的區域性所呈現的，顯然是特定範圍的姓氏傳播現象，我們可以考慮這類情況的特點、機制及其涵義。

至於附表二，則是根據學者研究所得，蒐羅漢至隋的華南土著姓氏，其中有些資訊是否準確，尚待細考，但大體可從。這個表中的姓氏展現了兩個主要現象。首先，有幾個姓氏遍布於各原住人群，除了前面提及的黃、陳、周、張，李也很普遍，見於多處的蠻，俚人中也常有。其次，有若干姓氏主要出現在特定人群——雖然有些人群，如蠻、俚，分布地區很廣，內部成分可能很複雜，絕非單一族群。舉例而言，譚（覃、潭、鐔）、向、田、文、魯、梅、樊、冉是蠻人大姓，其中梅氏、向氏、田氏、冉氏尤其分布廣，擁有強大的部族力量；洗（冼）、馮、鍾等則為特見於俚人的主要姓氏。又如，史籍中南朝陳和中唐都有黃洞或黃洞蠻，在不同地域，所謂「黃洞」，就是以黃為姓的部族。[73]簡言之，由於漢唐之際的華南遍布尚未華夏化或華夏化程度尚淺的原住人群，這些人群又往往使用特定的姓氏，有的為漢人常姓，有的則罕見於漢人或為土著所自創，探討華南姓氏時，也應當留意它們的族群關聯。

綜合而言，從以上對早期華南姓氏的一般觀察，我們看到了幾個主要問題：姓氏的獨特性、遍見性、區域性與土著性。這幾個現象的發掘將有助於以下對於東南人群的討論。

(二) 皖南、浙西姓氏

現在進入安徽南部與浙江西部姓氏的問題。如本文起始所云，這個地區主要指安徽在長江以

71 梁洪生，〈考古資料中的唐以前江西姓氏考察〉，《江西文物》，一九九一年第二期，頁七六；魏斌，〈南朝前期豫章郡的豪族──圍繞胡、鄧二氏為中心的考察〉，收入武漢大學中國三至九世紀研究所編，《魏晉南北朝隋唐史資料》第十九輯（武漢：武漢大學出版社，二〇〇二），頁八〇─九一。

72 關於熊姓，見梁洪生，〈唐以前江西地方姓望考〉，頁八二─八六。區姓見本文附表一第一、二欄。

73 見《陳書》，卷一一，〈淳于量傳〉，頁一八〇；卷二五，〈孫瑒傳〉，頁三一九；《新唐書》（北京中華書局點校本），卷七，〈憲宗皇帝紀〉，頁二〇九；卷八，〈穆宗皇帝紀〉，頁二二二，二二五─二二六；卷八，〈敬宗皇帝紀〉，二二七─二二八；卷二二二下，〈南蠻下・西原蠻〉，頁六三二九─六三三二。《陳書》中的黃洞在今廣東北部，中唐的黃洞則約在今廣西西南部。

南部分的山區，但也包含浙西一小塊，約略相當於漢代丹陽郡的南半，或西晉宣城郡的大部與新安郡，核心地帶為後世的徽州，也就是前節所指的山越核心區。（參見附圖一、五、六）在開展討論之前，要說明一點，由於目前所見早期東南人群姓氏不多，資料的樣本代表性不明，如果考察全部已知姓氏，將繁雜而重複。我要做的，是提出相當數量能取得比較具體認識且有形態意義的事例，每一地區都依照這個方式處理，看能歸結出怎樣的推論。

以下討論本地區若干姓氏：

一、周。在早期華南，周是遍布各地的姓，土著中亦常見，在本區的周姓資料中，也有確知為山越者。[74]漢代以降，周是非常普遍的華夏姓氏。就《漢書》、《後漢書》、《三國志》所見，在北方，周姓分布大多偏東，即後世河南東半、山東、安徽至江蘇北部一帶，但北方其他區域乃至蜀地也有。至於南方，以東部為多，長江下游南北都有周姓，如孫吳大將周瑜就是今安徽舒城人，吳晉之際的周處則為今江蘇宜興人。史籍中的人物絕大多數屬於統治階層，何人進入史籍，也有偶然因素，有關他們的訊息不足以作為社會一般狀態的代表，但《漢書》等仍然透露，黃河下游往南至長江下游流域有許多周姓人群。[75]此外，墓葬磚文中也見到西晉時浙江餘姚有周姓人士。[76]從地緣關係看來，本區土著中的周姓可能主要得自附近的華夏地區，少數或許是從鄰接（如江西）原住人群中傳來的。[77]整體而言，本區的周姓是姓氏區域現象的一部分，也可能有土著性格。

另外要說明，早期中國平民的名字可能最集中見於居延漢簡。不過，簡中籍貫訊息甚少，而且居延是邊陲屯戍之地（在今內蒙古額濟納旗一帶），有籍貫資料的吏員戍卒大多來自附近的河西走廊，河西原非華夏地，西元前一二一年始為漢武帝所征服，該處漢人居民幾乎都是新近移民及其後裔，他們的姓名也無法透露北方姓氏的分布狀態。對於這批資料，本文只能偶爾利用。[78]

二、陳。陳的分布形態與周相似。陳姓在華南很普遍，土著中分布尤廣，本區陳姓資料中，也有確知為山越者。[79]在全國範圍內，依早期史籍所見，陳是華夏大姓，分布遍於北方各地以及長江中游、蜀地，似乎比周姓傳衍更廣，長江下游南北也相當多，特別是當今之皖北、蘇北、浙

74 《三國志》，卷六四，〈諸葛恪傳〉，頁一四三一（周遺）。另一周姓資料見《晉書》，卷七〇，〈鍾雅傳〉，頁一八七七（周玘）。

75 《漢書》、《後漢書》、《三國志》中人物出身資料可在以下工具書中快速尋得：倉修良主編，魏得良、王能毅副主編，《漢書辭典》（濟南：山東教育出版社，一九九六）；張舜徽主編，崔曙庭、王瑞明副主編，《後漢書辭典》（濟南：山東教育出版社，一九九四）；張舜徽主編，崔曙庭、王瑞明副主編，《三國志辭典》（濟南：山東教育出版社，一九九二）。

76 餘姚梁輝鎮九頂山西晉武帝太康八年（二八七）墓有磚銘：「會稽孝廉故郎中周君都船君子也」，意思不甚清楚。見鄭睿瑜，〈浙江地區六朝墓葬的考古學研究〉（西安：西北大學考古學碩士論文，二〇一七），頁九八。

77 參見本文附表二第七欄。

78 李振宏、孫英民，《居延漢簡人名編年》（北京：中國社會科學出版社，一九九七）。就籍貫資料所見，簡中所記大部分人來自居延所在的張掖郡。

79 《三國志》，卷六〇，〈賀齊傳〉，頁一三七八（陳僕）。另一陳姓資料見《晉書》，卷二九，〈五行下〉，頁九〇六（陳焦）。另參本文附表一、二。

北。和周姓一樣，本區陳姓可能同時得自附近的華夏地區以及周邊之土著。

三、吳。這也是華夏常見姓氏，鄰近本區的贛北、浙北、蘇南、蘇北都有此姓。吳姓極早就進入東南原住人群。西元前二世紀末，漢武帝時，東越國（由閩越分出）有貴族名為吳陽，這是東甌、閩越統治集團中罕見有漢式姓名者。吳陽曾經入漢，他使用華夏式姓名，不知是否與此有關。[80]更早，在今江西北部號稱「番君」（鄱君）的吳芮（西元前？—二〇一）（秦鄱陽令、漢長沙王），於秦漢之際「率百越佐諸侯」，也有土著色彩。[81]皖南的吳姓可能華夏與周邊土著的來源都有。[82]

四、方。方姓出現甚早，漢昭帝始元三年（西元前八四）的居延漢簡即有張掖觻得人方子惠，史籍中也有二位西漢至新莽時方姓人士，分別出身今陝西、山東。[83]不過整體而言，在秦漢與中古中國，方姓罕見，而且就現有資料所見，約半數出於皖南山地和周邊地區。從東漢到魏晉南北朝，方姓知其背景者僅有三位，一是丹陽郡歙縣人，一是江西中部人（廬陵郡），一是閩北人（建安郡）。最後一位（山酋方善）顯然是土著，後漢歙人方儲（？—九三）是士人，但家鄉就在山越核心區，大概是華夏化的土著。[84]此外，浙江淳安（新安郡遂安縣）有東晉海西公太和三年（三六八）的方家墓葬。[85]根據以上訊息，南齊宦官方佛念應當也是東南本地人。[86]至於隋唐，方姓者仍蹤跡寥然，目前搜得知其出身地者八人，其中二位出於皖南、浙西的山越故地，一位來自附近的杭州，另有四位零星分布於華北和華中，還有一人是西原蠻（在今廣西西南）。[87]很明顯，雖然可能由北方傳來，本區為方姓的集中地，在本區及其周邊，這是土著色彩頗強的姓氏。

80 關於東南土著中吳姓的討論，參見陳連慶，《中國古代少數民族姓氏研究》（長春：吉林文史出版社，一九九三），頁二三二。吳陽事見《史記》，卷一一四，〈東越列傳〉，頁二九八三；《漢書》，卷九五，〈西南夷兩粵朝鮮傳．閩粵〉，頁三八六二—三八六三。

81 《史記》，卷七，〈項羽本紀〉，頁三一六。另見《漢書》，卷三四，〈吳芮傳〉，頁一八九四—一八九五。

82 皖南山地吳姓見《梁書》，卷一五，〈謝覽傳〉，頁二六五；卷二一，〈蔡撙傳〉，頁三三三；《南史》，卷二九，〈蔡撙傳〉，頁七七五（吳承伯）。

83 李振宏、孫英民，《居延漢簡人名編年》，頁一二（方子惠）；《漢書》，卷一九下，頁八四四（方賞）；《後漢書》，卷一上，頁一八；卷一一，頁四七三（方望）。如前所述，方子惠應為新近移民或其後裔。

84 徐堅等，《初學記》（北京：中華書局，二〇〇四年第二版），卷二八，木部「松第十三．事對．棲鸞繫馬」，頁六八六引謝承《後漢書》；《太平御覽》，第四冊，卷四一一，〈人事部五二〉，頁四〇八引謝承《後漢書》（方儲）；《南齊書》，卷一八，〈祥瑞〉，頁三六三（方元泰）；《梁書》，卷二一，〈孫僉傳〉，頁三二七（方善）。

85 鄭睿瑜，〈浙江地區六朝墓葬的考古學研究〉，頁九七。

86 《南史》，卷七七，〈恩倖傳．茹法珍〉，頁一九三五。

87 出身皖南、浙西山地者有方清和方良琨。前者見《舊唐書》，卷一三二，〈李芃傳〉，頁三六五四；《新唐書》，卷四一，〈地理五〉，頁一〇六七；獨孤及，〈賀袁傪破賊表〉，收入《毘陵集》（《四部叢書初編》據上海涵芬樓藏趙氏亦有生齋刊本影印；上海：商務印書館，一九一九），卷四（《全唐文》〔台北：大通書局，一九七九年影印〕卷三八四）。後者見《冊府元龜》，卷一四〇，〈帝王部．旌表第四〉，頁一六九〇—二；卷八〇四，〈總錄部．義第四〉，頁九五五九—二；《新唐書》，卷一九五，〈孝友傳〉，頁五五七七。方清為代宗朝（七六二—七七九）前期皖南「山賊」，頗見於史籍。方氏出於杭州者見《新唐書》，卷一九五，〈孝友傳〉，頁五五七六（方宗）。其他地區方姓人士可見周叔迦、蘇晉仁校注，《法苑珠林校注》（北京：中華書局，二〇〇三），卷六四，〈漁獵篇．引證部．感應緣〉，頁一九一八—一九一九（方山開，亦見李昉等編，《太平廣記》〔北京：中華書局，一九六一年點校本〕，卷一三二，〈報應三十一〉）；《舊唐書》，卷五三，〈李密傳〉，頁二二一八（方獻伯）；《新唐書》，卷一九〇，〈杜洪傳〉，頁五四八五（方詔）；《新唐書》，卷二二二下，〈南蠻下．西原蠻〉，頁六三二九（西原蠻首領方子彈）；〈唐故溫縣主簿方君墓誌銘〉，收入吳鋼主編，《全唐文補遺》第九輯（西安：三秦出版社，二〇〇七），頁四五六（方禮）。

五、留。這是東南的特殊姓氏，或許為土著所自創，留待有關浙江中南的部分討論。

六、向。向是著名的蠻人大姓，從長江中游原住人群傳播至此的可能性相當高。[88]

七、金。在秦漢與中古，金是罕見姓，魏晉南北朝及其前見於史籍者，幾乎全部集中於西北，而且多為胡人和羌人，隋唐以後則以新羅人為主。[89]然而在此背景下，遠離西北的東南亦有金姓，歙縣山越有首領名金奇，[90]金奇以後，晚唐詩人金昌緒為杭州人，另有小說中的中晚唐天台道士金柔。後兩人的地緣關係為浙江中北部，接近皖南。[91]宋元以後，金姓聞名者漸出，大抵為此地區人士，如南宋初金安節（一〇九四—一一七〇）為安徽休寧人，宋元之際理學家金履祥（一二三二—一三〇三）為浙江蘭溪人，清代金姓知名學者也全都出身這一帶。[92]從上述資訊可以判定，早期皖南金姓是獨特的土著姓氏，與西北金姓無關，此姓人士到很晚才廣見於文獻，正是因為皖南、浙西山區到南宋以後才成為中國文化與經濟核心區的一部分。這項認識也可以讓我們了解一項南朝資料的涵義，《太平廣記》引《還冤記》云，東晉明帝（三二三—三二六在位）殺死力士金玄，這位力士應該就是東南的原住民。[93]

八、祖。山越有名為祖山、祖郎的領袖，可見祖姓在漢末孫吳皖南力量不小，[94]孫吳集團中另有軍將祖茂、祖始，更顯示東南原有祖姓人群。[95]祖姓在早期中國其他地方罕見，但在范陽郡遒縣（今北京西南）則為大姓，四世紀初永嘉亂時遷至南方的祖逖家族就出自該地，後來的祖沖之（四二九—五〇〇）家族亦屬此系。北朝也有許多范陽祖氏活躍於朝廷和知識界，北齊祖珽家族尤為知名。山越和范陽的祖姓顯然渺不相涉，姓氏相同，應屬巧合。[96]西晉以下至唐末五代，

88 此區向姓者見《陳書》，卷一〇，〈程文季傳〉，頁一七三；卷二三，〈陸繕傳〉，頁三〇三（向文政）。

89 關於早期金姓，以西漢匈奴屠各部金日磾家族最著名，漢末曹操時有京兆人金禕據說是金日磾的後代。見《三國志》，卷一，〈武帝紀〉，頁五〇注引《三輔決錄》。金日磾家族而外，十六國北魏又多見西北羌、胡以金為姓者，如金豹、金熙、金纂、金大黑、金洛生、金崖。參見姚薇元，《北朝胡姓考》（北京：中華書局，一九六二），頁二八六—二八七；陳連慶，《中國古代少數民族姓氏研究》，頁四六—四七，二七九。除上述，西北也有與羌胡無明顯關聯的金姓人士。至於隋唐，金姓多從新羅來，偶見出自西北有胡族背景者。參見〈大唐隋故車騎將軍金公墓誌銘并序〉，收入周紹良主編、趙超副主編，《唐代墓誌彙編》（上海：上海古籍出版社，一九九二），永徽〇〇二，頁一三二（金行義）。

90 《三國志》，卷六〇，〈賀齊傳〉，頁一三七八。

91 計有功，《唐詩記事》（上海：上海古籍出版社，一九八七年新一版），卷一五，〈金昌緒〉，頁二二七；《太平廣記》，卷四九，〈鄭冊〉，頁三〇五（金柔）。〈鄭冊〉原出《原化記》，作者皇甫氏，名不詳，活躍於唐武宗朝（八四一—八四六）前後。參見李劍國，《唐五代志怪傳奇敘錄》（天津：南開大學出版社，一九九五），頁六五〇。此外，後周廣順二年（九五二）台州刺史名金訓，當時台州（州治在今浙江臨海）在吳越治下，刺史當為鄰近人士。見陳耆卿纂，《嘉定赤城志》，收入《宋元方志叢刊》第七冊（北京：中華書局，一九九〇年影印嘉慶二十三年〔一八一八〕宋世犖重刻本），卷八，〈秩官門一〉，頁二九b（總頁碼七三四七）。

92 清代學者資料見嚴文郁編，《清儒傳略》（台北：臺灣商務印書館，一九九〇），頁一一五—一一六。

93 《太平廣記》，卷一一九，〈金玄〉，頁八三四。東晉史料中有金壹、金符青，亦不無為東南土著之可能。見《晉書》，卷三七，〈濟南惠王遂傳．曾孫勳〉，頁一一〇三；《宋書》（北京中華書局點校本），卷四七，〈劉懷肅傳〉，頁一四〇四。

94 祖山見《三國志》，卷六〇，〈賀齊傳〉，頁一三七八。祖郎資料較多，可見同書卷四六，〈孫破虜討逆傳．孫策〉，頁一一〇三裴松之注引《江表傳》，頁一一〇七裴注引《江表傳》；卷五〇，〈嬪妃傳．孫破虜吳夫人〉，頁一一九五；卷五一，〈宗室傳．孫輔〉，頁一二一一。

95 見《三國志》，卷四六，〈孫破虜討逆傳．孫堅〉，頁一〇九六；《晉書》，卷三，〈武帝紀〉，頁六九；《太平御覽》，第二冊，卷一八七，〈居處部十五〉，頁五七一引《吳志》。

傳世文獻與墓誌中似未見出身皖南及其周邊的祖姓人士，但宋代以後則可見到福建西北的建安、浦城有此姓，如宋人祖吳、祖世英、祖秀實，清人祖之望（一七五五－一八一四），他們應該就是源出早期東南祖姓。種種跡象看來，皖南祖姓有濃厚的土著色彩。[97]

九、紀。就文獻所見，皖南紀姓者有東晉宣城人紀世和、陳朝宣城「劫帥」紀機。宣城郡即皖南山地所在，大部分為山區，紀世和似為郡治或附近人，「劫帥」紀機有可能就出於山地。[113]早期中國紀姓資料極少，地域背景又多不明，從僅有訊息看來，似乎多分布在東方從今山東到江南一帶，不知此字之成姓是否與古紀國有關（在今山東壽光）？宣城郡之北的丹陽郡（今南京附近）有紀姓群體，永嘉亂時以江南人士身分支持東晉元帝的紀瞻（二五三－三二四）以及南朝齊高帝蕭道成親信紀僧真，皆出於此。紀或可暫視為今蘇南、皖南的區域性姓氏，由此往南傳至山區。

十、沈。隋朝於開皇九年（五八九）平陳之後，江南大亂，皖南黟縣、歙縣有「賊帥沈雪、沈能」。[100]沈姓罕見於兩漢，漢末以後大出。無論在此之前或其後，絕大多數出於太湖周邊的吳地，特別是武康（今浙江德清）、吳興（今浙江吳興）、吳郡（郡治在今蘇州），武康沈氏尤其活躍於南朝的政軍體系與知識界，北方僅見零星沈姓。[101]很明顯，沈是一個區域性的姓，皖南的沈姓可能來自鄰近的華夏地區。

我們已經分析了早期皖南、浙西的十個姓氏，發現以下幾個類型。第一，該地有獨特的姓氏，方、留（下一小節討論）、金、祖屬此。這一類型有些姓氏也見於附近地區，如方、留。這些姓氏有很強的土著性格，東南人群缺乏族稱，我們不妨把這類姓氏當作此地土著實體存在的標記。不過要強調，這並不意味冠有這類姓氏的人就是土著，族群標記（ethnic markers or indicia）和實際的族群性（ethnicity）性質不同，前者是指與族群有關聯的特徵，但不代表具有這種特徵的人一定屬於某一族群，後者是由許多因素所構成的。[102]第二，皖南也有江南的區域性姓氏：

96 北朝還有契丹人採用祖姓，可見姓氏為單元傳播的執念一定要避免。見《魏書》（北京中華書局點校本），卷一〇〇，〈契丹傳〉，頁二二二四（契丹使者祖真）。

97 宋代以下閩西北祖姓資料可略見昌彼得、王德毅、程元敏、侯俊德編，《宋人傳記資料索引》（台北：鼎文書局，一九八六年增訂二版），第三冊，頁一七九七—一七九八；陳壽祺，〈誥授光祿大夫刑部尚書祖公之望墓志銘〉，收入錢儀吉纂，《碑集傳》（北京：中華書局，一九九三年標點本），第三冊，卷三九，頁一〇九六—一〇九八。祖之望以北宋古文家祖無擇（一〇一〇—一〇八五，河南上蔡人）為其先世，事甚可疑。按，有關祖姓或其他特別姓氏的探察，現代人口調查中的姓氏資料應能有所助益，可惜中國官方未公開此類資料，只有粗略的間接報導。

98 紀世和見《晉書》，卷七四，〈桓彝傳〉，頁一九四一；紀機見《陳書》，卷三，〈世祖本紀〉，頁四五，四八。紀機後來出任陳朝軍將。

99 參見《晉書》，卷六五，〈王導傳〉，頁一七四五—一七四六；卷六八，〈紀瞻傳〉，頁一八一五—一八二四；《南齊書》，卷五六，〈倖臣．紀僧真〉，頁九七二—九七四。

100 《隋書》，卷四八，〈楊素傳〉，頁一二八四。

101 劉宋大將沈慶之、文學大家沈約、經學大家沈文阿與沈重均為武康沈氏。沈姓北人很難看到。十六國時前涼官吏沈猛應該是北方人，北魏另有兗州人（州治在今山東濟寧）沈法會，隋有東海郡人（郡治在今連雲港）沈覓敵。見《晉書》，卷八六，頁二二四四；《魏書》，卷九一，頁一九六五；《隋書》，卷四，頁九一。

102 族群標誌和族群性區別的說明，可見Erica Brindley, "Barbarians or Not? Ethnicity and Changing Conceptions of the

紀、沈。由於皖南地近華夏化很早的蘇南和浙北，這兩姓頗可能是從鄰近華夏區傳過來的，可以視為華夏化力量的痕跡。第三，吳姓自成一格，這雖然是普通的漢姓，但很早就傳入東南土著世界，可能華夏與土著的來源都有，也許華夏的影響強一些。第四，向也是特殊情況。向是長江中游的蠻人大姓，應該是從該處傳來的。這個姓氏顯然反映了華南土著圈的內部交通與流動。第五，周和陳是漢人與華南土著都常見的姓，但由於本區接近華夏地區，而當地又多周姓和陳姓，這兩姓應該主要來自華夏的影響。

以上是探討皖南若干姓氏所歸納出的要點，其中大部分都會在對其他東南地區姓氏的考察中繼續檢證。這裡先簡單提出兩個進一步的看法。首先，上文已指陳，皖南山區有土著色彩濃厚的姓氏，這類姓氏是從何而來呢？就資料顯示，有可能是土著自創，而與他方姓氏暗合，另一可能則是取自已知的漢姓但在土著群中特為流傳。其次，皖南山地的姓氏也有明顯傳自鄰近華夏地區者，如紀、沈、周、陳，這些姓氏可以在某種程度上視為當地人口中華夏移民成分的反映，但也不宜完全如此理解，它們也很可能是文化傳播的一環——土著依照這些姓氏取姓。接下來，要考察浙江中南部的姓氏。

㈢ 浙江中南部姓氏

現在進入浙江中南的部分。這個地區是以孫吳末至東晉初的東陽郡和臨海郡（即東晉南朝東陽、臨海、永嘉三郡）來界定的，也就是約今東陽、天台一線以南，錢塘江上游金衢盆地以東的浙江地區。此地多山，直到漢末，郡縣化程度很低，是邊陲外的邊陲，但金衢盆地華夏化較早。（參見附圖一、六）

以下討論本地區若干姓氏：

一、黃。黃是華夏早期重要姓氏，自西徂東，從北到南，分布非常廣。就本文主題而言，值得提出兩點。首先，也許和河南南部古代有黃國有關（在今河南潢川），黃姓在今河南南部、漢水流域、長江中游一帶似乎特別多。其次，前文已提過，黃姓在華南分布極廣，而且遍見於內陸土著人群，這個現象可能導源於漢水流域和長江中游的黃姓。此姓從長江中游透過縱貫南北的大河如湘江、贛江及其支流流傳到南方各地，舉例而言，早在漢武帝時，就有今廣西、越南北部一帶的甌駱將領名叫黃同。[103]偏東的淮南、江南吳越之地也有黃姓的蹤影，淮南如東漢後期參與民間起事的九江人（郡治在今安徽定遠）黃虎、廬江人（郡治在今安徽廬江）黃穰，江南則有東漢大臣黃昌（今浙江餘姚人）、漢末起事的黃龍羅（今浙江紹興人）。[104]至於浙江中南部，可見東

Ancient Yue (Viet) Peoples, ca. 400-450 BC," *Asia Major* 16, no. 1 (2003, Taipei), p. 8.

103 《史記》，卷二〇，〈建元以來侯者年表〉，頁一〇五二；《漢書》，卷一七，〈景武昭宣元成功臣表〉，頁六五七；卷九五，〈西南夷兩粵朝鮮傳．閩粵〉，頁三八六三。

104 《後漢書》，卷六，〈沖帝紀〉，頁二七六；卷三八，〈滕撫傳〉，頁一二七九（黃虎）；卷三一，〈陸康傳〉，頁一一一四；卷八六，〈南蠻傳〉，頁二八四一（黃穰）；卷七七，〈酷吏列傳．黃昌〉，頁二四九

漢臨海章安小吏黃他；瑞安南朝宋元嘉九年（四三二）磚上有人名「黃賀」；南朝宋劉敬叔《異苑》中則有烏傷民（今浙江義烏）黃蔡。[105]此外，吳大帝孫權赤烏五年（二四二），建安、鄱陽、新都三郡山民為亂，有名為黃亂的首領。[106]這三郡大抵是現在皖南、江西與浙江交界至閩西北一帶，也涉及本文目前處理的地域。浙江中南部的黃姓應該是同受北面的江南與西側的江西影響而出現的。這是既遍布全國又很早深入華南的姓氏。

二、朱。以目前所見，隋以前的浙江中南部人名資料中，傳世文獻得三例：東陽郡二例，一不知縣名，一在郡治長山縣（今金華）；永嘉郡治永寧縣（今溫州）一例；[107]磚文亦得四例。[108]現存中古及其前的浙江中南人名極少，朱姓七例頗特殊，或可推測朱姓在該地人數眾多。就史籍所見，朱是中國姓氏普遍化後的一個早期主要姓氏，遍見於各地，今河南、山東、蘇北尤其多，來源應非單一。[109]早期朱姓的一個特點是，東南也是集中區，長江下游南北均有，西漢朱買臣即是蘇州人，今浙江北部錢塘江兩側亦多。[110]浙江中南接鄰浙北，此地存在朱姓人群，當是北來文化傳播與人民移居的因素兼而有之。這可以算是一個區域性的姓氏。

三、王。就史籍所見，在漢代和三國，王是分布最廣的姓氏之一，儘管傳世的樣本有限，我還是願意猜測，這是流行最廣的漢式姓氏。王姓不但見於華夏本部各地，在華夏化程度很低的邊郡乃至域外都可以見到。舉例而言，漢初韓王信（西元前？—一九六）部將中就有胡人王黃；[111]東漢至三國，樂浪郡（郡治在今北韓平壤）和玄菟郡高顯縣（今遼寧鐵嶺）都有王姓的本地人，六—二四九七（黃昌）。《三國志》，卷五五，〈董襲傳〉，頁一二九一（黃龍羅）。

105 《三國志》，卷五七，〈虞翻傳〉，頁一三二四（黃他）；孫詒讓，《溫州古甓記》（民國間鉛印本），收入賈貴榮、張愛芳選編，《歷代陶文研究資料選刊》（北京：北京圖書館出版社，二〇〇五）下冊，頁一九a，總頁碼五六三（黃賀）；《太平御覽》，第三冊，卷三五〇，〈兵部八一〉，頁二〇五一引《異苑》（黃蔡）。

106 《三國志》，卷六〇，〈鍾離牧傳〉，頁一三九三。

107 《南史》，卷七七，〈恩倖傳・朱幼〉，頁一九二〇（東陽朱幼）；《太平廣記》，卷三一八，〈朱彥〉，頁二五一五（永寧朱彥，原出南朝宋劉敬叔《異苑》）；《太平御覽》，第七冊，卷七五七，〈器物部二〉，頁九四引《異苑》（長山朱郭）。

108 黃瑞，《台州甎錄》，卷一，頁一四a（一例），收入其編，《台州金石錄》（民國五年嘉業堂鉛印本），見《地方金石志彙編》第四七冊（北京：國家圖書館出版社，二〇一一），總頁碼二四二；黃瑞，《台州金石甎文闕訪目》，卷一，頁五a（一例），收入其編，《台州金石錄》，《地方金石志彙編》第四七冊，總頁碼四六三；鄭睿瑜，〈浙江地區六朝墓葬的考古學研究〉，頁九五（二例）。

109 舉例而言，山東多朱姓，可能與該地古有邾國（邾婁，在今鄒縣一帶）和朱虛縣（在今臨朐）有關，因地得姓。

110 朱為東南顯姓之事，已為唐宋姓氏學者所認識。見岑仲勉校記，郁賢皓、陶敏整理，孫望審訂，《元和姓纂（附四校記）》（北京：中華書局，一九九四；以下簡稱《元和姓纂（附四校記）》），第一冊，卷二，頁二五三—二五六；沈作賓修，施宿等纂，《嘉泰會稽志》，收入《宋元方志叢刊》第七冊（北京：中華書局，一九九〇年影印清嘉慶十三年〔一八〇八〕刻本），卷三，姓氏條，頁二三，二六（總頁碼六七七二—六七七三）。姓望為中古社會文化的一個重要元素，意思是某地之望姓，相關資料不少。利用這類資料研究姓氏現象有其危險性，但有時仍具參考價值。

111 略見《史記》，卷九三，〈韓王信列傳〉，頁二六三一—二六三五；卷九五，〈樊噲列傳〉，頁二六五七。

烏桓中也有人採用此姓。[112]這種形態的分布，不可能單憑移民即可導致。王姓穿透力如此之強，或許是因為字形和發音都簡單，意思也好，當人們需要姓氏或漢式姓名時，樂於採用此字。在華夏區域中，王姓似乎在今日的山東特別多，東南雖非集中區，也頗有此姓，東漢初年思想家王充（二七—九七）即是會稽上虞人（今浙江上虞）。在浙江中南，目前磚文得見南朝五例；[113]劉宋鄭緝之《東陽記》載，東晉時信安縣（今浙江衢州）有民王質，所涉雖然是志怪性質，亦可為王姓存在該地之佐證。[114]此外，南朝末期福建南部有王姓大族，也契合本條所說的情勢。[115]由於王姓分布特廣，傳播方式也未必有待移民，浙江中南的王姓應該有土著成分。

四、許。許是早期中國大姓，漢代三國已分布甚廣，但就資料所見，似乎主要在東半部，即當今之河南、河北、山東、蘇北、皖北，長江三角洲也頗常見，太湖周邊的吳地和錢塘江東側的越地都有。至於浙江中南部，在隋以前的傳世文獻，有東晉前期東陽郡吳寧縣（今浙江東陽）的許孜、許生父子；臨海東晉南朝磚文中則有兩位許姓，一位沒有記名，一位叫許道。[117]浙江中南的許姓當是從北邊的蘇南、浙北傳來，但吳越的許姓顯然又是傳自長江以北。

五、徐。徐是早期中國大姓，兩漢三國時已遍布各地，西北、山西、河北、河南、四川等都有，但似乎以東方特多，如今山東、蘇北。東南也有，今蘇南、浙北、贛北皆可見。至於浙江中南部，中古史籍中所記，集中於東陽郡太末（今浙江龍游及周邊）；[118]孫吳兩晉磚文則見三例，

112 樂浪「土人」王調見《後漢書》，卷一下，〈光武帝紀〉，頁四九；卷七六，〈循吏列傳·王景〉，頁二四六四。玄菟郡高顯縣民王簡見《三國志》，卷四，〈三少帝紀·高貴鄉公髦〉，頁一三九。烏桓人王姓者可見《三國志》，卷二六，〈牽招傳〉，頁七三一（王同、王寄）；卷三〇，〈烏丸鮮卑東夷傳·烏丸〉，頁八三五（王護留，另見卷三，〈明帝紀〉，頁一〇九；卷二八，〈毌丘儉傳〉，頁七六二）。這幾位烏桓人都與中國羈縻體制有關聯，或許因此需要漢式姓名。此外，漢武帝時朝鮮有將軍王唊，不確定是音譯名或是漢式姓名。見《史記》，卷一一五，〈朝鮮列傳〉，頁二九八八；《漢書》，卷九五，〈西南夷兩粵朝鮮傳·朝鮮〉，頁三八六七。

113 黃瑞，《台州甎錄》，卷一，頁二〇b；卷三，頁九b；卷四，頁一b，一〇b，一五b；分見《地方金石志彙編》第四七冊，總頁碼二五四，三三二，三六六，三八四，三九四。

114 王質見楊守敬、熊會貞疏，段熙仲點校，陳橋驛復校，《水經注疏》，卷四〇，〈漸江水〉，頁三三九三引。這個故事也數見於《太平御覽》，文字皆略有不同，見第五冊，卷五七九，〈樂部十七〉，頁五二一；第七冊，卷七六三，〈器物部八〉，頁一四〇；第八冊，卷九六五，〈果部二〉，頁六八八。《東陽記》作者與內容的討論，見鮑遠航，〈南朝宋鄭緝之《東陽記》考述〉，《金華職業技術學院學報》，二〇一一年第四期，頁八四—八八。

115 吳修安，《福建早期發展之研究——沿海與內陸的地域差異》（新北：稻鄉出版社，二〇〇九），頁二一六—二二二。

116 漢代三國吳地的許姓有八例（其中六例屬許荊家族），會稽郡北部有二例（許生、許昭父子，又稱許昌、許詔），東晉以下其例更多。參見《後漢書》，卷五八，〈臧洪列傳〉，頁一八八四；卷七六，〈循吏列傳·許荊〉，頁二四七一—二四七二；《三國志》，卷七，〈呂布臧洪傳〉，頁二三二；卷四六，〈孫破虜討逆傳〉，頁一〇九三，一一〇五，一一〇九。

117 《晉書》，卷八八，〈孝友傳·許孜〉，頁二二七九—二二八〇；黃瑞，《台州甎錄》，卷三，頁二一a，見《地方金石志彙編》第四七冊，總頁碼三五五；黃瑞，《台州金石甎文闕訪目》，卷一，頁七b—八a，見《地方金石志彙編》第四七冊，總頁碼四六八—四六九。

118 《三國志》，卷五七，〈虞翻傳〉，頁一三二三，一三二四裴松之注引《會稽典錄》（徐陵、徐平父子）；《南齊書》，卷五四，〈高逸傳·徐伯珍〉，頁九四五—九四六（徐伯珍）。

一在臨海，一在黃巖，一在瑞安。[119]值得一提的是，後漢有名為徐登的閩人，可見徐姓入東南早而深。[120]徐姓明顯是從華夏地區傳來，顯然既有移民的因素，也有土著冠姓的成分。

六、任。任是早期中國大姓，分布非常廣，兩漢時已遍見華北各區域。華北之外，巴蜀非常多，蘇皖淮南地、江南也都有。[121]至於浙江中南部，則有兩晉之交的臨海章安任訪、任旭、任琚祖孫三代，約略同時的任顒也是臨海人。[122]磚文則有三例，時間在東晉南朝，地點分見金華、瑞安、仙居。[123]顯然，此地任姓是由北邊的華夏區傳來，和前條徐姓性質相似。

七、陶。中古資料中，浙江中南部有南朝宋大明八年（四六四）臨海磚文所記「陶□先」，隋代則有「東陽賊帥」陶子定。[124]陶姓在兩漢和中古文獻一直不多見，雖然北方也有，絕大多數集中於長江下游南岸的江西九江至江蘇南京一帶，如陶侃（二六七—三三二）出身鄱陽郡，後徙尋陽柴桑（今九江），陶弘景（四五六—五三六）為丹陽秣陵人（今南京），浙江中南部的陶姓顯然由其西面和北面傳來，可視為區域性姓氏。[125]但由於陶姓集中於長江南岸，北方陶姓來源未必與之相同，陶姓也可說具有江南土著色彩。

八、留。留姓罕見，漢代至南北朝，史籍中主要有兩批人。一批是西漢劉邦功臣集團中的彊圉侯留肹（《史記》作留勝）及其子孫。[126]留肹是何處人，並不清楚，不過劉邦家鄉附近有名為「留」的地方（在今江蘇沛縣），曾置縣，留侯張良所封即在此，不知留肹是否也是這一帶人？[127]至於其他留姓，基本上都出自東南，特別是浙江中部。三國孫吳有武將留贊（一八三—二五五）、留略（？—二七九）、留平（？—二七二）父子為會稽郡長山縣人（今浙江金華）。[128]

119 黃瑞，《台州金石甎文闕訪目》，卷一，頁三b—四a（徐道周），見《地方金石志彙編》第四七冊，總頁碼四六〇—四六一；孫詒讓，《溫州古甓記》，頁七（徐弘），收入賈貴榮、張愛芳選編，《歷代陶文研究資料選刊》下冊，總頁碼五三九；鄭睿瑜，〈浙江地區六朝墓葬的考古學研究〉，頁九四（徐□）。

120 《後漢書》，卷八二下，〈方術列傳．徐登〉，頁二七四一。徐登是巫師，大概來自今閩北、浙南一帶。

121 早期江南任姓有：東漢句章（浙江餘姚）任奕及鄮縣（浙江寧波）任光、東晉暨陽（江蘇江陰）任谷、南朝梁建康（南京）任提女。三國吳有將領任度，或許也是江南或淮南人士。見《三國志》，卷五七，〈虞翻傳〉，頁一三二五—一三二六；卷六四，〈孫綝傳〉，頁一四四七；《晉書》，卷七二，〈郭璞傳〉，頁一九〇八；《隋書》，卷二五，〈刑法志〉，頁七〇〇。

122 《晉書》，卷九四，〈隱逸傳．任旭〉，頁二四三八—二四三九；余嘉錫，《世說新語箋疏》（台北：華正書局，一九八九年影印本），〈政事第三〉，第一二條，頁一七五。

123 黃瑞，《台州甎錄》，卷二，頁一二b—一三b，見《地方金石志彙編》第四七冊，總頁碼二八八—二九〇；鄭睿瑜，〈浙江地區六朝墓葬的考古學研究〉，頁九四，九六。

124 黃瑞，《台州金石甎文闕訪目》，卷一，頁七b，見《地方金石志彙編》第四七冊，總頁碼四六八；《隋書》，卷四七，〈韋世康傳〉，頁一二七〇；《北史》（北京中華書局點校本），卷六四，〈韋孝寬傳〉，頁二二七五。

125 由於出身地集中，陶姓人物主要見於東晉和南朝相關史籍，在其他文獻都非常零散。如東漢有今河南滎陽人陶敦，隋代有長安人陶模，見《後漢書》，卷六，〈順帝紀〉，頁二五一；《隋書》，卷七一，〈誠節傳．陶模〉，頁一六四二。

126 《漢書》，卷一六，〈高惠高后文功臣表〉，頁五八九。另參《史記》，卷一八，〈高祖功臣侯者年表〉，頁九四二。

127 參考《史記》，卷五五，〈留侯世家〉，頁二〇四二；楊守敬、熊會貞疏，段熙仲點校，陳橋驛復校，《水經注疏》，卷八，〈濟水二〉，頁七八四—七八五；《太平寰宇記》，卷一五，〈河南道十五〉，頁三〇一。

128 主要見《三國志》，卷六四，〈孫峻傳〉，頁一四四五注引《吳書》。

東晉武將留寵為東陽人（東陽於二六六年設郡，原為會稽郡之一部分，郡治在長山），南平太守留叔先撰有《東陽朝堂像讚》，自然也是當地人。[129]南朝宋劉敬叔《異苑》中有人物留元寂為長山人；[130]至梁陳之際，長山人留異（？—五六四）「世為郡著姓」，崛起鄉里，成為東陽武裝領袖。[131]凡此種種，可見留姓在金衢盆地頗具勢力。此外，孫吳有將領留慮、留憲，大概都是東南本地人；東晉成帝咸康八年（三四二）有春穀縣民留珪的紀錄，春穀近今安徽蕪湖，在長江南岸。[132]南宋沈作賓修《嘉泰會稽志》，把「留」列為會稽重要姓氏之一，可以支持以上的發現。[133]現存隋唐資料幾乎不見留姓，知其鄉里者只有二位俗姓為留的天台宗僧人：慧（惠）威（活躍於七、八世紀之交）、廣修（七七一—八四三），都是東陽人。[134]五代至宋所知留姓則大都為福建中南部人，主要是五代晚期統治泉漳的留從效（効）（九〇六—九六二）族人及其後裔。不過，以降事蒙元並勸降文天祥（一二三六—一二八三）留下惡名的留夢炎（一二一九—一二九五）則是浙西衢州人。[135]根據以上所述，「留」可以說是東南——特別是浙江中南部和福建——的特有姓氏，應可視為土著的標記。

九、章。早期中國章姓罕見，秦代章邯雖然大名鼎鼎，但不知出身何方。關於章姓最能確定的是，東南為其集中地。東漢順帝陽嘉元年（一三二）有章何（或作章河）起亂於「揚州六郡」。[136]兩晉南北朝以下，章姓人士頗見於蘇南和浙北，如西晉初會稽永興（今浙江蕭山）有女巫章丹，陳朝重臣章昭達（五一八—五七一）則為吳興武康人（在今浙江德清）。[137]至於浙江中

129 留寵見《晉書》，卷八一，〈蔡豹傳〉，頁二一一二；周叔迦、蘇晉仁校注，《法苑珠林校注》，卷三一，〈妖怪・引證部・感應緣〉，頁九八一。留叔先及其著作見《隋書》，卷三三，〈經籍二〉，頁九七五。《新唐書・藝文志》亦載此書，唯書題作「東陽朝堂書讚」，「書」當為「畫」之誤。見《新唐書》，卷五八，〈藝文二〉，頁一四八〇。

130 《太平廣記》，卷四四二，〈留元寂〉，頁三六一五。

131 留異為梁陳之際重要人物，本傳見《陳書》，卷三五，〈留異傳〉，頁四八三—四八六。

132 留慮見《三國志》，卷五八，〈陸遜傳〉，頁一三五六。留憲見《晉書》，卷三，〈武帝紀〉，頁七一；卷三四，〈杜預傳〉，頁一〇二八；卷四二，〈王濬傳〉，頁一二〇九。留珪則見《宋書》，卷二九，〈符瑞下〉，頁八五一。春穀為江左舊縣，前漢時已有，但《宋書》皆作「春穀」，不知何故，現仍用其舊。又，《宋書・州郡志》已無春穀縣，當是為僑縣繁昌所奪，目前繁昌縣仍在。以上所述參見《宋書》，卷二九，〈符瑞下〉，頁八五一—八五二，八六八；卷三五，〈州郡一〉，頁一〇三三—一〇三五。

133 《嘉泰會稽志》，卷三，姓氏條，頁二三（總頁碼六七七二）。

134 慧威與廣修分見贊寧，《宋高僧傳》（北京：中華書局，一九八七年點校本），卷六，頁一一六；卷三〇，頁七四二。兩人後來都被尊為天台祖師。

135 傳世文獻中，五代、兩宋留姓基本訊息見於以下資料：昌彼得、王德毅、程元敏、侯俊德編，《宋人傳記資料索引》（台北：鼎文書局，一九八〇—一九九〇）；李國玲編纂，《宋人傳記資料索引補編》（成都：四川大學出版社，一九九四）；「中國歷代人物傳記資料庫」（CBDB），https://projects.iq.harvard.edu/chinesecbdb。值得注意的是，宋初有留福為徐州人，這似乎意味，北方的留姓確實和留地有關。（「留」在徐州，宋時當地有留城鎮。）見舊題曾鞏，《隆平集》，《文淵閣四庫全書》（台北：臺灣商務印書館，一九八三年據國立故宮博物院藏本影印）第三七冊，卷一七，〈留福〉。

136 《後漢書》，卷六，〈順帝紀〉，頁二六〇；志十一，〈天文中〉，頁三二四四。

137 《晉書》，卷九四，〈隱逸傳・夏統〉，頁二四二八；《陳書》，卷一一，〈章昭達傳〉，頁一八一—一八五。

南部，目前在磚文中查得兩晉四例；[138]此外，南朝宋《異苑》中有臨海樂安章沉（今浙江仙居）。[139]到了唐代，章姓仍不多見，而以東南為大宗，其中有二位睦州人：高宗永徽四年（六五三）與睦州女子陳碩真（六二〇—六五三）一同起事的章叔胤（？—六五三）、詩人章八元（七七一年進士）。[140]唐代的睦州在金華西北，大部分為今浙西山地，屬於上一小節所論的地域，非常接近本區。宋代鄧名世《古今姓氏書辯證》提到了唐代文獻中的章氏四望：吳興、濮州武陽郡、泉州南安郡、洪州豫章郡。四望之中，三個在東南。[141]就浙江中南而言，章氏可以歸為區域性姓氏，當主要由其北面諸地傳來。

十、虞。虞為華夏舊姓。史籍之中，虞姓在兩漢三國主要見於兩處，一是後世的河南東部，另一則是浙江餘姚。中古以下仍大抵如是，除此兩地，以山東南部較多見，其他地方則甚零星。唐宋郡望資料中，虞姓有兩望：陳留（或稱濟陽）與會稽，恰巧反映了這個情況。[142]東南虞姓幾乎都見於餘姚，應該只意味當地的虞姓為強族，能見度高，附近地區亦應有此姓，東晉時丹陽江寧（今南京西南）即有百姓名叫虞由。[143]南方的虞姓與北方此姓未必有關聯，東南虞姓或許源於地名，餘姚鄰縣就是上虞。[144]其實，河南虞姓也可能和地名有關，秦漢在今河南省東端置虞縣（今虞城縣），可見這裡有虞地。[145]漢末至南朝，餘姚虞氏人物輩出，如三國吳學者虞翻（一六四—二三三），南朝末至隋唐之際文士虞荔（五〇三—五六一）、虞世基（？—六一八）、虞世南（五五八—六三八）父子；浙江中南虞姓則僅一見，即三國吳時鄱陽太守虞翔，他是章安人，在今浙江臨海。[146]浙江中部距位於杭州灣南岸的餘姚、上虞不遠，虞姓當是傳自該地，其中應該

138 黃瑞，《台州甎錄》，卷一，頁一八，見《地方金石志彙編》第四七冊，總頁碼二四九—二五〇（西晉，出於臨海，章祿）；卷三，頁一〇a—一二a，一八b—一九b，總頁碼三三三—三三七，三五〇（東晉，出於臨海，應為製磚家族：章孟高、章孟達、章孟榮、章孟山、章孟蛾）；孫詒讓，《溫州古甓記》，頁三b—四a（西晉，出於瑞安，章恨），收入賈貴榮、張愛芳選編，《歷代陶文研究資料選刊》下冊，總頁碼五三二—五三三；頁八b—九a（東晉，出於瑞安，章洋），總頁碼五四二—五四三。

139 《太平廣記》，卷三八六，〈章汎〉，頁三〇七六—三〇七七。

140 關於章叔胤，見《新唐書》，卷一〇九，〈崔義玄傳〉，頁四〇九五；《資治通鑑》，卷一九九，頁六二八二。章八元事蹟則可見傅璇琮主編，《唐才子傳校箋》第二冊（北京：中華書局，一九八九），卷四，頁一〇九—一一三（儲仲君撰）。

141 鄧名世撰，王力平點校，《古今姓氏書辯證》（南昌：江西人民出版社，二〇〇六），卷一三，頁一九一。氏族譜與姓氏書中姓望的涵義不可一概而論，這裡是以此指出，唐代所認知的章氏顯族多在東南，可進一步證實東南為章姓的集中區。

142 陳留郡在今河南開封南北約一〇〇公里一線以東至山東省界。西晉惠帝時割該郡之一部為濟陽國，後為郡，故此兩望可視為同一望。見《宋書》，卷三五，〈州郡一〉，頁一〇四六。有關虞姓的唐宋郡望資料，可見池田溫，〈唐代の郡望表—九・十世紀の敦煌寫本を中心として——（上）〉，《東洋學報》第四二卷第三號（一九五九年九月），頁六〇—六一，六四，七八，八二，九四；《元和姓纂（附四校記）》，第一冊，卷二，頁二二八—二二九；敦煌寫本北圖位字七九號〈天下姓望氏族譜殘卷〉、S二〇五二〈新集天下姓望氏族譜一卷并序〉，收入唐耕耦、陸宏基編，《敦煌社會經濟文獻真蹟釋錄》第一輯（北京：書目文獻出版社，一九八六），頁八五—八六，九五—九六。另外值得一提，中古北方虞姓尚有中亞魚國人士後裔，除了因墓葬而知名的北周楊隋虞弘，同時期的虞慶則原本也姓魚。見《隋書》，卷四〇，〈虞慶則傳〉，頁一一七四。虞慶則後世的家狀稱其先人是從會稽遷來的，也是攀附著望的趣事。見《元和姓纂（附四校記）》，第一冊，卷二，頁二二九。

143 《宋書》，卷二九，〈符瑞下〉，頁八五一。

144 「虞」和餘姚的「餘」雖然現在同音，在上古音，子音則相去甚遠。東南「虞」姓如果源自地名，應該不是餘姚、餘暨、餘杭的「餘」。

有移民的因素。虞可以算是區域性的姓氏，但在東南，此姓似集中於錢塘江之東的越地，這裡的華夏化較蘇南、浙西吳地為晚，或可推測為古代越人自創的漢姓。

十一、斯。斯是罕姓中的罕姓，史籍中卻有兩位漢末此姓人士，一是前文提過為「山越所附」的會稽剡縣豪強斯從，另一則是大約同時的會稽吳寧（近今浙江東陽）縣民斯敦。[147]這是中古及其前僅有的知其出身地域的斯姓人物，事實上，斯姓在整個中國歷史上幾乎不見蹤影。[148]由此可以判斷，這個姓氏就是在今浙江中南部或稍北地區形成的，南朝梁有太樂丞斯宣達，應該也出於此處。[149]斯姓原為東南土著姓氏，可以無疑。斯姓形成很早，為什麼人數一直如此少，傳布如此不廣？根本的原因可能是，此姓過於特殊，看起來華夏性太低，很少人願意歸附。

十二、駱。在漢代與中古文獻，駱姓不多見，但明顯出現於兩個區域：西北（陝西、甘肅）和東南吳越之地。東南部分，以西晉行政區為準，見於吳興郡長城（今長興）和臨安（今臨安）兩縣，以及東陽郡烏傷（今義烏）和長山（今金華）。前者在浙江北部，後者在中部內陸，從漢末到南朝末都有此姓，臨安顯然有大族。[150]此外，晉宋之際有太史令駱達，南朝宋有尚書省都令史駱宰，從官職看來都是寒人，顯然也是東南本地人士。[151]東南駱姓大概和遙遠的西北沒什麼關聯，這裡的駱姓明顯是區域性姓氏。

十三、婁。在早期中國，就史籍所見，婁姓分布廣而零散。以兩漢而言，山東東部的齊地、河南西南的南陽地區都有此姓；到了北朝，有鮮卑匹婁氏改為婁姓，唐代則見於河南東部原武（今河南原陽）。[152]但婁姓有個突出現象：浙江東陽郡似乎特別多，例如南朝齊女扮男裝出仕的

145 傳說這一帶是少康失國奔有虞氏的所在，未必可信。

146 《三國志》，卷五七，〈虞翻傳〉，頁一三二六。

147 《三國志》，卷五七，〈虞翻傳〉，頁一三三四（斯敦）；卷六〇，〈賀齊傳〉，頁一三七七（斯從）。這兩位都是漢獻帝建安年（一九六—二二〇）以前的人物，斯敦的年代略有疑問，此處不多及。

148 戰國秦昭襄王時（西元前三〇六—二五一）有將領名為斯離，不確知「斯」是否為姓。見《史記》，卷五，〈秦本紀〉，頁二一二。除了本文所提及的三位漢末、南朝人士，現有歷史人名索引、人名資料庫中未見任何唐代以下的斯姓人物。現代則有著名聲樂家斯義桂，祖籍浙江奉化。關於當代斯姓的規模與分布，由於中國似未有任何可公開查詢的姓氏統計資料，難有確切的了解。

149 斯宣達見《隋書》，卷一六，〈律曆上〉，頁三九〇；杜佑撰，《通典》（北京：中華書局，一九八八年點校本），卷一四五，〈樂五〉，頁三七〇〇；郭茂倩，《樂府詩集》，卷二九，頁四二五。

150 吳興郡駱姓有殷孝悌母駱氏（長城）、駱牙及其家人（臨安）；東陽郡駱姓有駱統及其家人（烏傷）、駱球及其家人。永嘉太守駱球出於何處，沒有明文記載，但他起家東陽郡吏，又在孫恩之亂時於郡治長山起兵抗擊孫軍，推測為長山人。且由其父、其子都是軍將判斷，應為當地強族。以上所述略見周天游輯注，《八家後漢書輯注》（上海：上海古籍出版社，一九八六），頁二六七—二六八（謝承，《後漢書》，卷八，〈駱俊傳〉）；《三國志》，卷五七，〈駱統傳〉，頁一三三四—一三三六；《晉書》，卷一〇，〈安帝紀〉，頁二五九；《宋書》，卷一，〈武帝上〉，頁一四；《南齊書》，卷四三，〈謝瀹傳〉，頁七六三；《陳書》，卷二二，〈駱牙傳〉，頁二九六—二九七。

151 見《宋書》，卷二，〈武帝中〉，頁四八；卷二七，〈符瑞上〉，頁七八四；卷五三，〈庾炳之傳〉，頁一五一八—一五一九；《南史》，卷一，〈武帝紀〉，頁二二；卷一九，〈謝超宗傳〉，頁五四二。

152 漢末有劉璋部將婁發，從劉家的起源和發展情況判斷，婁發很可能來自今湖北中西部至四川一帶。這也是婁姓分布廣的一個佐證。見《三國志》，卷三一，〈劉二牧傳・劉焉〉，頁八六七裴松之注引《英雄記》。唐代前期名臣婁師德（六三〇—六九九）則出身河南原武。

婁逞，南朝梁僧人慧約（四五二—五三五）俗姓婁，都是東陽人。[153]晚唐此地有女術士婁千寶。[154]從現有資料判斷，各地婁姓未必有關聯。姓氏學中有此姓起於諸縣婁鄉（在今山東諸城）的說法，就地望而言，也許可適用於齊地婁姓，但對其他大部分地區，恐怕就無效了。[155]依此，東陽婁姓未必是從傳統華夏區傳來的，可能具有很強的土著色彩。

十四、樓。或許是巧合，樓姓的分布形態與婁姓相似，在兩漢六朝文獻中散見於北方各處，可確定存在的地方有：山東東部的齊地、河南東部的杞縣、安徽北部的蘄縣（今宿州南）；[156]在北朝，鮮卑賀樓氏改為樓姓。除了上述，浙江東陽郡是樓姓的一個集中地，隋朝及其前史籍中有南朝齊隱士樓惠明、隋末起兵的樓世幹；[157]唐初則有新州治中樓仲興。[158]也和婁姓一樣，樓姓分布零散，彼此關係不明（無論是移民或模仿），東陽的樓姓有可能就是在本地或附近地區產生的。東陽樓姓還有值得注意的一點。該地同時存在婁姓與樓姓，兩字音同形近，而且和華夏核心區都沒有明顯的關係，說不定有同樣的在地來源。南朝齊東陽有禮學家，或作樓幼瑜，或作婁幼瑜，這雖然是傳抄所導致的歧異，但似乎暗示我們，在基層人群，也許有婁、樓不分的情況。[159]中唐《元和姓纂》中樓姓有東陽望，該書說是東漢時遷自譙郡（在今皖北），真偽難以判斷。[160]

十五、東陽。南朝宋何承天（三七〇—四四七）《姓苑》錄姓氏東陽，本節開端也提及，南朝宋有東陽无（無）疑撰《齊諧記》，多記東陽郡事。這顯然是以郡名為姓，東陽郡為孫吳於西元二六六年所設，可見是土著新姓，南宋鄭樵《通志．氏族略》也明說東陽姓出自東陽郡。[161]除了東陽无（無）疑，《元和姓纂》引《祖氏家傳》說祖崇之娶東陽元旋女，祖崇之不知何人，但

「元旋」形近「无疑」，說不定是同一人名的訛寫。[162]依此，史料中南朝東陽姓僅一見，唐代以下文獻未能再看到此姓。按，以南方新立地名為姓氏，無疑是自我表露非華夏身分，這類姓氏罕

153 見《南史》，卷四五，〈崔慧景傳〉，頁一一四三；道宣撰，郭紹林點校，《續高僧傳》（北京：中華書局，二〇一四），卷六，頁一八二。慧約母親姓留，也是土著性格很強的姓。史籍中另有一疑似婁姓的南朝人士，見下「樓」條。

154 《太平廣記》，卷二二三，〈婁千寶〉，頁一七一三—一七一五。《太平廣記》說此條出自《雲溪友議》，但今本未見。

155 婁鄉為婁姓起源之說見《新唐書》，卷七四下，〈宰相世系表〉，頁三一七八。婁鄉之名顯然出自古代的牟婁，「牟」為夷名。見楊伯峻，《左傳春秋注》（北京：中華書局，一九九〇），隱公四年，頁三四。

156 《漢書》，卷九二，〈游俠傳‧樓護〉，頁三七〇六—三七〇九（樓護）；《後漢書》，卷七九下，〈儒林列傳‧樓望〉，頁二五八〇—二五八一（樓望）；《三國志》，卷六五，〈樓玄傳〉，頁一四五四—一四五五（樓玄）。

157 《南齊書》，卷五四，〈高逸傳‧徐伯珍〉，頁九四六；《舊唐書》，卷五六，〈沈法興傳〉，頁二二七二。

158 《元和姓纂（附四校記）》，第一冊，卷五，頁七二八。新州州治在今廣東新興，「治中」為州刺史屬官，高宗朝後改稱「司馬」。

159 關於樓（婁）幼瑜的資料，可見興膳宏、川合康三，《隋書經籍志詳證》（東京：汲古書院，一九九五），頁九五，一〇六，八五三。個人覺得，此人姓婁的可能性較高。

160 《元和姓纂（附四校記）》，第一冊，卷五，頁七二八。

161 鄭樵，《通志二十略》（北京：中華書局，一九九五），〈氏族略第二〉，「以郡國字為氏」，頁七五。《姓苑》記東陽姓之事亦引於此。「以郡國字為氏」所載大多是西漢封侯者以國名為姓，與本文議題有差異。

162 《元和姓纂（附四校記）》，第一冊，卷一，頁三〇。依本節所論，「祖」為山越姓氏，祖崇之與東陽家結親顯然是土著背景領導者間的聯姻。

見，也很難流傳，我只找到兩個類似的情況。西漢初有揭陽定及其家人，是依揭陽縣名（今廣東揭陽）立姓，揭陽定原為當地首領；[163]《元和姓纂》有鄮姓，說是越人以鄮縣（在今浙江寧波）為姓——雖然「鄮」可能原來就是越語地名。[164]以上案例雖少，也透露出華南土著的跡影。[165]

十六、汪。和本文已討論過的姓氏相比，「汪」可能是「東陽」之外最特別的：在現存的隋代以前文獻，沒有任何汪姓，磚石銘文中也尚未見到。早期中國的傳世文獻雖然數量有限，還是含藏了不少訊息，包括大量的罕見姓氏。汪姓不見蹤影，不見得意味秦漢以後的七、八百年間汪姓人士非常稀少，比較恰當的推論應該是，汪姓不是產生於華夏核心區，這個姓躲藏在文字極少觸及的角落。史籍中汪姓最早出現在隋唐之際，一是隋文帝開皇十年（五九〇）起兵自號天子的婺州（原東陽郡）人汪文進；一是隋唐之交統治歙州（原新安郡）十餘年的汪華（五八七—六四九）。[166]兩者一出身浙西，一皖南。至有唐一代，汪姓人物見於文獻者仍然寥寥，最大的特徵是，出身地域幾乎都在皖南。[167]各種跡象顯示，汪是發源於皖南、浙西的土著姓氏。

十七、俞。俞也是稀姓，三國以後始見於史籍。俞姓的最大特點是集中於江南，以下是幾個早期的例子：本姓俞的孫策心腹孫河（？—二〇四），吳人；南朝宋俞陽，山陰（紹興）人；南朝宋壯士俞道龍，吳郡（蘇州）人。[168]在隋代以前，文獻中的俞姓人物幾乎全和江南政權有關，而且在東晉南朝，幾乎都是寒人，可以看出，俞是一般基層百姓間的姓氏。[169]在浙江中南，西晉有俞敬□見於臨海磚文，東晉末有永嘉郡吏俞僉。[170]但俞姓並非只出現於江南及更往南的地區，長江中游的荊州、襄陽也有。[171]江南俞姓和荊襄或其他地區俞姓的關係如何，並不清楚。但整體

163 《漢書》，卷一七，〈景武昭宣元成功臣表〉，頁六五五。此人是否名為揭陽定，其實略有疑義，《史記》、《漢書》又都稱他為揭陽令（或「令史」）定。我的看法是，他本來名「定」，降漢封侯後採漢式命名法，加上姓氏，成為揭陽定，其子則為揭陽當時。參考《史記》，卷二〇，〈建元以來侯者年表〉，頁一〇五〇；卷一一三，〈南越列傳〉，頁二九七七；《漢書》，卷九五，〈西南夷兩粵朝鮮傳・南粵〉，頁三八五八。司馬貞《史記索隱》也認為「定」是此人的名字。

164 《元和姓纂（附四校記）》，第二冊，卷九，頁一三八八。此條係從《通志・氏族略》補。「鄮」無意義，看來是音譯字，此外鄮縣有鄮山（西晉後之阿育王山），自然地名容易保留原稱。

165 南宋鄧名世《古今姓氏書辯證》論東陽姓，歷數名為東陽的北方城邑，主張浙江東陽姓的祖先必是古代大夫以邑為氏者，其後遷來此地，可見姓氏論述之多不可信。見《古今姓氏書辯證》，卷二，頁一四—一五。

166 《隋書》，卷二，〈高祖下〉，頁三五；卷四八，〈楊素傳〉，頁一二八四（汪文進）；《舊唐書》，卷四〇，〈地理三〉，頁一五九四—一五九五；卷五六，〈王雄誕傳〉，頁二二七一（汪華）。

167 唯一明載非皖南籍的是小說中所述天寶初蘇州吳縣民汪鳳。見《太平廣記》，卷一四〇，〈汪鳳〉，頁一〇一〇（原出薛用弱《集異記》）。李白名詩〈贈汪倫〉所指涉的汪倫，據宋人詩注，乃今安徽涇縣人。見安旗主編，《李白全集編年注釋》（成都：巴蜀書社，一九九〇），「天寶十四載」，頁一二二二—一二二三引楊齊賢說。

168 《三國志》，卷五一，〈宗室傳・孫韶〉，頁一二一四（孫河）；《宋書》，卷九一，〈孝義傳・嚴世期〉，頁二二四七（俞陽）；卷九四，〈恩倖傳・阮佃夫〉，頁二三一三（俞道龍）。

169 史書中東晉南朝俞姓人物的職位大體為皇帝侍從、令史、典籤、武將、宦官等。

170 黃瑞，《台州金石甎文闕訪目》，卷一，頁三a，見《地方金石志彙編》第四七冊，總頁碼四五九；《宋書》，卷九一，〈孝義傳・俞僉〉，頁二二五〇。

171 南朝宋俞湛（或湛之）為襄陽人，見《宋書》，卷八四，〈袁顗傳〉，頁二一五三；《南史》，卷二六，〈袁顗傳〉，頁七〇一；卷四五，〈張敬兒傳〉，頁一一三六。唐代武則天時有荊州江陵人俞文俊，見《舊唐書》，卷一八七上，〈忠義上・俞文俊〉，頁四八八三。晚唐荊州俞姓資料又可見《太平廣記》，卷七四，〈俞叟〉，頁四六一（原出《宣室志》）。

來說，俞是南方姓氏，就其集中於吳越的特點看來，可以說是江南的區域性姓氏，有相當強的本地性格。至於浙江中南部的俞姓，當是由蘇南、浙北一帶而來。

十八、蔣。蔣姓分布廣闊，但資料零散，看不出明顯的模式，至少在南北朝時期，明顯是南多於北（以淮河為界）。蔣姓的一個特點是，頗見於今天安徽境內的淮河南北，譬如漢末名士蔣幹、曹魏大臣蔣濟（？—二四九），乃至蔣山神傳說中的蔣子文都是這一帶人。[172]蔣姓在江南也有，晉陵（常州）、義興（宜興）、吳興（湖州）都可見到。[173]至於浙江中南，史籍所見，有東晉臨海郡將蔣秀；南朝陳宦官蔣裕為建安郡人（郡治在今福建建甌），也鄰接此地。[174]磚文中臨海則有東晉蔣僉。[175]從以上看來，東南蔣姓大概是從淮河南北經江南傳來，深入東南山區，應該有土著成分。

以上考察了早期浙江中南部的十八個姓氏，接下來幾點歸納。首先，這個地域所見到的姓氏，有若干是流傳很廣的華夏大姓，它們顯然主要是從黃淮流域透過江南傳入浙江中南的。這類姓氏包括黃、王、許、徐、任等。其中黃姓不但廣布長江以北，而且在華南各地域、各族群中流傳，跟前文考察過的陳、周很相似。其次，本文發現了好些在地性格明顯的姓氏：留、斯、婁、樓、東陽、汪，其中汪姓似乎與皖南關係更深。我們無法肯定說，所有這些姓氏都是在浙江中南及其鄰近區域產生的，但使用這些姓氏的人們顯然大多是土著及其後裔。就如同前一小節所討論的方、金、祖姓，它們可以作為東南原住人群的標誌。

再者，還有一類，可稱為區域性姓氏——某些常見於江南及浙北而往南流傳的姓氏。在早期中國，大部分這些姓氏或者主要存在於江南，或者可能是在這一帶獨立產生的，陶、章、虞、駱、俞都屬於這種情況。朱姓和蔣姓有些不同，兩者明顯是從華北傳來的，但在中國的範圍內，江南是個集中地。浙江中南有不少這類姓氏，顯示了北面吳越地區的強大影響。

除了以上的歸納，這裡還要做幾點進一步說明。首先，除了區域性姓氏，華夏大姓也主要是透過江南傳來，黃姓是可能的例外。此姓流行於華南內陸，包括鄰近浙江的江西，這或許是黃姓輸入的另一條途徑。其次，黃、王、許、徐、任之外，浙江中南的華夏大姓還有前一小節討論過的陳、周、吳。這三個姓氏也都見於早期江西（見附表一、二），該處也可能是浙江中南這些姓氏的來源。最後，雖然本文討論的大部分浙江中南姓氏都是從華夏主流區傳來的，或者是廣泛流行的大姓，或者是江南區域姓氏，但並不意味這些姓氏跟浙江中南的原住人群關係不密切。土著

172 《三國志》，卷五四，〈周瑜傳〉，頁一二六四裴松之注引《江表傳》（蔣幹）；同書卷一四，〈蔣濟傳〉，頁四五〇—四五五（蔣濟）；汪紹楹校注，干寶撰，《搜神記》（北京：中華書局，一九七九），卷五，〈蔣山祠（一）〉，頁五七。

173 《晉書》，卷三，〈武帝紀〉，頁七八（吳興蔣迪）；《宋書》，卷九一，〈孝義傳·蔣恭〉，頁二二五〇（晉陵蔣崇平），頁二二五〇—二二五一（義興蔣恭、蔣協）。

174 《晉書》，卷九四，〈隱逸傳·任旭〉，頁二四三八—二四三九（蔣秀）；《陳書》，卷四，〈廢帝紀〉，頁七〇；卷七，〈皇后傳·世祖沈皇后〉，頁一二八；卷二九，〈世祖九王傳·始興王伯茂〉，頁三五九（蔣裕）。

175 黃瑞，《台州甎錄》，卷二，頁八a，見《地方金石志彙編》第四七冊，總頁碼二七九。該磚紀年為東晉元帝大興三年（三二〇）。

取姓，恐怕大都採用常見的姓氏，流行的漢姓因此很多也會有濃厚的土著成分，只是漢晉六朝浙江中南部資料極少，無法具體判斷這類姓氏與土著的關係。從僅有的資料，我猜測朱、王、徐、蔣都有土著色彩。

㈣福建姓氏

終兩漢之世，福建為會稽郡的一部分，只有一個縣。在後世的福州（冶、侯官），絕大部分區域事實上在漢帝國之外。到三國時期，才有孫吳政權積極經營此地，景帝永安三年（二六〇）設建安郡，末帝天紀四年（二八〇）改為建安、晉安二郡，共十縣。這應該是福建有比較大規模華夏影響的開始。[176]在兩晉南朝，該地居民應該幾乎都是原住人群及其後裔，即使有移民，絕大多數來自鄰近地區，也多是華南土著，只是有些人華夏化的程度較深。[177]在唐前的華南，福建地位非常邊緣，資料很零星，姓氏資料也是如此，但由於該地居民成分略無疑義，在前文考察的基礎上，有些姓氏的涵義還是可以相當明朗。

目前所見漢末至南朝的福建姓氏中，不少前文已有討論：陳、吳、方、黃、王、徐、蔣。除了方和蔣，其他都是流行的華夏大姓，陳、吳、黃還廣泛存在於華南各地與各族群間。華南土著取漢姓，顯然普遍採用流行的姓氏，這造成姓氏往往大者愈大的現象。至於方姓，是東南土著性格很強的姓氏，當是由浙江傳來，蔣是流行於淮河流域與東南的姓氏，應該和方姓一樣，從福建的北面流入。在前文未觸及的福建姓氏中，張姓和陳、吳、黃很像，都是廣泛傳播於華南的華夏大姓，不再細述（參考附表一、二）。接下來提出幾個其他個案，以求進一步認識福建的姓氏圖景。

一、鄭。鄭是早期華夏大姓，就史籍所見，西漢時已經分布很廣，從山東、河南到西北、蜀地都有，甚至遠在帝國邊緣的浙北會稽郡也有兩例（經營西域的鄭吉〔西元前？—四九〕、儒者鄭朋）。[178] 加上東漢和中古資料一起觀察，除了分布廣闊，鄭姓的另一個特點是頻繁見於華夏地域的東部，從淮河南北至江南、浙北都有，浙江中南部則有南朝東陽信安（今浙江衢州）兩例。[179] 這些跡象顯示，東南鄭姓是從北方傳來，而且很早就深入此地。至於福建的情況，福州有東晉穆帝永和元年（三四五）墓磚上刻有「鄭氏」。傳世文獻中，此姓則首見於隋煬帝大業十年（六一四）六月與林寶護一起攻破建安郡的鄭文雅。[180] 鄭姓應在福建流傳已久，主要來源顯然是

176 吳修安，《福建早期發展之研究》，頁六三—六四，七三，八二，一一一—一一四。

177 參見吳修安，《福建早期發展之研究》，頁八七—九六。從考古所見，東漢時期的福建尚少受漢文化影響；此外，永嘉之亂八姓入閩之說完全不可信。

178 鄭吉見《史記》，卷二〇，〈建元以來侯者年表〉，頁一〇六八；《漢書》，卷七〇，〈鄭吉傳〉，頁三〇〇五—三〇〇六；鄭朋見《漢書》，卷七六，〈張敞傳〉，頁三二二六；卷七八，〈蕭望之傳〉，頁三二八四。

179 信安鄭姓可見《太平廣記》，卷一四一，〈鄭微〉，頁一〇一五（原出唐初《廣古今五行記》，晉宋之際鄭微）；《陳書》，卷三三，〈儒林傳．鄭灼〉，頁四四一（梁陳儒學家鄭灼及其父、祖）。前者雖出神怪故事，揆其文字，似乎實有其人。

180 陳明忠，〈試析福建六朝墓磚銘文〉，《福建文博》，二〇一三年第二期，頁六五，六八；《隋書》，卷四，〈煬帝下〉，頁八七。

今浙江。

二、林。唐以前罕見林姓，即使包括春秋時代的林放、林既，傳世文獻中還寥寥不到十例，但分布相當廣，出現於今山東西半部、關中以及四川。[181]在此期間，與福建有關的林姓事蹟只有一件，即隋煬帝大業十年六月，「賊帥」鄭文雅、林寶護攻陷建安郡。[182]隋代的建安郡治在後世的福州，林寶護應該就是福建本地人，否則也是來自鄰近的浙南。雖然目前唐以前福建林姓僅一見，我們可以很有把握地說，林就是一個極具福建本地性格的姓氏，這可以從唐以後的情況推知。唐五代林姓資訊突然大增，其中知其出身地者，絕大多數來自福建，而且出現在福建道所有地區，福州、建州、泉州、漳州、汀州都有，士人和官宦社群中，最知名的泉州莆田林披（七三三—八〇二）、林藻、林蘊家族也是林姓。[183]現在所知的唐五代登第人物剛好有一百名，林姓竟占二十名。[184]上述情況反映林姓在福建必然傳布已久。可以這麼說，唐五代林姓資訊暴增，正是福建在中晚唐興起，能見度大幅提高的結果。時至今日，林最主要仍集中於福建。根據二〇〇五年的統計，林為福建第二大姓，僅次於陳，占福建人口百分之十．一七，約三六〇萬人。但在全中國，根據二〇一〇年的第六次全國人口普查，林姓人數僅居第十六位，占漢族人口百分之一．一八。[185]福建林姓是否由北方傳來，難以判斷，但它無疑是自行在福建及其周遭大規模傳布的姓氏，冠此姓者自然以土著為主，可以視為東南土著的重要標記。

三、謝。就史籍所見，在早期中國，謝不是大姓，但分布甚廣，後漢三國已見於今山東、蘇北、皖北、河南等地。謝姓的一個特點是，錢塘江以東的今浙江北部是一個集中地，從東漢到南

181 山東的例子見《漢書》，卷一六，〈高惠高后文功臣表〉，頁五八五（林摯）；卷八八，〈儒林傳．林尊〉，頁三六〇四（林尊）；《魏書》，卷一三，〈皇后傳．孝文貞皇后林氏〉，頁三三二（孝文帝皇后林氏及其叔父）。關中見《魏書》，卷五二，〈段承根傳〉，頁一一五八（林白奴）。四川見揚雄，〈答劉歆書〉，張震澤校注，《揚雄集校注》（上海：上海古籍出版社，一九九三），頁二六四，二六六（此文原出《藝文類聚》卷八五）；常璩撰，任乃強校注，《華陽國志校補圖注》（上海：上海古籍出版社，一九八七），卷一〇上，頁五三三；卷一一，頁六六七（林閭）。

182 《隋書》，卷四，〈煬帝下〉，頁八七。

183 關於唐五代福建的林姓人物，福州、泉州甚多。建州例可見馬令，《南唐書》，卷一二，收入傅璇琮、徐海榮、徐吉軍主編，《五代史書彙編》（杭州：杭州出版社，二〇〇六；以下簡稱《五代史書彙編》），第九冊，丙編，頁五三四四—五三四五；陸游，《南唐書》，卷一四，收入《五代史書彙編》，第九冊，丙編，頁五五七三—五五七四；《資治通鑑》，卷二九三，頁九五五二（林仁翰、林仁肇兄弟）。《太平廣記》有漳州林姓三例，見卷三五五，〈林昌業〉，頁二八一三（原出五代北宋徐鉉《稽神錄》）；卷三九〇，〈林贊堯〉，頁三一二一（原出《稽神錄》）；卷四二八，〈勤自勵〉，頁三四八一—三四八二（原出唐戴孚《廣異記》）。汀州林姓可見《太平廣記》，卷四〇五，〈林氏〉，頁三二六六（原出《稽神錄》）。林披、林藻、林蘊為父子，這一家族在《元和姓纂》被稱為林氏晉安支，見《元和姓纂（附四校記）》，第一冊，卷五，頁七四〇。討論見陳弱水，〈中晚唐五代福建士人階層興起的幾點觀察〉，收入其著，《唐代文士與中國思想的轉型（增訂本）》（台北：臺大出版中心，二〇一六），頁四六四—四六六。

184 吳修安，《福建早期發展之研究》，頁三四二—三四八「唐五代時期福建科舉登第人物表」。

185 二〇〇五年的福建姓氏狀況見「二〇〇五年福建省一%人口抽樣調查資料」，http://www.stats-fj.gov.cn/fxwz/jmtjfx/0200605240041.htm（二〇一一年一月九日檢索）。二〇一〇年全國人口普查數據則根據百度貼吧「中國姓氏最新排名、人數及各省分布」，http://tieba.baidu.com/p2865239354（二〇一八年一月十日檢索）。維基百科「中國姓氏排名」則說二〇一〇年林姓排名第二十位，占全國人口百分之〇．九六，https://zh.wikipedia.org/wiki/中國姓氏排名（二〇一八年一月十日檢索）。無論二〇〇五年百分之一人口抽樣調查或二〇一〇年全國人口普查，公布的資料中都沒有姓氏的項目，只能看到簡略的間接報導。

朝都明顯可見，孫吳時撰《後漢書》的謝承就是會稽山陰人。[186]在中古中國，福建謝姓凡二見，一是《搜神後記》中的東晉安帝時（三九七—四一八）侯官人謝端，一個是南朝梁時的建安郡（郡治在今建甌）「山酋」謝稀。[187]綜合判斷，謝可以算是區域性的姓氏，福建此姓當是由今浙江傳來。

四、呂。呂是早期中國大姓，分布非常廣，兩漢時已見於山東、河北、河南、西北、塞北，[188]東南方面，長江南北岸也有。呂姓的另一個特點是，廣泛傳播及華夏地區之外：西北部族呂姓甚多，後涼建國者氐人呂光（三三八—三九九）即是，休官、羌人間也都有；[189]南方的廣州、交州也可見，如漢初南越國相呂嘉（西元前?—一一〇）。[190]呂姓見於福建很早，三世紀初孫權統治前期有「會稽治賊」呂合，治即今福州。[191]此外，南朝時，會稽山陰與鄰近福建的臨海郡也有呂姓，臨海磚文亦有兩例。[192]呂姓當是由北方傳來，很早就深入東南邊地，浙南、福建冠此姓者應多土著。

五、詹。《三國志》載漢獻帝建安元年（一九六）孫策集團用兵於福州，當地有「賊帥」詹彊。[193]這是傳世文獻第一次出現詹姓。此後有南朝劉宋文帝太子心腹詹叔兒，從此人的寒素背景看來，當是基層社會出身。[194]另外閩西北早期墓葬中出現兩位詹姓人士的名字，一是西晉詹文□（浦城），一是南朝宋詹橫堂（建甌）。[195]這四位是唐前史料中僅有的詹姓。至於唐五代，個人目前所見只有四位，其中一位是福州人詹雄，另外詹敦仁（九一四—九七九）、詹琲父子也顯然是福建人（詳後）。[196]以上資料雖然稀少，仍可據以推論，詹為東南本地姓氏，而且與福建關聯

186 《三國志》，卷五〇，〈妃嬪傳．吳主權謝夫人〉，頁一一九六。謝承之姊為孫權夫人。其他三國兩晉浙東謝姓人物可略見《後漢書》，卷八二上，〈方術列傳．謝夷吾〉，頁二七一三—二七一五（謝夷吾）；《三國志》，卷五八，〈陸遜傳〉，頁一三五三引《會稽典錄》（謝淵）；卷六〇，〈鍾離牧傳〉，頁一三九二引《會稽典錄》（謝贊）；《晉書》，卷二九，〈五行下〉，頁九〇八（謝真）；卷七七，〈何充傳〉，頁二〇二八（謝奉）；卷八二，〈謝沈傳〉，頁二一五一—二一五二（謝沈家族）；卷九四，〈隱逸傳．謝敷〉，頁二四五六—二四五七（謝敷）；卷一〇〇，〈孫恩傳〉，頁二六三二（謝鍼）。其他南朝浙東此姓人物不具列。

187 汪紹楹校注，陶潛撰，《搜神後記》（北京：中華書局，一九八一），卷五，〈白水素女〉，頁三〇—三一；《梁書》，卷二一，〈王僉傳〉，頁三二七。

188 居延漢簡即記有鉅鹿廣阿（在今河北隆堯）人呂孺。見李振宏、孫英民，《居延漢簡人名編年》，頁三〇。

189 參見陳連慶，《中國古代少數民族姓氏研究》，頁二八六、三一七—三一八，三二一。

190 除了漢初廣州的呂嘉家族，孫吳時有交趾郡吏呂興，當為交州本地人。見《三國志》，卷四，〈三少帝紀．陳留王奐〉，頁一五一—一五二；卷四八，〈三嗣主傳．孫休〉，頁一一六一。

191 此事在獻帝建安十年（二〇五）前後。見《三國志》，卷五五，〈蔣欽傳〉，頁一二八六；卷六〇，〈呂岱傳〉，頁一三八三—一三八四。

192 《南齊書》，卷五六，〈倖臣傳．呂文度〉，頁九七八；《南史》，卷三五，〈顧憲之傳〉，頁九二二（以上山陰人呂文度）；《南齊書》，卷五六，〈倖臣傳．呂文顯 呂文度〉，頁九七七—九七八；《南史》，卷七七，〈恩倖傳．呂文顯〉，頁一九三二—一九三三（以上臨海人呂文顯）。磚文則見黃瑞，《台州甎錄》，卷三，頁一二；卷四，頁三b—四a，見《地方金石志彙編》第四七冊，總頁碼三三七—三三八，三七〇—三七一。

193 《三國志》，卷六〇，〈賀齊傳〉，頁一三七七。

194 《宋書》，卷九九，〈二凶傳〉，頁二四二六、二四二八，二四三四。

195 陳明忠，〈試析福建六朝墓磚銘文〉，頁六五，六八。「詹文」後的缺字也有可能不是名字的一部分。

196 詹雄見黃滔，〈潁川陳先生集序〉，《唐黃先生文集》（上海：商務印書館，一九一九；《四部叢刊初編》據上海涵芬樓借江南圖書館藏黃蕘圃校明鈔本影印），卷八。同文亦見《全唐文》，卷八二四。另有書家詹鸞，不知何處人。見不著撰人，《宣和書譜》（《文淵閣四庫全書》本），卷四，〈送詧光詩〉，頁三b。

深厚。

詹姓要到宋代才稍常見。「中國歷代人物傳記資料庫」（CDBD）可搜得此期詹姓人士九十二名（彼此多有親屬關係），出身地計十五處：崇安、遂安、縉雲、山陰、玉山、武進、休寧、浦城、信州（州治上饒）、宣城、閩縣、衢州、婺源、鉛山、廣德軍（治今安徽廣德）。這些地方除武進與山陰，全部在皖南、贛東、浙西至閩北一帶，山陰在浙東，武進則在蘇南。由此更可判斷，詹基本上原為東南土著姓氏，東南山區及其周遭在中古早期逐漸華夏化，此姓人士仍處於基層，北宋中葉以後始逐漸浮現於全國舞台。

關於前面提到的詹敦仁、詹琲父子，是五代後期閩地人物，有詩文傳世。清初吳任臣編《十國春秋》說敦仁是光州固始人（今河南東南固始縣），避亂至福建仙遊（仙游）隱居，又說他曾任小溪場監，於九五六年奏請清源節度使留從效將小溪場改為清溪縣，即後世的安溪縣。[197]按：閩人的中原祖源主要有永嘉八姓入閩和唐代光州固始兩種說法，兩說都不足為憑。[198]《十國春秋》的根據大概是詹家後人的宗譜，仙遊、小溪皆屬泉州，詹氏父子應該就是泉州本地人。

六、洪。洪姓的情況和詹很接近。建安八年（二〇三），孫吳統治初期，今福建浦城、建甌一帶發生大規模起事，其中首領有洪明、洪進，這是洪姓首度見於傳世文獻。[199]另《荊楚歲時記》載孫吳有廬陵郡太守洪矩為宣城人；南朝梁則有軍士洪騏驎，顯然出身基層。[200]以上是隋前僅有的洪姓事例。[201]唐五代此姓仍罕覯，知其出身者，計皖北、蘇北揚州各一例，蘇南一例，徽州地區二例，福建一例。[202]和詹姓一樣，洪姓至宋代才較多見，「中國歷代人物傳記資料庫」有

197 吳任臣，《十國春秋》，卷一六，收入《五代史書彙編》，第七冊，丙編，頁三六四一；卷九七，第八冊，丙編，頁四六五三—四六五四；卷一一二，第八冊，丙編，頁四八五二。

198 閩人祖源光州固始說涉及唐代史事的兩個說法。一是武則天掌政時，陳元光請置漳州，在後世被尊為開漳聖王，他來自光州固始；另一則是，唐末入閩建立閩國的王緒、王潮、王審知集團來自光州，後世福建上層多出於此。陳元光為光州固始人事屬無稽，他明顯就是漳州本地首領。至於王氏集團，雖然其中有光州的成分，人數可能不多，但以在閩地立國的光環，爾後多為閩人家族所攀附。見楊際平、謝重光，〈陳元光「光州固始說」證偽——以相關陳氏族譜世系造假為據〉，《廈門大學學報（哲學社會科學版）》，二〇一五年第三期，頁一一五—一二七；謝重光，《陳元光與漳州早期開發史研究》（台北：文史哲出版社，一九九四）；尹全海，〈閩人對「光州固始」的記憶與詮釋〉，《中州學刊》，二〇一七年第一期，頁一一〇—一二三。我同意楊際平、謝重光的看法，陳元光為光州固始人之說是攀附王氏集團現象的一環（頁一二五）。

199 《三國志》，卷六〇，〈賀齊傳〉，頁一三七八。

200 宗懍撰，《荊楚歲時記》，收入〔明〕陳繼儒輯，《寶顏堂秘笈．廣集》第一冊（上海：文明書局，一九二二年石印本），頁八a；《元和姓纂（附四校記）》，第一冊，卷一，頁一五；《南史》，卷五八，〈韋叡傳〉，頁一四二八。

201 福建泉州發現有南朝梁墓葬磚文「承聖四年上洪方建立」，「洪方」或許為築墓人的名字。見陳明忠，〈試析福建六朝墓磚銘文〉，頁六四，六八。

202 這些人包括：洪孝昌父子（安徽舒城），見《元和姓纂（附四校記）》，第一冊，卷一，頁一六；洪某父子（江蘇揚州），見周紹良主編、趙超副主編，《唐代墓誌彙編》，大中〇八六，頁二三一五〈唐故彭城郡洪府君夫人張氏墓誌銘并序〉（彭城似為郡望）；洪慶元家族（江蘇江寧），見吳任臣，《十國春秋》，卷三一，收入《五代史書彙編》，第七冊，丙編，頁三八三三；洪文用（福建泉州），見《十國春秋》，卷二九，收入《五代史書彙編》，第七冊，丙編，頁三八〇五。另歙州（即後世的徽州）祁門有洪氏女，婺源有洪貞，見《太平廣記》，卷四二五，〈洪氏女〉、〈洪貞〉，頁三四六三；《太平寰宇記》，卷一〇四，〈江南西道二〉，頁二〇六九（洪貞）。〈洪氏女〉原出《歙州圖經》。〈洪貞〉據稱出《述異記》或《婺州圖經》，皆有可疑。

此期洪姓人士一〇五名，出身地計二十一處：休寧、婺源、鄱陽、南豐、南康軍（治江西星子）、樂平、上元、丹陽、華亭、於潛、天台、義烏、武義、淳安、侯官、閩縣、長溪、懷安、海豐、揚州、開封。[203]在這份資料中，洪姓最集中於皖南（休寧）、贛東（婺源、南豐、樂平）、浙西（於潛、義烏、武義、淳安）和閩北（侯官、閩縣、長溪、懷安）。綜合宋朝與前代資料，洪姓為東南姓氏，分布形態與詹姓相似，大部分在山區及河谷，但江西中部與江南平原帶例子較多，江北也有。起源地雖難以判斷，其與東南土著關係密切，則是確定的。

現在先就福建的幾個個案略作討論，再對早期東南姓氏觀察所得進行總結。前面已經提示，中古前期的福建遠離華夏核心區，和皖南及浙江中、南部相比，人口組成相對單純，可說完全是土著與華夏化程度尚淺人群的居地。本小節所專門討論的六個姓氏可以分為兩類，鄭、謝、呂成一類，它們是常見的華夏姓氏，顯然都是透過浙江中南傳入福建。林、詹、洪則另為一類。這三個姓氏具有強烈的土著性格，詹和洪是東南本地姓氏，最主要流行於從皖南到閩北的山區，即使未必是土著自創，也是以土著為主要載體。至於林姓，與北方此姓的關係不可知，但在福建及其周遭傳布特別密集，可以說是特具東南土著性格的唯一大姓，也是福建的代表性姓氏。

綜合以上，本節透過姓氏現象考察早期中國東南土著人群，有以下幾點主要發現。首先，找到不少與東南土著關聯特深的姓氏：方、金、祖、留、斯、婁、樓、東陽、汪、林、詹、洪，在東南土著缺乏族稱的情況下，它們可以被視為此處原住人群實體存在的標誌。這些姓氏性質有差異，例如：方、汪分布偏北，特別見於皖南；林則偏南，以福建為核心。「東陽」可確定為土著自創；有些幾乎確定，如留、斯、詹；有些如金、祖，北方也有，但東南的這些姓氏應該是獨立產生的。可能因為和淵源於華夏的大姓相比，土著性格的姓氏具有特殊色彩，傳播比較困難，因此這些姓氏中，只有林演化為大姓。

東南土著區姓氏還有一個明顯的特點，就是深受江南和浙北的影響。本節所討論的大部分姓氏都流行於長江下游，顯示透過文化傳播、人口移動、國家統治，東南人群大舉接受了吳地的姓氏。這些姓氏又可約略分為兩類，一類是從北方傳來的大姓，如周、陳、黃、王、許、徐、任、張、鄭、呂；一類是江南區域性明顯的姓氏，如紀、沈、朱、蔣、陶、章、虞、駱、俞、謝。後者之中有些可能是在這個古吳越舊地獨立形成的，如陶、章、虞、駱、俞，是更深層的土著姓氏。

這裡所述，顯現的是「重層華夏化」的現象，也就是華夏化的過程，直接的動源往往不是以中原為代表的華夏核心區，而是一波一波重層發生的。就本文所見，皖南和浙江中南的姓氏深受江南和浙北影響，福建的姓氏又受浙江西部與中南部影響。漢姓或漢式姓名的採用與漢姓制度的建立是華夏文化擴展的一個重要面向，從這裡所觀察到的重層傳播現象或許也適用於社會文化的

203　開封僅洪子範一例，可能是從南方遷過去的。另洪應辰（一一九七—一二八三）在資料庫記為光州固始人，應該是華亭（今上海松江），但據說其先祖來自固始。見衛宗武，《秋聲集》（《文淵閣四庫全書》本），卷五，〈府判中奉洪公墓誌銘〉。

其他方面。

另外值得一提的是，東南姓氏中不但有許多早期華夏大姓，而且有些傳布極廣，往往超過區域性及本土性強的姓氏，如：周、陳、黃、王、徐、張、鄭、吳。[204] 這顯示，土著冠姓多選擇流行的姓氏。華夏大姓廣泛存在於東南，並不代表這裡曾有眾多的北來人口，但在唐代中葉以後給了東南人士攀附北方望族的機會。[205]

再者，除了傳自江南、浙北華夏先進區，東南土著姓氏也有內陸原住人群（特別是鄰近的江西）影響的痕跡，這方面的例子有：向、周、陳、吳、黃、詹、洪。華南土著人群之間的互動，也是研究這個區域歷史需要留意的。最後，在考察早期浙閩姓氏現象的過程中，看到若干有關築墓人或製磚人的特殊表述：「哩作」、「立作」、「白田厚唐作」、「康立」、「陳文王夆立」（「作」、「立」指製作），這些稱呼可能意味他們沒有漢式姓名，或還不習慣使用。[206]

結語

本文由兩個部分所構成，一是對山越問題的若干探討，一是早期東南姓氏的研究，旨在探索早期中國東南原住人群的面貌。在本研究涵蓋的區域，兩漢時幾乎都是原住人群的聚居地，漢末以後，郡縣統治和華夏化逐漸擴大，但土著及其後裔仍然是社會的主體。關於這些人群，一個明顯的特點是，記載非常稀少，甚至連族稱都很難看到，以致學界只有零星的認識，本文希望在這一點上有所突破。

有關山越的部分，在早期東南人群一片闃然無聞的情況中，孫吳時期的山越是少有的例外，相關研究較多。本文所為，算是「補論」。在這個課題上，我關注的是作為人群的山越的性質。本文討論了山越的非華夏族群色彩、這些人群的特色、他們與國家和主流社會的關係。對於這些課題，過去的研究雖然也頗有涉及，本文在深入程度和系統性上應該勝於以往。我的核心論點是，無論就政治統治階層的感知或實際社會文化成分而言，山越基本上都是華夏的「他者」。而且，在孫吳，華夏的異類也不限於與政權發生衝突的山越，吳地平野和遠離政權中心的越人也都是。我也指出，到了東晉南朝，仍然偶有山越後裔的記載。雖然這些人群很少再帶有族群異類的標籤，並不代表他們都已華夏化。

204 參考二〇一〇年第六次中國全國人口普查資料中的浙江、福建姓氏排名，見百度貼吧「中國姓氏最新排名、人數及各省分布」，http://tieba.baidu.com/p/2865239354（二〇一八年二月四日檢索）。

205 吳修安指出，在唐代，福建人士郡望有從本地的南安或晉安轉為北方著望的趨勢，見其《福建早期發展之研究》，頁二二二—二三六。

206 黃瑞，《台州甎錄》，卷三，頁一三b（年代：三五四）；卷四，頁三b（年代：三七七），見《地方金石志彙編》第四七冊，總頁碼三四〇，三七〇；黃瑞，《台州金石甎文闕訪目》，卷一，頁六b（年代：三六四），見《地方金石志彙編》第四七冊，總頁碼四六六；陳明忠，〈試析福建六朝墓磚銘文〉，頁六四—六五，六八（年代：四世紀初、三七八）。「陳文王夆」有可能代表兩個人：「陳文」與「王夆」。

除了山越的課題，本文也對早期皖南、浙江中南部和福建的姓氏進行考察。這個部分是和一個方法論的考慮相連結的。個人以為，為了追求對歷史經驗的多方了解，歷史研究應該積極面對文獻記載稀少的課題，因為這些課題往往涉及眾多的人口和重要的社會文化結構。資料缺乏對研究帶來很大的限制，在此情況下，我們可以審慎運用「尋求最佳解釋的推論」的原理，廣泛搜尋具有推論潛能的訊息，偵測資料稀少的現象。姓氏是一種零散的訊息，孤立來看，大多缺乏知識意義，但如果大範圍、從長時段內蒐集，可能產生重要的認識。東南人群很早就使用漢姓或漢式姓氏，本文對此進行研究，得出有關東南土著的重要認識。譬如，本文指認出原生於東南土著區或與東南土著關聯特深的姓氏，在缺乏族稱的情況下，它們可以權充東南原住人群的標誌。另外，本文也展現東南土著區不同地域間的關聯，抉發此地「重層華夏化」的現象。

最後提一點，本文一再指出，除了文獻中短時間出現指稱寬泛的山越和越人，東南人群缺乏族稱（ethnonyms）。這可能意味，掌握書寫機制的政府和士人對土著認識很少；另一種可能是，這些地方沒有大型人群的稱號，他們認同的主要對象是部落、聚落、親屬團體或類似群體的組合，這是常見的情況，在台灣和青藏高原東緣都可以看到。[207]

本文原刊於《臺大歷史學報》，第六十三期（二〇一九年六月），頁一—八二。二〇二〇年二月文字訂正及微幅修訂。

207 參見黃宣衛主編，何有柯（Unak Tafong）口述，吳明義（Namoh Rata）記音／翻譯，《末代Sapalengaw的話：馬太安大頭目Unak Tafong 一九五八年錄音重現》（台北：中央研究院民族學研究所，二〇一四），頁四四，四六－四七，五七－五八，二九五，四七六；王明珂，《羌在漢藏之間：一個華夏歷史邊緣的歷史人類學研究》（新北：聯經出版公司，二〇〇三），頁三五－七七。

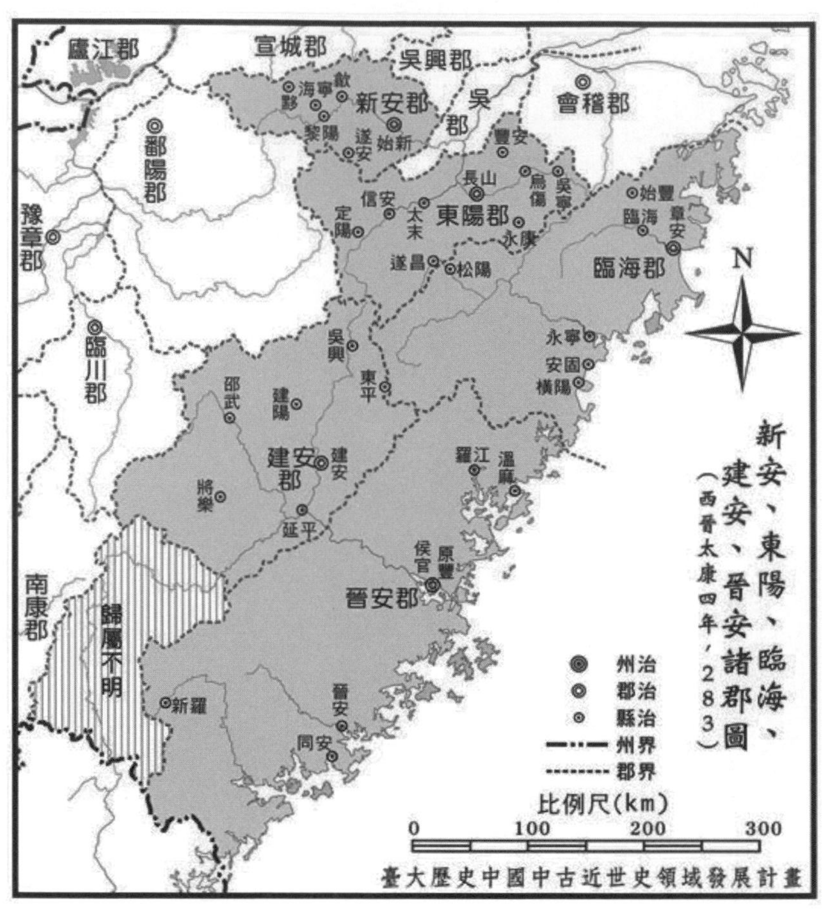

附圖一：西晉武帝太康四年東南諸郡圖

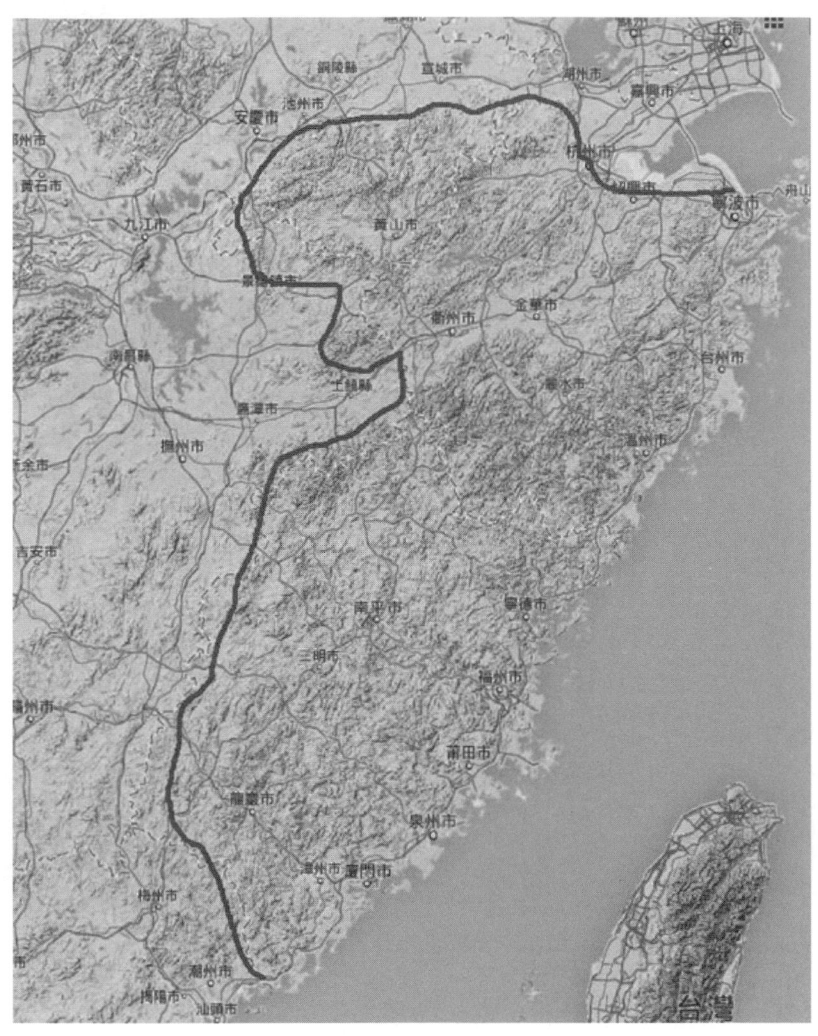

附圖二：中國東南地區地形圖

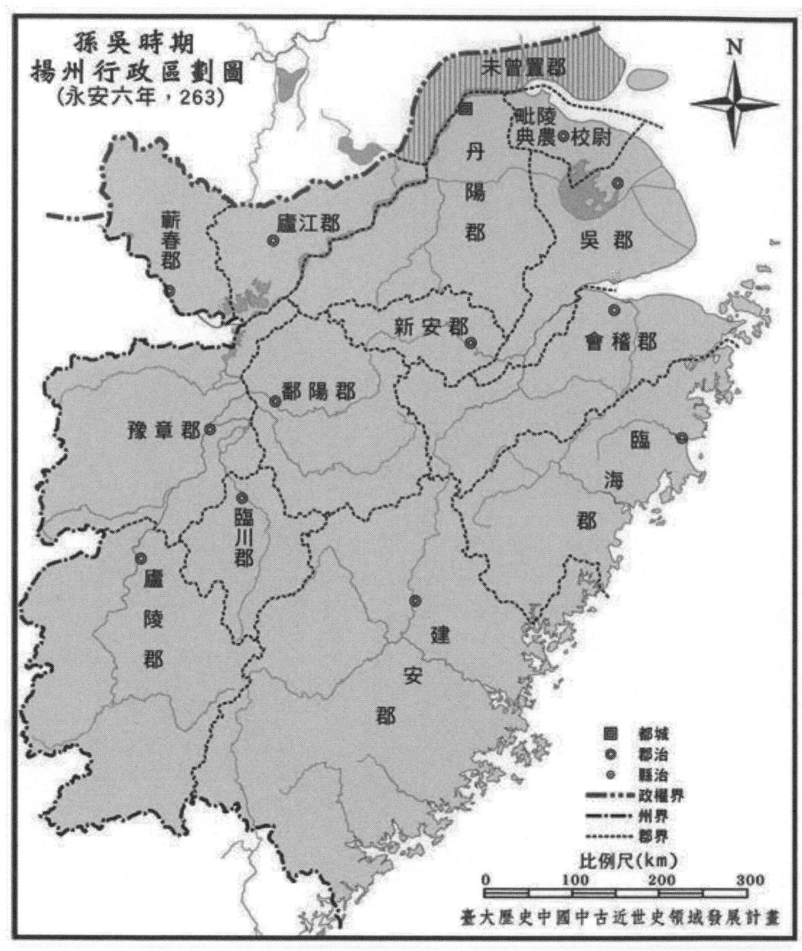

附圖三：孫吳時期揚州行政區劃圖

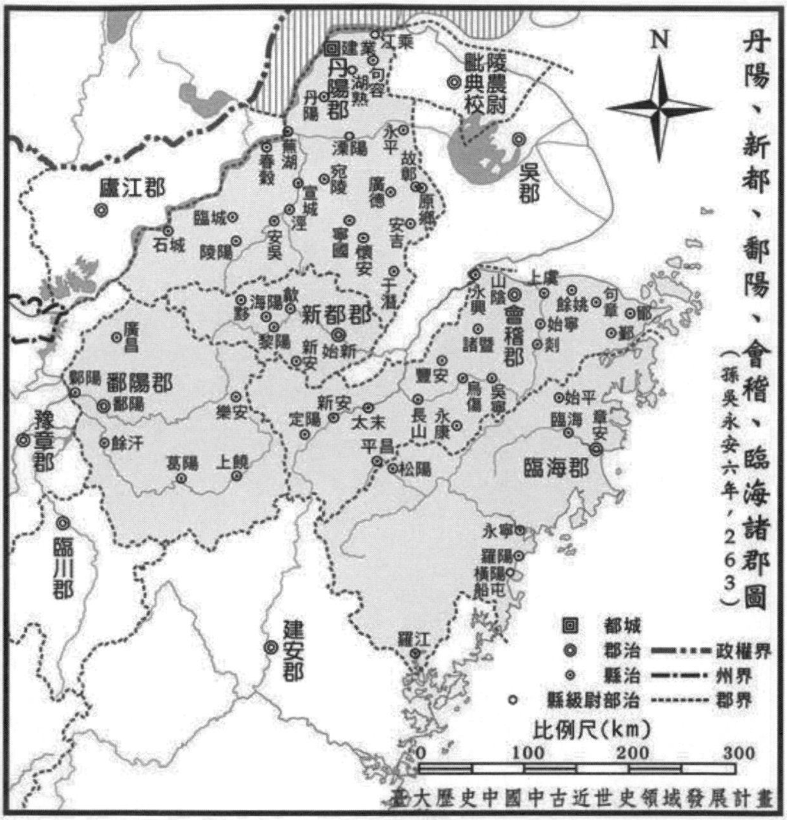

附圖四：孫吳時期丹陽諸郡圖

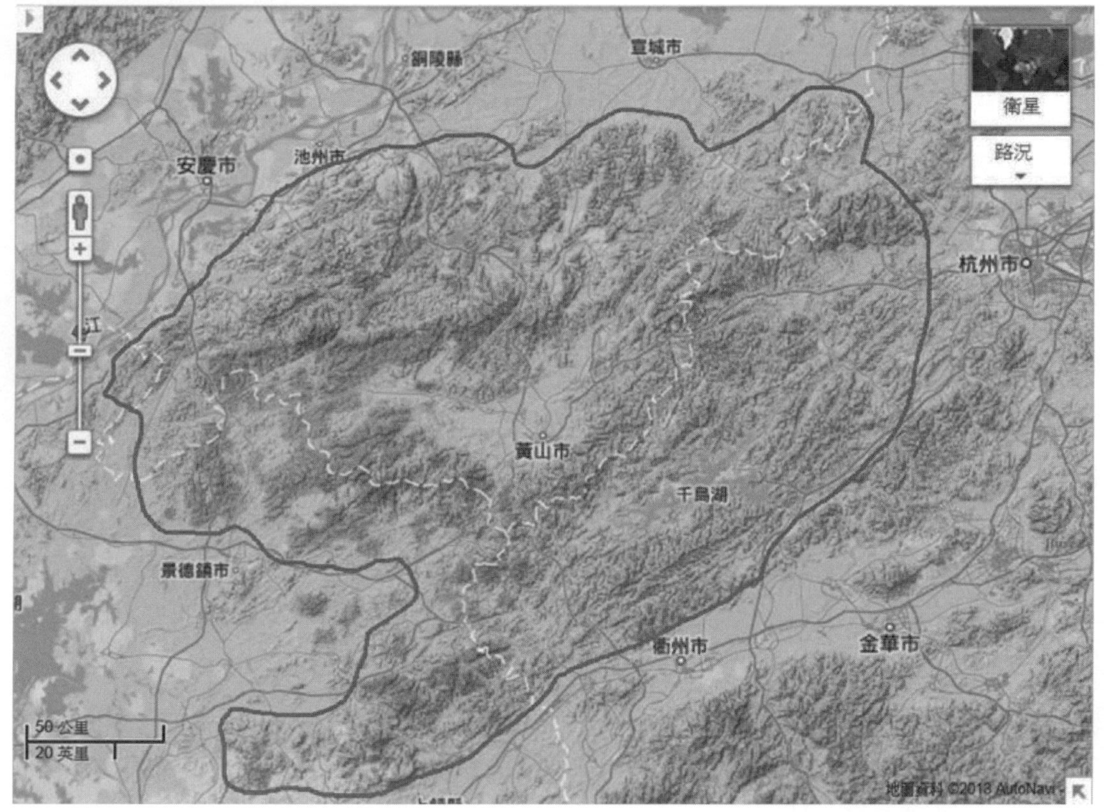

附圖五：山越核心區（千島湖是1959年所築的水庫，以前無此湖）

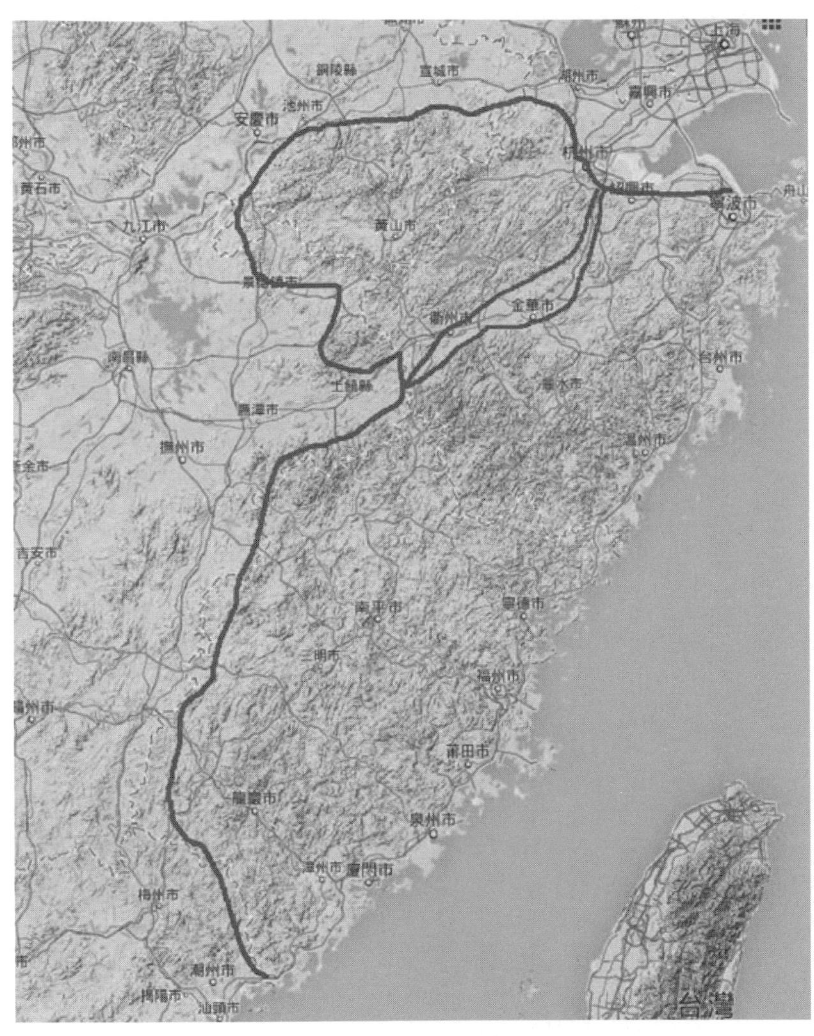

附圖六：衢江及錢塘江上中游河谷（中間狹長處）

附表一 漢至隋長江中下游及東南地區姓氏略表

編號	資料與姓氏類別	涵蓋地域	涵蓋時間	姓氏						
一	長沙東牌樓漢簡、走馬樓吳簡所見大姓	湖南長沙及其附近地區	漢末三國	李	何	劉	周	黃	陳	張
二	郴州蘇仙橋吳簡、西晉簡所見本地姓氏	湖南郴州	三國、西晉	李		劉		黃	陳	
三	傳世文獻與考古資料所見江西姓氏	江西	漢代至南朝			劉	周	黃		
四	傳世文獻與考古資料所見皖南、浙西姓氏	安徽南部山地與近山部分、浙江淳安	兩漢三國至隋				周		陳	
五	《三國志》正文及裴注所見會稽郡北部姓氏	錢塘江以東之浙江北部（排除西晉以下之東陽郡地區）	三國			劉？	周	黃	陳	張
六	傳世文獻所見東陽、臨海、永嘉郡姓氏	今浙江中南部	東漢至隋	李		劉	周	黃	陳	張
七	出土文物所見東陽、臨海、永嘉郡姓氏	今浙江中南部	魏晉南北朝	李	何	劉	周	黃	陳	張
八	傳世文獻與考古資料所見閩中姓氏	福建	漢末至隋		何			黃	陳	張

編號	姓氏																		
一	朱	范	鄧	潘（番）	謝	烝	唐	吳	區	鄭	文	廖	伍（五）	胡	蔡	雷	盧（盧）	殷	石
二			鄧	潘					區										
三	朱		鄧					吳						胡	蔡	雷			
四								吳											
五	朱			潘	謝			吳		鄭			伍				盧		
六	朱							吳		鄭			伍	胡	蔡		盧		
七	朱			潘（番）				吳									盧		
八					謝			吳		鄭									

編號	姓氏																		
一	其餘從略																		
二	傀																		
三		袁	熊	高	孟	湛（諶）	曾	桂	梁	楊	聶	方	万	況	羅	幸	莫	喻（諭）	余（佘）
四										楊		方							
五																			
六										楊									
七				高						楊									余
八												方							

編號	姓氏																	
一																		
二																		
三	陶	翟	烏	彭	饒	淡	危	修（脩）	練	哀	其餘從略							
四											留	嚴	鮑	向	程	金	焦	祖
五												嚴						
六	陶	翟									留			向				
七	陶											嚴						
八																		

編號	姓氏																	
一																		
二																		
三																		
四	毛	紀	章	郝	沈													
五						王	闞	董	賀	邵	虞	趙	丁	鍾離	許	孫？	孟	綦毋
六			章		沈	王					虞	趙	丁		許	孫		
七			章			王		董					丁		許	孫	孟	
八						王												

編號	姓氏																	
一																		
二																		
三																		
四																		
五	駟	魏	曹	斯	祁	樊												
六			曹	斯			駱	徐	柳	婁	樓	龔	東陽	呂	任	費	田	汪
七			曹					徐						呂	任			
八								徐						呂				

編號	姓氏																	
一																		
二																		
三																		
四																		
五																		
六	俞	郭	葛	宋	蔣													
七	俞			宋	蔣									翁	魯	簿（薄）	富	司馬
八		郭		宋	蔣	林	詹	洪	苑	華	秦	隨	陸					

編號	姓氏							
一								
二								
三								
四								
五								
六								
七	疆	虔	桓	馬	道	羊	抗	秦
八								

資料來源說明（依表內編號排列）：

1. 王萬雋，〈漢末三國長沙族群關係與大姓研究之一——漢末部分〉，《早期中國史研究》第二卷第一期（二〇一〇年六月），頁四三—八五，特見頁五四；魏斌，〈吳簡釋姓——早期長沙編戶與族群問題〉，頁二四—二六。東漢簡牘部分全列，吳簡部分則列出二十五個數量最大的姓氏，但非依原順序。近年來秦漢三國湖南簡牘大出，可蒐集更多人名與姓氏資料。
2. 湖南省文物考古研究所、郴州市文物處，〈湖南郴州蘇仙橋Ｊ４三國吳簡〉，收入中國文物研究所編，《出土文獻研究》第七輯（上海：上海古籍出版社，二〇〇五），頁一五二—一五八；湖南省文物考古研究所、郴州市文物處，〈湖南郴州蘇仙橋遺址發掘簡報〉，收入湖南省文物考古研究所編，《湖南考古輯刊》第八集（長沙：嶽麓書社，二〇〇九），頁九八—一〇二。郴州在三國吳與西晉時期為桂陽郡治，蘇仙橋遺址又為官署所在地，該處發現的簡牘均為官方文書，其中的人名未必全為該郡或附近人士。以此，本表只取縣級官員、吏員與民眾的姓氏。這兩份資料中，以黃姓、區姓特多。
3. 梁洪生，〈考古資料中的唐以前江西姓氏考察〉，頁六八—七七；梁洪生，〈唐以前江西地方姓望考〉，頁八一—九〇；魏斌，〈南朝前期豫章郡的豪族——圍繞胡、鄧二氏為中心的考察〉，頁八〇—九一。

4. 主要為本文作者蒐集。另有一例見鄭睿瑜，〈浙江地區六朝墓葬的考古學研究〉，頁九七。

5. 本文作者依《三國志》蒐集，其中亦含有漢代之姓氏資料。

6. 本文作者蒐集。

7. 鄭睿瑜，〈浙江地區六朝墓葬的考古學研究〉，頁九四—九九附表二；孫詒讓，《溫州古甓記》下冊；黃瑞，《台州甎錄》、《台州金石甎文闕訪目》。

8. 傳世文獻部分為本文作者自行蒐集；出土資料依陳明忠，〈試析福建六朝墓碑銘文〉，頁六八表三。

附表二 漢至隋華南主要土著姓氏

編號	資料與族群別	涵蓋地域	涵蓋時間
一	長沙東牌樓東漢簡牘中之土著姓氏（推測）	湖南長沙	漢末三國
二	荊南四郡蠻亂中所見姓氏	今湖南省	東漢
三	長沙走馬樓吳簡中之土著姓氏（推測）	長沙及附近地區	三國
四	文獻所見漢代蠻姓	今四川東部、湖北、湖南	漢代
五	文獻所見三國至隋蠻姓	約今四川東部、河南南部、湖北、湖南、安徽中部、江西北中部	魏晉南北朝隋代
六	山越	約今安徽南部、江西北部、浙江中南部、福建北部	漢末三國
七	江西土著（含溪人）	江西	兩晉南北朝
八	俚	今廣東西部、廣西東部、越南北部	東漢至隋

編號	姓氏														
一	周	黃	陳	范	李	張	朱	鄧							
二	周		陳		李				胡	覃	詹	潘	區	相	羊
三	周	黃	陳		李	張		鄧	胡	潭		潘	區		
四		黃	陳							瞫（覃、潭、鐔）	詹	潘		相	羊
五		黃	陳		李	張				瞫（覃、潭、鐔）					
六	周	黃	陳			張					詹	潘			
七	周	黃	陳						胡						
八	周		陳		李	張									

編號	姓氏																		
一																			
二	卜	郭	蘇																
三				向	石	田	魯	文	梅	伍	鄭	雷	趙	烝	吳	唐	謝	廖	秦
四						田						雷	趙						
五	卜			向	石	田	魯	文	梅		鄭	雷							秦
六															吳				秦
七																			
八																			

編號	姓氏																	
一																		
二																		
三	桓	孫	樊	仇	何	般												
四			樊				滿（瞞、蠻）	巴*	羅	朴	督	鄂	度	夕	龔	許	高	法
五	桓		樊															
六					何													
七																		
八									羅									

編號	姓氏																	
一																		
二																		
三																		
四																		
五	冉	世	成	柳	楚													
六						祖	焦	金	毛	費	施	隨	洪	呂	斯	常	尤	彭
七																		
八																		

編號	姓氏																
一																	
二																	
三																	
四																	
五																	
六	董																
七		余	侯？	熊？													
八					岑	王	莫	洗	馮	并	鍾	蔣	虞	杜	龐	梁	寧

資料來源說明（依表內編號排列）：

1. 王萬雋，〈漢末三國長沙族群關係與大姓研究之一——漢末部分〉，頁五七—六二。
2. 王萬雋，〈漢末三國長沙族群關係與大姓研究之一——漢末部分〉，頁六八—七〇。
3. 參考魏斌，〈吳簡釋姓——早期長沙編戶與族群問題〉，頁二七—三二。
4. 陳連慶，《中國古代少數民族姓氏研究》，頁二〇五—二二〇。*具有傳說的性質，未見實例。
5. 陳連慶，《中國古代少數民族姓氏研究》，頁二〇五—二二九。「蠻」分布甚廣，江北亦多，參見「涵蓋地域」一欄。
6. 主要根據陳連慶，《中國古代少數民族姓氏研究》，頁二三二，二三四—二四二略作增刪。陳書對山越的界定頗粗疏，此處但觀其大略，非詳考也。
7. 參考陳連慶，《中國古代少數民族姓氏研究》，頁二四二—二四六；周一良，〈南朝境內之各種人及政府對待之政策〉（原刊於一九三八年），後收入其著，《魏晉南北朝史論集》（北京：北京大學出版社，一九九七），頁五一—五五。
8. 參考陳連慶，《中國古代少數民族姓氏研究》，頁二五六—二六二。

唐代長安的宦官社群

——特論其與軍人的關係

宦官在唐代歷史上扮有非常重要的角色，近代史學興起以前，這個群體就已經受到學者重視，近幾十年來，有關的研究更是一直沒有中斷，有著豐碩的成果。宦官是一個特殊的群體，生存於傳統中國的宮廷環境，在某些時代的政治結構中，他們獲得巨大的權力，經常對時局產生關鍵的影響，中晚唐就是這樣的一個時代。由於宦官的上述特性，自來的研究絕大多數都是從政治史和制度史的角度出發，我這次則試圖勾勒宦官的社會性格。唐代的長安是當時世界上的最大都市，充滿著各式各樣的人群、活動和生活樣態。長安之所以能發展到這個境地，根本原因在於它是大唐帝國的首都。換言之，長安有強烈的政治性格，許多住民與家庭是因政治的原因而留居該地，本地人民也容易跟中央政權發展出直接的關係。遺憾的是，我們對於長安社會的這個層面了解還不甚充分，本文的目的，除了考察宦官社群，也希望連結到其他在京都為帝國政權服務的人們。事實上，我的研究發現，唐代——特別是中期以後——宦官與軍人有著特殊的關係，本文因此也有助於揭示長安軍人社群的面貌。不用說，發掘宦官與軍人社群的特徵，還能加深我們對唐代長安的整體認識。

一、長安宦官的社群性格與相關問題

前文已經提到，宦官完全依賴傳統中國的皇帝制度與宮廷環境而生存，是十足的政治產物。

不過，宦官也是人；儘管是生理有特殊缺陷的人，在人數眾多的時候，還是結成了具有獨自性格的群體生活，也跟這個群體以外的人們發生關聯，可以說同時具有「社會的」性格。唐代大約自武則天、中宗時期以後，宦官人數就相當龐大，達到數千人以上，[1]至少許多中上層的宦官居家在宮外，而且住地頗集中，似乎有了形成社群的跡象。唐代宦官這個社會的性質，學者也早已注意到。舉例而言，中文著作裡，王壽南《唐代宦官權勢之研究》（台北：正中書局，一九七一）、陳仲安〈唐代後期的宦官世家〉（在《唐史學會論文集》，西安：陝西人民出版社，一九八六）、杜文玉〈唐代長安的宦官住宅與墳塋分布〉（《中國歷史地理論叢》，一九九七年第四期）等，都直接觸及了這方面的課題。我依循前賢研究所提示的方向，繼續探索，期盼有所深入。

過去關於唐代宦官社會生活的研究之所以稀少，除了宦官本身強烈的政治性格，原因不外有二。首先，宦官雖然政治力量強大，在社會和文化上基本上是邊緣人，引起學者注意的程度有限；其次，傳世的唐代宦官資料零散而且數量寡少。不過，資料單薄的問題，現在有了明顯的改觀。如所周知，近年來有大量的唐代墓誌銘整理刊布，這些墓誌中，涉及宦官的不在少數。根據個人可能不完全的統計，由周紹良任主編、趙超任副主編的《唐代墓誌彙編》（上海古籍出版

1 《唐會要》卷六五〈內侍省〉云：「則天稱制二十年，差增員數。神龍中，宦官三千人。」見《唐會要》（台北：世界書局，一九八九），頁一一三一。

社，一九九二）收有宦官及其家人的墓誌二八篇，兩人合編的《唐代墓誌彙編續集》（上海古籍出版社，二〇〇一），則收有同類墓誌五十七篇。陝西省古籍整理辦公室編錄的《全唐文補遺》第三輯（西安：三秦出版社，一九九六）也收有很多宦官或其妻子的墓誌。[2]層見迭出的唐代宦官資料，讓我們有機會一窺他們的生活世界。

唐代宦官生活有一個突出的現象，就是家族的經營。唐代的中上層宦官以家庭為生活單位，家中有夫妻，妻死有時還續娶，死後還合葬。宦官有兒女，而且一代一代相承，形成家族，乃至有家族墳地。譬如，有位武宗會昌六年（八四六）去世的宦官高克從，就是玄宗朝著名宦官高力士的五代孫。[3]宦官沒有遂行正常家庭生活的能力，他們的家庭、家族，可以說是「虛構」的，「虛構」的依據，則是文化所提供的理想藍圖。這種生活方式，除了深具文化和心理涵義，也有重要的實際功能。家族生活提供了宦官文化「再生產」的機制，年幼的男孩被宦官收養，在宦官家中長大，其中很多人（顯然是大部分）後來也成為宦官，使得這個群體的紐帶與行為方式得以長期延續。家庭組織也幫助宦官建構了同時性的網絡。宦官不但自己結婚，家中的女兒、姊妹以及非宦官的男性成員也都要有配偶。他們的聯姻對象或者是其他的宦官家庭，或為圈外人。前一種情況代表宦官群體內部的聚合，至於後者，則反映他們的社會關係。可以說，宦官的婚姻圈透露出他們的社會交往圈。[4]

總之，在唐代，宦官逐漸形成一個既有內聚力又具外接網絡的群體，這個群體透過經營家庭、撫養兒女的方式，代代延續。如果說，除了作為政治性的體制，唐代宦官還發展成具有特定內涵的社群（community），尤以中晚期為甚，應該是可以肯定的。

唐代的宦官社群有多大，由於資料缺乏，很難估量，我找到一個數字，或可供參考。《唐會要》卷六五引憲宗元和十五年（八二〇）的內侍省奏表，說當時共有宦官四九一六人，除高階的一六九六人外，「餘並單貧，無屋室居止」。[5]從這個數字看來，約有百分之六十三的宦官沒有自己的住宅，他們大概是住在宮中或禁苑，應該也有派到外地任事的。然而，如果其餘的一六九六人都自組家庭，即使扣掉中高層宦官中互為父親、養子的重複數目，應該至少也有一千個家庭，可以構成不小的社群，再加上這些家庭的親家和各種來往對象，規模更是可觀。

宦官是否發展出一些自己獨特的生活方式，由於史文有闕，大概無法得到確定的看法，但可

2 本輯似乎收錄特多宮廷有關人士的墓誌，其中有相當比例亦見於《唐代墓誌彙編》與《唐代墓誌彙編續集》。又，宦官及其家屬的名字，各本錄文偶有出入時，均取拓片影本判讀，茲不一一註明。

3 〈故義昌軍監軍使正議大夫行內侍省掖庭局令上柱國賜緋魚袋渤海高公墓誌銘并序〉，周紹良、趙超編，《唐代墓誌彙編續集》（上海：上海古籍出版社，二〇〇一；以下簡稱《續集》），大中〇〇六，頁九七二－九七三。高克從與高力士間隔之代數為何，文中有疑點，亦與其子高可方墓誌所述不合，尚待考。參見〈唐故羽林軍長上高公墓誌名并序〉，《續集》，大中〇二六，頁九八八。

4 唐代宦官婚姻現象的概述，可見杜文玉，〈唐代宦官婚姻及其內部結構〉，《學術月刊》，二〇〇〇年第六期，頁八八－九五。

5 《唐會要》，頁一一三三。《舊唐書》宦官傳記載，穆宗長慶年間（八二一－八二四）宦官人數為四六一八，可證《唐會要》元和十五年的數字是相當可靠的。見《舊唐書》（北京中華書局點校本），卷一八四，〈宦官傳〉，頁四七五四。

能性是存在的。我觀察到一個現象，就是宦官家庭的男性成員取名有明顯的規制。男子不論是否為宦官，都取兩個字的名字，例外絕少，而且名字的第一個字絕大多數代表行輩。舉例而言，劉弘規（七七五—八二六）的四個兒子，分別叫做行立、行深、行元、行宣；姚存古（七八一—八三五）的五個兒子，分別是公允、公況、公元、公範、公訦；王公素（七八七—八五七）的兒子叫惟昌、惟昇、惟乂、惟質、惟實、惟贊；李敬實（八〇一—八五九）的兒子則為遂珷、遂琦、遂璩、遂瑀。[6]這種取名法雖然在社會上還算常見，但像宦官家庭這樣齊整的情況，尤其幾乎絕無單名，是很突出的。關於唐代男子的名字，我可以提出一份樣本，作為比對。一位隸名於洛陽敬愛寺的禪師明演去世於德宗貞元十七年（八〇一），身後立墓塔，塔上刻有建塔者的名字，僧俗男女分列。其中男性俗人的名單是：[7]

李秀	王幹	馮景	賈秀	白仙鶴	馬進	馬宰
王昇	車仙	曹榮	薛詳	樂興	張□	李滔
劉玉	令狐望	游善	石玉	王寬	游進誠	張昌
張翼	檀□	張玄素	張□	楊旻	□□	翟季華

明演原本是士人，明經及第，曾擔任過濮陽縣丞（濮陽在今河南東北部），三十六歲時出家。從他的出身和塔銘規模看來，他顯然是中上層的僧人。至於上列的弟子，看來士人頗少，但大概多

是社會上略有身分的人，而非單寒小民，應可算是一份不錯的男性名字樣本。這個樣本顯示，即使在非士人群中，男子單名也極普遍。我想指出的是，宦官家庭的取名方式並非罕見，可是並不典型。這種不甚典型的命名法可以從宦官家庭的性質得到解釋，宦官的兒子都是養子，收養時應多已有自己的名字，賦予具有行輩意味的雙名，容易讓養子透過改名融入新家庭，產生新認同。此一命名法的普遍實施似乎透露，宦官有其建構社群的特定模式。

談到唐代宦官的社會性格，不免觸及他們的出身背景，這是很早就引起注意的問題，現在資料累積漸多，值得再做考察。傳統的看法是，唐代宦官大多來自閩廣或南方的邊陲地區。《新唐書》宦者吐突承璀傳說，九世紀前半時，「諸道歲進閹兒，號『私白』，閩、嶺最多，後皆任事，當時謂閩為中官區藪」，吐突承璀本身就是閩人。[8]不過，杜文玉先生曾寫過一篇關於唐代宦官出身地的論文，一個重要的結論是，在可考其籍貫的宦官中，關內道出身的占一半以上（百

6　劉弘規、姚存古、李敬實之子的名字分見《續集》，大和〇〇五，頁八八三；大和〇五三，頁九二二；大中〇七八，頁一〇二九。王公素的家庭資料見周紹良主編、趙超副主編，《唐代墓誌彙編》（上海：上海古籍出版社，一九九二；以下簡稱《彙編》），大中一四八，頁二三六七。宦官家庭的兒子為單名，我只看過寥寥數例，下文對此問題會有所討論。

7　〈唐故禪大德演公塔銘并序〉，《彙編》，貞元一一一，頁一九一七—一九一八。

8　《新唐書》（北京中華書局點校本），卷二〇七，〈宦者列傳上·吐突承璀〉，頁五八七〇。

分之五十二），其他也大多是北方人。[9]宦官的籍貫經常依從其同為宦官的養父，出身地域的認定並不容易，杜文的統計雖然未必精確，但其結論是有堅實根據的。依此，宦官主要出身南荒的說法並不正確。就本文的目的而言，更重要的是，宦官多出身關中，意味他們中間的許多人本來就跟長安有地緣關係，這個事實提示，宦官的社會性格不能低估。關於這個問題，下文會有進一步的探討。

除了地域來源，第一代宦官所出自家庭的階級和職業背景也值得留意，這是宦官的社會關係的另一項重要指標。此外，前面說過，宦官有兒女，宦官的養子大都是宦官，但並不盡然，不做宦官的養子，似乎多為軍人。有跡象顯示，宦官的社會關係以軍人為主，這也是本文想特加深究的課題。這個工作會使本文的觸角擴及長安的軍人住民。

唐代宦官還有一個明顯的特性，就是他們的住地集中，是個具有鄰里性格的社群。這個現象已經得到杜文玉和妹尾達彥兩先生的仔細考察，[10]他們的研究顯示，宦官的居地大多在長安宮城東側的翊善、永昌、來庭、永興、大寧、安興（廣化）、興寧等坊，以及宮城西側的修德、輔興坊。宮城東側諸坊接近大明宮，便利宦官前往他們在唐代大部分時期的工作地點——即大明宮中間西部近右銀臺門處。[11]這幾坊距離玄宗時代後半皇帝所居的興慶宮也相當近。宮城西側的兩坊地近內侍省所在的掖庭宮，距大明宮西側也不算太遠，應該可走內苑，離興慶宮就遠了。（見附圖一）由於宦官的居住地明確，查尋他們所居諸坊以及鄰近地區的其他住民組成，或許也有助於了解宦官的社會關係。綜合而言，透過種種推敲，我們可以確認唐代長安存在著具有相當規模的宦官社群，我們也已點出這個社群的若干特色，接下來，要設法掌握它的基本性格。

二、宦官的出身背景以及與軍人的關係

本文探索唐代宦官的基本社會性格，還是要以他們的來源作為出發點。我想先根據碑誌資料，對第一代宦官所出家庭的背景做盡量廣泛的調查，希望由此取得比較精確的認識。我使用「第一代宦官」這個詞語，是因為唐代宦官有許多是宦官家的養子，實際出身不明，此處排除這些人士，只觀察有親生家庭資料者。以下是相關資料列表。

9 杜文玉，〈唐代宦官的籍貫分布〉，《中國歷史地理論叢》，一九九八年第一期，頁一六一—一七四。

10 見杜文玉，〈唐代長安的宦官住宅與墳塋分布〉，《中國歷史地理論叢》，一九九七年第四期，頁七九—九五；妹尾達彥，〈唐長安の官人居住地〉，《東洋史研究》，第五五卷第二號（一九九六年九月），頁四九—五九。

11 宦官在大明宮的工作地點，見王靜，〈唐大明宮內侍省及內使諸司的位置與宦官專權〉，《燕京學報》，新一六期（二〇〇四年五月），頁八九—一一五，特別是頁一〇三—一〇五。

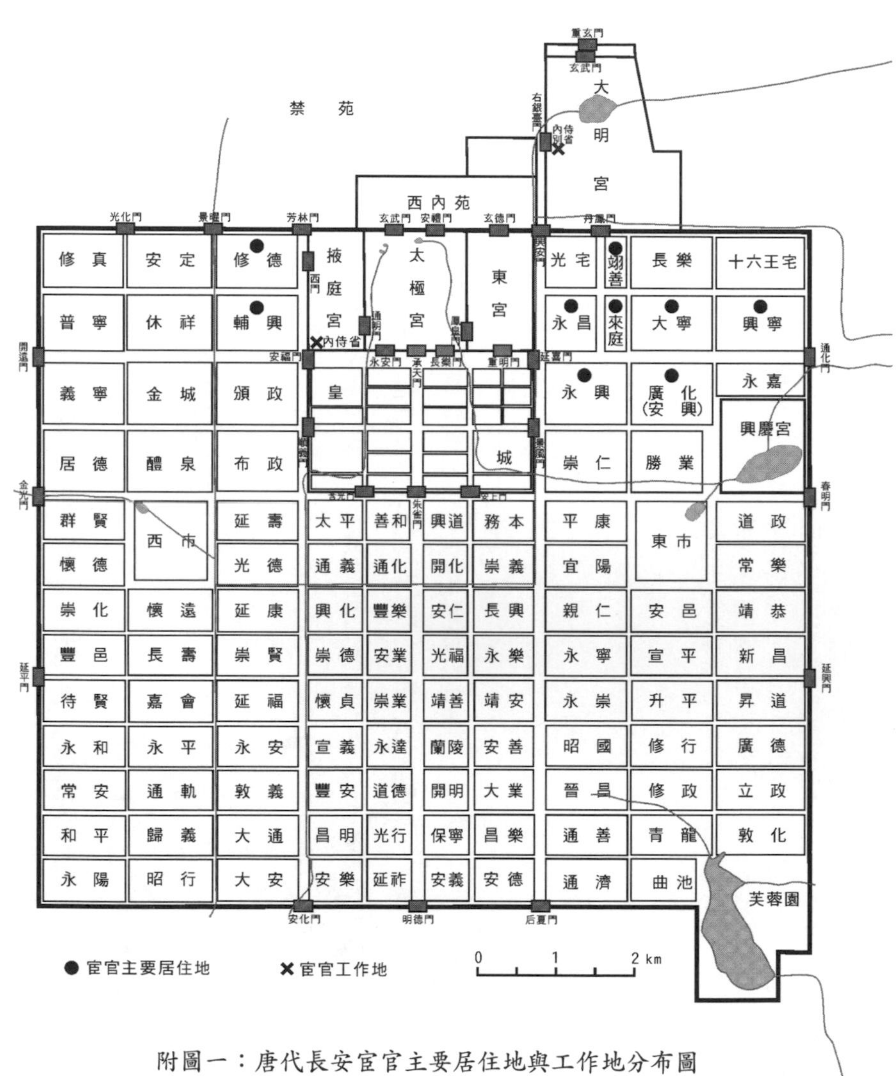

附圖一：唐代長安宦官主要居住地與工作地分布圖

表一：碑誌所見第一代宦官的階層、職業、地域背景

編號	姓名	父祖出身	類別	資料來源
一	李愍	父，隋郎州刺史；祖，南寧州刺史；曾祖，北周南寧州同起縣令（以上諸地均在今雲南東部）	A	《補編》卷五，頁五七—五九（原為隋宦官）
二	段伯陽	父，隋昆州同起縣令；祖，隋覽州長史；曾祖，隋郎州刺史（以上諸地均在今雲南東部）	A	《補遺》三：三七八（似原為隋宦官）
三	費智海	邛州安仁縣人。父，本州博士；祖，雟州某縣令（皆自今四川）	A	《續集》上元〇二一
四	馮士良	父，唐始州參軍；祖，隋嘉州司馬（皆在今四川）	A	《續集》光宅〇〇二
五	成忠	父，強山監丞；祖，幽州司馬；曾祖汾州長史	C	《彙編》垂拱〇五一（另參《彙編》垂拱〇〇三）
六	莫義	嶺南人，三代不仕	A	《彙編》長壽〇〇六
七	蘇永	羅州人（今廣東）	A	《彙編》長壽〇二六
八	王文叡	父，不仕；祖，隋長沙令	A	《續集》神龍〇一七
九	楊思勗	代為羅州大首領（今廣東）	A	《彙編》開元五一五（另參《新唐書》卷二〇七，頁五八五七）
一〇	士杜玄禮	代為酋長（今廣西一帶）	A	《續集》開元〇七九

一一	高力士	代為嶺南豪族	A	《續集》開元〇九二；《補遺》七：五九—六〇；《補編》卷四七，頁五六八—五六九
一二	王晛	父，衡州司錄參軍；祖，桂州長史	A	《續集》開元一二一
一三	蘇思勗	父，顯然未仕；祖，檢校周羅縣令（今廣西）	A	《續集》天寶〇二一
一四	劉元尚	父，不仕	D	《彙編》天寶二五三
一五	劉奉芝 劉奉進	父，右武衛長上折衝、左羽林軍宿衛；祖，左衛果毅都尉；曾祖，右領軍尉折衝都尉	B	《彙編》天寶二七四 《彙編》上元〇〇一
一六	常无逸（懷操）	父，鄜州杏林府左果毅都衛，京兆府新豐人氏	B	《補遺》三：一一三
一七	霍玄琛	父，愛州刺史（今越南清化），約在唐初	A	《補遺》八：四〇六
一八	劉光順 劉光玭	父，僧人，曾結婚；祖，華州下邽縣令；曾祖，不仕	C	《彙編》大曆〇三一
一九	第五玄昱	父祖皆不仕	D	《續集》大曆〇三三
二〇	周惠	潮州人	A	《補遺》三：一一一
二一	佘元仙	安南交趾人。不知父祖身分，惟據墓誌「起家萬里，通籍九重」之語，推測為第一代宦官。	A	《補遺》八：八三
二二	孫常楷	父，右金吾衛中候；祖，明經及第	B/E	《全文》卷四二九（另參卷四九八孫榮義神道碑銘）
二三	焦希望	父，不仕；祖，絳州司馬；曾祖，絳州鳳庭府果毅都尉	C/B	《全文》卷四八一
二四	俱慈順	父，左武衛將軍致仕；祖，匡城府折衝都尉	B	《續集》貞元〇二〇

二五	劉奇秀	父，州別駕；祖，州司馬	C	《續集》貞元〇四四
二六	張明進	父，侍衛禁軍	B	《續集》貞元〇七二
二七	李輔光	父，涇州仁賢府左果毅；祖，涇王府長史；曾祖，華原縣令	B/C	《彙編》元和〇八三；《全文》卷七一七
二八	西門進	父祖皆不仕	D	《彙編》元和一一九
二九	董秀	父，太子洗馬	C	《續集》元和〇六二
三〇	樂輔政	父，遼城府折衝；祖，「以忠勳入仕」	B	《續集》長慶〇〇九
三一	梁守謙	父，不仕；祖，翊衛中郎將；曾祖，左清道率府長史	B	《彙編》大和〇一二
三二	楊延祚	父，綏州義合府折衝	B	《彙編》大和〇三三
三三	劉弘規	父，左武衛翊府中郎將；祖，漢川府折衝；曾祖，同州白水縣令	B/C	《彙編》咸通〇七二；《續集》大和〇〇五；《全文》卷七一一
三四	許進運（或作「迮」）	父祖皆不仕	D	《續集》大和〇二四；《補遺》三：一九四
三五	王明哲	父祖皆不仕	D	《續集》大和〇二五
三六	丁門雅	父祖皆不仕	D	《續集》大和〇四七
三七	馬存亮	父，房州長史	C	《全文》卷七一一
三八	王志用	父，太常寺太祝；祖，不仕	C	《續集》開成〇一三
三九	武自和	父，似為基層文官；祖，不仕	C	《續集》會昌〇〇七
四〇	劉光奇	父，明經及第	E	《續集》會昌〇〇八

四一	焦奉超	父，房州刺史	E	《續集》會昌〇一九
四二	李敬實	父祖皆不仕	D	《續集》會昌〇二九
四三	李進超	父，不仕	D	《彙編》大中〇五二
四四	王怡政	三代不仕	D	《補遺》三：二三一
四五	王公素	父，右翊衛府中郎將；祖、曾祖皆不仕	B	《彙編》大中一四八
四六	孟光禮	父，不仕	D	《續集》大中〇三五
四七	宋崇望	父，不仕	D	《補編》卷八一，頁一〇〇〇
四八	楊忠信	父，不仕	D	《續集》咸通〇〇九
四九	魏公乃	父，如京判官；祖，弓箭庫過益（？）	B/D	《續集》咸通〇六一
五〇	李仲璋	父，右神策軍幹部	B	《彙編》光化〇〇一

A：南方　B：軍人　C：基層文官　D：平民或不明　E：其他

資料縮寫：

《全文》：《全唐文》

《彙編》：《唐代墓誌彙編》（周紹良主編、趙超副主編，上海：上海古籍出版社，一九九二）

《續集》：《唐代墓誌彙編續集》（周紹良、趙超編，上海：上海古籍出版社，二〇〇一）

《補遺》三：《全唐文補遺》第三輯（吳鋼主編，西安：三秦出版社，一九九六）

《補遺》七：《全唐文補遺》第七輯（吳鋼主編，西安：三秦出版社，二〇〇〇）

《補遺》八：《全唐文補遺》第八輯（吳鋼主編，西安：三秦出版社，二〇〇五）

《補編》：陳尚君輯校，《全唐文補編》（北京：中華書局，二〇〇五）

關於表一，要先做兩點技術性說明。首先，人物的排列主要根據墓誌資料集的文獻編號，《全唐文》的部分則以文章撰寫年代為準，並不直接反映這些宦官的時代先後。不過大體而言，此表仍能透露歷史演進的情況，最影響年代順序的因素是，表中若干宦官並不是所依據碑誌的誌主，而是他們的養父或祖父。其次，此表的首要目的在彰顯宦官的階層和職業背景，由於南方邊遠地區是宦官背景中的一個突出成分，仍然予以標出。

至於此表所透露出的現象，主要有以下幾點。第一，南方（包括西南）出身的宦官幾乎全在早期，甚至還有隋代遺留者，只有編號二〇的周惠（七一一—七七七）與編號二一的佘元仙（七一〇—七七三）年代稍晚，主要活躍於八世紀中葉。表內中晚唐宦官有地域背景信息者，多是北方出身，特別是關中。這個情況和前文所引的《新唐書》吐突承璀傳不符。由於現存的宦官個人資料很少，杜文玉先生和我的調查並不代表唐代中葉乃至後期沒有南口進獻成為宦官的問題，但至少顯示，宦官中還有北方（特別是關中）的因子，而且整體而言，分量超過南方。表一也反映，南方邊疆出身的宦官占有領導地位，也許主要是唐代前半期的現象。[12]就碑誌資料所見，晚唐宦官也有籍貫為南方者，例如師全介是泉州人，張叔遵為交趾人。不過這兩位都來自宦官家

12 唐代南方向朝廷進獻奴婢之事，安史亂後仍然繼續進行，這些人當中應有人成為宦官。參考唐長孺，〈唐代宦官籍貫與南口進獻〉，《紀念陳寅恪先生誕辰百年學術論文集》（北京：北京大學出版社，一九八九），頁二七七—二八〇。

庭，籍貫可能是從前代繼承而來的，與師、張本人的出身未必相合。[13] 傳世史籍中，《新唐書》宦者列傳多記宦官出身，據該傳所載，除了吐突承璀明顯是閩人，還有楊復光為閩人，仇士良為嶺南人，魚朝恩、田令孜為蜀人，人數大約與關中出身者相當。後者如程元振、駱奉先、焦希望、孫榮義都是京兆府人氏；楊志廉出身弘農，張尚進出身河東，鄰近關中。史籍敘述宦官的鄉里或籍貫，一般甚簡略，加上有人並非第一代宦官，實情如何，難以究詰，不過綜合碑誌與傳世文獻，唐代後半期宦官領導階層中南人減少，應是重要的事實。[14]

第二，表一玄宗天寶年以後的資料中，宦官出身軍人家庭者頗多，另外也有低級文官，顯現出宦官的階層背景。這些因素結合宦官的北方出身，可以讓人聯想到，宦官的來源或社會關係，可能還特別與關中地區（甚至長安本地）的軍人圈有關。第三，宦官父祖不仕的，或許可以大部分視為平民，這也顯示，宦官中出身社會基層的不少。不過，晚唐多宦官世家，宦官墓誌的誌主大都不是第一代宦官，「先祖」資料常不清楚，也影響及我們對宦官社會背景的認識。

現在，想單獨就表一中宦官家庭背景中的軍人因素，做進一步的考察。以下將表一中宦官父祖的軍事職位資料重新排列，以為討論的基礎。

表二：碑誌所見第一代宦官家庭背景中的軍事職位訊息

表一編號	軍事職位	類別
一五	右武衛長上折衝、左羽林軍宿衛	B/C
一五	左衛果毅都尉	A
一五	右領軍尉折衝都尉	A
一六	鄜州杏林府左果毅都衛	A
二二	右金吾衛中候	B
二三	絳州鳳庭府果毅都尉	A
二四	左武衛將軍	B

13 參見〈唐故陝府監軍使正議大夫行內侍省內謁者監員外置同正員上柱國武昌縣開國男食邑三百戶賜緋魚袋平原郡師府君墓誌銘并序〉，《續集》，咸通〇一九，頁一〇四七—一〇四八；〈大唐故朝請郎行內侍省掖庭局宮教博士上柱國清河張公墓誌銘并序〉，《續集》，咸通〇八六，頁一〇九九—一一〇〇。

14 宦者列傳見《新唐書》卷二〇七、二〇八。上述人物中，田令孜是否為蜀人尚有疑問。史籍中都說田令孜本姓陳，另一宦官陳敬瑄為其兄，惟據《資治通鑑》，陳敬瑄係許州人（今河南許昌）。見《資治通鑑》（北京：古籍出版社，一九五七），卷二五三，頁八二一九。仇士良籍貫雖為嶺南（海豐），但他出身宦官世家，本人從何而來，亦不可知。見鄭薰，〈內侍省監楚國公仇士良神道碑〉，《文苑英華》（文淵閣四庫全書本），卷九三二（《全唐文》，台北：大通書局影印，一九七九，卷七九〇）。又，《新唐書》所述之焦希望籍貫合於其神道碑，可以確認。見吳通微，〈內侍省內侍焦希望神道碑〉，《文苑英華》，卷九三一（《全唐文》卷四八一）。

二四	匡城府折衝都尉	A
二六	侍衛禁軍	C
二七	涇州仁賢府左果毅	A
三〇	遼城府折衝	A
三〇	「忠勳入仕」	D
三一	翊衛中郎將	B
三一	左清道率府長史	B
三二	綏州義合府折衝	A
三三	左武衛翊府中郎將	B
三三	漢川府折衝	A
四五	右翊衛府中郎將	B
四九	如京判官	D
四九	弓箭庫過益（？）	D
五〇	右神策軍幹部	C

A：府兵系統中的外府（折衝府）　B：府兵系統中的內府或京城職位

C：禁軍系統　D：其他或疑似

現在就表中的信息進行簡單分析。首先，第一代宦官出身家庭中具有軍人成分（及疑似）者，共有十四案例，占表一總數（五〇）的百分之二十八，但如果排除較早期出身南方邊區者（一五），軍人家庭的比重則為百分之四十。換言之，約從安史之亂前後起，軍人家庭實為宦官來源的大宗。其次，表二所列的軍事職位主要有兩類：府兵系統與禁軍系統。禁軍的案例較少，只有兩個，如果加上一個灰色地帶的例子（表一編號一五），則為三個。禁軍或擔任皇宮宿衛，或如中唐以下的神策軍直屬朝廷，與長安地區的關係應多密切。其他或疑似的例子也是三個，一個（表一編號三〇）完全不知所屬的系統，其餘兩個則為在長安的如京使和弓箭庫使的屬官，這兩個「使」都是宦官出任的武職，至於屬官是否為軍人，或也是宦官，則不得而知。

至於府兵系統，案例最多，二十一項資料中占了十六項，情況也較複雜，需要稍作討論。府兵系統的十六個案例中，外府（即折衝府）的職位，如折衝都尉、果毅都尉，有九個；其他七個顯然是在京城長安的職位。兩邊差距很小。府兵系統在京城的機構自然與長安社會有直接關係；至於折衝府的部分，可考的資料中，鄜州杏林府（表一編號一六）、涇州仁賢府（表一編號二七）、綏州義合府（表一編號三二）在關內道，其餘六例都在道外。[15]不過，值得注意的是，擔任關內道以外的折衝府職務的宦官先祖中，只有一位是宦官的父親（表一編號三〇樂輔政），其他都是曾祖或祖父，也就是說，儘管第一代宦官的軍人先祖中有若干（至少四位）確定不在長安及其附近任職，這些人的關係大都離宦官們較遠。如果我們只考察宦官父親一輩屬於府兵系統者

15　折衝府所在位置的查考，我是利用張沛編著，《唐折衝府匯考》（西安：三秦出版社，二〇〇三）。

的情況，就發現有八人（表一編號一五，一六，二二，二四，二七，三二，三三，四五）的最終職位在長安或關內道，反之，關內道之外的例子只有一個（即前述的樂輔政）。回頭看禁軍方面的情況，這部分的兩個例子都是父親輩（表一編號二六，五〇）。

綜而言之，透過表一和表二的分析，我們發現，十四個軍人家庭的案例中，如果只以父親輩為觀察對象，有十位任職長安和關中（府兵體系及禁軍），若再加上如京使判官的疑似例子（表一編號四九），出自長安與關中圈的共有十一位，占絕大多數。雖然我們目前找到的宦官出身樣本不多，而且表面上來源分歧，其實仔細爬梳，宦官和軍事系統的關係並不只是泛泛的性質，而是與長安軍事系統有著特殊的聯繫。以上所述，頭緒紛繁，為醒讀者之目，茲將第一代宦官的父親在長安或關中任軍職者重新列表如下：

表三：第一代宦官父親任軍職於長安或關中者

表一編號	姓名	父祖出身
一五	劉奉芝 劉奉進	父，右武衛長上折衝、左羽林軍宿衛；祖，左衛果毅都尉；曾祖，右領軍尉折衝都尉
一六	常无逸	父，鄜州杏林府左果毅都衛
二二	孫常楷	父，右金吾衛中候；祖，明經及第
二四	俱慈順	父，左武衛將軍致仕；祖，匡城府折衝都尉

二六	張明進	父，侍衛禁軍
二七	李輔光	父，涇州仁賢府左果毅；祖，涇王府長史；曾祖，華原縣令
三二	楊延祚	父，綏州義合府折衝（都尉）
三三	劉弘規	父，左武衛翊府中郎將；祖，漢川府折衝；曾祖，同州白水縣令
四五	王公素	父，右翊衛府中郎將；祖、曾祖皆不仕
四九	魏公乃	父，如京判官；祖，弓箭庫過益（？）
五〇	李仲璋	父，右神策軍幹部

前文已經說明了唐代第一代宦官的主要來源，特別指出，除了南方邊疆，宦官還多來自軍人家庭，跟長安以及周遭地區的軍人關係尤其密切。以下還有若干值得提出的事象。首先，宦官的曾祖父和祖父中，可能或確定在關中以外任軍職的例子有四個（表一編號一五，二三，二四，三三），其中三例（一五，二四，三三）演變成後代在長安任軍職。這個現象似乎透露了一個非關中籍宦官來源的管道。有的宦官出身軍人世家，這些家族的原居地不在關中，但因有家人透過隸屬中央的軍事系統到長安服務，最終導致有子孫入宮。至於編號二三焦希望，其實是京兆府涇陽人氏，曾祖和祖父都任官於毗鄰關中的河東，與關中軍界說不定也有關係。[16]

再來，宦官父祖職位屬於府兵系統者，有兩位明顯是在安史亂後（表一編號三三，四五），

16 吳通微，〈內侍省內侍焦希望神道碑〉，《文苑英華》，卷九三一（《全唐文》卷四八一）。

另兩位可能性不低（二四，二七）。[17]按，唐代的府兵制度在玄宗天寶年間崩解，府兵不再徵調，各折衝府已無兵額，肅宗寶應元年（七六二）四月有詔：「畿縣折衝府缺官，本縣令攝判，其手力每府不得過一人」（《玉海•兵制》），官員顯然亦不存。如此，這些宦官父祖仍帶衛府官銜，意義何在呢？從各種資料判斷，中晚唐的衛府官銜只有秩階寄祿的作用，而非實際職務，茲舉數例說明。李文政逝世於文宗大和四年（八三〇），他的職銜是「右神策軍同正將壯武將軍守左金吾衛大將軍員外置同正員」，文政的本職明顯是右神策軍將軍置同正員，神策軍將軍為從三品，左金吾衛大將軍則為正三品，高於神策軍將軍，以此秩階。[18]在一位去世於文宗開成二年（八三七）的蘭夫人墓誌，其子何守直的官職寫作「右神策軍護軍中尉押衙游擊將軍守左衛翊壹府中郎將上柱國」，他的本職神策軍押衙並無法定品階，左衛翊府中郎將則為正四品下。[19]這兩個是神策軍官員帶有府兵系統官銜的情況，他們官銜的原職也都是在長安。由此我們可以推測，安史亂後府兵系統中的內府或京城職位，可能多為禁軍中人所掛寄，宦官與禁軍關係之深，應該遠超過表二所明示者。

關於唐代中期以後府兵官職的作用，也有地方軍鎮的例子。一位名叫李厚的人，在文宗開成五年（八四〇）的官銜是「淮南節度衙前兵馬使知親事突將營雲麾將軍守右金吾衛大將軍同正員兼試衛尉卿」。很明顯，他的本職「淮南節度衙前兵馬使」是差遣的性質，品階奉祿則寄於所守所試之官。[20]再者，去世於宣宗大中元年（八四七）的劉士弘，其生前官銜為「義昌軍衙前將守左衛朔州尚德府別將員外同正員」。義昌軍即滄景鎮，是河北的獨立方鎮，以滄州為中心（州治在今河北滄縣），劉士弘家居即在此。朔州在今山西北部，離滄州很遠，尚德府別將是朝廷所授的正官。21

在結束關於第一代宦官出身的討論之前，要對表一中的一個個案做特別的補充說明。此案是編號一八的劉光順、劉光玭。光順兄弟的父親有四個兒子，這兩兄弟排行二、三，長子叫做光

17 需要說明，編號三二楊延祚因資料來源為其孫女的墓誌，排序甚後，延祚本人活躍於肅代之際，其父應在安史亂前任軍職。

18 〈大唐故李府君墓誌銘〉，《彙編》，大和〇三二，頁二一一九。神策軍將軍品階見《新唐書》，卷四九上，〈百官志四上〉，頁一二九一。左金吾衛大將軍品階見仁井田陞，《唐令拾遺》（東京：東京大學出版會，一九九八復刻版第四刷），〈官品令〉，頁一〇三。

19 見〈唐右神策軍護軍中尉押衙游擊將軍守左衛翊臺府中郎將上柱國何少直故太夫人河南蘭氏墓誌銘并序〉，《續集》，開成〇一二，頁九三一。按，誌題中的「翊臺府」當為「翊壹府」，誌文無誤。根據何守直本人的墓誌，他在開成年間還有兩個衛府職銜：河南府同軌府折衝、右監門衛率府副率，本職則是王府屬吏之類的閒差，而不在神策軍中。後兩個府兵職位的品階似乎都較左衛翊府中郎將為低，這可能跟何守直曾被貶官有關。墓誌說，他原來追隨「右神策軍中尉魚驃騎」，因為「魚驃騎」獲罪，而連累遭到遠謫。「魚驃騎」應該就是在文宗太和九年（八三五）甘露之變中和仇士良同為宦官領袖的魚弘志。守直墓誌中的陳述無法在傳世史籍找到印證，或許有所隱晦。見〈故神策軍押衙朝散大夫襄王府諮議參軍上柱國何少直墓誌銘并序〉，《續集》，大中〇五一，頁一〇〇五。

20 〈大唐周氏夫人墓誌銘〉，《彙編》，開成〇三四，頁二一九三。

21 〈唐義昌軍故衙前將守左衛朔州尚德府別將員外同正員賜上騎都尉劉府君墓誌銘并序〉，《續集》，大中〇一五，頁二二六二—二二六三。本文有關安史亂後府兵官職作用的討論，曾得到中國人民大學孟憲實教授的指教，謹此致謝。

歸，幼子名光暉，都是軍人。他們的父親本名為劉仲邱，後出家法號智悟。從劉氏兄弟的職業與命名方式看來，我懷疑仲邱原為軍人。表一依據光順等祖父（即仲邱之父）的職業，將其出身歸於基層文官家庭，但劉家也可能有軍人背景。[22]附帶一句，劉仲邱大概不會是宦官，根據佛教戒律，不具男根的黃門不得出家。[23]

三、婚姻、職業、鄰里關係和其他特色

以上就第一代宦官的出身背景進行檢證，揭露了宦官來源中具有相當程度的軍人成分，而且與長安、關中的軍事體系關係尤其密切。再來要先透過婚姻、職業、鄰里等三個方面，進一步考察宦官的社會聯繫，盼能加深我們對這個社群的了解。首先關於婚姻關係，宦官家庭經常相互通婚，顯示了它們的內聚力，[24]但宦官也有其他的婚姻對象，以下是一些較明確的資料：

表四：碑誌所見的宦官婚姻對象（宦官家庭除外）

表一編號	宦官名	妻名	妻子家庭背景	資料來源
二	段伯陽	高氏	父為隋上儀同三司（勳官）	《補遺》三：四〇七
	雷某	宋氏	三代不仕	《補遺》三：七九
	孫希嚴	劉氏	九兄福遊曾任隨、饒州刺史，十一兄福仙為左衛將軍；七姊為宦官魚朝恩之妻	《續集》大曆〇一九
	假延信	駱氏	右金吾衛長史駱瓌之女	《續集》元和〇〇四；《補遺》三：一四五
二五	劉奇秀	駱氏	父親駱萬福為吏部常選，弟駱懷珍為右金吾引駕仗衙內宿衛守涇州四門府折衝	《續集》貞元〇四四；元和〇一三
三〇	樂輔政	成氏	父親成鉷為試太常寺奉禮郎（從九品上），祖成瓘試太常寺協律郎，曾祖成均不仕	《續集》大中〇一〇
三三	劉弘規	李氏	父親李文皓為同官鎮遏先鋒兵馬使	《續集》大和〇〇五
	李某	戴氏	父親為滄州饒安縣尉	《續集》開成〇〇四

22 〈大唐故淨住寺智悟律上人墓誌銘并序〉，《彙編》，大曆〇三一，頁一七八〇。

23 見劉淑芬，〈中古的宦官與佛教〉，收在其著，《中古的佛教與社會》（上海：上海古籍出版社，二〇〇八），頁四七。

24 杜文玉，〈唐代宦官婚姻及其內部結構〉，《學術月刊》，二〇〇〇年第六期，頁九一。

魏某	毛氏	父親毛釗為洪州都督府司馬，母親呂氏出身軍人家庭，外公為京兆府興〔平〕縣崇節府左果毅都尉	《續集》大中〇三〇
王某	毛氏	同上	同上
王怡政	劉氏	三代不仕	《續集》大中〇三六
劉某	霍氏	父親霍晟為將仕郎家令寺〔司〕藏署丞（從九品下）	《彙編》大中一〇四；《全唐文》卷七九一
楊居實	左氏	其父不仕	《續集》咸通〇〇九
吳德鄘	趙氏	父親趙慶為游擊將軍守右率府右中郎將	《續集》咸通〇一八
魏某	韋氏	父親韋文頲為試左金吾衛長史，祖為揚州錄事參軍，曾祖為左監門衛將軍充內弓箭庫使	《續集》咸通〇五二
楊某	曹延美	父為羽林軍通直，祖為定遠將軍守親王典軍，曾祖為右金吾翊衛（原文如此，官職不明）	《補遺》八：二二三

以上是我至目前為止查出的所有關於宦官妻子家庭背景的資料，十六例之中，有九例與關中軍事系統有關（孫希嚴、假延信、劉奇秀、劉弘規、王某、吳德鄘、楊某、兩位魏某），如果扣除時代較早的最前兩例（段伯陽、雷某），安史亂後的十四例中，只有五個屬於其他的背景。這五例之中，兩位的結姻對象大概是平民，另三位則是基層文官。前文已經揭示，唐代第一代宦官有很大比例出身長安與關中的軍人社群，尤以中晚唐為然，由此可知，宦官與軍人家庭結姻絕非偶

然。宦官婚姻中還有基層文官與平民的成分，這也跟我們對於宦官出身背景的分析相吻合。

再來看宦官家庭非宦官男性成員的出路（未仕之情況難以判斷，不計）：[25]

表五：碑誌所見宦官家庭中之非宦官男性成員

表一編號	宦官名	關係／名字	職位	資料來源
九	楊思勗	兒子／承宗	壯武將軍守左武衛中郎將	《彙編》開元五一五
	陳忠盛	長子／仙鶴	左衛豐浩府折衝（都尉）	《全唐文》卷四〇九
	陳忠盛	次子／仙鳳	右金吾衛左中候	同上
一四	劉元尚	兒子／守義	常選	《彙編》天寶二五三
一五	劉奉芝 劉奉進	奉進之弟／智（奉智）	兵部常選	《彙編》天寶二七四
一五	劉奉芝 劉奉進	奉芝之兄／某	右監門衛大將軍	《彙編》上元〇〇一
	韋光閏	兒子／守堅	兵部常選	《續集》乾元〇〇四
	韋光閏	兒子／守幹	吏部常選	同上

25 高力士有非宦官養子承悅，是姪兒過繼，也不列入。見《全唐文補遺》第七輯（吳鋼主編，西安：三秦出版社，二〇〇〇），頁六〇。

一八	劉光順 劉光玼	兄／光歸	會州黃石府別將	《彙編》大曆〇三一
一八	劉光順 劉光玼	弟／光暉	絳州新田府折衝（都尉）	同上
	雷彥芬	長子／希進	行右鐃衛大將軍	《續集》貞元〇〇一；《補遺》三：一二四
	雷彥芬	次子／希順	左鐃衛將軍、龍武軍宿衛	同上
	雷彥芬	兒子／迅	集賢殿供奉	同上
二五	劉奇秀	次子／佶	果毅、金吾別駕	《續集》貞元〇四四，元和〇一三
	楊志廉	兒子／神威	散將	《續集》元和〇〇二
	閻某	長子／忠義	昭義軍節度押衙	《補遺》九：三九一
	閻某	三子／忠晟	「太原折衝天威軍」	同上
	閻某	四子／忠僅	「天威軍」	同上
二七	李輔光	次子／仲昇	河東保寧軍節度使	《彙編》元和〇八三；《全唐文》卷七一七
	西門珍	諸子	「或名參密侍，或職列禁軍」	《彙編》元和一一八
	劉士環	兒子／德義	廣州總管	《補遺》三：二一四
	王英進	兒子／臣端	神策軍散副將	《彙編》會昌〇三七
	劉渶浰	長子／仕偏	勳上護軍	《續集》會昌〇〇八

	劉渶洌	次子／仕□	勳上輕車都尉	同上
	李昇榮	次子／孝鍔	上輕車都尉	《續集》會昌〇二九
	高克從	長子／公球	授義昌軍押衙	《續集》大中〇〇六
	梁匡仁	孫／從質	上護軍	《補遺》八：一七九
	仇文義	次子／師禮	右神策軍兵馬使檢校太子賓客	《續集》大中〇二四
	仇文義	四子／師雅	荊南節度押衙	同上
	高克從	兒子／可方	右羽林軍長上	《續集》大中〇二六
	孟秀榮	次子／公軨	振武等州節度同正兵馬使檢校太子賓客	《續集》大中〇三五
	劉士準	次孫／匡復	勳上輕車都尉	《補遺》三：二二六
	劉士準	幼孫／茂復	勳上輕車都尉	《補遺》三：二二七
	劉士準	姪／重舉	勳上護軍	同上
四五	王公素	五子／惟實	上柱國	《彙編》大中一四八
	牛維直	次子／從□	左三軍押衙	《續集》咸通〇一六
	牛維直	三子／從珪	擬驍騎尉	同上
	楊玄略	次子／復璪	左神策軍副使小使	《續集》咸通〇二〇
	馬公度	六子／疇	內飛龍廄押衙	《補遺》三：二七七

《補遺》九：《全唐文補遺》第九輯（吳鋼主編，西安：三秦出版社，二〇〇七）

唐代宦官收養子嗣的風氣很盛，到了唐末，更有人以「養子」之名，大量招納外臣武將，來擴張自己的勢力，楊復光、田令孜、楊復恭都是顯例。[26]不過，從碑誌內容看來，上表中的人物大抵是宦官家庭的成員，不同於唐末那些名義上的養子。該表顯示，這些非宦官成員幾乎清一色投身軍事體系，揆諸中晚唐的政軍形勢，這是理所當然的，因為中央軍正是宦官最有影響力的一個政府環節。這份資料值得注意的一點是，早在安史之亂前後，已頗有宦官家子弟寄身軍旅，可見宦官與軍人社群有著長遠的關係。還要附帶一提，唐代宦官任軍職者不少，由於頭銜資料不全，上表所列人物有的可能實際上是宦官，但大部分應該不是。

再來想利用宦官的居住地來探查他們的社會關係。有唐近三百年，首都長安歷經變遷，如果要分期調查宦官居地的鄰里結構，事涉複雜，且與本文題旨關係不大，因此這裡採取簡化的觀察法。前文說過，宦官在長安的家宅大抵分布於皇城與宮城的兩側，現在就不分時代斷限，揭示這兩塊地區中宦官與軍人住家的情況。我所依據的基本資料是唐代兩京城坊研究中較晚出的李健超《增訂唐兩京城坊考（修訂版）》（西安：三秦出版社，二〇〇六），再輔以杜文玉的〈唐代長安的宦官住宅與墳塋分布〉（《中國歷史地理論叢》，一九九七年第四期）。請看以下二表：

表六：《增訂唐兩京城坊考（修訂版）》所見之宮城東側居家（〔〕內為〈唐代長安的宦官住宅與墳塋分布〉中的宦官住宅數）

坊名	總居家數	宦官居家數	軍人（含軍中文職）居家數	宮廷人士以及與宦官有工作關係者（軍職除外）
翊善	一一	三〔四〕	四	二
光宅	一一	二〔二〕	一	一
永昌	一六	六〔六〕	二	〇
來庭	一八	一三〔九〕	〇	〇
永興	四〇	九〔九〕	九	三
崇仁	二五	一〔一〕	二	二
長樂	九	一〔〇〕	二	〇
大寧	三五	一〇〔六〕	八	一
安興（廣化）	四二	八〔九〕	七	〇
勝業	二九	一〔〇〕	八	〇
興寧	二一	五〔六〕	六	〇

26 《新唐書》，卷二〇七，〈宦者列傳上〉，頁五八五六，五八七五—五八七七；卷二〇八，〈宦者列傳下〉，頁五八八四—五八九〇。

永嘉	一六	一〔一〕	三	○
道政	二三	○〔○〕	四	一
常樂	二九	○〔○〕	六	一

表七：《增訂唐兩京城坊考（修訂版）》所見之宮城西側居家（〔〕內為〈唐代長安的宦官住宅與墳塋分布〉中的宦官住宅數）

坊名	總居家數	宦官居家數	軍人（含軍中文職）居家數	宮廷人士以及與宦官有工作關係者（軍職除外）
修德	二一	一三〔九〕	三	○
輔興	一九	一二〔九〕	四	○
頒政	一四	三〔一〕	一	○
布政	二七	○〔○〕	一二	○
安定	七	二〔二〕	四	○
休祥	八	○〔○〕	三	○
金城	一六	一〔一〕	八	一
醴泉	一九	○〔○〕	八	一
修真	一	○〔○〕	一	○
普寧	五	○〔○〕	三	○

義寧	一二	○〔○〕	六	○
居德	八	○〔○〕	四	○

在討論以上兩表的涵義之前，要先就表的製作提出幾點說明。首先，如前所云，這是不分時代的總表。其次，人物之身分有時辨別不易，歸類或有錯誤，還有人物只見於小說，是否計算，亦須考量。但這些人數目相當少，應不影響整體的結果。第三，兩表所涵蓋的坊里中，有少數中晚唐自主藩鎮領袖的在京宅邸，它們只計入總數，不列於軍人項下。第四，表六的道政、常樂兩坊在興慶宮之南，距離皇城、宮城已遠，因其性格與兩表其他諸坊有可比照之處，一併置入。第五，對於唐代長安官人的居地，妹尾達彥先生已有精密的研究，本文所增益者，除了資料較新，還在於把軍職人員析離出來，單獨觀察。[27]

就表六、表七整體而觀，長安城的東北與西北角無疑是宦官和軍人的聚居地，軍人家戶分布尤廣。從這兩類人士關係的角度出發，表中里坊可以分為幾種類型。宮城東側的翊善、永興、大寧、安興（廣化、昭化）、興寧諸坊與宮城西側的安定坊，都是宦官與軍人住家俱多的地方，也許可以視為宦官與軍人社群交集最密的所在。以上諸坊中，翊善、永興兩坊還頗有宮廷人士以及與宦官有工作關係者。此外有一種宦官多、軍人稍少的地區，永昌、修德、輔興等坊屬之；來庭

27　參見妹尾達彥，〈唐長安の官人居住地〉，特別是頁四一—四六，有關官人居住地變遷的部分。

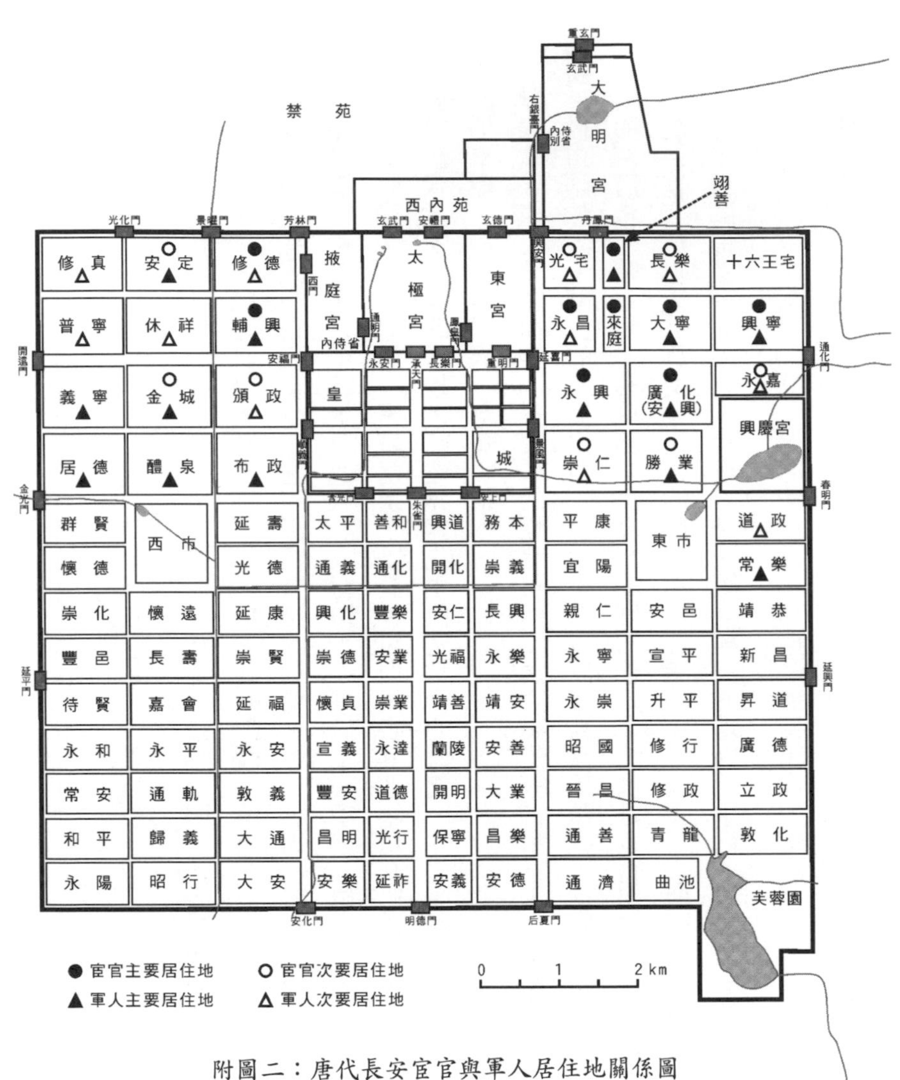

附圖二：唐代長安宦官與軍人居住地關係圖

坊是宦官的主要居地，軍人家宅為零，也意味軍人住此者少。光宅、崇仁、長樂、頒政等地都有宦官和軍人住家，但比例較低。至於宮城東側的勝業坊、興慶宮南的道政、常樂坊以及宮城西側大多數地區，則顯然有不少軍人住家，宦官則偏少，或竟沒有。表六、表七所顯示的景象是，在大多數的宦官集居區都有軍人住家，有的還相當多，這個情形在宮城東側尤其明顯。宮城西側除少數幾坊，軍人多而鮮少宦官，但兩者仍處於同一個大區域。（見附圖二）整理了長安皇城、宮城東西側宦官與軍人的住家資料，這兩類人士關係之密切，昭然若揭。

探討了宦官的婚姻、職業、鄰里關係之後，想再略談宦官社群本身的兩個特點。第一個就是宦官的取名方式。前文已經說明，宦官家庭的男子名字非常齊整，幾乎全都是雙名，名字的第一個字代表行輩，例外絕少。乍看之下，這並無值得驚奇之處，唐人單名雖多，雙名也不少，第一字代表行輩也算常見。嚴格說起來，宦官名字的特點，並不在於取名方式，而在其一致，如同軍士站列在一起，讓人有缺乏個性的感覺。中國自明代以後，宗族發達，民間逐漸流行字輩取名法，人們習以為常，但這在唐代尚非定式，多是偶然為之，鮮少代代相沿。因此，我在為本研究找尋資料的過程中，有時看到某個名字，就不由自主地感覺此人是宦官，經過查核，大多時候是正確的。這個說法雖然有點玄，希望能多少表達宦官名字在唐代的殊異色彩。

現在的問題是，這樣的取名方式是從哪裡來的？無巧不成書，唐代軍人家庭的取名與宦官有相似之處。先要指出，唐代軍人的名字並沒有如宦官般模式單一的情況。軍人的來源複雜，系統繁多，人數又龐大，名字形態多元毋寧是自然的。不過，就資料所見，軍人家庭頗流行為男子取雙名，第一字代表行輩。這個現象似乎從玄宗朝前後變得明顯，較早的例子如逝世於開元十九年（七三一）的河南府金谷府折衝都尉王崇禮，他的兒子分別叫元敬、元獻、元貢、元賓、元俊、元玭。[28]又如去世於天寶十一載（七五二）的右龍武軍（禁軍之一支）將軍齊子，兒子名為景金、景之、景俊、景珍、景琇；值得注意的是，齊子出身軍人世家，父親與祖父都任軍職，但齊子與其父都是單名（祖父以上名不詳），到齊子的兒輩突然改變命名方式——除幼子未入仕外，這些兒子也都是軍人。[29]中晚唐以下，軍人家庭採用字輩雙名的案例愈益增多。一位德宗朝的禁軍將領李良（七三七—八〇〇），兒子名為公遠、公逵、公邁、公遂、公述、公邈、公□、公遇、公運；晚唐河北魏博鎮軍將米文辯（七九四—八四八）則有子存遇、存簡、存實、存賢。[30]宦官家庭的取名規制，至遲在玄宗朝時已經成形。宦官與軍人接觸密切，這兩個社群的命名方式又有接近之處，宦官命名是否曾受軍人影響，不敢遽斷，這裡只揭示現象供參考。

有個問題可能需要說明，在唐末五代，軍界——特別是藩鎮——興起收養假子的風氣，延亙甚久，深刻影響了五代的政局，歐陽修《新五代史》甚至為此專立〈義兒傳〉。這些假子幾乎都使用雙名，並標誌行輩，與本文描述的景況雷同。不過，兩者之間應該沒有因果關係。軍中養子風氣大盛，顯然在宦官與軍人家庭開始流行字輩雙名之後，軍中養兒不會是宦官命名法的來源。

宦官家庭有養子，男性成員以字輩雙名法命名，這兩個現象軍人社群都有，但宦官有一點特異之處，就是命名方式單一，幾無例外，因此，個人感覺名字對宦官社群具有特殊的意義。現在想就這個看法稍作申論。到目前為止，宦官家庭有兒子為單名的明確案例，我只看過三個，這三人的兄弟都是雙名。單名的三人有個共同點，顯然都不是宦官。[31]雷迅是雷彥芬的兒子，任集賢殿供奉；劉佶是劉奇秀的次子，軍人。馬幬為馬公度的六子，擔任內飛龍廄押衙，這個機構掌管宮廷馬匹與防衛，飛龍使雖然都由宦官擔任，押衙可能不是宦官。馬幬有六位兄弟，都是宦官；劉佶的哥哥日榮也是宦官；雷迅的兩位哥哥任軍職，看不出是否為宦官。（以上案例有關資料皆見表五）毫無疑問，宦官社群沒有以單、雙名來區分是否任宦官的做法，因為該社群的大多數非宦官男性成員也是雙名。然而，資料中僅有的三位單名男子顯然都非宦官，如果說沒有任何涵義，也未免過於巧合。這個現象確切的成因是什麼，由於文獻有闕，不可能作任何推論，我只能從反面來說，從宦官家庭的宦官養子幾乎全為字輩雙名，顯示當兒童或少年被決定走上宦官之途後，不但易姓，而且改名，取得一個有特殊性格的名字，也表示取得了新身分。

---

28 〈唐故明威將軍守左領軍衛河南府金谷府折衝都尉上柱國太原王府君墓誌銘并序〉，《彙編》，開元三四〇，頁一三九一。

29 〈唐故雲麾將軍齊公墓誌銘并序〉，《彙編》，天寶二〇三，頁一六七三。

30 分見〈唐故興元元從雲麾將軍右神威將軍……李公墓誌銘并序〉，《彙編》，貞元一〇一，頁一九〇九—一九一〇；〈大唐魏博節度故步軍左廂都知兵馬使兼節度押衙銀青光祿大夫檢校太子賓客兼侍御史米公墓誌銘并序〉，《全唐文補遺》第九輯（吳鋼主編，西安：三秦出版社，二〇〇七），頁四〇九。

31 我沒有算入西門珍。西門珍是宦官，為另一宦官西門進之子（後者則為第一代宦官），他雖是單名，但因有複姓，單名的感覺不太強烈。見〈大唐故朝議郎行宮闈令充威遠軍監軍上柱國賜紫金魚袋西門大夫墓誌銘并序〉，《彙編》，元和一一九，頁二〇三二—二〇三三。

宦官生活中的另一項特色是佛教信仰的色彩濃厚，或許稱得上是佛教社群。宦官與佛教有工作上的聯繫。唐朝在安史亂後，掌管宗教事務的權力大部分轉至左右街功德使，這個職位至遲從德宗貞元年間起一直由典禁軍的宦官擔任。[32]不過，宦官與佛教的結合遠遠超過制度層面。早在北魏時期，宦官即篤信佛教，在唐代，大多數宦官的工作並不牽涉佛教，他們卻普遍奉佛，此外功德使也兼管道教，但不見宦官與道教有廣泛接觸。宦官事佛，一言以蔽之，是個深刻的文化和心靈現象。[33]

唐代宦官與佛教的關係業已得到學界的注意，研究甚深，這裡想要特別指出的是，宦官社群中的婦女也多信仰佛教。茲略舉數例。宦官雷某的妻子宋氏法號功德山居長，玄宗天寶四載（七四五）九月六日去世，死前交代子女，她行求清淨，心無戀著，要求獨樹墓塔，勿與已逝的丈夫合葬。[34]唐代有夫妻合葬的習俗，可是頗有婦女以信佛為理由，堅持獨葬，宋氏亦屬其人。再者，一位去世於憲宗元和六年（八一一）的閻夫人段某生活在一個大規模的宦官家庭，除了丈夫是宦官，六個兒子中至少三名是宦官，另三位服軍職，其中可能也有宦官，還有四位女兒，似乎都嫁給宦官。段氏篤信佛教，墓誌說她經常率領媳婦們繡製菩薩像，技巧高超。她在去世那一年，隨龍興寺文敘法師受菩薩戒，又從安國寺端甫法師受根本戒。從段氏受戒的時間判斷，文敘有可能就是九世紀前期長安最以俗講知名的文溆，至於段氏所受的根本戒，似乎是密教儀式。[35]另外我還看到兩個宦官女兒出家為尼的事例。宦官家庭收養女兒，除了感情心理的因素，應該也有藉其與其他宦官家族通婚的目的，有女兒竟爾背此目的，專意事佛，這需要很大的動力。[36]

唐代佛教盛行，宦官家庭普遍信仰佛教，更是可以理解。唐代宦官依照文化給予的藍圖，經營家庭生活，但這是個有其名寡其實的生活，人心恐怕多苦悶。在這個社群中，男性尚有工作可以寄託，婦女大概就更需要佛教所帶來的解脫的希望與今生的慰藉了。

32　高力士後代高可方之墓誌聲稱，力士曾任左街功德使，有學者依此推斷兩街功德使早在玄宗朝已設置。按，高可方墓誌撰於宣宗大中四年（八五〇），距玄宗朝已遠，此說頗有疑點，未可遽信，本文暫不取。參見杜文玉，〈唐代內諸司使考略〉，《陝西師範大學學報》，一九九九年第三期，頁三三；嚴耀中，〈唐代內侍省宦官奉佛因果補說〉，《唐研究》，第一〇卷（北京：北京大學出版社，二〇〇四），頁六六；〈唐故羽林軍長上高公墓誌名并序〉，《續集》，大中〇二六，頁九八八。

33　有關唐代宦官與佛教的新近研究，見劉淑芬，〈中古的宦官與佛教〉，收在其著，《中古的佛教與社會》，頁四六一—七一；孫昌武，〈唐代的宦官與佛教〉，《國學研究》，第九卷（北京：北京大學出版社，二〇〇二），頁二一三—二三一；嚴耀中，〈唐代內侍省宦官奉佛因果補說〉，頁六五—七二。

34　〈唐故正議大夫行內侍上柱國雷府君夫人故樂壽郡君宋氏墓誌銘并序〉，《全唐文補遺》第三輯（吳鋼主編，西安：三秦出版社，一九九六），頁七九—八〇。

35　〈大唐故元從朝請大夫守內侍省內常侍……閭公故武威郡夫人段氏法號功德山德銘并序〉，《全唐文補遺》第九輯，頁三九一。另參贊寧，《宋高僧傳》（《大正新脩大藏經》第五〇卷），卷六，〈端甫傳〉，頁七四一—七四三。

36　〈唐故忠武軍監軍使正議大夫內給事賜紫金魚袋贈內侍仇公夫人王氏墓誌銘并序〉，《續集》，大中〇二四，頁九八六；〈大唐故右神策軍護軍副使朝散大夫行內侍省掖庭局令員外置同正員上柱國賜紫金魚袋閭君墓誌銘并序〉，《續集》，大中〇六三，頁一〇一五。孫昌武曾指出宦官妻子亦多信佛，見其〈唐代的宦官與佛教〉，頁二二二。他所舉的例子與我不同。

四、小結

現在要為文章作個總結。本文從各方面推敲，顯示唐代宦官雖然是政治的產物，他們在長安形成了一個多少具有社會性格的群體。他們的居所相當集中，大抵在長安城的東北與西北角，尤其以東北為主。宦官上層經營家庭生活，娶妻，收養兒女，兒子多為宦官，代代相傳，且有家族墓地。宦官內部關係密切，經常相互通婚，社群中男性成員的名字有一定的規制，這個固定的取名法或許有創造認同、收束社群的功能。宦官群體佛教信仰的色彩濃厚，宦官大力護持寺院、僧侶，婦女亦多向佛。佛教顯然是這個具有虛擬性格的社群的精神支柱。

就外在聯繫而言，宦官與軍人，特別是長安以及關中軍人，關係最緊密。關中軍人子弟是第一代宦官的一個主要來源。在自己的圈子之外，宦官的通婚對象往往是軍人家庭，不任宦官的宦官家庭子弟，大都就軍職，宦官的居住地多與軍人重疊或相近。宦官跟軍隊關係密切顯然有個關鍵因素，就是宦官在安史之亂以後掌軍事重權，不但長期控制中央禁軍，而且在全國各地監軍，跟整個軍事體系建立起制度性的聯繫。宦官與軍隊結合的一個後果是，他們表面上控制軍隊，其實在某個程度上可說是軍人社群的一部分，至少是禁軍集團的一部分。

宦官與軍人關係密切極重要的一個根源是軍人子弟入侍宮中，這是什麼時候開始的呢？就資料所見，比較明顯的跡象在八世紀初。劉奉芝是位來自軍人家庭的早期宦官，於肅宗上元二年

（七六一）去世，享年六十五歲，若以十二歲入宮計，時間點在中宗景龍二年（七〇八）。奉芝的兄弟奉進也是宦官，他們可能同時入宮。[37]逝世於玄宗天寶七載（七四八）的宦官常无逸也是軍人子弟，根據他的神道碑銘，「先天中，大求少年以備內職」，當時无逸十一歲，「首膺是選」。先天時期為西元七一二至七一三年，當時玄宗雖已登基，尚未掌大權。從神道碑文字看來，常无逸原係侍奉睿宗，開元四年（七一六）睿宗去世後才歸玄宗。至於所謂「大求少年」，應是指在京畿地區乃至政府內部徵選，而非求諸遙遠的南疆。這種徵求方式容易導致關中軍人子弟入宮。[38]常无逸與前述劉氏兄弟年齒相近，後者說不定就是在同類措施下成為宦官的。

李輔光（七四二—八一五）也是軍人家庭出身的宦官。墓誌說，建中年間，「德宗御宇，時以內臣干國，率多縱敗，思選賢妙，以正官掖」，輔光因而「特以良胄入侍」。[39]建中年為西元七八〇至七八三年，即使以七八〇年來算，輔光成為宦官時已三十九歲，殊為可怪。無論如何，這段記載也顯示唐代曾有特地尋找良家子弟進宮的舉動，考慮及內宮對外的政治與制度關係，這些「良胄」恐怕泰半來自軍人社群。綜觀宦官掌兵權和軍人子弟入宮的起始時間，軍人社群與宦

37 〈唐故朝議郎行內侍省內寺伯上柱國劉府君墓誌銘并序〉，《彙編》，上元〇〇一，頁一七四七。另參〈大唐故劉君合葬墓誌銘并序〉，《彙編》，天寶二七四，頁一七二二。

38 〈唐故朝請大夫內侍省內給事上柱國常府君神道碑銘并序〉，《全唐文補遺》第三輯，頁一三—一四。

39 〈唐故興元元從正議大夫行內侍省內侍知省事……李公墓誌銘并序〉，《彙編》，元和〇八三，頁二〇〇七。

官有密切結合，大概是在安史之亂稍後。也許就是從這時起，以軍人家庭出身為主的北方人士開始取代南人，成為宦官領導階層的最主要成員。

總之，宦官的社會關係以軍人為主，在中晚唐，即使是南疆出身的宦官，長居京都，活動範圍恐怕也只能限於具有濃厚關中色彩的宦官和禁軍社群。從出身背景和婚姻對象看來，除了軍人，宦官還跟基層官吏和平民有交往。與宦官有個人關係的基層文官，家庭背景看來都頗隱晦，社會地位顯然不高。宦官與高階士人以及門閥舊家的區隔是很明顯的。《資治通鑑》述及懿宗咸通二年（八六一）宰相杜悰（－八七三，杜佑之孫）與宦官領袖折衝之狀時說：「是時士大夫深疾宦官，事有小相涉，則眾共棄之。」[40]士大夫和宦官關係緊張，除了由於後者掌禁中大權，兩者間社會位置相去絕遠應該也是重要因素。至於跟宦官有關係的平民大概是哪些人，由於史料缺乏，也難以判斷。從史籍記載神策軍士多為長安富家子，可以推測這些平民中有商人。[41]這個推測也可得到個案的支持。有一位去世於懿宗咸通六年（八六五）的右街功德使押衙翟慶全，據說是大商人，富比王侯。他家在長安西北的金城里，屬於軍人聚居區，也有宦官宅第。[42]唐末五代之際軍閥王處存（八三一－八九五）、王處直（八六三－九二三）的父親王宗是神策軍吏，經商至於鉅富，後升至金吾衛大將軍，遙領興元節度使。最奇怪的是，《舊唐書》還說他曾任左街功德使，左右街功德使是宦官的職位，如果此處所述無誤，不知是否為唐末荒亂之際所授的虛銜？王宗家在長安東北的勝業里，性質同於金城里，也是軍人、宦官聚居處。[43]此外，宦官子弟可能也有從商的。宦官李從証去世於宣宗大中四年（八五〇），墓誌說他有個兒子敬融，「託長富門，未任時務」，似乎就是這個情況。[44]

文章的最後，要講述一個宦官交往圈的個案，盼能展示一點時代氣氛。一位名叫賈溫的人，文宗大和八年（八三四）二月去世，曾祖、祖父均未仕宦，父親官至慶州司馬（慶州在今甘肅東端）。賈溫自己生前的最高官職是右神策軍衙前正將專知兩市迴易，這是在神策軍負責買賣的工作。賈氏原來不是軍人，得到這個職位，是因為他的黨姓姊夫的表妹王氏嫁給一位「護軍中尉開府馬氏」，顯然就是曾任左神策軍護軍中尉的馬進潭或馬存亮。[45]賈溫的一位呂姓義兄也是宦官。賈溫之所以在神策軍總管兩市買賣，據說是因善於經營，「能默記群貨，心計百利」，他任

---

40 《資治通鑑》，卷二五〇，頁八〇九二—八〇九四。

41 參考胡如雷，〈唐朝的宦官是商賈階層在政治上的代表者嗎？〉，《中國史研究》，一九九六年第三期，頁一六四。

42 〈唐故右街使押衙試金吾衛長史翟府君墓誌銘并序〉，《續集》，咸通〇二七，頁一〇五四—一〇五五。

43 參見《舊唐書》，卷一八二，〈王處存傳〉，頁四六九九；《新唐書》，卷一八六，〈王處存傳〉，頁五四一八；《新五代史》（北京中華書局點校本），卷三九，〈雜傳．王處直〉，頁四一九。新舊《唐書》都說王家「世隸神策軍」。又，王處直墓誌　其父名為「寮」，完全未提及其生平。見〈大唐故興國推忠保定功臣義武軍節度易定祁等州觀察處置北平軍等使……王公墓誌銘并序〉，《全唐文補遺》第七輯，頁一六七。

44 〈唐故宣義郎行內侍省內僕局丞員外置同正員上柱國李府君墓誌銘并序〉，《彙編》，大中〇五二，頁二二八八。

45 馬存亮的可能性較高，他的夫人為王氏。見李德裕，〈唐故開府儀同三司行右領軍衛上將軍致仕上柱國扶風馬公神道碑銘并序〉，在傅璇琮、周建國，《李德裕文集校箋》（石家莊：河北教育出版社，二〇〇〇），頁五三三。

職不久，就為軍隊帶來十五萬貫的收益。這樣看來，賈家說不定原來就有商人背景。無論從賈溫的工作、親族或朋友關係看來，他跟宦官實在屬於同一集團，也住在宦官住宅集中地之一的永興坊。賈溫的長子元楚走軍旅路線，任右神策軍衙前正將，亦與宦官集團有所牽聯。[46]從賈溫的故事，可以看到宦官、基層官吏、軍人、豪民交錯於宦官社群的情態。

本文原刊於妹尾達彥編，《都市と歷史學・第二集・国際シンポジウム東アジアの都市史と環境史——新しい世界へ》（東京：中央大學文學部東洋史研究室，二〇〇九年三月），頁四一七—四四一。另刊於《唐研究》，第十五卷（北京：北京大學出版社，二〇〇九年十二月），頁一七一—一九八。二〇二〇年二月微幅修訂。

46 見〈大唐故銀青光祿大夫檢校太子賓客上柱國陽武縣開國子充右神策軍衙前正將專知兩市迴易武威賈公墓誌銘并序〉，《續集》，大和〇五二，頁九二〇。

思想文化篇

傳統中國思想與文化中的「義」

——兼論「義」與「正義」（justice）

前言

這篇文章想整體性地談論傳統中國文化與思想中的「義」，除了歷史的說明，也想揭示這個問題的現代涵義，因此還要對中國本土的「義」與西方傳來的「正義」（justice）觀念進行比照。

「義」的問題有多重的重要性，既有歷史認識的意義，也有當代的關聯。以下分點陳述。首先，這是從古代到現在都經常出現在文本與生活中的詞語和觀念，涵義複雜。在中國的基本德目（如仁、義、禮、智、信、忠、孝）當中，「義」是一般生活中使用最多的之一，大概只有「孝」可以相比，遠比「仁」多，卻很少人去梳理這個問題。

第二，「義」是傳統中國思想中的一個主要觀念，在先秦和西漢尤其重要。但長期而言，重要性一直在走下坡，在比較晚近的近世中國學術思想中，除了宋代的義利之辨，幾乎可說是無足輕重。「義」在古代思想中的面貌如何，特點何在，為何衰微，值得追索。第三，東漢以後，「義」在學術思想中的重要性雖然明顯降低，但在民間生活卻活躍異常。從中古到明清，這個概念在社會上使用越來越多，可以說形成了「義」的觀念群，在其中，這些觀念與古典的「義」有重要的差異，但也有相連貫的地方。「義」觀念的演變與擴大也是思想文化史的重要課題。第四，十九世紀中葉以後，西方的觀念和制度開始傳入中國，很多華人地區最終變成以西方文化為主導的近代世界的一部分，西方的核心道德概念justice也進入中國，以「義」或「正義」、「公義」這樣的字眼呈現。中國傳統的「義」和一般稱為「正義」的justice有什麼關係？「義」的觀念和「正義」混合或結合，對華人世界的道德圖景有什麼影響？都是有重要的現實和未來意義的問題。

本文基本上是通論性的文字，文中將避免太多的學術細節。我希望透過對「義」觀念的歷史性說明以及「義」與「正義」的比照，彰顯「義」問題的重要性，提供有關此問題的基本認識以及往後深入討論的契機。

有關傳統中國「義」觀念的部分，內容非常複雜，這裡先簡單勾勒「義」觀念在中國的歷史圖景，這樣可以方便讀者逐一進入本文的課題。關於「義」觀念的類別以及它的歷史演變，也許可用以下的圖來表示：

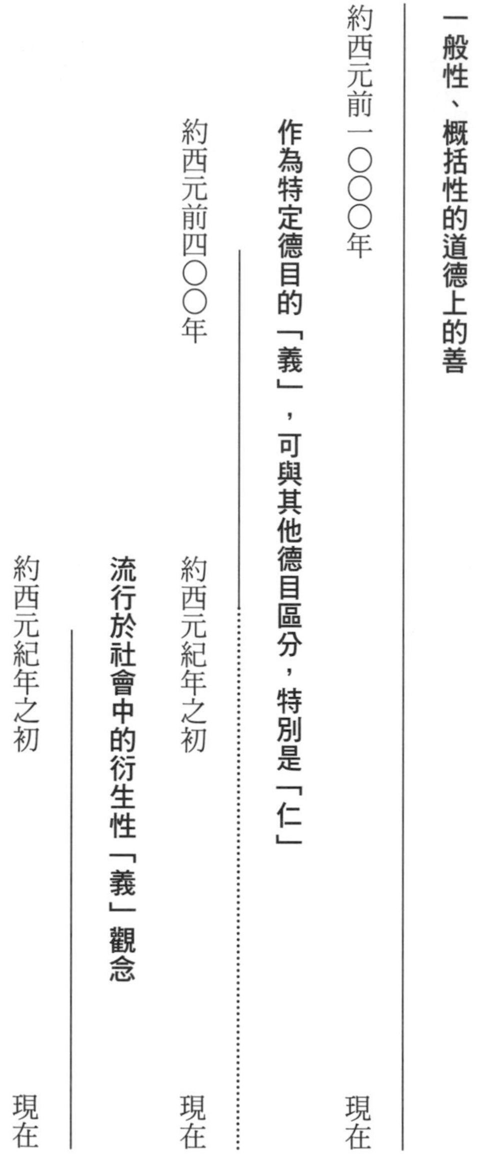

一般性、概括性的道德上的善

約西元前一〇〇〇年 —— 現在

作為特定德目的「義」，可與其他德目區分，特別是「仁」

約西元前四〇〇年 —— 約西元紀年之初 ⋯⋯ 現在

流行於社會中的衍生性「義」觀念

約西元紀年之初 —— 現在

這幅圖表現的是傳統中國「義」觀念的三個類型以及它們流行的時間。實線和虛線都代表觀念存在，實線指觀念強勢，虛線則意味弱勢，少為人注意。

大概而言，「義」觀念有三個類型。圖的右端是第一型，指一般性、概括性的道德上的善，這樣的「義」主要和「利」形成對照。「義」的這個意涵出現最早，幾乎流行於整個歷史時代。圖中間的線代表作為特定德目的「義」，可以和其他德目分立，特別是「仁」。這個類型的「義」觀念在戰國和西漢非常盛行，之後失去重要性，但這個涵義是「義」可以和justice產生連結的根本因素。第三條線指流行於社會生活中的衍生性「義」觀念。這不是單一的觀念，而是在類型二的「義」弱化之後，由於各種因素，所產生的以「義」為名的流行說法。類型三在學術思想中沒有地位，有時還引起困惑和誤解，但傳布很廣，也有多樣性以及重要的思想文化意義。這些衍生的「義」觀念以及與「義」有關的詞語大概從東漢開始流行，到現在還存在於若干華人社群。本文對於傳統中國的「義」的討論，這三個類型都會包括，現在就進入古代的「義」。

一、古代中國的「義」

「義」觀念在古代中國的出現和演化是個複雜的問題，我有專文〈早期中國思想中的「義」及其轉變〉探討（收入陳弱水《公義觀念與中國文化》，聯經出版公司，二〇二〇）。這篇文章只勾勒梗概，說明最重要的關節，詳細的情況與論據請參看另文。

在中國，最早興起的「義」觀念，大概可以說，是指一般性的道德上的「善」。這是「義」持續最久而且一直很明顯的意思，到現在還在使用。跟世界上各地很多的古代觀念一樣，「義」本來只是生活上（包括集體生活）的用語，概念化的程度不高，意思也有分歧。從現有的資料看來，「義」的概念化可能是春秋中期才開始，大約西元前六、七世紀。

「義」字在甲骨文和金文多次出現，但很少具有觀念上的涵義，在《尚書》和《詩經》西周初期的篇章中，則是有語意明朗的表述。古代最早的「義」大概有以下幾個意思。首先是一般性的「好」或「善」，有時具有道德意義，有時候並不明顯。越到後世，譬如春秋時代，道德的「善」的意思越濃厚，這個字往往與「利」（利益）形成對照。但是，以「利」為「義」，眾人的利益就是最大的善，或是義能生利的想法，也相當流行。其次，這個字等於秦漢以後的「儀」，意思是「禮容」，合乎禮的樣子，或者就是看起來很有樣子。第三，「義」還有比較特定的意思，指規範、道理。「義」這方面的涵義也大部分是道德性的，但不完全如此。《墨子·尚同上》說，古時賢君未出，天下「一人則一義，二人則二義，十人則十義，其人茲眾，其所謂義者亦茲眾」，意思接近想法、學說。「義」的這個用法一直流行，直到現在，「主義」就是一個例子。

整體來說，在戰國中期獨特性的「義」觀念興起之前，作為道德概念，「義」的意思是一般性的「善」，但有時也帶有比較具體的規範或道理的意味。由於這是一般性的概念，用當代倫理學的術語來說，整體而言，是個比較弱、比較薄的倫理觀念（thin ethical concept）。但是戰國中期以後，一個比較厚（thick），具有特定意涵的「義」概念就興起了。一直到西漢末期，西元紀年開始左右，這個觀念在中國思想中都有很重要的地位。

就如前述，一般性的善之外，「義」的另一個類型是獨立、可與其他價值區分的觀念。在春秋戰國以後的基本德目中，「義」都在其中，譬如「仁、義、禮、智、信」（「五行」或「五常」），或是「禮、義、廉、恥」（「四維」），「義」特別與「仁」形成對照。獨立意義的

「義」出現比較晚，大概要到戰國中期（西元前四世紀、三世紀），春秋中晚期至戰國初期的孔子、墨子言論中還沒看到。「義」的獨立意義的存在，使得它有與西方的justice相近的元素。這是justice概念在近代輸入東亞後譯成「正義」或「公義」的原因，這樣的翻譯是很恰當的。

關於「義」的獨立或特定意義，可以從《孟子》這本書一個有名的辯論談起。《孟子》中載有孟子和一位叫做告子的思想家的辯論。辯論的主題是「仁義內外」，也就是「仁」和「義」價值的來源是生命的裡面還是在生命之外。告子主張「仁內義外」，意思是，「仁」的來源是生命的內部，「義」的來源是外部。孟子反對這個說法，他主張「仁義內在」，也就是「仁」和「義」的來源都是生命的內部。這是孟子有名的性善論的一種變形。（《孟子．告子上》第四條）一切跡象顯示，在戰國時代，「仁內義外」的主張屬於主流。孟子的主張是特殊的說法，他想取消「仁」、「義」的區別，把「義」把「仁」這方面拉。

所以，獨立的「義」觀念一個最根本的特性是，它是一種外在性質的價值。事情或行為對或不對，根本而言，不是個人生命內部的問題，用我們現在的話來說，不是「捫心自問」或「問心無愧」的事，是要從外在的根據來判斷的。不過，「義」的來源雖然不在個人的生命，這並不意味「義」和個人生命無關。「義」是要實踐的，「義」也可以轉化、提升個人的生命，因此，「義」也是重要的德性——生命中應該有的道德要素。

再來要勾勒戰國至西漢作為獨立價值的「義」的根本性質。「義」的根源外於個人生命，那麼，是外在於個人生命的什麼呢？答案很簡單，是道理：「義」是外於個人生命的道理，「義」

是道德的道理，強烈一點說，它是道德的法則。在這一點上，「義」的性質和「仁」相反，「仁」的基本質素是「愛」，是情感。「義」的這個基本性質，《荀子·議兵》有很明確的表述：「仁者愛人，義者循理」。《呂氏春秋·有始覽·聽言》則說：「善不善本於義，不於愛」，把「義」與「愛」對立起來，主張道德的根本在道理，在「義」，而不在「愛」。漢代《韓詩外傳》卷四對「義」的意義說得最為扼要清楚：「節愛理宜謂之義」。意思是，控制愛，不濫情，合於道理，就是「義」。

「義」既然是外在於個人生命的道理，「義」與「禮」以及法律就有相當的關係，因為「禮」和法律都是外在的規範。在古代中國，「禮」和「義」的觀念連結很密切，兩者經常一起談，「禮義」一詞時有所見。至於「義」和「法」的關聯，在墨子、荀子的思想中也有表現。不過，中國古代法律思想的主流歸結於法家。法家的法律觀是把法律當作國家或君王的統治工具，要把「法」跟「義」或任何外在於政治體系的標準都切割開來的。[1]與「義」的外在道理性質相關的另一點是，這個觀念很強調行動或實踐，「行義」是常見的詞語。這也和「仁」形成對照。「仁」是一種心態，至少出發點是心態，「義」則是必須實踐才能彰顯其價值的道理。此外，「義」不但是道理，而且很重要的部分是具有禁制性的道理。也就是說，「義」往往是剛性的行為規則，代表不可逾越的紅線，加上依道理辨事本來就是硬邦邦的，對於「義」的描述就經常和「剛」、「簡」、「直」連在一起。

既然「義」的基本意涵是外於個人生命的道德準則或原理，這種道理有什麼實質性的特點呢？有兩方面可說。首先，「義」有特定的適用範圍。用我們現在的概念，或許可以說，「義」基本上是社會領域的道德原理。中國古代沒有「社會」的觀念，根據當時人的表述歸納，應該說，「義」適用於血緣關係以外的人，這樣的人基本上都在家庭之外。不過，家庭中有個核心卻不是以血緣來界定的，這就是夫妻，因此，夫妻關係屬於「義」的範疇。按照常理，夫妻關係密切，似乎應該屬於「仁」——也就是「愛」——的範疇，但為什麼主流思想，特別是儒家，要堅持「夫妻以義合」呢？在這方面，儒家有它特別的考慮。[2]「義」的非血緣涵義到現在還很強，遺留在我們的語言之中。譬如，沒有血緣關係的哥哥叫做「義兄」，沒有血緣關係的子女叫「義子」、「義女」。這個觀念也傳到日本，在日語，岳父稱作「義理之父」，岳母則是「義理之

1　關於「義」與「法」的問題，可見陳弱水，〈早期中國思想中的「義」及其演變〉、〈立法之道——荀、墨、韓三家法律思想要論〉，皆收入其著，《公義觀念與中國文化》（新北：聯經出版公司，二〇二〇）。亦可參考余英時，〈反智論與中國政治傳統〉，收在其著，《歷史與思想》（新北：聯經出版公司，一九七六），頁二〇—三一。另參漢武帝元光五年（西元前一三〇）公孫弘對策：「法不遠義，則民服而不離。」見《漢書》（北京中華書局點校本），卷五八，〈公孫弘傳〉，頁二六一五。

2　這個問題的討論，可見陳弱水，〈早期中國思想中的「義」及其演變〉，頁二三四。關於夫妻關係，以「義」合、夫妻有別是古代儒家的一貫原則，但這個說法容易碰到理解上的困難。在儒家思想流行的德川時代日本，對夫妻關係就不取此說，而強調他們之間要相好和諧（《禮記．禮運》有「夫婦和」之語）。參見渡邊浩，〈「夫婦有別」と「夫婦相和シ」〉，《中國——社會と文化》，第一五號（二〇〇〇年六月），頁二〇八—二一二。

母」。

其次，就內容而言，作為社會生活（無血緣者之間）原理的「義」最主要指合理的階層化社會秩序。在中國古代思想中，理想的社會秩序是階層井然、上下有序的。社會中的個人，則要剋守他們在這個社會中的角色或職責。荀子把這個稱作「分義」（「分」是身分、職分之意），「分義」是最根本的「義」。[3]

現在歸納中國古代思想中作為獨立價值的「義」的主要內涵：

一、「義」是外於個人生命的道理。

二、「義」與實踐、行動不可分。

三、「義」是剛性的道理，往往具有禁制性。

四、「義」是不具血緣之人關係的準則。

五、最根本的「義」是合理的階層化社會秩序。

在中國思想史上，作為獨立價值的「義」占有重要性的時間相對短，大概只有三、四百年，但它是「義」觀念能在中國價值體系中占有核心地位的關鍵因素，也是「義」觀念中最能跟西方justice價值產生關聯的類型，在近代生活中有重要性。最後要補充一點，「義」雖然有道理之名，道理是什麼，什麼是根本的道理，是有相當程度的主觀性的。在中國古代，對於「義」，也確實有不同的看法，本節所談是主流的說法，但並不是唯一的。

二、「義」觀念的變化、發展與應用

「義」的觀念從東漢開始，也就是西元紀年以後，發生了重大變化。基本變化是獨立意義的「義」衰落，在學術思想的層面，「義」的主要涵義又變成一般性的「善」。這也導致「義」的倫理意義有由「厚」轉「薄」的傾向，既然轉「薄」，整體來說，力量就降低了。但是另一方面，東漢以下，在社會生活的層面，有很多新的、與「義」有關的觀念和說法興起。這樣，「義」雖然在上層思想中重要性降低，在一般文化中影響卻擴大，越到後代，有流行越廣的趨勢。可惜的是，這些觀念活躍於社會生活和常民文化中，不受知識分子重視，沒有提煉成重要的思想資源。大部分這些後世的「義」觀念到現在還在使用，還在人們的意識當中，它們就是本文現在要談的。由於從東漢到近世的「義」極少受學界關注，缺乏研究，因此，本文雖然是通論文章，還是要對這個課題做比較詳細的說明，讓讀者能有具體的掌握。[4]

東漢以下發展出的「義」觀念和相關表述相當紛雜，但大部分還是和古代「義」觀念的兩個

3　《荀子》中「分義」凡六見，分別出於〈王制〉、〈彊國〉、〈君子〉、〈大略〉。〈禮論〉中雖未直言「分義」，但也表達了這個觀念。

4　目前只看到一篇和本文此節題旨相近的論文：相田洋，〈義と社〉，《青山學院大學文學部紀要》，第四三號（二〇〇二年一月），頁一一—二六。此文論點與引用材料有和本節相同的地方，可以互相參照。

類型有關。了解了前文所談的兩個類型，理解後世的「義」就容易得多。現在要先徵引兩段有名的古人對於「義」的概括評論，以為討論的起點。南宋洪邁（一一二三—一二〇二）在其《容齋隨筆》卷八〈人物以義為名〉說：

> 人物以義為名者，其別最多。仗正道曰義，義師、義戰是也。眾所尊戴者曰義，義帝是也。與眾共之曰義，義倉、義社、義田、義役、義井之類是也。至行過人曰義，義士、義俠、義夫、義婦之類是也。自外而入而非正者曰義，義父、義兒、義兄弟、義服是也。衣裳器物亦然，在首曰義髻，在衣曰義襴、義領，合中小合子曰義子之類是也。合眾物為之則有義漿、義墨、義酒；禽獸之賢則有義犬、義烏、義鷹、義鶻。[5]

錢大昕（一七二八—一八〇四）《十駕齋養新錄》卷十九〈義〉條云：

> 《會稽志》義井在府東二里，下為大井袤丈，上設三井口以受汲，覆以大亭，遇旱歲不減，尤宜染練。義者，蓋以眾所共設為名。今世俗置產以給族人曰義莊，置學以教鄉曲子弟曰義學，設漿於道以飲行旅曰義漿，闢地為叢塚以藏暴骨曰義塚。東坡先生謫黃州取諸郡所餉酒，置一器中以觴客，曰義樽。近時州縣眾力共給役曰義役，皆與眾同之意。又，俚俗有義父母、義子孫、義兄弟，衣加襴曰義欄（應作「襴」），以髮作髻加首曰義髻，此又不可

曉也。大昕案，《魏志．張魯傳》以鬼道教民，自號師君，其來學道者初皆名鬼卒，受本道已信號祭酒。諸祭酒皆作義舍，如今之亭傳，又置義米肉，懸於義舍，行路者量腹取足。則義米、義舍之名自漢已有之。朱新仲云外來之物曰義，如義兒，是也。[6]

這兩篇文章雖然時間上相距六百年，但《十駕齋養新錄》引文「大昕案」以上全抄自《嘉泰會稽志》卷十九，此志成於南宋寧宗嘉泰元年（一二〇一），正是洪邁死前一年，《會稽志》說不定有受到洪邁的啟發。以下以洪氏文章為主，兩文一起解說。

按照洪邁的分析，以「義」為名的人與事可以分為以下幾種。第一是「正道」；第二是大家所尊敬的人物；第三是「與眾共之」，和眾人一起分享；第四是「至行過人」，難能可貴的好行為；第五是，從外面來，不是自生的，假的、替代的；第六是眾物混合而成的東西；第七是動物之中好的、值得尊敬的。

這組分類，有得有失。關於「義」有「正道」的意思，沒有問題，這是類型一的「義」的表現，也就是一般性的道德的善。第二點「眾所遵戴」，說法可疑，「義帝」指被項羽所殺的楚義

5　洪邁，《容齋隨筆》（上海：上海古籍出版社，一九九六），卷八，〈人物以義為名〉，頁一〇五—一〇六。

6　《十駕齋養新錄》據光緒二年浙江書局重刻本。朱新仲為北、南宋之交的朱翌（一〇九七—一一六七）。錢大昕這裡所引見朱翌，《猗覺寮雜記》（《文淵閣四庫全書》本），卷上，頁三九b。

帝，這裡的「義」似乎沒有「眾所遵戴」的意思，暫且不論。第三項「與眾共之」，是東漢以下「義」觀念的重要發展。錢大昕所引《嘉泰會稽志》完全集中於「義」的這一面向，該志稱為「眾所共設」、「與眾同」。第四項「至行過人」和第七項的「禽獸中的賢者」應該可以合併，都指特殊的善，應該是受獨立「義」觀念中「剛」、「剛烈」意思的影響。第五項外來的、假的，顯然源自「義」的非血緣義，此項或許可與第六項混合而成之物合併。《嘉泰會稽志》對於「義」可有「非本生」的意思表示無法理解，說是流俗的用語，錢大昕則確認「義」有此涵義。

以下，我要提出我對東漢以下衍生性「義」觀念的分類，每一類別內，主要依照時代順序進行說明。我的分類和上述洪邁的說法有差別，但出入不是很大。首先，「義」有非血緣義，因而引申有外來的、替代的、假的等意思。上面兩段引文中的例子有義父母、義兄弟、義子孫、義髻（假的髮髻）、義襴（外加的橫襴）、義領（外加的衣領）等。[7]這裡舉一個正式的用法。從《北齊律》、《北周律》開始，中國刑律就含有十項重罪，《隋律》起稱為「十惡」。[8]「十惡」之中的一項叫做「不義」，唐律列出這一條的罪行：「殺本屬府主、刺史、縣令、見受業師，吏、卒殺本部五品以上官長；及聞夫喪匿不舉哀，若作樂，釋服從吉及改嫁。」[9]簡單說，就是殺長官、老師以及夫死妻子不服喪，甚至作樂、改嫁。《唐律疏議》中的「議」如此說明本法條的原理：「禮之所尊，尊其義也。此條元非血屬，本止以義相從，背義乖仁，故曰『不義』。」[10]這裡講得很清楚，這些罪行之所以歸類為「不義」，是因為對象是無血緣（但又重要）的人，這種人之間的道德原理是「義」。「不義」大惡中最令人矚目的應該是妻子對丈夫的冒犯，《唐律疏議》對這部分的解釋如下：

> 議曰：夫者，妻之天也。移父之服而服，為夫斬衰，恩義既崇，聞喪即須號慟。而有匿哀不舉，居喪作樂，釋服從吉，改嫁忘憂，皆是背禮違義，故俱為十惡。[11]

女子出嫁以夫為天，丈夫去世不依規制服喪，是忘恩違義背禮。依照前引《唐律疏議》對「不義」條原理的解釋，「禮」與「義」性質相同，本條所涉也有「乖仁」——嚴重違反人情——的成分，但因對象不是「血屬」，可總體定為「不義」。這個條目繼續在宋、元、明、清的法律中存在。

---

7 義襴的「襴」，本意是襴衫，指唐代以後在士人間流行的長衫，特點是在膝蓋部位有接縫，寄古人上衣下裳之意。「義襴」為流行於宋、遼、金代的用語，從有關文字看來，似乎是指在衫袍上外加一道橫襴，以表現出襴衫的樣貌。

8 參見程樹德，《九朝律考》（北京：中華書局，二〇〇三年重排本），卷六，頁四〇〇；卷七，頁四一六；卷八，頁四三二—四三三。《唐六典》注說北齊已有「十惡」之名，未必正確。見李林甫等撰，陳仲夫點校，《唐六典》（北京：中華書局，一九九二），卷六，〈尚書刑部〉，頁一八六。

9 劉俊文，《唐律疏議箋解》（北京：中華書局，一九九六），卷一，〈名例．十惡〉，頁六四。

10 同上。

11 同上，頁六五。

前引洪邁說混合眾物可以「義」為名，這種說法罕見。洪氏所舉的三個例子，「義漿」不知來源，混合諸酒為「義酒」，諸墨為「義墨」，則是出自蘇軾。蘇東坡把這個做法稱為「義」，似乎是採取「義」的非真、非自生涵義。[12]

除上所述，非血緣性人際關係的價值也往往用「義」字來表示，譬如「義氣」、「情義」。這些都是中國社會中非常重要、非常流行的觀念，「義氣」最遲元明時代已使用，從小說中可見，「情義」要更早，中古已經通行。所謂「義氣」、「情義」，基本上是以「情」為義，這和講道理，依道理來做事的「義」，在意涵上可說是相反的，進一步顯示獨立「義」觀念的衰落。但「義」的這個用法也有從古典意義延續的一面，「義」原本就指不具血緣之人關係的準則，後世應用於朋友，可說是順理成章的，戰國中晚期的郭店竹簡《語叢三》已經說：「義，友之端也。」

其次，「義」有非常明顯的救濟他人、幫助他人、與眾共享的意味。「義」的這個衍生意義出現很早，在漢代已經明顯。前文指出，「義」一直有一般性的道德的善的意味，作為獨立價值的「義」則是需要實踐的道理，因此，「行義」（做好事，依理而行）很早就是重要的道德觀念。[13]在漢代，「行義」或「義」頗有用來指稱救濟他人的情況，這在西漢後期已出現，往後愈為明顯。一個早期的例子見於西漢成帝永始二年（西元前一五）的皇帝詔書，內容是獎勵救災的人，具體對象則是「關東比歲不登，吏民以義收食貧民，入穀物助縣守振贍者」，在這個表述中，救助貧民屬於「義」的行為。[14]此外，史籍中記東漢初（光武帝、明帝時期）的張奮，「少好學，節儉行義，常分損租奉，贍卹宗親，雖至傾匱，而施與不怠」，他的行義作為是救濟宗親。[15]

以「義」指稱救濟或幫助眾人的早期事例還有「義漿」（不同於洪邁所說的「合眾物為之」）。「義漿」指置於道路供行旅飲用的水，這個詞語起源很早，東漢武梁祠第二石第三層已有「義漿羊公」圖，畫羊公予人水喝（武梁死於桓帝元嘉元年〔一五一〕），這應該就是東晉干寶《搜神記》所寫的楊公伯雍，他在無終山上汲水，提供行者。[16]「義漿」的這種用法繼續存在

---

12 毛晉，《東坡題跋》（明崇禎間虞山毛氏汲古閣刻津逮祕書本），卷五，〈書雪堂義墨〉，頁二一a—二二b。另見孔凡禮點校，《蘇軾文集》（北京：中華書局，一九九二年第三刷），第五冊，卷七〇，頁二二二五—二二二六。

13 在傳世與文物資料中，目前所見最早的「行義」表述似乎是《論語．季氏》：「行義以達其道。」

14 《漢書》，卷一〇，〈成帝紀〉，頁三二一。

15 周天游輯注，《八家後漢書輯注》（上海：上海古籍出版社，一九八六），頁三九一（司馬彪《續漢書》卷三）；《後漢書》（北京中華書局點校本），卷三五，〈張奮傳〉，頁一一九八。東漢其他類似的記載可見《後漢書》，卷一四，〈宗室四王三侯列傳．城陽恭王祉〉，頁五六〇；卷三九，〈劉般傳〉，頁一三〇六。不過要說明，不是所有的「行義」事蹟都跟救濟他人有關，如婦女守貞也被稱為「行義」（劉長卿妻桓氏）。見《後漢書》，卷八四，〈列女傳．劉長卿妻〉，頁二七九七。

16 干寶撰，汪紹楹校注，《搜神記》（北京：中華書局，一九七九），卷一一，頁一三七—一三八。《搜神記》已佚，這是輯佚本。在相關文獻，「楊公」的「楊」也有寫為「羊」或「陽」的。此外，《搜神記》的故事也有「義漿」一詞。

於後世。[17]此外，錢大昕《十駕齋養新錄》引《三國志・魏書・張魯傳》，指出漢末天師道設有供旅人停宿的「義舍」，其中置有「義米肉」，這是非常有名的史事。

中古以後，救濟他人、與眾共享變成「義」觀念群中最重要的涵義之一，有關的表現非常多，關於「義」的這個意味，我先提出兩點看法。首先，把救濟他人甚至親戚的行為稱為「義」，很清楚顯示，「義」的獨立涵義衰落，因為救濟比較接近「仁」，出於愛心，而不是按道理辦事的「義」，而且救濟親戚也不符合「義」的非血緣意義。但另一方面，把救濟他人稱為「義」，還是和這個觀念的古典意涵有關聯。這是對救助行為的高度稱許，而且「行義」所指雖然不排除親戚，救濟的對象到底不是身邊親近者，宗親可以算是廣義的外人，「義」仍然具有相當的社會意義。關於這一點，下文還會有討論。

現在就「義」的救濟涵義再舉幾個例子。除了以上所談，「義井」應該也是起源甚早的事物。「義井」指供公眾——特別是行旅之人——使用的水井。南宋洪适《隸釋》記有〈舜子巷義井碑〉（卷十五），這座碑在隨縣（今湖北隨州），碑文在宋時已泐漫難識，但能看出立於東漢靈帝光和三年（一八〇），碑陰則列有捐助者的姓名與出錢數，顯示是民間出資合造。這座碑的錄文中並沒有「義井」兩個字，不知這是東漢已有之名還是後世的稱呼？不過，北魏酈道元《水經注》已稱其為「義井」，可見此名之起不會太晚。[18]另外，在東晉安帝義熙十二至十四年（四一六—四一八）由佛陀跋陀羅、法顯合譯的《摩訶僧祇律》卷七有言：「……有一婆羅門，於曠野中造立義井，為放牧取薪草人行來者，皆就井飲，并洗浴」，這裡的「義井」是以中國概念翻譯印度事物。[19]由以上及其他例子可知，至遲在東晉，「義井」一詞已流行。隋唐以下，記載尤多。值得提出的是，在唐代，「義井」似乎和佛教關係特別密切。文宗大和四年（八三〇）禮部祠部所上〈請申禁僧尼奏〉有言：「其天下州府村坊佛堂、普通、私色蘭若、義井等，並請割屬當州府寺收管」，[20]日僧圓仁《入唐求法巡禮行記》武宗會昌四年（八四四）七月十五日條描述毀佛，也說朝廷「令毀拆天下山房、蘭若、普通佛堂、義井、村邑齋堂等」。[21]唐代顯然有不少以義井為活動核心的基層佛教組織，但義井是中國本土既有的設施和概念，顯然也廣泛存在於佛教社群之外。佛教與義井關係密切，反映了佛教在中國中古慈善事業中的重要角色。

17 舉例而言，近世很多地方都有「義漿亭」，亭內放置供旅人飲用的茶水。

18 陳橋驛，《水經注校釋》（杭州：杭州大學出版社，一九九九），卷三一溳水「東南過隨縣西」條，頁五五四。

19 《大正新脩大正藏》，第二二卷，頁二八二中。《法苑珠林》引這段話，與原文略有出入。見〔唐〕道世撰，周叔迦、蘇晉仁校注，《法苑珠林校注》（北京：中華書局，二〇〇三），第三冊，頁一三二九。《摩訶僧祇律》係法顯從印度帶回。關於這項文獻的說明，見小野玄妙編，《佛書解說大辭典》（一九三三年初版；東京：大東出版社重版，一九六八），第一〇卷，頁二六一—二六七（西本龍山撰）。

20 《冊府元龜》（北京：中華書局一九六〇年影印本），卷四七四，〈臺省部．奏議五〉，頁五六六〇—一；《全唐文》（台北：大通書局影印，一九七九），卷九六六。

21 小野勝年，《入唐求法巡禮行記の研究》（東京：鈴木學術財團，一九六四），第四卷，頁七一；白化文、李鼎霞、許德楠修訂校注，《入唐求法巡禮行記校注》（石家莊：花山文藝出版社，一九九二），卷四，頁四四五。

其他以「義」為名的救助或與眾共享活動還很多，譬如「義渡」、「義橋」、「義路」是為大眾所建的交通設施；從隋唐以降直到清朝，政府為防備水旱不虞所設立的儲糧系統名為「義倉」；在清代，救災的款項叫做「義賑」。此外，行善救濟的人事可稱為「好義」。[22]唐代有兩篇文章對「義」的救濟意義有所闡發。中唐卲真〈義井記〉說：「義以發衷形外，昭施物也」；另一唐人呂令〈義井賦并序〉則曰：「鑿地生泉之為井，施人不倦之為義。」[23]這些都是有異於古典「義」德的新說法。《莊子．天地》有言：「愛人利物之謂仁」，現在「愛人利物」成為「義」的主要涵義，可以看出戰國至唐觀念變化幅度之大。[24]

第三，社會上自發的組織和行動也常以「義」為名。「義」的這個用法可能比以「義」為救濟或與眾共享出現晚一些，要到中古才變得明顯，自此民間自發與救濟構成「義」的兩個重要涵義，而且兩者往往是並存互滲的。從南北朝到唐宋，中國民間最重要的組織大概是宗教性的團體和生活互助組織，這些組織最常見的一個通名就跟「義」有關。這段時期存在許多以佛教信仰為紐帶的團體（也有與道教有關的），名為「邑義」、「義邑」、「法義」或「義坊」，從事佛教造像、共修佛法、公共建設、社會救濟等活動。分析來說，當指稱組織時，主要叫「義邑」，指組織成員時，則為「邑義」。（「邑義」是集體稱呼，個別成員則常稱「邑子」；中古時「邑」、「義」發音不同。）[25]為什麼以「義」為名呢？應當就是這些義邑成員非因血緣因素結合——是以「義」結合。

此外，敦煌文書顯示，在唐五代的敦煌地區，「社」是流行的民間組織，其中有的和佛教信仰有關，有的純屬互助性質。在「社」的活動中，「義」也是重要的觀念，譬如，立社可稱為「結義」、「合義」，P三五三六號寫本背有言：「夫立義社，以忠孝為先……義須禮儀，幼長有差」，直接使用「義社」的詞語。[26] S五二七號更值得注意。該寫本的內容是後周顯德六年

22 例見〔明〕陳繼儒，《白石樵真稿》（明崇禎九年《眉公十種藏書》本），卷一二，〈救荒煮粥事宜十七條〉「委官不如委好義」。另參陳宏（弘）謀，《五種遺規・從政遺規》（清乾隆培遠堂刻匯印本），卷下，〈救荒煮粥事宜十七條〉「委官不如委好義」。

23 分別見《文苑英華》（北京中華書局影印宋明版合刊本），卷八一二（《全唐文》卷四四五）；《文苑英華》，卷四〇（《全唐文》卷九五六）。

24 《韓非子・姦劫弒臣》曰：「施與貧困者，世之所謂仁義者」，看來早在先秦，民間就用「仁義」這樣的好字眼來稱呼慈善人士。不過，「義」特別與濟助大眾的行為連結在一起，反而少用「仁」字，明顯是後來的發展。

25 相關研究甚多，重要的有：山崎宏，《支那中世佛教の展開》（東京：清山書屋，一九四二），第四章第二節；劉淑芬，〈五至六世紀華北鄉村的佛教信仰〉，《中央研究院歷史語言研究所集刊》，第六三本第三分（一九九三年七月），頁五二一—五四三；同前作者，〈北齊標異鄉義慈惠石柱——中古佛教社會救濟的個案研究〉，《新史學》，第五卷第四期（一九九四年十二月），頁一—五〇；郝春文，〈東晉南北朝時期的佛教結社〉，《歷史研究》，一九九二年第一期，頁九〇—一〇五。較新的研究見劉淑芬，〈香火因緣——北朝的佛教結社〉，收在黃寬重編，《中國史新論・基層社會分冊》（台北：中央研究院・聯經出版公司，二〇〇九），頁二一九—二七二；倉本尚德，《北朝佛教造像銘研究》（京都：法藏館，二〇一六），第二部第一章〈北朝邑義造像銘の概要と感應思想〉、第二章〈義邑の地域的特徵について〉。

26 Tatsuro Yamamoto（山本達郎）, Yoshikazu Dohi（土肥義和）, Yusaku Ishida（石田勇作）, eds., *Tun-huang and Turfan Documents: concerning social and economic history*, vol. 4 She *associations and related documents* (A)

（九五九）正月三日某個由婦女組成的「社」（女人社）再度成立時的規程，規條的前言有這樣的表示：「夫邑儀（義）者，父母生其身，朋友長其值（志），遇危則相扶，難則相救」，此社自稱為「邑義」，立社的倫理基礎是朋友之義。[27]「社」與「邑義」其實來源不同，前者是中國傳統以古代鄰里單位（書社、里社）為名的民間組織，後者則是中古出現的新形態宗教團體。[28]但在唐代，兩者已漸混而不分，就上引及其他文獻所見，在不少人心目中，「社」和「義邑」（或「邑義」）本是同一物，「社」也沾染了「義」的色彩。

「義邑」、「邑義」、「義社」等名稱的出現，明確顯示「義」有民間自發組織、自發行動的意思。其實，前文提到的「義渡」、「義橋」、「義路」也有這樣的意味，因為這些設施幾乎都是民間所建立的。在中國中古和近世，以「義」為名的主要事物中，大概只有「義倉」不是由民間發動。「義倉」雖然也有民間自建的，但如前文所說，它主要指從隋到清政府所設立的防災倉儲制度，儲穀的來源很多，如勸導捐獻、罰穀收入，在唐宋有些時期，也出於專門稅目。「義倉」不是民間發起，之所以稱為「義」，應該是由於它以救濟為目的。但這顯然是例外。關於義行的民間性格，除了從行動的性質來了解，還可以舉文為證。明初文學重臣宋濂（一三一〇—一三八一）在〈金谿縣義渡記〉稱讚何有華出錢建立渡口（金谿在今江西撫州），文中說：「此有司濟人常事爾，初不責民也。有華以編氓能佐官政之不及，可不謂賢哉？」[29]通過宋濂的話可以察覺，「義渡」之所以為「義」，根本的緣由在於這是民間的行為。如果同個渡口是官府所建，雖然眾人獲益，就不能冠以「義」名了。在明代另一篇有關「義渡」的文字，「義」的民間義更明顯。該文作者羅倫（一四三一—一四七八）表示，「義」的行動太多不見得是好事，這可能代表政府沒有盡責。他說：

> 先王之教民也，九月成徒杠，十月成輿梁，無義渡也；渡以義名，民迺病涉矣。五畝之宅，一夫所受，無義宅也；宅以義名，民迺無恆家矣。八口之家，九一而助，無義田也；田以義名，民迺無恆產矣。比相保，族相恤，黨相救，鄉相周，無義倉也；倉以義名，民迺無菜色而父子離矣。家有塾，黨有庠，術有序，無義學也；學以義名，民迺悖德而不肖者族矣。[30]

Introduction & texts (Tokyo: the Toyo Bunko, 1989), p. 178；寧可、郝春文，《敦煌社邑文書輯校》（南京：江蘇古籍出版社，一九九七），頁五八。帶有類似意思的敦煌文書，見相田洋，〈義と社〉，頁二二（S二〇四一、六〇〇五、六五三七背；P三九八九、三二二〇背、三二六六背）。

27 引文見寧可、郝春文，《敦煌社邑文書輯校》，頁二三—二四。這是標準表述，類似的語句見S六五三七背（同書頁四二，五五），S八一六〇（同書頁一三）。

28 參考顧炎武著，黃汝成集釋，《日知錄集釋》（長沙：嶽麓書社，一九九四），卷二二，〈社〉，頁七八七—七八八。

29 《宋學士文集》（《四部叢刊初編》據侯官李氏觀槿齋藏明正德刊本影印），《翰苑別集》卷六。「氓」原作「泯」，據《文淵閣四庫全書》本宋濂《文憲集》卷四改。

30 羅倫，《一峯文集》（《文淵閣四庫全書》本），卷四，〈義渡記〉。

這段文字的大意是，古代先王之治要求全面照顧人民生活，以「義」為名之事是先王政教衰落後才興起的，人們自求多福，正反映了政府失能，民間多疾苦。

現在再介紹一個相當明確表現「義」的社會自主意涵的行動——南宋的「義役」。南宋差役沉重，職務繁多，又無報酬，有錢有勢的家戶紛紛逃役，差役經常落到沒力量的人身上。當差者常因無法照顧自己的農事，飽受損失，又要擔負公務上的開銷與虧損，傾家蕩產的事時有所聞，造成很嚴重的社會問題。高宗紹興十九年（一一四九）前後，婺州金華開始有人組織「義役」，應付惡劣的差役環境，後來傳至各地，蔚為風氣。所謂「義役」，大體是指地方在士人和富家的領導下，籌措資產，自訂當差辦法，以公共資金補助役戶，使其免受重大困難——公共資產有稱作「義莊」、「義田」的。簡言之，這個制度是以地方社群的集體力量，循自治途徑，來承擔政府役法的要求。「義役」的目的顯然不在救助大眾，那麼，為何可以以「義」為名？當時有人解釋，是因為這種辦法的性質是「公」，是正當的，也就是說，把「義」當作一般性的善來說明。[31]其實，「義役」的名稱是在一種文化氣氛下自然採用流通的，顯然不是任何人特別設計所得。揆諸漢晉以下各種「義」的用法，「義役」之名主要還是跟它的自發性格有關。錢大昕《十駕齋養新錄》所引《嘉泰會稽志》說，「義役」是「眾力共給役」的意思，接近實情。該《志》又說，「義」的基本意思是「眾所共設」——大家一起做事。整體來說，以「義」為名的行動，不少是個人或少數人捐款出力，並不都是群體所為，如果把「眾所共設」改成「民間所設」，就沒有語病了。在中國古代思想，「義」的應用範圍雖然是在血緣或家庭之外，但並不區分官民，

「義」在後世鮮少用於政府的作為，社會涵義因此顯著，也是「義」觀念的一項重大發展。[32]

最後要提出的類別是宗族中以「義」為名的事物。中國從宋代開始，組織化的宗族興起，至明代而興盛，成為南方最重要的民間組織，政府經常承認它們的自治權力。宗族內部的共同事務往往以「義」為名。「義」原有強烈的非血緣意涵，現在卻成為血緣團體的重要價值標誌。最先出現的與宗族相關的「義」概念，大概是「義門」。「義門」本來用以指有行義之士或特殊德行的家庭。不過，至遲從五代開始，這個詞語特別意味累世同居的家族，近世以下，使用尤其廣。中國宗族史上著名的義門有江州陳氏、浦江鄭氏等。[33]累世同居之家被稱為「義門」，大概是取「義」的一般意義，也就是特出高尚的善行，但其他與宗族相關的「義」就不同了。宗族的共同

31　以上參考漆俠，〈南宋從差募並用到義役的演變〉，在王仲犖主編，《歷史論叢》第五輯（濟南：齊魯書社，一九八五），頁一五三—一七四；黃繁光，〈南宋義役的綜合研究〉，在林徐典編，《漢學研究之回顧與前瞻》（新加坡國立大學中文系主辦國際漢學會議論文選集）（北京：中華書局，一九九五），下冊，頁八五—九五。以「公」來解釋「義役」，見黃繁光文所引南宋謝維新《古今合璧事類備要外集》卷三〇的〈義役序〉，見該文頁九二。

32　另外有政府徵發民間人力或資源以「義」為名，可說是「強迫自願」，如北宋北方的民兵「義勇」、南宋今浙江沿海的「義船」。

33　早期以累世同居為「義門」的資料，可見《新五代史》（北京中華書局點校本），卷三四，〈一行傳〉，頁三七三（後晉李自倫、王仲舒）；胡旦，〈義門記〉（北宋咸平五年〔一〇〇二〕作），在曾棗莊、劉琳主編，《全宋文》（成都：巴蜀書社，一九八八），第二冊，卷五九。

財產通常被冠以「義」名。這個現象可以溯源至北宋范仲淹（九八九—一〇五二）建立族內福利制度，如每房計口給米、婚喪補助，號稱「義莊」，並設置「義田」來提供經費。近世宗族建設運動的基本目標是「收族」，凝聚族人，使宗族成為具有良好生養與教化功能的社會單位。族內福利是這個運動的重要元素，「義莊」、「義田」的觀念因而得以傳布，所行久遠，直到近代。此外，宗族中辦學校供子弟就讀，可稱作「義學」或「義塾」，「義學田」、「義塾田」則是支持這些機構的資產。[34]

宗族事務以「義」為名，用的完全是中古以下流行的救濟和共享涵義。明代姚舜政的《藥言》對這個理念有極清晰的表達：

> 立義田以給族之不能養者，立義學以淑族之不能教者，立義塚以收族之不能葬者。[35]

「義田」、「義學」前面已談過，由於「義」在宗族事務中並沒有特殊的意義，「義田」、「義學」乃至「義莊」這些名稱也適用於宗族以外的機構，譬如「義學」常用以指稱指私人或官府捐貲供人免費或低費就讀的學塾，清代台灣就有許多「義學」。[36]至於「義塚」，也叫「義阡」、「義地」，宋代以前的傳世文獻幾無所見。我所看到的唯一例子是干寶《搜神記》記東漢安帝元初二年（一一七五）周暢為河南尹，立義塚，葬城旁客死骸骨萬餘。[37]宋代以下則常見，並不限於宗族之內。此外，在明代一篇讚頌徽州歙縣竦塘黃氏大義莊（稱為「義規」）的文章，作者汪道昆（一五二五—一五九三）表示，宗族福利制度有需要，是因為國家無法照顧所有的事，這樣的說法，也暗示了「義」的自發性質。[38]

綜合而言，宗族事務以「義」為名，是採用這個觀念的救濟和共享涵義。「義」的這個用法好像破壞了它的非血緣的性格，其實未必如此。這涉及中國社會史上的一個重要問題，有些複雜。簡單說，近世中國的宗族雖然是以共同男性祖先為紐帶所結成的團體，但它不宜被視為像「家」或「大家庭」（extended families）這樣自然性格很強的血緣團體。在某種意義上，宗族是以血緣、親緣為名建構的社會組織，「血緣」有時只是正當化組織的手段。從這個觀點來看，宗族事務以「義」為名，仍然是一種社會思想的表現。

現在要為東漢以後「義」觀念的發展做個總結。東漢以後，「義」在學術思想上的重要性大

34 這裡所談是中國宗族史的常識。簡要的說明可見馮爾康等，《中國宗族社會》（杭州：浙江人民出版社，一九九四），第三章第四節、第四章第四節；常建華，《宗族志》（《中華文化通志‧制度文化典》，上海：上海人民出版社，一九九八），第五、六章。

35 《藥言》（叢書集成初編本；上海：商務印書館，一九三九），頁四。

36 孫準植，〈清代台灣之義學〉，《國史館館刊》，復刊第一五期（一九九三年十二月），頁二七—四四。

37 干寶撰，汪紹楹校注，《搜神記》，卷一一，頁一三四。亦見南朝陶弘景《真誥》卷一二。

38 汪道昆，《太函集》（萬曆辛卯〔一五九一〕刊本），卷七二，〈竦塘黃氏義規記〉。黃氏義規規模宏大，包含義田、義學、義塚，還有供貧苦族人住的屋宇。亦見王世貞，《弇州四部稿》（《文淵閣四庫全書》本），卷七五，〈竦塘黃氏義田記〉。

幅降低，但在實際生活中非常流行，而且它的社會性格越來越明顯，成為有關社會生活的道德價值依託之所在。「義」觀念的變化與發展可以大概歸納為以下三點：

一、「義」的應用範圍主要還是在非血緣關係。雖然宗族中有許多以「義」為名的事務，這些事務基本上屬於社群的性質，而不是在親密圈的層面。

二、「義」的價值方向發生變化，重點變成救濟、幫助他人，與眾分享，而非依循道理。作為非血緣人際關係的價值，「義」的涵義也轉向「情」。

三、「義行」帶有強烈的民間自發性格，政府之事即使涉及救濟，也少用「義」的觀念。一般而言，除了人際關係的領域，中國中古以下所謂的「義行」或「義舉」有兩個要素，一是以造福眾人為目的，一是民間自發。大部分的「義行」兩個要素兼而有之，至低限度包括其一。

三、「義」與西方觀念

前文說明，作為一個基本價值，「義」在古代中國最初的意思是一般性的道德的善，到戰國時代，「義」也獲得特定的涵義，成為重要的獨立德目。東漢以後，「義」的獨立意義弱化，這個觀念在學術思想上的地位也大幅衰落。從東漢到近世，「義」最明顯的變化在觀念的內容。有人仍然依照古代思想，把「義」理解為外於個人生命的道理，這些道理是正當社會秩序運行的基礎，「義」的道德意義在於避開情感愛惡，遵照準則行事。[39]「義」的道理義有時仍然活躍，譬如宋代以下的禮儀論述中，「禮以義起」是常見的說法，意思是，現實的禮可以依照道理進行調整或有所變革。[40]但整體而言，這些已經不是「義」最為人所注視的意義了。跟早期的獨立「義」觀念相比，後世的「義」有得有失。得者在於社會涵義愈趨明顯，失者是，「義」原來代表的依理而行、有所不為的價值漸無依附。就價值的性質而言，「義」往「仁」靠攏，「仁」、「義」的區別變得模糊。

到了近代，「義」的歷史又出現重大變化。當前華人文化中，人們所說所想的「義」——包括一些常用的複合詞如「正義」、「公義」，來源已經不只是本土的「義」觀念了。我們心目和語言中的「義」也包含了西方主流的justice思想，甚至基督教中的righteousness。簡單說，當西方文化在近一百多年傳入中國和華人地區時，大家用「義」這個詞語去翻譯、理解justice和righteousness，形成了「義」的新混合體。現在對這個混合體列出圖示，希望更清楚展現上面所說的意思：

39　可例見蒲宗孟，〈論義〉，《全宋文》，第三八冊，卷一六三〇。

40　「禮以義起」是相當平常的說法。這個觀念曾為帝制晚期的宗族創建運動所利用，參見馮爾康，《十八世紀以來中國家族的現代轉向》（上海：上海人民出版社，二〇〇五），第二章〈清人「禮以義起」的宗法變革論〉，頁九三—一〇一。「禮以義起」的說法脫胎自《禮記．禮運》「禮雖先王未之有，可以義起也」。

義 ⟶ 中國傳統觀念
義、正義 ⟶ justice（古希臘文：dikē, dikaiosunē；拉丁文：iustitia）
義、公義 ⟶ 《聖經》中的righteousness, justice（古希伯來文：tzedek）

就我個人的觀察，這個觀念混合造成三種主要情況。首先是「義」的意識提升。雖然整體而言，這種意識仍然薄弱，但在某些社群，西方思想顯然發生了影響。其次，由於正義（justice）觀念的輸入以及「正義」在西方價值中的核心地位，中文「義」當中被長期忽略的道德原理意義得到若干程度的復甦。第三，社會上流行的仍然是近世中國以來的「義」觀念，這些觀念雖然有民間自發的涵義，但基本上是以情為義，和justice差異很大，這可能導致正義觀念不容易在華人社會生根。為進一步闡明「義」的問題並揭露「義」觀念的現代情境，以下對justice觀念進行若干討論，也要把它與傳統中國的「義」觀念略作對照。

在西洋思想史上，與中國獨立的「義」觀念最接近、最可類比的，無疑就是發源於古希臘的「正義」（dikē, dikaiosunē, justice）。這個觀念歷史悠久，學說眾多，內容極其豐富，這裡僅就本文題旨所及，做最簡扼的說明。Dikē是古希臘文化中的重要觀念，在神話、文學、哲學中都頗有表現。Dikē和作為獨立德目的「義」相近的一個地方是，它在很大的程度上意味著對程序、法律、裁決的肯定與遵守，可以說是外在的價值，一直到柏拉圖（約西元前四二七—三四七）才正式賦予dikē內心的意義，成為一種「德性」（aretē, virtue）。柏拉圖也是第一位對dikē進行嚴整哲學討論的人，他以dikē 的抽象形態dikaiosunē來代表這個觀念。不過，柏拉圖對「正義」的詮釋有很強的個人色彩，反而使他的相關觀念與往後的主流思想頗有歧異。柏拉圖之後，亞理斯多德（西元前三八四—三二二）、其他古希臘哲學家以及古羅馬的西塞羅（Cicero，西元前一〇六—四三）陸續對「正義」觀念有所闡發。據說將dikaiosunē翻譯成iustitia的就是西塞羅，英文justice即由此而來。在古希臘以及承接其思想的羅馬傳統中，「正義」成為政治與倫理思想中的一個核心價值，延續到現代西方。

和中國的「義」一樣，在古希臘，dikē原來是生活中的用語，涵義很多樣，不見得都有道德意味，但dikē的「裁決」涵義發展成為重要的倫理觀念。大概來說，dikē是有關處理爭端的協商與法律程序的意義網絡，糾正體系的總象徵，具有正當程序、進行此程序應有的行為、司法程序所決定的結果（如分配、分享、懲罰、補償）、合宜行為等意涵。仲裁與司法制度要運作良好，必須具備道德基礎，dikē也代表了這個基礎，這是dikē的道德意義的主要來源。在古希臘，主流的正義思想歸結於亞理斯多德，他把「正義」區分為兩個基本類型：修正或報復的正義（corrective or retributive justice）和分配的正義（distributive justice）。修正的正義是指改正傷害或損失狀態的原則，在人際交涉中，受到損害的一方應該得到補救，恢復受害以前的狀態。分配的正義則主張，具有相同條件（如功績、價值）的人應該獲得同等的資源。這兩種正義可以理解為處理個別爭議和集體事務的根本原則。[41]在古希臘，對於「正義」的解釋是有分歧的，其中最特別的，就是把這個觀念提升到最高道德與形上知識層面的柏拉圖。柏拉圖對dikaiosunē的基本界定是「做自己的事」（doing one's own thing），也就是，在城邦生活中，各階級的成員盡自己的職責。柏拉圖承認dikē仲裁、懲罰、分配的傳統意義，但顯然覺得它們不夠全面，不夠根本，而另立新說。奇妙的是，他提出的概念反而接近荀子的「分義」，可見中國古代的「義」思想與古希臘的「正義」有遙相呼應之處。

除了以上所說，古代西方的正義觀念還有一個重要元素，就是這是關乎人群和集體生活的價值。在柏拉圖的正義論述中，他把正義分為「城邦正義」與「個人正義」，「正義」是城邦的基礎德性，是城邦安全、和諧有秩序的最終依託。亞理斯多德則強調，「正義」是有關他者的德性，正由於此，它也是完全的德性——使其他德性能夠運用於人與人關係的德性。[42]古羅馬的西塞羅更進一步，主張「正義」是建構人群（societas），使人群得以凝聚的要素。他的「正義」觀的內涵，除了良好的法律運作，還特別強調對他人的「善行」（beneficentia）以及人與人之間的「信任」（fides）。西塞羅把「善行」當作「正義」主要內涵的想法看起來接近中國東漢以下以救濟為「義」的觀念，不過，西塞羅所說的善行可能受到社會慣例相當程度的限制，具有符合規則的意味，未必能想像成單純的善心發揮，中國的救濟行義也缺乏凝聚人群的意義。[43]古希臘羅馬還沒有大型的民間社會（civil society）的概念，當時所說的他者、人群，主要包括朋友、小型的人群結合以及國家（如希臘城邦、羅馬共和），這些都是社會觀念的基石與前身，無論從歷史演變或現代分析的角度，我們都可以說，「正義」是兼具社會與政治性質的價值。

再來要討論「正義」作為德性的問題。前面已說，「正義」基本上是關於社會運作以及人與人關係的價值，不過柏拉圖主張，「正義」也是個人的德性。它不但位居四樞德（four cardinal virtues）——智慧、勇氣、節制、正義——之列，而且是四德的核心。「正義」代表靈魂和諧有序的狀態，在此狀態，靈魂的三部分（理智、激情、欲望）各司其職，其他三德都能彰顯，這是個人的「善」的實現。柏拉圖四樞德之說獲得普遍的接受，不但流行於古希臘羅馬，而且進入基督教思想，但他把「正義」界定為靈魂之全德的說法就少有繼承。一般而言，「正義」仍然屬於社會領域的價值。「正義」之為德性，接近我們現在所說的「正義感」，指對正義原則的尊重和

---

41 就亞理斯多德對「正義」的整體討論而言，「正義」可分為「普遍的正義」（或「完全的正義」）和「特定的正義」（或「個別的正義」），這裡說的是「特定的正義」。「普遍的正義」的目的在促進與保護城邦及其成員的幸福，其根本內涵是「合法」（lawfulness）。在亞理斯多德的理論中，「特定的正義」是「普遍的正義」的一部分，但就西方「正義」觀念與價值的歷史理解而言，「特定的正義」重要性顯然更高。亞理斯多德另外還談及「相互的正義」或「交換的正義」（reciprocal justice），這個觀念在他的正義構想中位置為何，尚有爭論。

42 本節關於古希臘正義思想的討論參考Eric Havelock, *The Greek Concept of Justice: From Its Shadow in Homer to Its Substance in Plato* (Harvard University Press, 1978)；徐學庸，《古希臘正義觀：荷馬至亞理斯多德的倫理價值及政治理想》（台北：臺大出版中心，二〇一六）。

43 本節關於西塞羅正義觀念的討論參考E.M. Atkins, "'Domina et Regina Virtutum': Justice and Societas in *De Officiis*," *Phronesis*, 35:3 (1990), pp. 258-289.

對作為之義與不義的敏感。

在正義德性的論述方面，蘇格蘭思想家休謨（David Hume, 1711-1776）值得注意。休謨把德性分為「自然的德性」（natural virtues）和「人為的德性」（artificial virtues）。「自然的德性」有慈愛（benevolence）、明智（prudence）、自尊（self-esteem）等；「人為的德性」包括正義、守信（fidelity to promises）、忠於政府（allegiance to government）。「自然的德性」以「慈愛」為代表，「人為的德性」的典型則是「正義」。這個區分讓人聯想起中國戰國時代的仁、義論述。休謨宣稱「正義」屬於「人為的德性」，意思是，「正義」這種德性不是直接從人的內心產生的，正義感和慈愛之類的情感不同，它需要人為設計（artifice or contrivance）的媒介，當一個人深度認同了社會上的某些慣習、制度與相關觀念，才能產生這種道德感。用我們現在的話來說，「正義」要成為德性，需要內化的過程。休謨自然德性與人為德性的區分引起非常多的討論，也有質疑，質疑似乎主要集中於這個說法是否能夠和他的道德情感理論（moral sentimentalism）契合，但區分本身以及休謨對「正義」德性的詮釋是非常有意義的。另外也要指出，休謨論「正義」，集中於有關財產所有權、交換、遺贈的規則。[44]

在對西方的「正義」與中國傳統「義」觀念進行比較之前，要談一下《聖經》中的「義」。西方與「義」相關的觀念輸入近代中國，除了主流倫理思想中的「正義」，基督教顯然也是一個源頭。《聖經》中文和合本沒有「正義」的詞語，但是「義」很多，另外還有「公義」。《聖經》「義」觀念的一個特點是，這個價值在《舊約》很醒目，在《新約》，重要性就降低不少。

《舊約》中的「義」原文是希伯來文tzedek，在英語《聖經》流傳最廣的King James版，這個詞語在《舊約》主要譯成righteousness，出現二百次，justice只出現二十八次。至於《新約》，雖然原文使用了希臘文dikē和dikaiosunē，在King James英語版只譯為righteousness，計九十一次，justice則未嘗一見。純從翻譯觀察，已可知《新約》中的「義」缺乏justice的涵義。[45]《聖經》包含了猶太教和早期基督教的歷史文化訊息，其中有關「義」的問題涉及多端，不是三言兩語能講清楚的。就本文主題而言，可以說的是，《聖經》中的「義」和「公義」缺乏明顯的法律、原則意味，在這一點上，與希臘羅馬傳統的justice有歧異，它們最主要的意思是正當或正當之事與行為，在《舊約》中，「公義」也是神的性格，耶和華行公義並且要求人們行義。[46]就語意範圍而

44 關於休謨「人為的德性」的說明，參考Rachel Cohon, "Hume's Artificial and Natural Virtues," in Saul Traiger, ed., *The Blackwell Guide to Hume's* Treatise (Malden, MA: Blackwell Publishing, 2006), Chapter 14; idem, "Hume's Moral Philosophy," in Edward N. Zalta, ed., *The Stanford Encyclopedia of Philosophy* (Fall 2018 Edition), https://plato.stanford.edu/archives/fall2018/entries/hume-moral/; Charles Cottle, "Justice as Artificial Virtue in Hume's *Treatise*," *Journal of the History of Ideas*, 40:3 (July-September 1979), pp. 457-466; Ken O'Day, "Hume's Distinction between the Natural and Artificial Virtues," *Hume Studies*, 20:1 (April 1994), pp. 121-141。

45 《聖經》中文和合本的檢索，本文使用「中文聖經網」（https://www.expecthim.com/online-bible）；King James本的檢索則依據"BibleGateway"（https://www.biblegateway.com）。這兩個網站都能清楚顯示詞語在新、舊約及各篇的分布情況。《舊約》中的「義」和「公義」有些地方接近justice，如有公平、正確判決的意味。

46 參考John Ziesler, "Righteousness," in Bruce M. Metzger and Michael D. Coogan, *The Oxford Companion to the Bible* (Online edition; Oxford University Press, 2004); Eugen Schoenfeld, "Justice: An Illusive Concept in Christianity," *Review*

言，《聖經》的「義」接近中國「義」觀念中一般性道德的「善」或「正」，但因為基督教的「義」與宗教信仰結合，對受到基督教影響的華人，這個觀念可能因此具有比較強大的情感力量。這項因素應該也幫助推動了近代「義」價值的更新與復興。

現在要以傳統中國「義」觀念與西方「正義」的比較來結束本文。首先，中國早期獨立的「義」觀念在性質上接近西方的「正義」，這個面向的「義」代表外於個人生命的道理，西方的「正義」則基本意指有關人際關係與社會行動的道德律則。休謨把「正義」歸為「人為的德性」，更是和戰國、西漢的「義」論述有可相互發明之處。「正義」觀念的傳入，或許可以在我們的倫理意識中重新喚起道德的理的概念，彌補近世以來以「心」為主導的情感主義文化的不足或缺陷。[47]

其次，西方的「正義」是社會與政治性的核心價值，早期中國的「義」被界定為無血緣者關係的準則，到了後世，雖然「義」的道理涵義衰落，但它的社會性格愈發明顯，而且還有強烈的民間自發意義。就上述幾點看來，「正義」不但與作為獨立價值的「義」性質接近，與整個「義」觀念的傳統都有可接榫融合之處。不過，中國的「義」似乎比較缺乏政治指導原則的意涵。

相似的情況之外，西方的「正義」和中國獨立的「義」觀念有一點不同。「正義」所代表的核心價值是公平和平等。這是古希臘dikē重要的原始意涵，這個價值清楚展現於亞理斯多德的正義觀念。分配的正義不用說，修正的正義目的在防止人獲得不該得的利益，並協助受害者回復應有的利益。人不該以不法、不正的方式取得過多的東西，也不該忍受得到過少（除非自願），這也是一種「平」的概念。亞理斯多德的取向成為往後西方正義觀念的基石。[48]相較之下，中國古典的「義」重點在維護階層秩序，類似的想法在古希臘也非絕無僅有，柏拉圖就有此傾向，但究竟是例外。另一方面，「平等」在中國也非常重要，主要寄託於「公」的觀念。《管子．水地》曰：「水……唯無不流，至平而止，義也。」這可能只是表面的修辭，但以「平」為「義」，仍屬罕見。從「義」與dikē/justice這個對比看來，justice最恰當的翻譯可能是「公義」。不過，我絕對沒有要提倡新譯名的意思，對於「正義」與「義」，最重要的事是越過名相，認識觀念的實質與涵義，來擴展我們的道德資源，優化我們的道德圖景。

---

of Religious Research, 30:3 (March 1989), pp. 236-245.

47 中國近世的思想主流無疑是宋明理學。理學雖然有「性即理」和「心即理」的派別，兩者都認為人生的基本目標應該是自我改善以成就完美的道德人格，「成德」、「成聖」的基礎則是心性修養。這是以心為主導的思想傳統。參見黃進興，〈理學家的道德觀——以《大學》、《近思錄》、《傳習錄》為例證〉，收在其著，《從理學到倫理學：清末民初道德意識的轉化》（台北：允晨文化實業公司，二〇一三），頁二九—七三。

48 亞理斯多德的正義理論，研究無數。簡要的闡釋可見Fred Miller, Jr., *Nature, Justice, and Rights in Aristotle's* Politics (Oxford: Clarendon Press, 1995), Chapter 3; Jean Roberts, "Justice and the Polis," in Christopher Rowe and Malcolm Schofield, eds., *The Cambridge History of Greek and Roman Political Thouhgt* (Cambridge University Press, 2005), pp. 344-365；徐學庸，《古希臘正義觀：荷馬至亞理斯多德的倫理價值及政治理想》，第八章。

漢晉之際的名士思潮與玄學突破

從東漢晚期到魏晉，也就是從西元二世紀末開始的大約百年之間，是中國歷史上的一個大變動時代，按照一般的分期，此即中古的起點。在這段時間，思想也發生了巨大變化，變化的一個明顯結果，則是玄學興起，成為思想界的主流。這是中國自西漢初、中期，儒家復興，並被朝廷尊為正統後，另一次深刻的思想轉折。「玄學」很難給予簡單的定義。「玄」的意識在漢代已經相當流行。這個字的主要意思是「黑」、「幽遠」、「幽深」，從字面來講，「玄學」就是關於幽深事物的學問。什麼是幽深之「玄」呢？在漢代，指的是天道；玄學於曹魏時興起，關鍵點就在對宇宙本體有了新的體認，一反漢人之見，不以天道為宇宙人生的終極準則。玄學有「玄」之名，加上對於宇宙本體的問題多所探究，於是造成一種印象，以為玄學就是本體之學。實情並非如此，玄學牽涉很廣，這使它能在儒家正統根深柢固的環境中創發出一代之學術巨流。更進一步說，玄學並不只是一個新的學術思想流派，它的出現與興盛，改變了中國的思想圖景，乃至心靈結構，造成長期的影響。這是個突破性的發展，頗有思想革命的意味。本文想要嘗試說明的，就是玄學的基本內涵以及這個思潮的前因後果。我將採用最直接的方式，先介紹玄學本身，然後討論玄學產生的歷史環境和思想動力，最後簡要說明其歷史作用。

上篇　玄學的突破

玄學運動雖然有著複雜而長遠的背景，它正式登上歷史的舞台，是在曹魏齊王芳正始年間（二四〇—二四九），何晏、夏侯玄、王弼為其中的核心人物。何晏（？—二四九）與夏侯玄（二〇九—二五四）都是曹操家族的成員，也是齊王芳政權的高官，跟主政的曹爽關係密切，是當時的名士領袖。王弼（二二六—二四九）則非常年輕，依傳統算法，正始元年時不過十五歲，才慧很早就驚動了思想界，他曾短暫入仕，不幸因病早逝。一切跡象顯示，三人之中，王弼對玄學理論的建立最有貢獻，何晏其次，因此一般關於玄學興起的陳述，都以王弼為主。本文對玄學思潮的說明，也將以王弼為首，並在此部分附帶介紹何晏。

何晏、王弼的玄學建構顯然觸動了中國知識界一條極敏感的神經，正始之後，玄風大盛，士大夫的思想和行為都發生很大變化，也出現了其他的玄學流派。在這方面，本文將主要討論阮籍、嵇康、郭象等三人。把這三位和何晏、王弼的思想結合而觀，應該可以捕捉到玄學運動的大體面貌。

王弼與何晏

王弼雖然在這個世界上只活了二十三年，著作卻不少，最主要的有三部：《周易注》、《老子道德經注》、《論語釋疑》。這三部都是經注，前兩部是《易經》和《老子》的注，第三本大部分已經佚失，從書名看來，也許只是《論語》疑難章節的討論，而非全文注解，但也無法確定。王弼的《周易注》和《老子道德經注》都是劃時代的著述，它們不但是玄學思想的奠基之作，在學術史上也有崇高的地位。在唐代朝廷頒布的標準經注《五經正義》，《易經》採用的就是王弼注；至於《老子道德經注》，更是到二十世紀下半還是《老子》一書的基本讀本。王弼天才早發，固然有其宿慧，但他家父祖三代都與漢晉之際的新學術潮流有密切關係，王弼自幼薰陶其間，也可算是時代的產兒。舉一例而言，王弼的族祖父王粲（一七七—二一七）是建安七子之一，他的父親王業過繼給王粲家，同時還繼承了漢末文豪蔡邕（一三三—一九二）贈給王粲的大量藏書，王弼很可能就是在坐擁蔡邕遺書的環境中長大的。

王弼解經是義理式的，他不常作文句解釋，也不受特定經說傳統的拘束，而多直接闡釋經典內容的意旨。[1] 義理式經注具有相當程度的主觀性，一般而言，不容易令人信服，王弼之所以能夠取得歷史性的成功，關鍵在於，他不但對經典本身確有慧解，而且有一套思想體系作為解經的基礎。這套思想，就是玄學的發軔。由於王弼提出的觀念蔚為時代風潮，他的經注獲得權威性，就是順理成章的事了。王弼對於自己的解經取向是有自覺的。除了撰寫注解，他還對經書有通貫的討論：在《老子》方面，是《老子指略》；至於《易經》，則為《周易略例》。根據書目資料，王弼的著作還有《王弼集》五卷，這顯然是單篇文章的匯集，其中或許也有思想性的論說，可惜已完全失傳。本文由於主題的限定，將直接介紹王弼的思想，至於他的經注的學術史意義，就必須略過了。[2]

王弼思想的根本宗旨，是要指出，世間一切看得到接觸得到的，自然的、人文的，包括儒教的道理與規範，都是「有」，都屬於具體現象的範疇，但能使這些現象正常運作的，則是它們背後的原理，一個統一的原理。這個原理看不到摸不著，王弼稱之為「無」。「無」是「本」，「有」是「末」，必須掌握「無」，「有」的世界才能得到安頓——這叫做「崇本以息末」。另方面而言，要遵從「無」的道理，「有」才能獲得建設性的成就——這叫「崇本以舉其末」。[3]

關於王弼思想中「無」與「有」的關係，唐代初期編寫的《晉書》中有一段綜合性的說明。我覺得這個說明很不錯，勝過不少現代的解說，今引之如下，以為進一步討論的出發點。《晉書・王衍傳》有言：

1 在王弼的《周易》、《老子》、《論語》注中，以《周易》注跟經說傳統關係最密切。漢代易學極發達，群說並出，在易學史上，王弼雖以掃除漢易象數著名，他對漢易的若干學說仍有所繼承。參見朱伯崑，《易學哲學史》（北京：華夏出版社，一九九五），第一卷，頁二五〇—二七七。

2 有關王弼著述的考辨，可見王曉毅，《王弼評傳》（南京：南京大學出版社，一九九六），頁三七五—三八四。此書對於王弼的家世生平考述甚詳，見頁一六五—一九二。

3 以上兩則引文分見樓宇烈，《王弼集校釋》（北京：中華書局，一九八〇），頁一五三（《老子道德經注》五十八章），九五（《老子道德經注》三十八章）。另見同書頁一四九（《老子道德經注》五十七章），一九六（〈老子指略〉）。

> 魏正始中，何晏、王弼等祖述老莊，立論以為天地萬物皆以無為本。無也者，開物成務，無往不存者也。陰陽恃以化生，萬物恃以成形，賢者恃以成德，不肖恃以免身。故無之為用，無爵而貴矣。衍甚重之。4

《晉書》把引文中對於「無」的表述同時歸之於何晏、王弼。按，何晏的思想性著作大都已不存，這段話能否忠實反映他的想法，已不可確知，但的確很能代表王弼的觀點。

許多現代有關玄學的研究都認為，王弼思想的最大突破在於，他在宇宙人生問題的思辨上提出了一個形上的觀點。在漢代，關於世界的根本原理，大抵是從宇宙生成和運轉的角度去說明，或歸之於「天」，或歸之於「元氣」，或者以陰陽五行或易經象數的理論去描述。以為宇宙起於元氣，萬物都是一氣之變化，尤其是東漢以後最普遍的論說。王弼一掃諸說，把宇宙人生根本的「道」界定為非實體性的「無」，就大大強化了中國思想的形上層面。這種對於王弼思想意義的解釋，無疑是正確的，但似乎不夠充分，以下想作進一步的闡發。

在上引《晉書》的文字中，王弼思想中的「無」有很大的積極性。該段文字雖然指出「無」在原則上的宇宙本體性格——「天地萬物皆以無為本」，但重點在展現「無」的現實作用。「無」並不只是高高在上的形上本體，它更是具體個別事物的原理，參與在萬事萬物之中。人們如果能在實際生活上尋找「無」，妥善運用「無」，一定能達到好的結果——「無之為用，無爵而貴矣」。在王弼的現存著作，單純從形上或宇宙本體的觀點談論「無」的文句並不多，他最關心的，毋寧是作為現實世界的原理的「無」。以上是對王弼思想總體性質的概說，接下來要做一些分點討論。

首先，要再重申，王弼以具有形上性格的「無」來界定「道」，並且從這個觀點出發，議論種種問題，的確是漢晉之際思想的一大突破，這個觀念也是玄學的一個根本立足點。各種跡象顯示，以「無」為萬物之本的說法並不是王弼個人的發明，這在年歲高他一輩的正始玄談名士中已經流行，但王弼顯然對這個看法做了最精巧的闡說。王弼遺文之中，對此觀點的最明確表達，可能是在《論語釋疑》。該書解釋〈述而〉篇「子曰：志於道」，是這樣說的：

> 道者，無之稱也，無不通也，無不由也。況之曰道，寂然無體，不可為象。

世界最終的也是統一的道理，無形無質，無以名之，「道」也只是勉強的比喻之詞。同書釋〈陽貨〉篇「子曰：予欲無言」，則稱：「予欲無言，蓋欲明本。舉本統末，而示物於極也。」[5]照

4 《晉書》（北京中華書局點校本），卷四三，〈王衍傳〉，頁一二三六。這段文字應當是引文，但不知是出自何晏還是王弼。

5 以上兩則引文分見樓宇烈，《王弼集校釋》，頁六二四，六三三。又，頁六二四王弼釋孔子「志於道」之文，係從邢昺《論語正義》輯出，在本段引文之後，原尚有「是道不可體，故但志慕而已」之語。中嶋隆藏以為，這應該是邢昺的話，不可歸諸王弼。見其〈王弼『論語釋疑』佚文小考〉，《集刊東洋學》，七八（一九九七

王弼的看法，有什麼東西孔子說不出來呢？那就是「本」，就是「道」了。《論語》是孔子及其弟子言論的結集，絕對沒有以「道」為「無」的想法，王弼曲言臆解，凸顯了他的思想軸心。

當然，關於「天地萬物以無為本」原則的表述，更多出現在王弼有關《老子》的論說，現在引一段《老子指略》中的文字，以概其餘：

> 夫物之所以生，功之所以成，必生乎無形，由乎無名。無形無名者，萬物之宗也。不溫不涼，不宮不商。聽之不可得而聞，視之不可得而彰，體之不可得而知，味之不可得而嘗。故其為物也則混成，為象也則無形，為音也則希聲，為味也則無呈。故能為品物之宗主，苞通天地，靡使不經也。6

前面說過，王弼雖然對「無」作為宇宙本體的性質持之甚堅，他的思想的重點其實在於「無」在具體事物中的作用。這個看法，更明確地說，就是「無」是所有個別事物的本質，要使事事物物運行順當，必須「崇本息末」，在「有」中體現「無」的道理。王弼所說的「無」和「本」直接介入了個別事物，或許可以說，在大多時候是複數意義的，而非單一的終極性的「道」。「無」觀念的這個特性，在前段及本段的引文都表現了出來。《論語釋疑》釋「志於道」時說，作為「無」的「道」，「無不通也，無不由也」；前引《老子指略》文把「無」形容成「品物之宗主，苞通天地，靡使不經也」。這幾句話都強調「無」包含所有的事物。《論語釋疑》釋「予欲無言」則有更微妙的說法。該條云：「舉本統末，而示物於極也」，意思大概是，如果以「無」的道理來掌握「有」，事物就會達到它們完美的狀態。

由於「無」的具體、應用性質是王弼思想的核心，這裡要介紹他比較直接的說法，以使讀者有更清楚的認識。《老子道德經注》對《老子》三十八章有一條很長的注，簡直是獨立的文章，通篇講的就是以「無」為本即以「無」為用的見解，注文的開頭部分有幾句話，可說是全文綱領：

何以得德？由乎道也。何以盡德？以無為用。以無為用，則莫不載也。故物，無焉，則無物不經；有焉，則不足以免其生。是以天地雖廣，以無為心；聖王雖大，以虛為主。[7]

《老子道德經注》注第四十章「反者道之動」之句，對同樣的觀念有簡明的揭露：「高以下為基，貴以賤為本，有以無為用，此其反也。」[8]總之，王弼以「無」為本的觀念不僅僅認為

年五月），頁一一六—一一七。

6 《王弼集校釋》，頁一九五。

7 同上，頁九三。

8 同上，頁一〇九。

「有」生於「無」，「無」是萬有的本質，更重要的是，事物必須透過其本質的實現才能獲得妥適的安頓，歸結而言，就是以「無」為用。在結束王弼「有」、「無」思想的介紹之前，要附帶說明，本文把王弼思想中的「無」稱為宇宙人生的本質或原理，多少是方便之舉，王弼並未有如此清楚的界定。可以確定的是，他把「無」當作至大無外、微妙無內的形上的「道」，雖然「道」或「無」也是勉強給予的名稱。

王弼的著作有一個特色，就是，儘管其中充滿高度抽象的語言，這些文字卻讓人感覺，他很關心人生社會的問題。這個特色顯然跟他的「無」觀念是相對應的。那麼，王弼有怎樣的政治觀和倫理觀呢？由於他現存文字的抽象性質，確切掌握並不容易。從王弼堅信「天地萬物以無為本」看來，他應該是反對政治社會上的強烈作為的，這的確是他的一個基本觀點。至於這個觀點的實質意義為何，有什麼內容，現在想從王弼一段罕有的具體議論出發，稍作描述。[9]《論語釋疑》遺文中有對於〈泰伯〉篇孔子「興於詩，立於禮，成於樂」之語的詮釋。王弼認為，這幾句話講的是為政的次序（一般理解為個人的修養過程）。他的說法是這樣的：

> 夫喜、懼、哀、樂，民之自然，應感而動，則發乎聲歌。所以陳詩採謠，以知民志風。既見其風，則損益基焉。故因俗立制，以達其禮也。矯俗檢刑，民心未化，故又感以聲樂，以和神也。若不採民詩，則無以觀風。風乖俗異，則禮無所立，禮若不設，則樂無所樂，樂非禮則功無所濟。故三體相扶，而用有先後也。[10]

本段末句有「三體相扶」一詞，「三體」指的即是《論語》原文中的詩、禮、樂。不過，揆諸王弼的注文，政治過程中也有三個要素：俗、禮、刑。王弼一個鮮明的論點是認為，「俗」——民俗——是施政的基點，採詩可以幫助了解風俗，施政的目的則在對風俗有所損益。這裡反映的態度是尊重自然形成的習慣，「因俗立制」，透過禮、刑調整風俗，可以說呈現了溫和教化主義的觀點。

就上引文字而觀，良好集體生活的建立有兩個面向，一個是統治者，一個是人民，並不是統治者單向管理人民的問題。現在我們就看王弼是如何談論這兩方面的。先看統治者這一方。原則上，王弼贊成《老子》無為政治的主張。在《老子道德經注》第十七章的注文，王弼說：「大人在上，居無為之事，行不言之教」，又說：「居無為之事，行不言之教，不以形立物，故功成事遂，而百姓不知其所以然。」「形」通「刑」，「不以形立物」是說不用刑罰來塑造人民，這是王弼政治思想中的一個強烈立場。[11]同書第五十七章注對王弼的政治觀表達更顯豁：

9　本文對王弼政治觀、倫理觀的討論取自本書另一作品：〈王弼政治觀的一個解釋〉。該文的論述較完整，請參看。

10　《王弼集校釋》，頁六二五。

11　同上，頁四〇，四一。又可見頁七一，《老子道德經注》二十七章；頁八九，《老子道德經注》三十六章。

> 夫以道治國，崇本以息末；以正治國，立辟以攻末。本不立而末淺，故必至於以奇用兵也。

樓宇烈根據王弼的其他注文，把「以正治國」的「正」解釋為「政」，指政令威權，這是不錯的。[12]所以，王弼支持以「道」治國，認為使用政令只有反效果。值得特別提出的是，在這裡，王弼是正面提出自己的看法，而非順著《老子》本文作解人。《老子》第五十七章根本沒有「以道治國」的講法，原文是「以正治國，以奇用兵，以無事取天下」，王弼為這幾句話按了一個「以道治國」的大帽子，還貶斥「以正治國」，好像是在糾正《老子》的表述。王弼所謂的「道」，當然就是「無」或「無為」。政治上的「無」意謂，統治者所能做的最好的事，就是不亂做事，用安靜微妙的方式起模範作用即可。

不過，王弼的無為政治觀不是絕對的，他仍然相信移風易俗是政治的重要工作。譬如，《老子道德經注》第四十二章注文云：「我之〔教人〕，非強使從之也，而用夫自然，舉其至理，順之必吉，違之必凶」，這幾句話與《老子》原文義不相稱，明顯代表王弼自己的意思。[13]又，《周易注》「觀卦九五」注曰：「上之化下，猶風之靡草，故觀民之俗，以察己之道」，[14]這段文字雖是根據「象辭」解釋「爻辭」（「觀我生，无咎」），但配合王弼的其他文字，如前引《論語釋疑・泰伯》注、《老子道德經注》第四十二章注，可以確知他是看重教化的。[15]問題是：什麼是恰當的教化？移風易俗該到什麼程度？人民自己形成的風俗有什麼意義？

大體來說，王弼抱持著消極的社會觀。人民並不需要特別好，德行突出，他們只要不壞不虛假就可以了，王弼的理想是厚實，認為如果想要積極改造人民，或壓制管束他們，反而會啟動民風惡化的機制。《老子指略》中有不少文字，表達的就是這個意思。王弼似乎認為，自然形成的秩序不會太差，統治者不應過於使用機巧，破壞這種狀態：「鎮之以素樸，則無為而自正；攻之以聖智，則民窮而巧殷。」[16]在大體樸實的民俗基礎之上，再加上一點教化作用，就可以說是理想社會了。《論語釋疑》有一段話，相當全面地展現了這個看法：

> 夫推誠訓俗，則民俗自化；求其情偽，則儉心茲應。是以聖人務使民皆歸厚，不以探幽為明；務使奸偽不興，不以先覺為賢。[17]

12 同上，頁一四九，一五〇。

13 同上，頁一一八。

14 同上，頁三一七。

15 王弼移風易俗之說還可見同上，頁一四〇，《老子道德經注》五十二章；頁一九五，《老子指略》；頁三一五，《周易注・觀卦》彖辭；頁三九七，《周易注・明夷九三》。

16 同上，頁一九八。

17 同上，頁六二六。

引文中的「儉」字，當為「險」之誤。[18]王弼的想法大概是，對於人民的行為，統治者睜一隻眼閉一隻眼就可以了，不必講求過明，重點在不要讓社會複雜，人民真正變壞了。

談到王弼心目中的理想社會，就涉及了倫理思想的問題。到底對王弼而言，善惡好壞的標準是什麼？最扼要地說，王弼理想的人生社會狀態是「自然」，從「自然」的角度來看，「善」本身就是個有問題的觀念，這個觀念有強烈的人為性質，如果以此作為社會生活的目標，失將遠大於得。《論語釋疑》評解〈陽貨〉篇「性相近」之語，有這樣的說法：

> 今云近者，有同有異，取其共是。無善無惡則同也，有濃有薄則異也，雖異而未相遠，故曰近。[19]

王弼認為人性原本並沒有「善」或「惡」的方向性，他並不主張完全任性發展，但也反對偏離本性。[20]依照他的思路，大體順著人的本性發展而出的社會狀態，應該也不遠於無善無惡。王弼顯然認為，無善無惡的「自然」並不是很差的狀態，相反地，人生社會的亂局主要起於人為的做作和干預。下面一段話非常清楚地表達了王弼的「自然」觀念：

> 夫燕雀有匹，鳩鴿有仇；寒鄉之民，必知旃裘。自然已足，益之則憂。故續鳧之足，何異截鶴之脛？畏譽而進，何異畏刑而進？[21]

這是說，野生動物自己會找到交配的對象，住在冷地的人一定能想到用皮毛來製衣禦寒。如果庸人自擾，要對自然的情態有所改易，反而會為施作的對象帶來災難。「畏譽而進，何異畏刑而進」是從「自然」的立場對儒、法兩家的批評。「譽」可設想為儒家名教，「刑」則是法令刑罰。不論是基於德行的美名或是刑罰的威懾所發動的行為，都是曲扭而可悲的。王弼的基本觀點，一言以蔽之，就是「不禁其性，則物自濟。」[22]

關於王弼倫理思想的特色，有個例子也許可以讓我們看得更清楚。中國文化特別看重親屬關係，王弼主張，這些關係應當以自然的親愛為準，不必另創規範，要人遵行。他說：「自然親愛為孝」，[23]又說：「父父、子子、兄兄、弟弟、夫夫、婦婦，六親和睦，交相愛樂，而家道正。」[24]王弼並沒有反對「孝」以及種種家庭人倫關係的價值，但他以和樂親愛來界定這些價值，跟儒家的理念頗有差距。揆諸漢人史傳與漢代流行的孝子傳、孝子圖，「孝」的核心意義在

18 同上，頁六三五。
19 同上，頁六三二。
20 同上註：「近性者正，而即性非正。」
21 《王弼集校釋》，頁四七，《老子道德經注》二十章。
22 同上，頁二四，《老子道德經注》十章。
23 同上，頁六二一，《論語釋疑・學而》。
24 同上，頁四〇三，《周易注・家人上九》。

於對父母的侍養、敬順、奉獻、報恩，親密並不在其內。[25]在漢魏的環境，如果嚴格採用王弼的標準，恐怕連華夏和夷狄都沒法分辨了。古代中國人批評外族不講倫常，不文明，習慣以親子無別來做例證，譬如《漢書》記賈誼曾孫賈捐之之言：「駱越之人父子同川而浴，相習以鼻飲，與禽獸無異」，同書又載漢朝使者指責匈奴：「父子同穹廬臥。父死，妻其後母；兄弟死，盡妻其妻。無冠帶之節，闕庭之禮。」[26]「同川而浴」、「同穹廬臥」的生活方式豈不也算「自然親愛」？簡單地說，儒家的「孝」是個高度積極的概念，王弼的「愛樂」則大體上是消極性的。「孝」是正統儒教的基礎價值，王弼在這個地方立異說，可以看出他的自然學說並非空談。

現在要為王弼的政治社會思想作個總結。這個結論大體如前面所提示的，就是，理想的社會生活，是在自然演化的狀態之上略施調整，整體上看來，自然與教化之間，王弼顯然較偏重自然。他說：「聖人……輔萬物之自然而不為始」，最好的統治者也只能為造化擔任輔助的角色，而不應越俎代庖。[27]最後還有一個小的理論問題，王弼既認為天地萬物以無為本，又多談「自然」，「無」與「自然」之間是什麼關係？這一點，王弼沒有明講，我們也無須強作解人，如果說，在王弼而言，「無」是「道」的強名，「自然」是在「無」的力量下所推動出的原初秩序，大概就雖不中亦不遠矣。

過去有一種流行的說法，認為玄學代表著反抗兩漢儒教的道家思想，在英語學術界，「玄學」還使用過「新道家」（Neo-Taoism）的稱號。這個說法並不能算錯，因為玄學諸子的確崇尚老、莊，王弼甚至以《老》解《易》，開創了中國形上思想的新局面。不過，「新道家」或類似的概念容易引起一種誤解，以為玄學運動企圖以道家思想來取代儒家。近幾十年研究所得到的共識是，除了少數情況，如接下來要介紹的阮籍、嵇康，玄學家很少強烈反儒家，玄學是個儒道結合的思潮。本文大體同意這一看法，但是也要強調，在玄學風潮中，特別是玄學初興之時，儒、道間往往存在緊張的關係。以上討論王弼，顯示王弼雖不完全否定儒教，但有相當的保留，他並非全面或任意融合儒、道。此外，王弼思想以「無」與「自然」為綱領，當然有對現實反動的意味。至於反動的主要對象，也許是曹魏的刑名政治，也許是東漢的儒家名教，更大的可能性是，兩者兼而有之。

在中國中古時代的歷史評論裡，王弼的名字大都和何晏連接在一起，兩人同被認為是玄學風潮的啟動者。現在何晏的著述散逸，難得其詳，在思想史上的地位無法與王弼爭衡，這裡簡單述說我們僅有的認識。首先要強調的是，何晏是正始玄談的領袖，年歲高王弼一輩，特別欣賞王

25 可見閻鴻中，〈東漢時代家庭倫理的思想淵源〉，收在《中國家庭及其倫理研討會論文集》（台北：漢學研究中心，一九九九），頁二八—三二；巫鴻著，楊柳、岑河譯，《武梁祠：中國畫像藝術的思想性》（北京：生活・讀書・新知三聯書店，二〇〇六），頁二八六—三一三。

26 《漢書》（北京中華書局點校本），卷六四下，〈賈捐之傳〉，頁二八三四；卷九四上，〈匈奴傳上〉，頁三七六〇。對高句麗、流求所做的同類批評，見《隋書》（北京中華書局點校本），卷八一，〈高麗傳〉，頁一八一四，一八二四。

27 《王弼集校釋》，頁七一，《老子道德經注》二十七章。

弼，兩人頗有交接。曹魏中晚期是一個新思渙發、體道論理的時代，知識界中不計輩分的忘年交特別多。除了何晏與王弼，山濤和嵇康、阮籍和王戎、傅嘏和鍾會都相差有十幾歲。[28]

何晏的學術著作裡，唯一完整流傳後世的是《論語集解》，此書到現在還是《論語》的基本注本之一。不過這是集體著述，編者共有五人，無論在書序或記載此書編集之事的《晉書・鄭沖傳》，何晏排名都在五人之末。因此，《論語集解》雖在歷代文獻中久以何晏為作者，它和何晏思想的關係為何，其實無法斷定。此書名為「集解」，大多引用漢魏舊注，編纂者自己的解釋文字比例不高。至於這些新注可能的思想傾向，只能說，並無清楚的方向，但略含具玄學意味的語句，多少反映了時代的新學風。本書的另一特性在直解《論語》原文而不顧及既有的經學體系，就此點而言，編寫方式與旨趣迥異於當時盛行的鄭玄注，具有學術史上的重要意義。此外，從本書內容以及其他少數傳世文章看來，何晏應該沒有明顯的反儒傾向。[29]

何晏雖然是玄學大師，至今留下的玄學議論只有少量佚文，分別出自〈道論〉和〈無名論〉，前者與已全佚的〈德論〉綜論《老子》，是何晏思想的代表作。從何晏的遺文看來，他的思想的基本方向與王弼相同，主張天地萬物以無為本，「有」生於「無」，而且「無」通貫於萬有，是事物得以成就的依據。至於詳細的圖像，就難以究知了，可以判斷的是，他的思辨不如王弼精緻，氣化論的遺跡也比較重。何晏還主張「聖人無情」，並曾從無為的立場對魏明帝的法術政策有所勸諫，跟他的基本思想立場都是相符的。[30]

阮籍

何晏和王弼都死在西元二四九年（齊王芳正始十年、嘉平元年），何晏在年初的高平陵之變後，被奪權的司馬懿所殺，王弼則病歿於秋天。玄學運動自此進入了以所謂「竹林七賢」為代表的階段。這個階段思想界最突出的問題是自然與名教的衝突，玄學中人的首要關心是人生存在方式的選擇，而非普遍理論的建構。

28 參見松本幸男，〈阮籍の傳記——竹林の清遊に對する疑問——〉，《立命館文學》，第三四三・三四四・三四五號（一九七四年三月），頁三三，三六。

29 有關何晏生平與著作的資料，可見王伊同，〈補魏志何晏傳〉，《史學年報》，第三卷第一期（一九三九年一二月），頁四九—六二。何晏遺文見註六二、六四。除了一首詩，這部分似乎全採自嚴可均輯《全上古三代秦漢三國六朝文》，因而略有遺漏。關於《論語集解》的討論，可參看喬秀岩著，白石將人譯，〈《論語》鄭玄注と何晏《集解》の注釋の異なる方向性について〉，《東洋古典學研究》，第二七集（二〇〇九），頁一—二八；蔡振豐，〈何晏《論語集解》的思想特色及其定位〉，《臺大中文學報》，一五期（二〇〇一年一二月），頁四一—六〇。喬秀岩（橋本秀美）的論文雖然原以中文撰成，但此文已刊中文版的內容較日文少很多，而且結構不完整，顯然有不少刪節。見喬秀岩，〈鄭、何注《論語》的比較分析〉，《北京大學學報》，第四六卷第二期（二〇〇九年三月），頁八六—九二。

30 見王曉毅，《王弼評傳・附何晏評傳》，頁八八—九〇，一二四—一四一；周大興，〈何晏玄學新論〉，《鵝湖學誌》，第二二期（一九九九年六月），頁四一—七五；余英時，〈漢晉之際士之新自覺與新思潮〉，在其著，《中國知識階層史論：古代篇》（新北：聯經出版公司，一九八〇），頁三〇五—三〇六。

「竹林七賢」指阮籍、嵇康、山濤、向秀、王戎、阮咸（阮籍之姪）以及劉伶。這是個在歷史上極其響亮的稱號，但也頗有疑點，無論竹林之遊存在與否，或此七人是否皆為契友，都很難斷定。有跡象顯示，「竹林七賢」可能是在東晉形成的傳說，用以追懷士大夫曠達任誕之風的起源。無論如何，在曹魏後期，司馬氏當政之時，站在自然的立場抗拒名教的風潮勃然興起，阮籍、嵇康是公認的指標人物，參與其列的，並不只有所謂的七賢，而七賢之中的山濤與向秀，思想意態則明顯不同於嵇、阮。

阮籍和嵇康的個人關係有多親，並不得而知，但他們的確是思想上的同調。兩人有不少共同點，譬如，都是廣義的玄學陣營中人，關注宇宙人生的根本問題，懷有強烈的道家價值傾向。兩人同樣有文學家的性向，阮籍的詩，嵇康的論，都是文學史上的經典作。此外，他們不僅僅透過文字言辭傳達自己的信念，更用行動來實踐，嵇康的喪命，阮籍的抑鬱，都跟這一實踐有關，這也是他們有思想感染力的一大原因。阮籍、嵇康也有相異的地方，以下會隨文有所說明。

現在先談阮籍（二一〇—二六三）。阮籍出身陳留郡尉氏縣（今河南尉氏）一個著名的儒學世家，他比嵇康大十三歲，比王弼大十六歲，事實上跟何晏是同輩。和王弼或嵇康不同，在成為鄙棄名教的玄學中人之前，阮籍經過一個儒家的階段。《晉書》阮籍本傳說他「本有濟世志」，這從他的著作可以得到印證。他有詩自述：「昔年十四五，志尚好詩書，被褐懷珠玉，顏閔相與期」，[31]他也曾習武，加入過軍隊。他目前存留的少數論文中的〈樂論〉和〈通易論〉，都屬於儒家的風格，玄學氣息很微弱。阮籍在什麼時候發生思想轉變，無法確知，大概是在正始年間，已經三十餘歲，但這個轉變可能有發展的過程，而不是突然的變化。

從玄學形成的角度來看，阮籍的思想有兩個值得提出的特點。首先，他的根本價值是「自然」，他站在這個立足點上否定名教秩序與儒家士君子的理想。阮籍正面批判儒教的力道沒有嵇康猛烈，但這個立場是很明確的。譬如，他在〈大人先生傳〉中藉主人公之口說：

> 今汝尊賢以相高，競能以相尚，爭勢以相君，寵貴以相加，驅天下以趣之，此所以上下相殘也。竭天地萬物之至以奉聲色無窮之欲，此非所以養百姓也。於是懼民之知所以然，故重賞以喜之，嚴刑以威之；財匱而賞不供，刑盡而罰不行，乃始有亡國戮君潰敗之禍。此非汝君子之為乎？汝君子之禮法，誠天下殘賊、亂危、死亡之術耳。[32]

這裡表達的想法，用我們現在的話來說就是，禮法其實是緣飾權力的產物。權力的創生則是苦難亂亡之始。阮籍拒斥禮教，出於個人感受的因素恐怕大於理論思考的成分，〈詠懷〉詩第六十七這樣描寫士大夫：

---

31 陳伯君校注，《阮籍集校注》（北京：中華書局，一九八七），頁二六五—二六六〈詠懷・其十五〉。

32 同上，頁一七〇。

洪生資制度，被服正有常。尊卑設秩序，事物齊紀剛。容飾整顏色，磬折執圭璋。堂上置玄酒，室中盛稻粱。外厲貞素談，戶內滅芬芳。放口從衷出，復說道義方。委曲周旋儀，姿態愁我腸。

這首詩從中性——甚至是正面——的陳述開始，再逐漸顯露，阮籍覺得禮教有極大的虛偽性。

阮籍抗拒禮教，最引人注目之處不在於他的文章，而在行動。這方面頗有一些著名的故事。譬如，阮籍的嫂嫂有次要回娘家，阮籍跟她見面道別，有人為此譏刺，他說：「禮豈為我輩設也？」[33] 阮籍鄰居有個女兒，漂亮且有才華，未婚而死，阮籍本來跟她不相識，卻自行前往弔喪哭泣。[34] 阮籍母親去世時，年輕的名士裴楷去弔喪，阮籍正喝醉酒，散著頭髮箕踞在床，也沒哭。裴楷自行哭泣致哀，然後離去。有人問裴楷，根據禮法，弔喪時喪主要哭泣，客人才致哀。現在阮籍沒有哭，你為何要行禮呢？裴楷說：「阮方外之人，故不崇禮制；我輩俗中人，故以儀軌自居。」[35]「方外之人」不但是同時人對阮籍的寫照，應該也是他基本的自我定位。阮籍當官也完全不循常軌，他曾自請為東平郡太守（在今山東省西部），到了當地，便把官府的牆都打掉，讓內外相望，然後簡化政令，待了十多天就離開，等於是演了一場無為政治的戲。[36] 這些行動，比文章更有力地展現了他的態度。

談到阮籍的禮法觀，也許有必要介紹他一次驚人的發言。阮籍某回和司馬昭一起談話，有官員來報告兒子弒母的案子，阮籍聽了說：啊！殺父親還說得過去，哪裡有殺母親的事？此話立刻震動了在座的人，司馬昭問他，殺父親是天底下最大的罪惡，怎麼還認為說得過去呢？阮籍的回應是，禽獸只認得母親不認識父親，所以殺父親的人算是禽獸，殺母親則是禽獸不如了。[37]阮籍「殺父乃可，至殺母乎」的話，不知是平日已蓄之於胸，藉機吐露，還只是一時的反應，脫口而出。無論屬於什麼情況，這都是有深意的話，是對禮法的重擊，因為以父親為至尊正是禮法體系的核心。他接下來的補充，表面上是個詭辯，其實更清楚顯露了他發言的意旨——人生社會的價值原點，應當是自然。

阮籍所謂的「自然」何所指呢？他的看法是很明確的。他沒有採納何晏、王弼天地萬物以無為本的類形上學架構，他相信漢代流行的氣化思想，這也是《莊子》中的世界觀。就理論的視角而言，最終的「自然」是天地宇宙那混沌未分的源頭，由於萬物都起自這個源頭，所有的存在具有根本上相同的性質。〈達莊論〉對此有繁富的表述：

---

33 余嘉錫，《世說新語箋疏》（台北：華正書局影印，一九八九），〈任誕第二十三〉第七條，頁七三一。亦見《晉書》，卷四九，〈阮籍傳〉。

34 《世說新語箋疏》，〈任誕第二十三〉第八條劉孝標注引王隱《晉書》，頁七三一。

35 《世說新語箋疏》，〈任誕第二十三〉第一一條，頁七三四。亦見《晉書》阮籍本傳。

36 《世說新語箋疏》，〈任誕第二十三〉第四條劉孝標注引《文士傳》，頁七三〇。亦見《晉書》阮籍本傳。

37 《晉書》，卷四九，〈阮籍傳〉，頁一三六〇。

天地生於自然，萬物生於天地。自然者無外，故天地名焉；天地者有內，故萬物生焉。當其無外，誰謂異乎？當其有內，誰謂殊乎？……男女同位，山澤通氣，雷風不相射，水火不相薄。天地合其德，日月順其光，自然一體，則萬物經其常，入謂之幽，出謂之章，一氣盛衰，變化而不傷。[38]

既然萬物都生於自然，接近原初狀態的個別存在也算是自然，阮籍認為，人們應該以自然之理為行動的依據。為什麼「自然」不只是一種存在的狀態，還是事物應該歸趨的目標，阮籍沒有提出系統的說明。有一點很清楚的是，他認為「自然」具有「真」的意義，對他而言，「真」似乎是價值的最終判準。[39]

阮籍思想的另一個特點，是他提出了超越的理想，這是他作品中不斷出現的課題。阮籍沒有接受何晏、王弼的思想體系，他心目中的超越世界不是「無」，不是「崇本息本」的「本」，而是人的超越俗世的存在狀態。這應該是阮籍思想最有突破性的地方。

對於超越的存在，阮籍描繪過幾種樣式，包括神仙、隱逸、任情適性。其中神仙對他最有吸引力，是他超越理想的首要寄託，遠遠超過其他二者。值得注意的是，超越的人生跟阮籍的實際處境有很大的距離。阮籍長期在司馬氏政權任官（仍在曹魏時期），至少就表面而言，完全處於俗世，頗不同於經常隱居不仕的嵇康和「竹林七賢」中的其他若干人士。現實與理想的反差可能正構成阮籍心中的巨大張力，使他不斷表達超越的渴望。

在阮籍的作品中，現世是醜惡，令人悲哀的，超越的企求是被這個世界的性質所逼出的，不得不然。〈詠懷〉詩第七十：「有悲則有情，無悲亦無思，苟非嬰網罟，何必萬里畿。」表達的就是這種感受。至於阮籍眼中世界的景象，也許可以用他的賦來作說明。〈東平賦〉有言：

> 厥土惟中，劉王是聚。高危臨城，窮川帶宇。叔氏婚族，實在其湄，被險向水，垢污多私。是以其州閭鄙邑，莫言或非，殪情戾慮，以殖厥資。其土田則原壤蕪荒，樹藝失時，疇畝不辟，荊棘不治，流潢餘溏，洋溢靡之。[40]

上文描寫東平郡邑大族劉、王、叔氏的居住狀態，無論人文或自然環境都很糟糕。「州閭鄙邑，莫言或非」，尤其是對民風的酷評，意思是，東平是個沒有是非的所在，沒有人能說誰不對。阮籍另有〈亢父賦〉，亢父在今山東濟寧，約在東平東南方六十公里。該文一起頭就說：「吾嘗遊

---

38 《阮籍集校注》，頁一三八—一三九。

39 阮籍作品中頗有流露此意的文句，姑舉二例。〈答伏義書〉：「弘修淵邈者，非近力所能究矣；靈變神化者，非局器所能察矣。何吾子之區區而吾真之務求乎？」〈大人先生傳〉：「先生從此去矣，天下莫知其所終極，蓋陵天地而與浮明遨遊無始終，自然之至真也。」見同上，頁六八，一九二。

40 同上，頁七。

亢父，登其城，使人愁思，作賦以詆之。」[41]阮籍還為洛陽北面的首陽山寫賦。此山雖然未必是伯夷、叔齊隱居之處，阮籍向來直接把它當作這兩人的居所，在其作品中，是避世離俗的重要象徵。但首陽山實在不是好地方，伯夷、叔齊是因無處可去才走避其中：

> 下崎嶇而無薄兮，上洞徹而無依。鳳翔過而不集兮，鳴梟羣而並栖。颺遙逝而遠去兮，二老窮而來歸。實因軏而處斯兮，焉暇豫而敢誹？[42]

上述三篇是阮籍僅有的以地方為題的賦，全部醜詆其處，在他心中，他活在什麼樣的世界，可想而知。

阮籍的超越理想集中表現於對神仙的想像，神仙不僅可享長壽，乃至永生，更重要的是，精神獲得解放。阮籍對於神仙的描繪富麗多端，以下只舉少數有代表性的例子，以見一斑。首先要說明，阮籍作品中超越的生命的確是以神仙為原型，但在了解上，不必局限於這個概念，這樣的存在，也是至人、真人、大人先生，換言之，等同於《莊子》中的理想人格。

從理論的角度來說，阮籍心目中的理想存在是與「自然」——即宇宙之源頭——合一的生命，這樣的生命當然是無生無死，與天地長存的。在阮籍正面敘說其超越理想的〈大人先生傳〉，對於神仙的這個性質有所明示：

於茲先生乃去之紛泱，莽軌沕洋，流衍溢歷，度重淵，跨青天，顧而逌覽焉。則有逍遙以永年，無存忽合，散而上臻，霍分離蕩，瀁瀁洋洋，飆湧雲浮，達於搖光，直馳鶩乎太初之中，而休息乎無為之宮。太初何如？無後無先。莫究其極，誰識其根。[43]

《白虎通德論・天地》曰：「始起之天，始起先有太初，後有太始，形兆既成，名曰太素。」《列子・天瑞篇》有云：「夫有形生於無形，則天地安從生？故曰：有太易，有太初，有太始，有太素。」依此，「太初」即宇宙的元氣，是大人先生最後的歸宿。阮籍相信，宇宙之本源，並非只是物理性的氣，它還具有生命力與精神性。同在〈大人先生傳〉，阮籍說：「天不若道，道不若神。神者，自然之根也。」又說，難耐此世者，「必超世而絕群，遺俗而獨往，登乎太始之前，覽乎沕漠之初，慮周流於無外，志浩蕩而自舒。」[44]精神的超脫是與元氣合一的根本目的。「氣神合一」是個戰國晚期以後流傳的觀念，後來在道教中有很大的力量，這個觀念似乎為阮籍提供了一點肯定世界的依據。

41 同上，頁一九一二〇。
42 同上，〈首陽山賦〉，頁二七。
43 同上，頁一八八。
44 以上兩則引文俱見《阮籍集校注》，頁一八五。

以上是理論性的說法。就具體想像而言，神仙世界的可貴，在於它不是俗世，它在天外，廣漠無邊，既自由無干擾，又充滿各種高妙的事物。大人先生在天上時，身體輕盈，遨遊多方，沐浴於陽光，以雲霧為衣裳，至天宮聆賞音樂，甚至與天女合歡，這些都是精純而無固定形體的氣，使人快樂而精神提振。[45]神仙世界存在的可能，出世的遐想，是阮籍在鬱苦中的一絲安慰。[46]他也有希望自己成仙的時刻，〈詠懷・其二十二〉抒寫這樣的嚮往：

> 夏后乘靈輿，夸父為鄧林。存亡從變化，日月有浮沉。鳳凰鳴參差，伶倫發其音。王子好簫管，世世相追尋。誰言不可見？青鳥明我心。

「王子」指王子喬（又稱王子晉），在傳說中，是周靈王的太子，喜愛吹笙，爾後成仙。阮籍希望追隨王子喬。[47]

在結束對阮籍的介紹之前，應該討論一下他的〈詠懷〉五言詩。〈詠懷〉可說是阮籍最重要的作品。這是組詩，現存八十二首，保留甚全，大概是長年所寫累積而成，並無清楚的結構。〈詠懷〉的詩題似乎是後人所給，本來叫做〈陳留〉，不過「陳留」是阮籍家鄉陳留郡的名字，這個題目還是沒什麼意義，等於是無題。雖然就文字而言，〈詠懷〉並不如後代李商隱的〈無題〉般恍惚迷離，但也是直寫心語，具體意旨為何，不易落實，清代沈德潛（一六七三—一七六九）稱其為：「反覆零亂，興寄無端。」[48]儘管如此，〈詠懷〉對於了解阮籍的心靈有很高的重要性，現在想根據這組詩，再為他的思想進一解。

總的來說，〈詠懷〉的基調是在傳達作者無法明說、難以排遣的憂思。這些憂思，跟阮籍的人生處境和思想都有關係。就前者而言，阮籍並沒有脫離現實世界，他長期在司馬氏政權任官，雖然極少擔任實際職務，但跟司馬懿、司馬師、司馬昭父子都有直接的關係。另一方面，他對所處的環境有很深的疏離，甚至幻滅感。他的放浪形骸，窮途痛哭，都是清楚的信號。阮籍的處境，或可稱為「不夷不惠」，既不能像伯夷一般清操絕世，也無法學柳下惠降志辱身，隨遇而安。他的這個處境，當時人也看得出來。阮籍文集中存有一封名叫伏義的人跟他寫的信，就指陳這一點，說他「吾子所歸，義無所出」，立身處世全沒個道理。[49]在這樣的困頓中，阮籍可能還別有悲苦。在他服事司馬氏期間，玄學名士夏侯玄、嵇康、呂安均為司馬政權所殺害，他若不物傷其類，深有所感，是很難想像的。〈詠懷〉詩句如：「嘉樹下成蹊，東園桃與李，秋風吹飛藿，零落從此始。」（其三）「臨觴多哀楚，思我故時人，對酒不能言，悽愴懷酸辛，願耕東皐陽，誰與守其真。」（其三十四）說不定寫的就是這種傷心事。

45　同上，頁一八〇—一八二。
46　同上，頁二四七〈詠懷・其十〉。
47　同上，頁二八七。另參見高晨陽，《阮籍評傳》（南京：南京大學出版社，一九九四），頁一九〇—一九三。
48　沈德潛著，王蒓父箋注，《古詩源箋注》（台北：華正書局，一九七五），卷二，頁一六〇。
49　《阮籍集校注》，頁七六。

問題是，阮籍何以選擇了「不夷不惠」的道路？我們當然不可能真正知道原因。有一點與他的思想有關的是，〈詠懷〉詩不少地方透露出，他感覺超越其實是不可能的，成仙是無望的。以下舉幾個意思較顯豁的例子。〈詠懷．其四〉有句：「朝為媚少年，夕暮成醜老，自非王子晉，誰能常美好」，明寫他不可能成仙，只能隨時光化去。同詩第四十七首：「生命辰安在，憂戚涕沾襟。高鳥翔山岡，燕雀棲下林。青雲蔽前庭，素琴悽我心。崇山有鳴鶴，豈可相追尋。」世界上或真有高遠的存在，但阮籍自己是沒分了，他只能如棲居低矮樹叢的小鳥，在庭院悽愴地聽著琴聲。超越與現實無法交會，是〈詠懷〉詩中哀感的重要來源。最後再看第五十四首：

> 夸談快憤懣，情慵發煩心。西北登不周，東南望鄧林。曠野彌九州，崇山抗高岑。一餐度萬世，千歲再浮沉。誰云玉石同？淚下不可禁。

此詩在結構上可分為三個部分。前兩句寫在現世中的煩悶，因而有超脫之想。中間六句描述遊仙的景況，仙人在天上翱翔，觀看下界，不周山、鄧林都是宇宙絕遠之地（鄧林據說是夸父的屍體所化成），天上的時間也和世間不同，仙人一浮一沉，就是世間千年。最後兩句話則揭露，前面所寫的不過是遐想，阮籍實際上居住在玉石不分的俗世，這是不可改變的命運。以上關於〈詠懷〉的簡略考察，是想指出，阮籍雖有強烈的超越之想，又對這個想望抱持深刻的懷疑，這是他心靈中的一個重要元素。這個元素或許可稍微解釋，他為什麼棲身於司馬氏政權，過著「義無所出」的生活。

嵇康

嵇康（二二四—二六三）的生命歷程跟阮籍差別不小，但兩人思想形態非常接近，接下來談嵇康，將以前文對阮籍的介紹為基礎，相同的課題，不再多作說明。王弼、阮籍都出身世家，嵇康的家世則低微許多。嵇康是譙郡銍縣人（今安徽宿州），父親嵇昭曾在曹魏政權任督軍糧治書侍御史，其兄嵇喜也在軍中任過職，入晉後官至揚州刺史，祖父以上無聞焉。曹操家族來自譙郡，嵇昭在曹魏任官，有可能是出於同鄉的管道，嵇康自己則娶了曹操的曾孫女，進一步顯示嵇家和曹家應有某種親密性的關係。看來，嵇家父子是由攀緣曹氏集團而進入全國性統治階層的。

嵇家雖然處於政治圈中，嵇康卻和政局疏離。他曾基於曹魏宗室姻親的身分，出任郎中、中散大夫，但任官時間顯然不長。嵇康長期居住黃河以北的河內地區，特別是山陽（今河南焦作）、汲郡（今河南輝縣一帶），甚至遠至河東，而以山陽為主要據點。他也曾在首都洛陽以鍛鐵為事，據說「性絕巧」，大約就是鍛鐵藝術家了。[50]嵇康與政局疏離，應該有家庭關係的因

50　嵇家與嵇康的資料非常零散，最完備的匯集見戴明揚，《嵇康集校注》（北京：人民文學出版社，一九六二），〈事跡〉，頁三五一—三七九。「性絕巧」之語原出張騭《文士傳》及佚名《晉書》，見《嵇康集校

素。西元二四九年高平陵之變時，嵇康才二十六歲，似乎結婚未久，也許還在當官，之後皇室力弱，司馬懿父子掌大權，他長期不仕，很難說是偶然。有記載稱他支持西元二五五年毌丘儉的起事，未必是空穴來風。除了在政治上敵視當局，嵇康崇尚自然，鄙夷世俗，態度決絕，很招當權者的忌恨，終至被司馬昭所誅殺。嵇康雖然長年不在洛陽，在士子群中聲望極高，受刑之前，太學生三千人上書，要求以他為師。[51]

關於嵇康的思想面貌，我們或許可用嵇康兄嵇喜所撰《嵇康傳》中的一段話作為說明的起點。該傳稱嵇康：

> 少有儁才，曠邁不羣，高亮任性，不脩名譽，寬簡有大量。學不師授，博洽多聞，長而好老、莊之業，恬靜無欲。性好服食，嘗採御上藥。善屬文論，彈琴詠詩，自足於懷抱之中。以為神仙者，稟之自然，非積學所致。至於導養得理，以盡性命，若安期、彭祖之倫，可以善求而得也。……超然獨達，遂放世事，縱意於塵埃之表。[52]

本段陳述的要點是，嵇康個性孤高，不求名聲，行事以自己的性情為依歸，好老莊，精於文章、音樂，懷有神仙的理想，神仙雖不可學，養生可講求，這一切都歸結於精神解放、超越世俗的追求。這的確點出了嵇康生命的主軸，以下就從思想特色的角度討論其人。

綜觀嵇康的作品，給人最鮮明的印象之一是他對現世的鄙視與對超越的嚮往。嵇康傳世著作以詩和論為大宗，由於各篇「論」都有特定的主題，超越的嶄向在詩中表現較明顯，〈答二郭三首〉之二就是很有代表性的一篇。在此詩，嵇康自敘生平，款訴心曲，全文如下：

昔蒙父兄祚，少得離負荷，因疏遂成懶，寢跡北山阿，但願養性命，終己靡有他。良辰不我期，當年值紛華，坎凜趣世教，常恐嬰網羅，義農邈已遠，拊膺獨咨嗟。朔戒貴尚容，漁父好揚波，雖逸亦已難，非余心所嘉，豈若翔區外，餐瓊漱朝霞，遺物棄鄙累，逍遙遊太和，結友集靈岳，彈琴登清歌，有能從我者，古人何足多。[53]

注》，頁三五五，三五九。

51 以上兩段文字主要係根據《嵇康集校注》〈事跡〉中資料所做的綜述。關於嵇家的背景，《三國志・魏書》王粲傳裴松之注引嵇康兄嵇喜《嵇康傳》，稱康「家世儒學」。這可能只是意味嵇家原為銍縣的讀書人家，並不代表他們有何高等出身。嵇昭「督軍糧治書侍御史」的說法出自《三國志》王粲傳注所引《嵇氏譜》。見《嵇康集校注》，頁三五一，三六二。此外，在〈與山巨源絕交書〉中，嵇康述及女兒年十三，男孩八歲。此信寫於他死前一或兩年，可推知女兒生於高平陵之變當年（二四九）前後。見《嵇康集校注》，頁一二六。嵇康卒年仍有爭議，本文所取是一般的說法，參見沈玉成，〈嵇康被殺的原因和時間——與李劍國先生商榷〉，《遼寧大學學報》，一九九三年第二期，頁六八—七二。

52 《三國志》（北京中華書局點校本），卷二一，〈嵇康傳〉裴松之注，頁六〇五。此處標點依《嵇康集校注》頁三五一。

53 《嵇康集校注》，頁六二—六四。

這首詩包藏了嵇康思想和價值觀中的很多元素，就主幹而言，嵇康說他自少就有隱居之志，願以「養性命」終身，年華正茂之際，卻因緣出仕（或為婚姻之故），爾後常擔心落入陷阱受傷害（或與司馬氏當權有關）。嵇康寫這首詩時，顯然又已隱居，但他認為這還不是自己真正期望的，他最嚮往的是如神仙般翱翔「區外」，逍遙「太和」，與友朋聚首於「靈岳」。超越或彼世的追求是嵇康詩文中一再出現的主題，追求的方式則有很多，這首詩提到了養性、隱逸、成仙、音樂。嵇康希望成就的是身心昇華的境界。〈兄秀才公穆入軍贈詩十九首〉對此有神妙的速寫：「目送歸鴻，手揮五絃，俯仰自得，游心太玄。」一首闕題的遊仙詩則有句：「婉孌名山，真人是要，齊物養生，與道逍遙。」[54]

對於超越的追求，嵇康的一個關鍵看法是，這種生活不可能實現於文明的現世。在他的心靈圖景裡，超越和世俗是互不相容、判然對立的，他常以「世教」、「人間」或「世俗」來指稱現世。前引〈答二郭三首〉之二就出現了「世教」一詞，這是他誤入而要盡量遠離的界域。又如在〈與山巨源絕交書〉，嵇康自陳：「吾頃學養生之術，方外榮華，去滋味，游心於寂寞，以無為為貴」，與此完全相反的，則是「人間多事」，而他「非湯武而薄周孔」，必為「世教所不容」，「寧可久處人間邪？」[55]非得逃脫不可。在〈卜疑集〉的結尾，太史貞父勸告宏達先生：「方將觀大鵬於南溟，又何憂於人間之委曲？」[56]南溟與人間毫無交集。這篇文章是由宏達先生和太史貞父的對話所構成，宏達先生大概代表現實中的嵇康，太史貞父則是他的理念的化身吧。

對嵇康而言，超越的生活是以隱居不仕為先決條件，在這個前提之下，實踐理想的方式不只一端。嵇康對理想的存在情態有沒有原則性的界定呢？答案是有的，那就是「自然」。阮籍和嵇康都站在自然的立場拒斥現世，兩人相比，阮籍的特色在於透過不經的言詞和行為破壞禮教的權威，嵇康則除了蔑視當世，還著意闡解自然的觀念。這是貫串嵇康思想的根本觀念，內容豐富，大別來說，有兩個主要意涵。第一個是指宇宙人生的原初狀態。嵇康秉持道家的立場，相信生命和社會的本來狀態是美好的，變化導致墮落腐朽。他懷有氣化的宇宙觀，因此「自然」可被了解為元氣，或接近於此的境地。例如〈遊仙詩〉云：「王喬棄我去（「棄」或當作「异」，有「舉」之意），乘雲駕六龍。飄颻戲玄圃，黃老路相逢。授我自然道，曠若發童蒙。採藥鍾山隅，服食改姿容。……長與俗人別，誰能睹其蹤？」[57]又，〈兄秀才公穆入軍贈詩十九首〉有句：「至人遠鑒，歸之自然。萬物為一，四海同宅。」[58]前首詩中的「自然道」教導生命如何融入長久不化的天界，後首的「自然」則是最高的精神理想。落到人事的層次，這個類別的「自然」可以被概略地理解為前文明或非文明的狀態，〈難自然好學論〉對此有一段經典陳述：

54 同上，頁一六，七九。
55 同上，頁一二〇－一二三。
56 同上，頁一四二。
57 同上，頁三九－四〇。
58 同上，頁一九－二〇。

六經以抑引為主，人性以從欲為歡，抑引則違其願，從欲則得自然；然則自然之得，不由抑引之六經，全性之本，不須犯情之禮律。故仁義務於理偽，非養真之要術，廉讓生於爭奪，非自然之所出也。59

「六經」、「禮律」、「仁義」、「廉讓」都是文明的象徵——嵇康曾稱之為「名教」，特性是壓抑、虛偽，與人性和社會之自然構成對立。60

嵇康「自然」觀念的另一要素是「自然之理」。他主張，什麼是「自然」不是自明的，往往要根據「理」才能辨認出來。由此所展現的「自然」未必是事物的本態或自主變化的結果，而是事物合於「自然之理」的情況。「自然之理」很深，不容易看清楚，需要探索思考才能掌握，嵇康對這個概念的最清楚解釋是：「夫聖人窮理，謂自然可尋，無微不照；理蔽則雖近不見。」61可以想像，從「理」所尋到的「自然」具有強烈的人文和社會性，這層意義的「自然」不是外於人世或文明的原初狀態，而是紛然複雜的人世間吻合「自然」的成分，也許可以說，是偽中之真。宇宙人生廣大，自然之理當然也會很多。對關切人生存在方式的嵇康而言，最重要的一條自然之理恐怕是：嗜欲不是自然，合理的欲望才屬於自然，自然的人生是恬淡的，而非順欲而行。〈答難養生論〉反覆表達了這個觀念。此文開頭不久即說：「嗜欲雖出於人，而非道之正。猶木之有蝎，雖木之所生，而非木之宜也。」欲望雖然出自人的生命，不代表它一定是合理的。後文解釋了這個看法：「難曰：感而思室，飢而後食，自然之理也。誠哉是言！今不使不室不食，但欲令室食得理耳。」「難曰」以下三句話出自向秀的〈難養生論〉，是嵇文辯駁的對象。嵇康抓住向秀「自然之理」的說法，強調欲望誠然是生命自身的動力，但有適度的問題。滿足欲望是「自然」，縱欲就不是了。嵇康認為，欲望容易擴張的根本原因在於「智用」，換言之，是被計算性的念頭所帶動的，還是跟文明有關。文中有一段話對這個問題講得更詳細。嵇康再以酒色飲食為例，說：「夫俟此而後為足，謂之天理自然者，皆役身以物，喪志於欲，原性命之情，有累於所論矣。夫渴者唯水之是見，酌者唯酒之是求。……今若以從欲為得性，則渴酌者非病，淫湎者非過，桀跖之徒皆得自然，非本論所以明至理之意也。」[62]前引〈難自然好學論〉中有「人性以從欲為歡」之句，也不應作表面的理解。綜合而言，嵇康的自然價值有兩大敵人。從宇宙人生原初狀態的角度出發，名教是「自然」的首要破壞者；就本然狀態異化的可能性而言，欲望須有節制。這兩點都顯示，嵇康的「自然」具有強烈的精神意義。[63]

59 同上，頁二六一。

60 就傳世文獻所見，「名教」一詞最先出現於嵇康〈釋私論〉，他有可能就是這個概念的鑄造者。此詞至西晉漸有人使用，大行於東晉以下。「名教」概念雖然在曹魏時期僅一見，其意涵在嵇、阮諸文已呼之欲出。見張蓓蓓，〈「名教」釋義〉，在其《中古學術論略》（台北：大安出版社，一九九一），頁一－四八。

61 《嵇康集校注》，〈聲無哀樂論〉，頁二二一。另見同文，頁二〇四；〈難自然好學論〉，頁二六二。

62 以上引文分見同上，頁一六八－一六九，一七三－一七四，一八八。〈答難養生論〉中的「自然之理」雖然引自向秀，嵇康自己也使用。見〈聲無哀樂論〉，頁二〇四。

63 學界對於嵇康的自然觀念研究甚多，以下二文值得參考：戴璉璋，〈嵇康思想中的名理與玄理〉，《中國文哲以上討論嵇康對超越的追求以及他的自然觀念。超越是一種人生理想，至少對嵇康而言，方外式的超越是現實中唯一可走的路；「自然」則是對世界之本然與應然狀態的界定，這個觀念跟人的存在抉擇密切相關，嵇康的信念可以用下面兩句話來代表：「任自然以託身」，「越名教而任自然」。[64]如何而能「任自然以託身」呢？前面說過，方式不少，嵇康隱居不仕，灌園鍛鐵，也是「任自然」的實踐。在他對這個問題的看法裡，有兩點很突出，一是養生，一是音樂，現在略作說明，以期更具體地展現他的心靈風貌。和阮籍一樣，嵇康終極的存在理想是神仙，但他相信，要有特殊氣稟的人才能成為神仙，這是不可學的，養生以得長壽是比較切實的目標。嵇康養生論的特點在於形神並重。在精神上，要少私寡欲，心地鎮靜；身體方面，則須進行修練，如呼吸吐納，辟穀服藥。兩者缺一不可。嵇康重視養生，顯示他的超越理想中還含有身體解放的因子。另外附帶一提，成仙須有特殊條件的觀念在漢晉之際頗為常見，嵇康的想法並不特殊。[65]

嵇康音樂造詣精深，是歷代士人領袖中少見的音樂家，臨刑前索琴彈奏「廣陵散」更是有名的故事。音樂在嵇康的思想中有重要的位置，他的〈聲無哀樂論〉更是中國藝術思想史上的偉著，這裡只談其中一點。〈聲無哀樂論〉的基本論點是，聲音（包括樂音）屬於自然的範疇，跟人的情感沒有固定的對應關係，音樂不能直接引發哀樂，也無法反映情感。這是一種要摧破流行的感傷主義和教化主義式思想的說法，引起很多爭議。就了解嵇康思想的要旨而言，值得注意的是他如何正面表述音樂的性質。他主張，音樂是自然的一部分，最高的「理」是「和」，音樂的「和」與宇宙的本態屬於同一層次，透過音樂，人可以跟這個本體覿面。以下文字應可算是〈聲無哀樂論〉的總說：

> 聲音以平和為體，而感物無常；心志以所俟為主，應感而發。然則聲之與心，殊塗異軌，不相經緯；焉得染太和於歡感，綴虛名於哀樂哉？[66]

嵇康把音樂所觸及的實在稱為「太和」，它是超越情感和道德價值的。嵇康此處所言並不是抽象的論辨，他在詩中表達了同樣的體會。〈雜詩〉中的一個情景可以為證：

> 肅肅宵征，造我友廬，光燈吐輝，華幔長舒，鸞觴酌醴，神鼎烹魚，絃超子野，歎過綿

研究集刊》，第四期（一九九四年三月），頁二三八—二五八；馬場英雄，〈嵇康における「自然」という觀念について——「養生論」の立場——〉，《國學院雜誌》，八八卷八號（一九八七年七月），頁一八—三〇。

64 分見《嵇康集校注》，〈答難養生論〉，頁一九一；〈釋私論〉，頁二三四。

65 參見林富士，〈《太平經》的神仙觀念〉，《中央研究院歷史語言研究所集刊》，第八〇本第二分（二〇〇九年六月），頁二三二—二三四；胡孚琛，《魏晉神仙道教——抱朴子內篇研究》（北京：人民出版社，一九八九），頁一四〇—一四一。

66 《嵇康集校注》，頁二一七。上述看法也見於〈琴賦〉，頁八三—八四。嵇康和聲觀念的討論，可見戴璉璋，〈嵇康思想中的名理與玄理〉，頁二四三—二四八。明末黃道周（一五八五—一六四六）對嵇康的音樂思想深有同情，見其〈書嵇康琴賦後〉，收在《嵇康集校注》，頁一〇九—一一〇。

騁，流詠太素，俯讚玄虛。[67]

最後要談嵇康的政治思想。在現實生活中，嵇康拒斥了司馬氏政權，但我們可以問：他對政治有沒有任何原則性的看法？從傳世詩文看來，嵇康並未完全排除政治的可能性，他提出了一種「自然」的政治觀。這個觀點相當完整地表達在〈太師箴〉：

浩浩太素，陽曜陰凝，二儀陶化，人倫肇興。厥初冥昧，不慮不營，欲以物開，患以事成，犯機觸害，智不救生，宗長歸仁，自然之情。故君道自然，必託賢明，茫茫在昔，罔或不寧……爰及唐虞，猶篤其緒……疇咨熙載，終禪舜禹。……[68]

嵇康的看法大概是，人類文明初興，欲望被新生事物所勾起，不免出現衝突禍害，為解決問題，產生了有尊卑關係的政治體系。只要君主無為，賢能當政，人民自動歸順，這個體系就還在自然的界域——或許可以了解為，還合於自然之理。在歷史上，自然政治大概維持到夏禹之時，以後就衰落了。這個觀點也出現在嵇康的其他作品，他甚至表示，在自然政治之下，人民安逸幸福，乃至「默然從道，懷忠抱義」，出現素樸的道德，也是順當的。[69]約而言之，嵇康承認政治有積極的作用，似乎也相信自然政治是可行的，但他顯然認為，他所身處的環境和理想差距太遠，堅決不與妥協。與此成為對照的是，長期任官的阮籍倒在〈大人先生傳〉表達了無政府的觀點：

「無君而庶物定，無臣而萬事理。」[70]無論如何，以上對王弼、阮籍、嵇康的討論透露出，玄學也有明確的政治思想涵義。

從東漢末期開始，在思想界中，「自然」逐漸被視為一個認識與價值上的原點，這個趨勢入曹魏而愈趨普遍，但真正多方闡發，使它成為玄學基礎觀念的人則是嵇康，這是他在思想史上的最大意義。自然觀念在王弼思想中也有相當的分量。他雖然是玄學思想體系的首要開創者，其實比阮籍、嵇康都年輕，他如果不早逝，而能親逢自然、名教之爭大起，不知會有什麼反應？不知跟阮籍、嵇康會有怎樣的關係？這個完全可能的情境如果發生了，也許能讓我們對王弼的思想有更切實的掌握。當然，由於歷史的一次性，我們甚至難以踏出想像的步伐。

郭象

阮籍去世於魏元帝景元四年（二六三），兩年之後，司馬炎篡魏，建立晉朝。西晉一代，玄

67 《嵇康集校注》，頁七七，「歎」是唱歌之意。另參〈酒會詩七首〉，頁七四。

68 同上，頁三〇九—三一一。

69 同上，〈聲無哀樂論〉，頁二二一—二二二。嵇康的政治觀可另參〈述志詩二首〉，頁三五；〈六言十首〉，頁四〇—四二；〈答難養生論〉，頁一七一。

70 《阮籍集校注》，頁一七〇。

學鼎盛依舊。此時的玄學有兩大特色。首先，以王弼、阮籍思想為依據，高談虛無、廢棄禮法的風氣大起，瀰漫於士大夫高層，其中最知名的領袖人物是王衍（二五六—三一一）。再則，知識界出現了批判上述風潮的論辯，但這些論辯都採用玄學的議題和概念，不同於傳統儒家，或可稱為玄學的溫和派。這個趨勢在曹魏末年已經浮現，竹林七賢中的山濤（二〇五—二八三）、向秀（二二七？—二七二？）思想意態已不同於阮籍、嵇康，到了西晉，新思潮有進一步的發展，裴頠（二六七—三〇〇）的〈崇有論〉、歐陽建（二六五？—三〇〇）的〈言盡意論〉都是箇中名作，不過，玄學溫和派的最大著作無疑是郭象《莊子注》。以下根據此書說明郭象的思想。[71]

三國西晉玄學大家中，以郭象出身最為隱微，父祖名字不傳，生平資料遺留極少。他大概是河南人（洛陽一帶），但也有其他說法，要不出今日河南省之地。可以肯定的是，他年輕時就才華煥發，得州郡徵辟而不就，後來曾任司徒掾、黃門侍郎、豫州牧長史等職。他的最大事蹟是在西晉最後一位實際統治者東海王司馬越手下擔任太傅主簿，權傾一時。司馬越是在惠帝永興三年（三〇六）八月任太傅錄尚書事的，以此推之，郭象出仕朝廷可能在惠帝朝（二九〇—三〇六）中期。他於懷帝永嘉末年去世，約與西晉崩潰同時。

郭象的文化角色很清楚，他既是清談名士，又是勤於著述的思想家，乃至有「王弼之亞」的聲譽。除了《莊子注》，他的著作幾已完全不存。就傳世資料所見，他還曾撰有《論語體略》、《論語隱》、《老子注》以及文章若干篇。郭象為《老子》、《莊子》、《論語》作注，是典型的玄學家事業，和其他玄學中人一樣，他主要藉注解吐露自己的思想，詮釋正文尚是餘事。[72]

郭象的《莊子注》是玄學經典，南朝宋劉義慶《世說新語・文學》中記載，郭象此書是盜用向秀的《莊子》注（或名《莊子解義》），這個問題經學者多方研究，已經了解相當清楚。郭注中的確有直接襲取向注的文字，但更多是修改向注和完全的自注。[73]整體來說，這本書表達了郭象個人的思想——與向秀有承繼關係但差異重大的思想。簡言之，郭注對何、王、嵇、阮等人提出挑戰，在這個過程中，正面表述了自己的獨特觀點。

在郭象的時代，玄學思想有兩個根本基石。一是何晏、王弼天地萬物以「無」為本的本末兩分、崇本息末論，一是阮籍、嵇康越名教而任自然的方外追求。郭象對這兩種觀點都堅決反對。本文就由此出發，闡述他的看法。首先是關於有、無的問題。在原則上，郭象不認為天地萬物是

---

71 有關郭象思想的研究極多，幾乎已無賸義。本節的討論主要參考以下著作：湯一介，《郭象與魏晉玄學》（台北：谷風出版社影印，一九八七）；許抗生、李中華、陳戰國、那薇著，《魏晉玄學史》（西安：陝西師範大學出版社，一九八九），頁三〇二—三九五；錢穆，〈郭象莊子注中之自然義〉，收在其著，《莊老通辨》（台北：東大圖書公司，一九九一），頁四一一—四四五。不過，本文指出郭象思想與氣化論的關係，此點似乎論者較少。

72 郭象的生平和著述資料可見湯一介，《郭象與魏晉玄學》，頁三三五—三四七；許抗生等，《魏晉玄學史》，頁三〇二—三一九。又，《論語體略》和《論語隱》不知是否為同書。

73 參見王叔岷，〈莊子向郭注異同考〉，收在其著，《莊學管闚》（台北：藝文印書館，一九七八），頁一一三—一三〇（本文原發表於一九四七年）；王書輝，〈向秀《莊子注》輯校〉，《國家圖書館館刊》，八八年第二期（一九九九年十二月），頁一〇七—一四三；余嘉錫，《世說新語箋疏》，〈文學第四〉第十七條，頁二〇六。又，《晉書・向秀傳》稱向秀注為《隱解》（《莊子隱解》），見卷四九，頁一三七四。

由外於萬物的力量所創生或主導的，也就是說，根本沒有這樣的本體；具體而言，何晏、王弼以降有生於無、本無末有的說法，完全不能成立。他否認形上／形下或造物者／萬物的區別。他反覆論說，「無」就是「無」，不可能變成「有」，兩者無法相通。《莊子・齊物論》注有言：「無既無矣，則不能生有；有之未生，又不能為生」；[74]同書〈天地〉注：「一者，有之初，至妙者也，至妙，故未有物理之形耳。夫一之所起，起於至一，非起於無也」；[75]〈知北遊〉注：「非唯無不得化而為有也，有亦不得化而為無矣。是以夫有之為物，雖千變萬化，而不得一為無也。不得一為無，故自古無未有之時而常存也。」[76]郭象所給的圖像是，宇宙是常「有」的，雖然「有」的形式千變萬化，一切都在「有」中。那「有」是怎麼來的？沒怎麼來的，就是突然存在，最初的物可能形狀模糊，或可稱之為「一」，但「一」並不是從「無」而生，兩者之間有著不可踰越的鴻溝。這層意思，用郭象自己的話來說就是：「若無能為有，何謂無乎？」「一無有則遂無矣。」（以上皆〈庚桑楚〉注）[77]「有」是無端生起的，郭象稱之為「自生」：「物之生也，莫不塊然而自生」；「生生者誰哉？塊然而自生耳。」（皆見〈齊物論〉注）[78]萬物自生自化的狀態叫「自然」，這是宇宙的根本性質。郭象甚至主張，不但就總體而言「有」不是起於「無」或任何更高的本體，個別的物也是自生自變的。〈齊物論〉注云：「造物者無主，而物各自造，物各自造而無所待焉，此天地之正也。」[79]郭象稱此為「獨化」。[80]

郭象的宇宙想像固然新穎，背後顯然存在傳統氣化論的因子，譬如上段引〈天地〉注中的「至一」，就很像元氣。氣化觀是郭象思想的重要支撐，可明確見於下文：

大塊者，無物也。夫噫氣者，豈有物哉？氣塊然而自噫耳。物之生也，莫不塊然而自生……[81]

這是《莊子・齊物論》「大塊噫氣」之語的注，「大塊」在此大概指宇宙的原始，萬物的生成就像是「氣」在自然吐吸。郭象以「氣」來指稱萬物，並非只是遷就《莊子》原文，他在其他地方也表露了相同的觀念。〈知北遊〉注：「誰得先物者乎哉？吾以陰陽為先物，而陰陽者即所謂物耳。誰又先陰陽者乎？吾以自然為先之，而自然即物之自爾耳。」[82]這段文字把「物」直接界定為「陰陽」，「陰陽」當然就是「氣」的兩個基本類型。郭象心目中的宇宙，一言以蔽之，可說

74 郭慶藩，《莊子集釋》（北京：中華書局新編諸子集成本，一九九五），頁五〇。
75 同上，頁四二五。
76 同上，頁七六三。
77 同上，頁八〇二。
78 同上，頁四六，五〇。
79 同上，頁一一二。
80 參見許抗生等，《魏晉玄學史》，頁三二八—三二九。
81 《莊子集釋》，頁四六。
82 同上，頁七六四。

是「一氣而萬形，有變化而無死生也。」[83]

郭象的世界觀雖然有氣化論的根柢，但也不同於傳統的氣化思想，差別在，他對世界的性質提出了具有形上意味的原理解說，這個原理就是「自然」。「自然」是玄學中流行的概念。在郭象以前，大概有以下的主要意思。首先，王弼以「自然」為依道而行的社會狀態。其次，「自然」代表前文明情境以及個人的真實情性，是名教、禮法的對反面，阮籍、嵇康心目中的「自然」都有此意。再者，在嵇康思想中，「自然」還可指人文世界中合於「自然」的理。除此之外，「自然」有時也有形上的意涵，如玄學先驅夏侯玄曾說：「天地以自然運」，[84]王弼則宣稱：「天地任自然」，「萬物以自然為性」。[85]夏侯玄的著作喪失殆盡，難以深究。王弼形上層面的自然觀念相當零星，跟他相比，郭象的「自然」不但體系粲然，而且是在批駁本無末有之說的基礎上發展起來的。郭象「自然」觀念的根本意思是，世界是純「有」的，沒有任何外在的力量創造「有」或指導「有」的運行，萬物的發生演變只是自己如此。〈齊物論〉注有言：「我既不能生物，物亦不能生我，則我自然矣。自己而然，則謂之天然。天然耳，非為也，故以天言之，所以明其自然故也。」同篇又曰：「天地萬物，變化日新，與時俱往，何物萌之哉？自然而然耳。」[86]都是扼要的說明。

要特別指出，對郭象而言，「自然」不僅是物象的原理，也是人事的準則——是個應然的價值，因此他說：「萬物必以自然為正。」（〈逍遙遊〉注）[87]他的基本思路是這樣的。所有的東西都是自然生變的結果，人事因而具有自然而來無法改易的性質，「性」是宇宙根本原理的產物，人應順「性」而為：「性之所能，不得不為也；性所不能，不得強為。」（〈外物〉注）[88]對個體而言，「性」也是限制，可以稱為「性分」，[89]人如果不了解自己的真性而希冀外在的目標，就會有不好的後果。反過來說，遵從本性不但順當安穩，而且能由此獲得逍遙解放。郭象把這種人生路徑描述為：「無心而任化」，「獨化於玄冥之竟（境）」。[90]郭象仍然崇尚超越，但超越不是現實之外的領域，而是存在安於性分的精神生活中。這種思想可說是玄學中的「心學」，也代表著對阮籍、嵇康方外追求的直接批判。

郭象對方內、方外的看法很明朗：在實體上，根本沒有這樣的區別，如果把方外想成理想的人生境界，它只能在現世中實現，兩者間有著弔詭的關係：方外只在方內中，出了方內無方外。

83 同上，〈至樂〉注，頁六二九。郭象《老子》注佚文中也有氣化論述，見湯一介，《郭象與魏晉玄學》，頁三四五。

84 《列子・仲尼》張湛注引，見楊伯峻，《列子集釋》（北京：中華書局新編諸子集成本，一九七九），頁一二一。

85 分見《王弼集校釋》，頁一三（《老子道德經注》五章），頁七七（《老子道德經注》二十九章）。關於王弼以「自然」來指稱「道」，參見錢穆，〈郭象莊子注中之自然義〉，頁四一三—四一八。

86 以上引文分見，《莊子集釋》，頁五〇，五五。

87 同上，頁二〇。

88 同上，頁九三七。

89 例見同上，〈齊物論〉注，頁五九；〈達生〉注，頁六三一。

90 分見同上，〈知北遊〉注，頁七六六；〈徐无鬼〉注，頁八六三。亦參〈齊物論〉注，頁一一一。

下面是一段有名的宣示：

> 夫理有至極，外內相冥，未有極遊外之致而不冥於內者也，未有能冥於內而不遊於外者也。故聖人常遊外以冥內，無心以順有，故雖終日見形而神氣無變，俯仰萬機而淡然自若。……莊子之書，故是涉俗蓋世之談矣。91

最高的道理是「外內相冥」——方外與方內的冥合，這是在同一場域中的相合，遊於方外是指在方內冥契方外，在方內順化而達於玄冥之境則可說企及了方外。簡單地說，通往方外的路在於精神，而非離開方內，因此郭象聲稱，經虛涉曠的《莊子》其實是論俗之書。關於這個問題，郭象還分別從內、外的角度有所論列。他說，〈逍遙遊〉中藐姑射之山的神人相當於後世的聖人——也就是帝王：

> 夫聖人雖在廟堂之上，然其心無異於山林之中，世豈識之哉？徒見其戴黃屋，佩玉璽，便謂足以纓紱其心矣；見其歷山川，同民事，便謂足以憔悴其神矣；豈知至至者之不虧哉？92

統治者沉重的現實責任並不妨礙他擁有山林隱者般的從容心境。另一方面，亟亟於脫離世俗的人反而無法超然物外，體會大道，因為他們過於偏執，違反自然。〈逍遙遊〉注說：「若乃厲然以獨高為至而不夷乎俗累，斯山谷之士，非無待者也，奚足以語至極而遊無窮哉？」[93]遵循真性而「獨化」是「無待」，成就自由，遠離現世自以為高卻成了「有待」，終究還是「俗中之一物」。[94]郭象的方內方外觀，也許可以用這幾句話來總結：「方內為桎梏，明所貴在方外也。夫遊外者依內，離人者合俗……。」[95]

現在想具體談一下郭象的人生哲學和政治思想。郭象的方外方內觀顯示，他是肯定現實生活的，關於這個態度，〈大宗師〉注的說法是：「所謂無為之業，非拱默而已；所謂塵垢之外，非伏於山林也。」[96]如此，儘管「自然」是最高的價值，人世間的規範限制不一定是要被否定的。郭象曾以牛馬為例提出鮮活的論說：

> 人之生也，可不服牛乘馬乎？服牛乘馬，可不穿落之乎？牛馬不辭穿落者，天命之固當

91 同上，〈大宗師〉注，頁二六八。
92 同上，〈逍遙遊〉注，頁二八。
93 同上，頁三四。
94 見同上，〈逍遙遊〉注，頁二四；〈在宥〉注，頁三九五。
95 同上，〈大宗師〉注，頁二七一。這個問題的討論，可參見湯一介，《郭象與魏晉玄學》，頁一四五—一四七，一六四—一六六。
96 《莊子集釋》，頁二六八。

也。苟當乎天命，則雖寄之人事，而本在乎天也。[97]

這段話是對《莊子．秋水》「牛馬四足，是謂天；落馬首，穿牛鼻，是謂人」的注解，意思和《莊子》原文完全相反。郭象說，牛穿鼻、馬頭上絡雖是人所為，但合乎牛馬供騎乘的本性，所以屬於自然的範疇（「當乎天命」、「本在乎天」）。自然與人事可以吻合的道理也適用於久已成為文化正統的儒教。〈駢拇〉注曰：「夫仁義自是人之情性，但當任之耳。」又說：「恐仁義非人情而憂之者，真可謂多憂也。」[98]郭象思想的一個重大意旨是在玄學風潮之中衛護現世和儒教的價值。至於他的政治思想，有兩個主要方面。一是承認權力與尊卑結構的必要。〈人間世〉注有言：「千人聚，不以一人為主，不亂則散。故多賢不可以多君，無賢不可以無君，此天人之道，必至之宜。」[99]用郭象自己的術語來說，這樣的秩序是「自然」的，完全合理：「君臣上下，手足外內，乃天理自然。」[100]另一方面，郭象主張無為政治，所謂「無為」，是指君主不強力作為，而由臣下和人民各任其事，自盡其才，這也是「物任其性」的自然之道。[101]無論對個人或集體而言，各人隨順本性都是最妥當的生活方式，人的情性和職分則往往反映在文明的既成體系中，是無須避忌的。

既然郭象反對方外、方內的領域區分，對華夏世界的政治體制和基本倫理價值抱持支持的態度，他是否應當算是儒家？他的「自然」觀念是否缺乏獨立的意義呢？好像也不能這麼說。他的確肯定儒家名教，但在理路上，「仁義」並非終極價值，它是立基於「自然」之上的，前段所引

「仁義自是人之情性」便是明證。對於這個問題，郭象還有原則性更強的表述。〈天運〉注云：「所以跡者，真性也。夫任物之真性者，其跡則六經也。」同篇又說：「自然為履，六經為跡。」[102]郭象好以「跡」和「所以跡」來指稱事物與事物的原理，他之所以使用這組特殊的詞語，大概是為了避免人們對原理產生實體的聯想，〈應帝王〉注特別說：「所以跡者，無跡也。」[103]郭象以六經為「自然」、「真性」之「跡」，固然彰顯了經書的正當性，卻也透露，經典在他思想中只有第二義的地位。儒家學說的層次也是如此，〈天下〉注解釋《莊子》原文「其在於詩書禮樂者，鄒魯之士搢紳先生多能明之」，是這樣說的：「能明其跡耳，豈所以跡哉？」[104]郭象把儒家經典和學說定位在「自然」之下，並不是徒託空言。他明白表示，仁義禮樂

97　同上，頁五九一。
98　皆見同上，頁三一八。
99　同上，頁一五六。
100　同上，〈齊物論〉注，頁五八。
101　語見同上，〈逍遙遊〉注，頁一。另參同上，〈在宥〉注，頁三六四；〈天道〉注，頁四六五—四六六；〈外物〉注，頁九三七；湯一介，《郭象與魏晉玄學》，頁一六二—一六四。此外，無為政治的觀念還出現在郭象《論語》注佚文，見湯一介，《郭象與魏晉玄學》，頁三四三。
102　皆見《莊子集釋》，頁五三二。
103　同上，頁二八八。按，「所以跡」一詞原出《莊子・天運》本文，但全書僅一見。
104　同上，頁一〇六八。

絕非永恆的道理，它們和其他事物一樣，要與時俱變：「夫先王典禮，所以適時用也。時過而不棄，即為民妖……」（〈天運〉注），[105]而禮的實踐也必須以人情為基礎：「夫知禮意者，必遊外以經內，守母以存子，稱情而直往也。若乃矜乎名聲，牽乎形制，則孝不任誠，慈不任實，父子兄弟，懷情相欺，豈禮之大意哉！」（〈大宗師〉注）[106]從以上對郭象倫理思想的說明看來，考慮他是儒家或道家意義並不大，他是玄談中人，約撰於東晉後期的張騭《文士傳》稱他「慕道好學，記志老莊」，[107]從這類記載以及郭象的著作看來，他的思想依託於玄學崇尚的典籍，他也接受玄學的議題和根本目標。他的最大關心是在現世生活與這些目標的關係，他對名教的衛護應該多從這個角度來理解。

總結而言，郭象是玄學思潮中最有創造力和代表性的思想家之一，他提出「造物者無主而物各自造」的宇宙圖景，芸芸眾生則應循此法則，「各安其性，天機自張」，和王弼、阮籍、嵇康等人的看法大異其趣。[108]這是具有兩面性格的思想，一方面保持對超越的嚮往，另方面則主張現世和超越密不可分。這個觀點似乎代表了東晉以下玄學的主流方向，對往後的中古心靈發生了絕大影響。

下篇　玄學興起的背景

上篇介紹了五位關鍵玄學人物的思想，相信已展現出這個思潮的大概面貌。從歷史的觀點來看，玄學有兩個非常值得提出的特點，一是它的全面性，另一則是突破性。玄學不是單一課題的思想，雖然人們經常把玄學界定為宇宙本體之學，讀者應該已經看出，它事實上涉及了人生和社會的根本問題。可以推測，這種牽涉既深又廣的思潮的形成，背後存在很大的力量，也可以想見，這類思想一旦成為主流，影響也是全面的。本篇的主要目的，就是在揭示玄學興起的背景，並設法說明它何以具有巨大的能量。玄學形成的另一個特點是突破性。雖然玄學思想的某些要素在東漢晚期已有顯露，就一個思想體系而言，玄學並不是逐漸演進而成的。它的歷史只能追溯到何晏、夏侯玄、王弼諸人，這個思潮在曹魏齊王芳正始年間（二四〇—二四九）勃然興起，在此之前，也許萌動於青年何晏、夏侯玄和他們的友朋之間，但並沒有更早的先行者的蹤跡。換言

105 同上，頁五一三。完全一樣的意思亦見頁五一六。

106 同上，頁二六七。

107 余嘉錫，《世說新語箋疏》，〈文學第四〉第十七條，頁二〇六。關於張騭《文士傳》，可參見朱迎平，〈第一部文人傳記《文士傳》輯考〉，《古籍整理研究學刊》，一九九四年第六期，頁五，三六—三八。

108 引文分見《莊子集釋》，〈齊物論〉注，頁一一二；〈逍遙遊〉注，頁二〇。

之，玄學的出現，是思想史上的一個跳躍——也許還可以說是斷裂。探討這個現象，也有助於我們掌握玄學興起的緣由。

玄學興起與東漢名士文化

為方便開展本篇的討論，這裡先要對玄學思想的要點做個簡單回顧。首先，玄學有濃厚的形上學成分，許多玄學家從形上的角度解說宇宙本體的問題，並以這種學說作為指導現實世界的統合性原則。前文所談的幾位人士中，王弼和郭象屬於這個形態，何晏應該也是。另外，玄學有強烈的區分方內／方外、世俗／超越的傾向，而把個人生命理想的實現置之於方外。郭象雖然反對領域性的方內、方外之分，他的思想中仍然存在作為心靈境界的方外。再者，「自然」也是玄學的核心價值，「自然」的涵義相當複雜，其中最重要的一端是指人本然真實的情性，玄學家站在這個立場上批判或評量禮教。最後，玄學家普遍懷抱無為的政治觀，這個觀點的對手是儒家的教化思想和法家的刑名主張。上述要點，或可稱為玄學的四大支柱。

玄學思想是從哪裡來的？學界探討這個問題已有七、八十年，有很多重要的發現，本文將以這些結果為主要依據，佐以若干個人見解，提供一個扼要的說明。[109]如所周知，漢晉之際是中國歷史上的一個大變動時期，玄學則是這個變動的主要思想結晶，與當時的社會文化浪潮有著密不可分的關係。從社會和文化基礎的觀點，應該可以說，玄學是從東漢中晚期到三國的名士群中醞醲而出的，在這個群體中，我們可以觀察到某些玄學要素的原型以及玄學形成的動力。就史籍所見，「名士」一詞出現甚早，至遲秦漢間已有，但大舉流行，則大約始於東漢桓帝、靈帝時期（一四七—一八九），自此延續至三國、西晉以下不衰，只是涵義已有變化。本文所探討的何、王、阮、嵇、郭等思想家都是名士領袖，王弼、阮籍還是漢末名士的後人。[110]「名士」何所指

---

109 有關玄學起源的研究，可以分為兩個大的方面。一是直接針對玄學形成的討論，一是對漢晉之際思想變動與新思潮的探索。由於玄學是漢晉之際思想變動的最重要結晶，後一方向的探討涉及玄學淵源之處也甚多。關於玄學起源本身的研究，最具典範性的著作可能是湯用彤收在《魏晉玄學論稿》中的多篇論文，如〈讀人物志〉、〈言意之辨〉、〈王弼之周易論語新義〉，以及唐長孺的〈魏晉玄學之形成及其發展〉。見湯用彤，《魏晉玄學論稿》（收在《魏晉思想・甲編五種》，台北：里仁書局，一九八四），頁一—四五，八七—一〇六；唐長孺，《魏晉南北朝史論叢》（北京：生活・讀書・新知三聯書店，一九五五），頁三一一—三五〇。至於漢晉之際的一般性文化思想變動，日本學者如青木正兒、板野長八、宮崎市定自一九三〇、四〇年代開始展開環繞清談問題的研究，本篇下文會有涉及。這方面的中文代表作有唐長孺，〈清談與清議〉，《魏晉南北朝史論叢》，頁二八九—三一〇；唐翼明，《魏晉清談》（台北：東大圖書公司，一九九二）。余英時的〈漢晉之際士之新自覺與新思潮〉體大思精，可謂一九六〇年以前中外研究漢晉之際思想的結穴之作，見其《中國知識階層史論：古代篇》，頁二〇五—三二七。日本有長期研究東漢三國名士的傳統，其中的成果也常能幫助了解當時的文化思想狀態。有關的研究回顧見安部聰一郎，〈清流・濁流と「名士」——貴族制成立過程の研究をめぐって——〉，《中國史學》，第一四卷（二〇〇四年九月），頁一六七—一八六。重要的研究結集則可見川勝義雄，《六朝貴族制社會の研究》（東京：岩波書店，一九八二），第一部；渡邊義浩，《三國政權の構造と「名士」》（東京：汲古書院，二〇〇四）。

110 阮籍的父親是建安七子之一的阮瑀（？—二一二）。王弼與另一位名列建安七子的王粲同族，王粲的曾祖王龔、祖父王暢都是與宦官外戚抗衡的名士。王弼的外曾祖父則是漢末名士領袖、荊州刺史劉表，而劉表又為王

呢？就語意而言，當然是有名的士人，但在名士群初興的東漢後期，除了名譽、名聲，它往往還代表強烈的價值肯定，有秀異高節的意味，史家因此有時也以「善士」作為「名士」的代稱。[111]「名士」的另一個特點在於，名士在漢末雖然多少形成了群體，它基本上是個人性的概念。大量的研究已指出，東漢是大姓豪族力量不斷上升的時代，具有士文化成分的豪族就是魏晉以下士族興起的社會基礎。在這種情勢下，名士大都出自東漢豪族以及爾後的士族，但名士一詞並沒有社會階層的意涵，任何背景出身的士人都可能透過個人的條件或機緣成為名士。早期重要名士中，陳寔（一〇四—一八七）、郭泰（林宗，一二八—一六九）、檀敷都出身單寒，即使到了西晉，具有世襲高位性格的士族已經成形，出身隱微的郭象仍是公認的名士。[112]接下來要從玄學起源的角度，試談東漢、三國名士的歷史與特點。

東漢晚期名士主要是透過兩個機制興起的。首先是士人與外戚、宦官的鬥爭。在東漢，外戚和宦官長期掌控皇權，成為政治上最大的力量。許多士人指出，這不是政府的正當運作方式，弊害極大，大約從安帝晚期開始，兩者間出現嚴重的對立，太尉楊震於安帝延光三年（一二四）因抨擊宦官、得罪外戚而被迫自殺，可說揭開了此一局面的序幕。桓帝延熹二年（一五九）外戚梁冀被殺，宦官全面掌權後，士大夫與宦官的衝突愈趨激烈，終至發生兩次黨錮之禍。這個情勢以西元一八九年士人領袖袁紹屠殺宦官而告終，但漢帝國也在此時實質解體。在士人與外戚、宦官的長期鬥爭中，站在外戚、宦官對立面的士人以清白正直自居，受到普遍的尊崇，這些人就是早期名士的主體。漢帝國崩潰後，局勢丕變，名士與政權不再全面對立，但另一方面，名士群體仍然存在，早期名士的文化特色多得以延續，或是在舊基礎上有所演變。

名士興起的另一關鍵存在於東漢政治社會運作的一個基本架構：徵辟和察舉制度。東漢士人無論要進入中央或地方政府任官，都須透過察舉或長官徵辟的管道，察舉和徵辟的名額很少，一般而言，要有關係或特殊的名聲才能獲得機會，士人社群中因而形成了人物品評和重視名聲的風氣。或許可以這樣說，東漢的選舉方式創造了對於名士的需求，導致名士不斷出現，士人和外戚、宦官的長期鬥爭則把名士凝塑成具有特定傾向的人群。[113]

暢的學生兼同鄉。關於王弼的家世背景，可略見《後漢書》（北京中華書局點校本），卷五六，〈王龔、王暢傳〉，頁一八一九—一八二六；《三國志》，卷二八，〈鍾會傳〉，頁七九六裴松之注引《博物記》。西晉以下，名士似乎愈趨指稱熱中於玄談與文學寫作的士人，與前此頗有不同，此處不能具論。

111 見《後漢書》，卷六七，〈黨錮列傳〉，頁二一八九；卷七八，〈宦者列傳〉，頁二五一〇；卷七九上，〈儒林列傳〉，頁二五四七。這些都是《後漢書》作者范曄自己的用語，或承襲自前人者。至於「名士」本身的肯定意味，其例甚多，不遑多舉，可參見《後漢書》，卷五二，〈崔駰列傳〉，頁一七三一（崔烈）；卷五六，〈种暠傳〉，頁一八二六（田歆語）。

112 《後漢書》，卷六二，〈陳寔傳〉，頁二〇六五；卷六七，〈檀敷傳〉，頁二二一五；卷六八，〈郭太傳〉，頁二二二五；余嘉錫，《世說新語箋疏》，〈文學第四〉第一九條，頁二〇九。郭象亦入東晉袁宏《名士傳》，見《世說新語箋疏》，〈賞譽第八〉第二六條引劉孝標注，頁四三五；興膳宏、川合康三，《隋書經籍志詳攷》（東京：汲古書院，一九九五），頁三八四。

113 漢魏之際名士的綜論可見渡邊義浩，《三國政權の構造と「名士」》，第一章〈「名士」層の形成〉，第一節〈漢魏交替期の社會〉。

名士文化中的哪些要素可能跟玄學興起有關呢？首先可以提出的是名士群中的超俗色彩。名士大舉躍上歷史舞台，很大程度上源於士人跟外戚、宦官的鬥爭，後者握有最終的政治權力，士人與之對抗，處境凶險，很依靠道德理想的精神力量。舉例而言，張綱在順帝時（一二六—一四四）對宦官橫行非常憤慨，曾經聲稱：「穢惡滿朝，不能奮身出命埽國家之難，雖生吾不願也。」[114]郭亮是名臣李固（九四—一四七）的弟子，李固被梁冀殺害，郭亮前往哭屍時說：「亮含陰陽以生，載乾履坤，義之所動，豈知性命……。」[115]黨錮人物中，范滂被任命為清詔使時，「登車攬轡，慨然有澄清天下之志」，世所習知；[116]另一位黨人岑晊則被描寫為：「雖在閭里，慨然有董正天下之志。」[117]士人長期奮鬥的精神泉源無疑來自儒家，史書稱他們為「儒學行義者」，是生動而正確的形象。[118]漢末士人基於淑世理念而開展政治抗爭，弔詭的是，他們的理想主義以及與權威的疏離多少衍生了超越政治、鄙夷世俗的心態，茲以著名黨人范丹（或作范冉）為例說明。范丹去世於獻帝中平二年（一九〇），享歲七十四，他在遺囑中說：「吾生於昏闇之世，值乎淫侈之俗，生不得匡世濟俗，死何忍自同於世」，要求薄葬。這段話好像意味，范丹曾積極嘗試從政，因願望無法實現，而在死前表達不從俗的想法。其實，他的傳記顯示，他年輕時就「違時絕俗，為激詭之行」，除了一次受辟於太尉府，一直逃避當官。范丹顯示的是一種在價值上強調經世濟民，行為上卻拒斥世俗的形態。[119]從這個例子和其他跡象看來，漢末名士對抗性的政治理想主義有可能是後來漢晉之際思想巨變的一個泉源。

就玄學來源的問題而言，東漢晚期名士文化還有一個值得注意的特色：名士中有不少處士和隱士。這個現象又可分兩點來看。一方面，有的名士就是隱士，換個角度來說，隱士變成了名士；另一方面，某些熱心參加群體活動甚至與黨人交好的名士拒不出仕。後者是處士，稱作隱士則未必妥當，因此我兼用兩詞。先談活躍的處士。名士群體的崛起雖然跟士人的政治活動有關，一些重要名士並不求仕宦，因此也未直接和皇帝的近臣勢力對抗。這類人當中，最突出的就是郭泰。郭泰家世低微，卻受到黨人領袖李膺（？—一六九）的激賞，成為東漢晚期最知名的士人之一，他尤其以善於評鑑、獎掖人物著稱。郭泰終身不仕，言詞亦不激烈，是少見的免於黨錮的大名士。[120]還有一位荀爽（一二八—一九〇），出身赫赫有名的潁川荀氏家族，為荀淑之子，與七

114 《後漢書》，卷五六，〈張綱傳〉，頁一八一七。

115 同上，卷六三，〈李固傳〉，頁二〇八八。

116 同上，卷六七，〈黨錮列傳·范滂〉，頁二二〇三。「攬」字北京中華書局本《後漢書》作「攪」，應是錯字。其他版本的《後漢書》以及他家《後漢書》均作「攬」。參見周天游輯注，《八家後漢書輯注》（上海：上海古籍出版社，一九八六），頁四六九（司馬彪《續漢書》卷五），七〇三（張璠《後漢紀》）。「登車攬轡，慨然有澄清天下之志」也被用以描繪陳蕃，見余嘉錫，《世說新語箋疏》，〈德行第一〉第一條，頁一。

117 《後漢書》，卷六七，〈黨錮列傳·岑晊〉，頁二二一二。

118 同上，卷八，〈孝靈帝紀〉，頁三三一。

119 同上，卷八一，〈獨行列傳·范冉〉，頁二六八八—二六九〇。范曄《後漢書》「范丹」作「范冉」，但絕大多數傳世史料均作「丹」，范曄書顯然錯誤。特見周天游輯注《八家後漢書輯注》頁一七八引惠棟語；《東觀漢記校注》（北京：北京中華書局，二〇〇八），頁八五二吳樹平校語。

120 《後漢書》，卷六八，〈郭太傳〉，頁二二二五—二二二七。

位兄弟合稱「八龍」。荀爽少年成名，儒學深湛，雖長年不仕，但身遭黨錮，一直到董卓當政才入朝廷，受徵命後，竟然九十五天就登上三公之位，擔任司空。[121]即使核心黨人之中，也頗有終身或長期不仕的。以《後漢書・黨錮列傳》所列人物為例，夏馥、宗慈、孔昱、檀敷都是這個類型。[122]在野而遭黨錮，大概多因與政壇上的名士交結，名聲在外。照范曄史論的說法，上述諸人可算是「以儒行為處士」。[123]至於隱士成為名士，最為當世所注意的有黃憲、徐穉、袁閎、姜肱、韋著、法真等，至少從行跡看來，他們是逃官逃名而得大名。[124]其中黃憲字叔度，郭泰曾說：「叔度汪汪若千頃陂，澄之不清，淆之不濁，不可量也」，這可能是漢魏人物評論中傳誦最廣的讚語。[125]以上介紹「以儒行為處士」和隱士成名，其實兩者相互關涉，往往可以看作同個大現象，茲舉一例說明。

申屠蟠是漢末陳留郡名士（陳留在今河南東部），出身貧賤，曾當過漆工。他成名的緣由，簡單來說就是「學行俱優」，這是東漢選舉文化中的重要標準。在行為上，申屠蟠以「孝」著稱。他九歲喪父，喪期滿後，還十多年不進酒肉，每逢忌日，又三日不食。就學問而言，則是經書圖緯兼通。申屠蟠不但學行足以為士人楷模，也參與名士的活動。他曾入太學，這是年輕士子的集中地。此外，他曾為太尉黃瓊所辟，雖未就任，黃瓊於桓帝延熹七年（一六五）去世後，仍至其家鄉江夏參加葬禮。黃瓊是當時的名士領袖，名士葬禮則為士人聚會交結的重要場合，黃瓊葬禮到者有六、七千人，申屠蟠前往，多少透露了他的社群歸屬感。但另一方面，申屠蟠又是堅定的隱者。他從年輕時到漢末董卓掌權，屢獲徵辟而從不赴召，愈不出仕，名氣愈高。尤其可注意的是，他跟黨人保持距離，對范滂等人抨擊朝政的做法不以為然，顯示他拒絕承擔「儒學行義」的淑世理想。[126]東漢一直存在隱逸的風氣，申屠蟠以及前段所述情況顯示，在東漢中晚期，隱士文化和名士文化有了某種程度的混合，就本文主題而觀，我們可以說，漢末名士文化中具有明顯的隱士或逸民成分。[127]在玄學中處於核心地位的「方外」理想已隱隱躍動於名士文化。

121 同上，卷六二，〈荀淑、荀爽傳〉，頁二〇四九－二〇五七。

122 同上，卷六七，〈黨錮列傳〉，頁二二〇一－二二〇二，二二〇二－二二〇三，二二一三，二二一五。

123 同上，卷六二，〈荀爽傳〉，頁二〇五七。

124 同上，卷二六，〈韋著傳〉，頁九二一；卷四五，〈袁閎傳〉，頁一五二五－一五二六；卷五三，〈黃憲、徐穉、姜肱傳〉，頁一七四四－一七五〇；卷五四，〈楊震列傳〉，頁一七七一（韋著）；卷八一，〈獨行列傳．向栩〉，頁二六九三；卷八三，〈逸民列傳．法真〉，頁二七七四；袁宏，《後漢紀》，卷二二，桓帝延熹四年條，在張烈點校，《兩漢紀》（北京：中華書局，二〇〇二），下冊，頁四一九－四二〇。

125 《後漢書》，卷五三，〈黃憲傳〉，頁一七四四。《世說新語》與《後漢紀》所錄之語略有不同，見余嘉錫，《世說新語箋疏》，〈德行第一〉第三條，頁四；張烈點校，《兩漢紀》，下冊，頁四五一。惟《後漢書》所記較簡樸，或許更接近原初之版本。

126 《後漢書》，卷五三，〈申屠蟠傳〉，頁一七五〇－一七五四。

127 特見川勝義雄，〈漢末のレジスタンス運動〉，《六朝貴族制社會の研究》，頁二五－三〇。中譯本見川勝義雄著，徐谷芃、李濟滄譯，《六朝貴族制社會研究》（上海：上海古籍出版社，二〇〇七），頁一九－二三。有關東漢的隱逸文化，研究甚多，尤以日本為盛，可略見松本雅明，〈後漢の逃避思想〉，《東方學報》（東京），第一二冊之三（一九四一年十二月），頁三八一－四一二；神樂岡昌俊，〈後漢の逸民〉，在木村英一博士頌壽記念會編，《中國哲學史の展望と摸索》（東京：創文社，一九七六），頁三三三－三四六；王仁祥，《先秦兩漢的隱逸》（國立臺灣大學文史叢刊之九十八；台北：國立臺灣大學出版委員會，一九九五），第五章。

隱逸之人反而受注意，能夠成名，跟察舉和徵辟重視特殊的行為有關——當時稱為「異行」。東漢選舉重德行，但基本的德行很普遍，行為是否高超就容易以特殊的程度來衡量，「異行」於是成了「美行」的同義詞。[128]異行當然不限於隱逸，但有個故事透露，隱者被認為多有異行。約於順帝末期，洛陽尹田歆須舉孝廉六名，他向以知人聞名的外甥王諶表示，這次薦舉孝廉，接到很多有力人士的請託，難以完全拒絕，他打算從中推薦五名，另外一人則請王諶幫忙找名士，以報效國家。王諶後來跟田歆推薦洛陽縣府小吏种暠，田歆說，應該是找「山澤隱滯」之人，怎麼會是洛陽小吏呢？王諶回答：「山澤不必有異士，異士不必在山澤。」以上引文取自《後漢書》，此事又見於袁宏《後漢紀》，記載略有出入，共同的一點是，兩項記事都集中在名士即異士的觀念，而且田歆相信異士應在山澤之中。[129]前文說過，名士群成形的一個根本因素是察舉和徵辟，這個制度創造了對名士的需求，由於特異的行為有助成名，強調個人的獨特性遂流衍為名士文化的主要特徵。范曄在《後漢書．方術列傳》的「論」對名士有如下的勾畫：

> 漢世之所謂名士者，其風流可知矣。雖弛張趣舍，時有未純，於刻情修容，依倚道藝，以就其聲價，非所能通物方，弘時務也。[130]

這裡的「刻情修容，依倚道藝」、「風流可知」，講的就是刻意追求個人風格的情狀，我們也可在史籍中看到具體的例子。[131]現在再從一個負面事件來揭示漢末的「異行」文化。名士領袖陳蕃

（?—一六八）擔任樂安太守時（即樂安國相，樂安在今山東），一位叫趙宣的人以「孝」著稱。他的父母去世下葬後，他不封閉墓道，居住其中守孝達二十餘年，曾得州郡數次徵聘。陳蕃跟他見面，問及家中情況，發現五個孩子都是服喪期間所生，大怒而定其罪。[132]總之，東漢晚期標新立異、特立獨行的風氣大起，與名士文化關涉尤深，這顯然就是漢晉之際思想變動與玄學興起中個人主義的直接來源。[133]

名士不是憑空冒出的，名聲來自口碑，更確切地說，來自士人的談論。這樣看來，品評人物的風氣就是名士文化的根柢了。作為一種集體習慣，人物評論源於漢代的選舉制度，具有選拔官員的實際功能，但人的素質難以清楚分割，鑑識之風不免逐漸涉及對人的全面認識，就本文主題

128 東漢中晚期文獻中「異行」一詞，可見《後漢書》，卷六，〈孝順帝紀〉，頁二六一；卷七，〈孝桓帝紀〉，頁二八八；卷六一，〈左雄傳〉，頁二〇二〇；卷七九下，〈儒林列傳．謝該〉，頁二五八五。

129 同上，卷五六，〈种暠傳〉，頁一八二六—一八二七；袁宏，《後漢紀》，卷二二，桓帝延熹六年條，在《兩漢紀》，頁四二二。田歆說他要求「名士」一人，是《後漢書》的用語，《後漢紀》則記作「清名堪成就者」。《後漢書》中的話可能經過范曄或他所依據的文獻改寫，但實質意思仍與《後漢紀》無殊。

130 《後漢書》，卷八二上，〈方術列傳〉，頁二七二四。

131 可參見同上，卷六三，〈李固傳〉，頁二〇八四；卷六八，〈郭太傳〉，頁二二二五—二二二六。

132 同上，卷五九，〈陳蕃傳〉，頁二一五九—二一六〇。

133 余英時特別強調東漢晚期觀念中「名」與「異」之不可分，見〈漢晉之際士之新自覺與新思潮〉，《中國知識階層史論：古代篇》，頁二三一—二三六。

而言，漢末人物品評中注意人的精神氣質的現象值得提出。前引郭泰稱讚黃憲「汪汪若千頃陂，澄之不清，淆之不濁」，試圖描繪的就是深廣難測的精神境界，不但與治世才能無關，甚至也不是道德性的心態。此外，延篤在給黨錮人物劉祐的信中說：「吾子懷蘧氏之可卷，體甯子之如愚，微妙玄通，沖而不盈，蔑三光之明，未暇以天下為事，何其劭與！」[134]蔡邕描述申屠蟠為「稟氣玄妙，性敏心通」，「安貧樂潛，味道守真」，[135]也都在讚頌對於個人性的「道」的追求。上述三人之中，黃憲和申屠蟠都是處士，劉祐雖然屢任高官，延篤寫信時，他正杜門隱居。上引評語似乎流露出一個觀點：仕宦之外的人生具有高於世俗、企及宇宙根本的積極意義，這種看法和相關體驗顯然是漢末士人文化中愈趨重要的元素。

關於東漢中晚期的名士文化，還要再談一點，這就是，在注重「異行」的風氣中，開始出現日常行為當以自然任真為基準的意識。跟前述的方外理想和精神追求相比，這個意識有個重要差異：它涉及的是日常生活中——也可說是「方內」——的「自然」。至少在思想的層面，日常生活是儒教所規範的世界，雖然漢代也有以儒家德目合於自然的說法，新「自然」意識要求從禮教解放。就傳世文獻所見，東漢晚期最早呈現出類似魏晉以後任誕行為的知名人士是戴良。戴良與黃憲是同時之人，且為汝南慎陽同鄉，由此可以推知，他生活在郭泰活躍的時代，約當漢桓帝時期（一四七—一六七）。《後漢書》說他為人「誕節」。他的母親喜歡聽驢叫聲，他就常學驢鳴。母親去世後，他的哥哥力行禮法，啜粥居茅廬，戴良則照常吃肉飲酒，哀來則哭，完全不循禮則。有人以此責問，他的回答是：「禮所以制情佚也，情苟不佚，何禮之論！夫食旨不甘，故致毀容之實。若味不存口，食之可也。」這是說，「禮」的目的在節制欲望，喪親之人如果真有哀傷，情欲寡淡，禮法對他就無意義了。無論就行為或說法而言，戴良簡直就像阮籍的前身。戴良特立獨行，聲稱自己「獨步天下，誰與為偶」，在個人意識勃興的東漢名士群中，這種意態並不能說極特別，但他以獨立於禮法的自然情感作為行為的根據，就很罕見。從歷史回溯的觀點來看，他的出現預示著一個新文化的誕生。[136]戴良同時人中，還有一位梁冀的幕僚趙仲讓，梁冀稱之為「絕高士」，也是同類型的狂生。據說他曾於冬日在梁冀府庭中，對著陽光解衣露形體，為梁冀夫人所見。[137]

戴良的社會身分算是汝南名士，他終身逃官，生前影響可能不廣，在他之後，漢末還出現了一組衝擊禮法的人物，重要性就更高了。這組人是孔融（一五三—二〇八）和禰衡。孔融為孔子的二十世孫，精於文辭，是獻帝朝最具聲望的名士領袖之一。禰衡小孔融約二十歲，出身背景不明，兩人在曹操治下的許都結為忘年交。禰衡有才而性剛傲，時人稱他「勃虐無禮」。禰衡最有名的故事是，他善於擊鼓，曹操要他在宴會上脫衣，穿短打衣冑擊鼓，想要折辱他，他從容照

---

134 《後漢書》，卷六七，〈黨錮列傳．劉祐〉，頁二二〇〇。
135 同上，卷五三，〈申屠蟠傳〉，頁一七五一。
136 戴良的事蹟見同上，卷八三，〈逸民列傳〉，頁二七七二—二七七三。
137 王利器校注，《風俗通義校注》（北京：中華書局，二〇一〇年二版），卷四，頁二〇三。

辦，反令曹操汗顏。孔融於建安十三年（二〇八）因曹操之忌恨遭處死，禰衡先是被放逐至荊州劉表處，後來也為劉表所殺，約與孔融之死同時。在處死孔融前，曹操命令路粹劾奏孔融，文中稱他「謗訕朝廷」，「唐突宮掖」，

> 又前與白衣禰衡跌蕩放言，云「父之於子，當有何親？論其本意，實為情欲發耳。子之於母，亦復奚為？譬如寄物缻中，出則離矣。」……大逆不道，宜極重誅。

孔融、禰衡宣稱親子關係是自然而非目的性的，本質上是獨立個體間的關係。這種說法主要根據王充的《論衡》，有可能出自學術性的討論，但路粹的奏章至少透露，當時有人認為這代表對禮教的攻擊。[138]另外有跡象顯示，孔融、禰衡的親子關係論超越了學理的層面，還帶有文化批判的色彩。孔融死後，為安撫人心，曹操發了一份文件給軍隊，解釋此事。其中說，禰衡傳播孔融的言論，聲稱假若遭遇饑荒，而父親不是好人，他寧願濟助他人（「若遭饑饉，而父不肖，寧贍活餘人」）。該文的結論是，孔融「違天反道，敗倫亂理，雖肆市朝，猶恨其晚。」[139]如果說，這件事有點像五十餘年後司馬昭之誅殺嵇康，應該不是過當之論。

曹操雖然殺害孔融，自己的行為其實頗脫達，他的兒子曹丕、曹植更是如此。建安七子之一的王粲去世後，曹丕臨喪。王粲生前喜歡聽驢叫，曹丕要弔喪諸友各作一聲驢鳴，來為王粲送行。這幾乎是戴良故事的翻版。[140]至於曹植，則是「任性而行，不自彫勵，飲酒不節。」[141]曹氏

父子的行為似乎透露，漢魏之際，自然不拘禮法的風氣已漸傳開。

以上揭示東漢中晚期名士文化中顯然與玄學興起有關聯的幾個因子：基於政治理想主義的超俗態度、方外理想、個體自覺、精神生活的追求、漠視禮法的自然觀。這些因子或強或弱，或顯或晦，但都是士人生活和行動中的態度或價值，談不上是有體系的思想，恐怕不能直接指為玄學的前身。前文關於名士文化的討論，除了試圖說明玄學的若干淵源，更重要是在指出：玄學並不是只存在觀念層面的純思想運動，它有著深厚的社會文化根基，這是為什麼玄學具有巨大動力的緣由。

---

138 引文見《後漢書》，卷七〇，〈孔融傳〉，頁二二七八。上述孔融與禰衡事蹟則見同書，卷七〇，〈孔融傳〉，頁二二六一—二二七九；卷八〇下，〈文苑列傳．禰衡〉，頁二六五二—二六五八。余英時認為孔融、禰衡的言論屬於思想討論性質的清談，見〈漢晉之際士之新自覺與新思潮〉，《中國知識階層史論：古代篇》，頁二四七—二五一。

139 《三國志》，卷一二，〈崔琰傳〉，頁三七三裴松之注引《魏氏春秋》。

140 曹丕之事，見余嘉錫，《世說新語箋疏》，〈傷逝第十七〉第一條，頁六三六。關於曹操的脫達作風，見《三國志》，卷一，〈武帝紀〉，頁五四—五五裴松之注引《曹瞞傳》。

141 《三國志》，卷一九，〈陳思王植傳〉，頁五五七。

漢魏之際的變化

東漢光熹元年（一八九）八月，士人與宦官的長期鬥爭以袁紹屠殺宦官告終，但西北將領董卓隨即進京，奪取政權，並於次年挾持獻帝遷都長安，各地豪傑大起，漢帝國實質解體。從西元一八九年到玄學初興的曹魏正始時期（二四〇—二四九）的半世紀間，中國思想有怎樣的變化呢？現在從三個角度試作說明。關於這個問題，曾經流行的一個說法是，從漢末到魏初出現了從清議到清談的演變。這個說法的意思是，在這一時期，士人之間談論風氣勃興，在漢末，談論的主要方向是批評時局、月旦人物（「清議」），漢朝崩潰後，變成以談玄論道為主（「清談」），玄學就是在此過程中形成的。首先要說明，這個描述中對於「清議」和「清談」的用法都是後代才出現的，跟它們在歷史現場中的涵義頗有距離。此外，「從清議到清談」的圖像也過於簡化，有欠準確。不過，這個古典命題還是揭露了一個重要的歷史事實：談論之風不始於魏晉，而可上溯至東漢晚期，但這個風氣在漢末以後發生了轉變。[142]關於漢魏之際的談論，學者目前的了解是：漢末的談論牽涉很廣，不限於政事、人物，已經包含學術思想的議論，然而從漢末到魏初，談論風氣中抽象問題的成分擴大，並出現對宇宙人生根本之關注，則為重要的發展。[143]名士談論中浮現所謂「象外之意」、「繫表之言」的玄遠課題，大概是在曹魏明帝太和初年，即西元二二〇年代末期，正是何晏、夏侯玄等人的青年時代。[144]談論是漢晉士人文化的重要部分，曹魏以後，談論雖然涵蓋範圍仍廣，思想性愈來愈濃，也出現較固定的談辯規制，可以說，「清談」至此正式成立。毫無疑問，清談是玄學形成的一個重要溫床，玄學思想不僅產生於經典注釋和論說文章，它也是談出來、辯出來的，而玄學的興盛與分化又為清談提供了新的談資。

漢魏之際思想演變的另一條軌跡，則是士人對個人主體性與精神生活的關注持續增強。現在各舉漢末和魏初的一個例子。首先是仲長統（一八〇—二二〇）。他是王弼的同鄉，山陽郡高平縣人（今山東鄒縣一帶），漢末文學家、思想家。仲長統成年期適逢華北征戰與曹操掌政，他的仕宦生涯很短，曾和袁紹外甥并州刺史高幹略有交接，晚年入曹操政權。仲長平生多隱居，據說

142 「清議」與「清談」詞義的討論，見唐翼明，《魏晉清談》，第一章；余英時，〈《魏晉清談》序〉，同上書，頁五—七。簡單說，漢晉之際，在用語上，並沒有「清議」和「清談」的區分，「清談」的意思包含很廣，從一般性的雅談到人物評論、談論學理都有。「從清議到清談」的命題，中日學者都曾提出。中國方面見陳寅恪，〈逍遙遊向郭義及支遁義探源〉（原刊於一九三七年），收在《陳寅恪文集之三》（上海：上海古籍出版社，一九八〇），《金明館叢稿二編》，頁八三—八四；湯用彤，〈讀人物志〉（原刊於一九四〇年），《魏晉玄學論稿》，頁一二—一四；唐長孺，〈清談與清議〉，《魏晉南北朝史論叢》，頁二八九—三一〇。日本方面則見青木正兒，〈清談〉，《東洋思潮》，第四卷（一九三四），頁四—一一；板野長八，〈清談の一解釋〉，《史學雜誌》，第五〇編第三號（一九三九年三月），頁八八—九七；宮崎市定，〈清談〉，《史林》，第三一卷第一號（一九四六年一月），頁一—一五。

143 余英時最早強調，後漢談論風氣初起時已涉及學術思想。見其〈漢晉之際士之新自覺與新思潮〉，《中國知識階層史論：古代篇》，頁二四七—二四八。

144 引文取自《三國志》，卷一〇，〈荀彧傳〉，頁三二〇裴松之注引何劭《荀粲傳》。

「性倜儻，敢直言，不矜小節」，「默語無常，時人或謂之狂」。[145]他的作品強烈表達了對於自足個人天地的追求。在有名的〈樂志論〉（後人擬題），仲長統描繪了一個具體的理想世界，這是一座私人園林，「背山臨流，溝池環匝」，在其中，既可享受人間單純的快樂，也能融入自然，繼而擁有超越的存在境界，甚至達成生命之永存：

良朋萃止，則陳酒肴以娛之；嘉時吉日，則亨羔豚以奉之。躕躇畦苑，遊戲平林，濯清水，追涼風，釣游鯉，弋高鴻。諷於舞雩之下，詠歸高堂之上。安神閨房，思老氏之玄虛；呼吸精和，求至人之彷彿。與達者數子，論道講書，俯仰二儀，錯綜人物。彈南風之雅操，發清商之妙曲。消搖一世之上，睥睨天地之閒。不受當時之責，永保性命之期。如是，則可以陵霄漢，出宇宙之外矣。豈羨夫入帝王之門哉！[146]

仲長統僅存的兩首詩都書寫超越人間的想像。這是其中的一首：

大道雖夷，見幾者寡。任意無非，適物無可。古來繞繞，委曲如瑣。百慮何為，至要在我。寄愁天上，埋憂地下。叛散五經，滅棄風雅。百家雜碎，請用從火。抗志山栖，游心海左。元氣為舟，微風為柂。敖翔太清，縱意容冶。[147]

值得注意，在自我實現與遊身宇宙的追求中，經典和文化是可以棄滅的，至少在這首詩中，儒家的價值受到了正面的衝擊。

再來要談時代稍後的荀粲。荀粲出身潁川荀氏，父親是曹操政權中最重要的士人領袖荀彧（一六三—二一二）。粲為幼子，年歲與太和、正始名士何晏、夏侯玄、鄧颺、傅嘏等人接近而可能稍長，然以二十九歲早逝，無緣見證正始玄學。荀粲在魏明帝太和年間（二二七—二三三）以談論「玄遠」知名。他個性特別，少與人交，品評人物則認為父親荀彧不如族兄荀攸，引起兄長的憤怒也不改變看法。父子之倫是儒教的根本，荀粲居然把父親跟別人放在同一天平上衡量，可見其個體意識之徹底。荀彧和荀攸差異何在呢？荀彧德行周備，天下仰望；荀攸也是曹操的重臣，但他不重儀表，行為慎密。荀粲對這兩人的評價進一步透露，他的價值觀傾向自然、保身，這是以個人生命為核心的視野，不同於他父親所代表的儒家正統。[148]前文曾經提示，玄學形成背

145 同上，卷二一，〈仲長統傳〉，頁六二〇裴松之注引繆襲上仲長統《昌言》表。另參《後漢書》，卷四九，〈仲長統傳〉，頁一六四三—一六四六。

146 《後漢書》，卷四九，〈仲長統傳〉，頁一六四四。

147 同上，卷四九，〈仲長統傳〉，頁一六四五—一六四六。

148 荀粲的資料主要見《三國志》，卷一〇，〈荀彧傳〉，頁三一九—三二〇裴松之注引《荀粲傳》；同書卷二一，〈傅嘏傳〉，頁六二三—六二四裴松之注引《傅子》；余嘉錫，《世說新語箋疏》，〈識鑒第七〉第三條，頁三八四—三八五。荀彧與荀攸傳記分見《三國志》，卷一〇，頁三〇七—三一九，三二一—三二五。

後雖然有很大的文化力量，但作為一種特定的學術思想，玄學的興起是很突然的，何晏、夏侯玄等人似乎前無所承。有學者認為，荀粲思想屬於道家，是更早的先驅，惟因資料不足，恐難以判定。[149]無論荀粲是否可在思想上算是玄學的先行者，他的心靈無疑與他身後不久崛起的這個思潮有相當的親近性。

關於漢魏之際的思想動向，日本學者板野長八（一九〇五—一九九三）曾以文學家為對象，論證當時的思想存在著「二重性」。這是不對稱的儒道二重性。在「儒」的方面，主要內容有家庭道德、重視宗族的意識，以及士人經世濟民的責任感；在「道」的方面，則是對方外境界和個人自由的追求。兩者之中，「道」是新起的潮流，一般而言，並不帶有輕視人倫價值的意味，可說還在儒家正統的籠罩之下。另外要指出，板野的研究所展現的道家傾向，基本上存在於零星的個別觀念與人生意態的表達，並不是以先秦道家典籍為依據的思想鋪陳，跟正始玄學性質有異。[150]板野的觀察相當準確。以前述的仲長統而言，他的思想也有明顯的二重性。他以開闢個人精神領域著稱，但也是政治思想家，著有《昌言》一書，全書已佚，就殘留片段看來，是以儒家價值為主調，但強調刑罰在亂世中的作用。這或許不能直接稱為儒道的二重性，但人間秩序的安頓顯然還是仲長統的重大關懷。[151]

就現存文獻所見，漢魏之際的文學家當中，以曹植（一九二—二三二）思想二重性最為明顯。曹植是曹操的四子，才華早發，很受曹操寵愛，曾考慮以他繼嗣，因而引起他與兄長曹丕的競爭關係。曹操決定以曹丕為太子後，為防後患，殺了曹植的親信楊脩（一七五—二一九），曹丕繼位，其他黨羽又遭誅除。曹植自此備受壓抑，轉徙藩國，終其一生。曹植是中國文學史上的開拓性人物，在漢魏文人中，是作品傳世較多的一位。這些篇章顯示他充滿了儒家情懷，他對古聖先賢的讚頌嚮往，自己的用世之心，看來都情真意切。但他也有的「道」的傾向，表現最突出的是有關神仙的想像和書寫。曹植有不少作品以求仙為主題，事實上，他是中國最早的重要遊仙詩作者之一。在他心目中，神仙道具有豐厚的精神內涵。除了長生不死，神仙也意味身心的解放，而清淨無為的生命修練又是成仙的必要條件。〈桂之樹行〉如是說：「桂之樹，得道之真人咸來會講，仙教爾服食日精。要道甚省不煩，淡泊、無為、自然。」[152]〈釋愁文〉對這樣的身心昇華有細緻的描寫。在文中，玄靈先生對愁苦的第一人稱「予」表示，他可醫治憂愁：

> 吾將贈子以無為之藥，給子以澹薄之湯，刺子以玄虛之針，灸子以淳朴之方，安子以恢廓

149 關於荀粲思想性質的討論，可見青木正兒，〈清談〉，頁五—六；余英時，〈漢晉之際士之新自覺與新思潮〉，《中國知識階層史論：古代篇》，頁二九七—三〇一；逯耀東，〈荀粲與魏晉玄學〉，在其著，《魏晉史學及其他》（台北：東大圖書公司，一九九八），頁三五—四三。

150 板野長八，〈何晏王弼の思想〉，《東方學報》（東京），第一四冊之一（一九四三年三月），頁七九—八九。

151 今存《昌言》片段可見嚴可均輯，《全上古三代秦漢三國六朝文》（北京：中華書局影印，一九九一），《全後漢文》，卷八八、八九。

152 趙幼文校注，《曹植集校注》（北京：人民文學出版社，一九九八），頁三九九。

> 之宇，坐子以寂寞之床。使王喬與子遨遊而逝，黃公與子詠歌而行，莊生為子具養神之饌，老聃為子致愛性之方。趣遐路以棲跡，乘輕雲以高翔。153

關於曹植與漢魏之際思想變化的關係，還有兩句失題的逸文很值得注意：「高談虛論，問彼道原。」154我們不知道這是曹植陳述自己的經驗，還是紀錄見聞，但很明顯，在曹魏前期，像荀粲這樣的談論「玄遠」並非孤例，從理論上勘探道本的風氣已在醞釀中。

在漢末以來社會與人心的劇烈動盪中，儒家正統深受衝擊，法家和道家思維趁隙重起，特別在曹魏早期，有人積極利用這兩家的觀念來探討問題，表達見解。這是漢魏之際思想變動的又一方面——學術論述的方面。先談法家。在《隋書．經籍志》法家之部的著作中，除了戰國法家典籍，就以漢魏間所撰特多。屬於東漢晚期的有崔寔《正論》（通稱《政論》），曹魏則有劉邵（或作劉劭，即《人物志》作者）《法論》、劉廙（一八〇—二二一）《政論》、阮武（阮籍從父）《正論》、桓範（？—二四九）《世要論》，孫吳有陳融《陳子要言》。此外，與王弼為同時才子的鍾會（二二五—二六四）撰有《道論》，據說「實刑名家也」，也是法家之流。155〈經籍志〉的書籍分類雖然未必完全準確，上述著作的集中出現，清楚顯示一時之潮流。這些作品早已亡佚略盡，內容無法詳知，但各種跡象顯示，漢魏之際的所謂法家並不是要恢復戰國法家以君主意志、國家法律為絕對標準的全體主義，他們不妨說是要「以刑助德」或「以刑輔禮」。他們以為，徒德不足以成治，亂世尤其如此，希望把法度刑罰當作國家治理的重要工具。桓範〈辨能〉有言：「夫商鞅、申、韓之徒，其能也，貴尚譎詐，務行苛剋，廢禮義之教，任刑名之數，不師古始，敗俗傷化。此則伊尹、周、邵之罪人也。然其尊君卑臣，富國強兵，守法持術，有可取焉。」可以代表以上所說的態度。[156]漢魏之際的重法思想並不只呈現於著書立說，如所周知，這是當時主要的施政理念，一代領袖如曹操、諸葛亮都有此特點。

至於道家思想的重興，就和玄學的形成直接掛勾了。首先要說明，現在所謂的道家思想並不等同於前面所談儒道二重性的「道」。前文的「道」，主要指追求方外世界與個人主體性的意念，這種意念也常跟老、莊連接在一起；此處所指，則是先秦道家觀念——特別是《老子》思想——開始進入學術討論的核心。就在後一點上，作為思想運動的玄學被觸發了。前文討論漢魏之際思想動向時已經指出，曹魏以後，士人議論中出現了宇宙本體層面的課題，我們也舉出荀粲

153 同上，頁四六八。

154 同上，頁五四四。

155 《隋書》，卷三四，〈經籍志三〉，頁一〇〇四；《三國志》，卷二八，〈鍾會傳〉，頁七九五。

156 這段文字是《世要論》的逸文，見嚴可均輯，《全上古三代秦漢三國六朝文》，《全三國文》卷三七，頁一二六二（原見《羣書治要》）。政治思想中的法家因素在二世紀中葉即已出現，延續至曹魏。可略見Etienne Balazs, "Political Philosophy and Social Crisis at the End of the Han Dynasty," in his *Chinese Civilization and Bureaucracy: Variations on a Theme*, edited with an introduction by Arthur F. Wright, trans. by H. M. Wright (New Haven and London: Yale University Press, 1964), pp. 187-225；劉澤華主編，葛荃副主編，《中國古代政治思想史》（天津：南開大學出版社，一九九二），第十四章第一、二節。

言尚玄遠之事以及曹植「高談虛論，問彼道原」的敘述。我們雖然不知道這些關於「道」的談論是採取儒家抑或道家的立場，可以確定的是，在曹植、荀粲的時代，的確有從道家觀點論「道」的情況。一個明顯的例子就是裴徽。

裴徽出身名族河東聞喜裴氏，家中產生了很多名士，包括他自己的兒子裴楷（二三七—二九一）、姪孫裴頠（二六七—三〇〇）。裴楷為玄學主流中人，裴頠則批判何晏、王弼貴無之說。裴徽生卒年不明，約與荀粲、何晏、夏侯玄、傅嘏等人同輩而較曹植年輕，仕至冀州刺史。同時之人趙孔曜曾如此描述他：「才理清明，能釋玄虛，每論易及老、莊之道，未嘗不注精於嚴、瞿之徒也。」[157]他在闡論根本之「道」時，並用《周易》、《老子》、《莊子》，引文中的「嚴」大概指漢代注《老子》的嚴遵，「瞿」則是傳孔子《易》的商瞿，可見他特別精於《老》、《易》。此外，裴徽曾為荀粲和名理大家傅嘏溝通論點，裴松之稱其「有高才遠度，善言玄妙」，是明帝太和時期最重要的玄言家之一，可以無疑。[158]裴徽雖然不在何晏、夏侯玄這群「浮華友」之列，思想路徑顯然接近，大概而言，就是既鑽研易學的天道論述，又激賞「無為」、「自然」等道家觀念。[159]王弼成為玄學的首要開創者，關鍵在於成功融貫《老》、《易》，建構了新穎而有潛力的思想命題，用以解釋宇宙本態，指導人間生活。裴徽正是這個取徑的先驅。何劭《王弼傳》記載王弼十幾歲時曾拜訪裴徽，討論「有」、「無」，很得裴徽賞識。[160]這段文字的主角是王弼，目的在顯示他才慧早發，但就玄學成立史的觀點而言，王弼為什麼去找裴徽談問題，也是很堪玩味的。

關於曹魏早期的老學興起，鍾繇（一五一？—二三〇）、鍾會（二二五—二六四）家族也值得一談。鍾繇歷仕漢廷、曹操、曹魏，是曹氏政權的重臣，他撰有《周易訓》、《老子訓》，是目前所見，漢魏之際最早同為《周易》、《老子》作注的人。[161]鍾會是鍾繇的幼子，為父妾所生，但不知為什麼，生母張氏極有學問，在鍾會幼、少年時，有系統教授他經書，讀物還包括鍾繇的《周易訓》。據鍾會說，張氏尤其喜好《周易》和《老子》。鍾會自己主要走名理與刑名的路線，但也涉入玄學。他精熟《易》、《老》，撰有《老子注》、〈周易盡神論〉、〈周易無互體論〉，並曾和王弼、荀彧姪孫荀融一起「論《易》、《老》義」。「互體」是漢代象數易學的重要元素，鍾會反對此說，顯示他的易學重義理，與王弼相近，荀融則顯然偏象數派。鍾繇和鍾

157 《三國志》，卷二九，〈方技傳〉，頁八一九裴松之注引《管輅別傳》。傅嘏為裴徽少年好友，嘏生於西元二〇九年，裴徽年歲亦應相近。見同上書，卷二一，〈傅嘏傳〉，頁六二八裴松之注引《傅子》。

158 同上，卷一〇，〈荀彧傳〉，頁三二〇裴松之注引《晉陽秋》；卷二三，〈裴潛傳〉，頁六七四裴松之注。

159 明帝當政時，何晏、鄧颺、李勝、諸葛誕、丁謐、畢軌等人因「浮華」免官，夏侯玄也被貶職。該案發生於何年，有不同的說法。參見唐翼明，《魏晉清談》，頁一八七—一九〇；王曉毅，〈論曹魏太和「浮華」案〉，《史學月刊》，一九九六年第二期，頁一七—二五。「浮華」的意思有好幾層，最主要的是交遊結黨、高談大論、不務道本，此案顯然兼具政治與思想行為的因素。

160 《三國志》，卷二八，〈鍾會傳〉，頁七九五裴松之注引。

161 後漢經學大家馬融（七九—一六六）也同注《周易》和《老子》，惟其年代較前。見《後漢書》，卷六〇上，〈馬融列傳〉，頁一九七二。

會年紀相差很大，純就年歲而言，夫、妾、子三人等於是三代，他們同樣精通《周易》、《老子》，應該可以看作學風轉變的一個標示。[162]魏大司農董遇兼注《周易》、《老子》，可能也是同一風氣的產物。[163]必須指出，《周易》和《老子》有種種結合的方式，並不限於形上一途，孫吳的虞翻（一七〇—二三九）同治《易》、《老》，但其易學仍繼續發展漢易的象數方法。[164]儘管如此，《老子》形上思想在曹魏早期的復興還是相當明顯的。此外，剛剛提到鍾會以名理家兼涉玄學，這並非孤例，年代稍早的劉卲《人物志》是才性論名著，也頗沾染道家色彩。概略而言，漢末以後的中國，士人群中出現探求宇宙、人生本原的潮流，有人感覺儒家對此少有所說，陰陽術數之學又不合理，道家就在這個機會下，進入學術討論的核心，成為創發新思想的源頭。曹魏一位曾任濟陰太守的沐並在給兒子的遺言中寫到：「儒學撥亂反正、鳴鼓矯俗之大義也，未是夫窮理盡性、陶冶變化之實論也。若能原始要終，以天地為一區，萬物為芻狗，該覽玄通，求形景之宗，同禍福之素，一死生之命，吾有慕於道矣。」正是這一心理的寫照。[165]

在揭示東漢晚期名士文化與玄學形成的連接痕跡後，本文又約略說明了正始玄學興起前的文化思想動向。這是一個複雜的時代，我們所講，只能限於跟玄學出現關係最密的部分，舉例而言，在曹魏時期，探討人才評鑑與任用的名理思想盛行一時，本文就無法正面論及。我們得到的最重要觀察是，作為玄學形成關鍵的道家思想很晚才成為主要的學術議題，大概不早於魏明帝太和時期（二二七—二三三）前後，這使得玄學的興起帶有一種跳躍的樣態。可是，這個突然而起的思想卻觸動了漢末以來許許多多活躍的文化發展，它們以玄學為核心，匯為龐大的力量，強烈衝擊中國既有的意識形態結構，從而開創歷史新局。

玄學的思想史淵源

本篇至此大都處理玄學與漢魏之間士人文化變動的關係，不過，玄學到底是思想運動，要充分了解其來由，思想史的溯源是必要的。接下來要做一點這方面的工作，以結束本篇對玄學興起的討論。前文曾經歸納，作為思想系統，玄學約有四大要素：闡說宇宙本體的形上思想、方內／方外的區分與方外的追求、自然任真的人生價值、無為的政治觀。它們或可稱為玄學的四大支

162 上述鍾家三人的學術思想，參見《三國志》，卷一〇，〈荀彧傳〉，頁三一六裴松之注引《荀氏家傳》，頁三一九裴松之注引《晉陽秋》；同書，卷二八，〈鍾會傳〉，頁七八四—七九五，特別是頁七八五—七八六裴松之注引鍾會所撰鍾母傳記；余嘉錫，《世說新語箋疏》，〈言語第二〉第一一條，頁七一劉孝標注引《魏志》（《魏志》或為《魏書》之誤）；《隋書》，卷三四，〈經籍志三〉，頁九一〇，一〇〇〇。荀融易學路數的說明見湯用彤，〈王弼大衍義略釋〉，《魏晉玄學論稿》，頁六四—六五。

163 《三國志》，卷一三，〈王肅傳〉，頁四二〇裴松之注引《魏略》；興膳宏、川合康三，《隋書經籍志詳攷》，頁三九—四〇。

164 參見《三國志》，卷五六，〈虞翻傳〉，頁一三一七—一三二六；朱伯崑，《易學哲學史》，第一卷，頁二一一—二二〇。

165 《三國志》，卷二三，〈常林傳〉，頁六六一裴松之注引《魏略》。

柱。首先要談道家導向的形上思想。正始玄學的形成，關鍵在何晏、王弼等人一反漢儒象數災異氣化之說，利用《老子》書中的觀念，以「無」來界定宇宙的根本原理，從而開展種種議論。關於這個思想的緣起，學界向有兩說。一是起自東漢晚期以來的經學簡化運動，一是承繼了在漢代一直保有生命力的道家思想，前者尤為關鍵。

漢代學術以經學為絕對主流，思想動向與此密不可分。東漢後期以降，經學界生起刪落繁瑣、探尋大義的風潮，此時經學以鄭玄（一二七—二〇〇）最稱大師，他綜合今、古文學，建立嚴整的詮釋體系，就有重視原理的意味。學者普遍認為，在漢魏之際的經學發展之中，以荊州學派和玄學興起關係最深。所謂荊州學派，是指漢末劉表統治荊州時期（一九〇—二〇八）在該地所結集的儒學者及其學術表現。劉表本人也是名士領袖，於北方動亂之際，在荊州立學校，改定五經章句，造就一時之全國學術中心。荊州學派的實際領袖是宋忠（隋時避文帝之父楊忠諱，改稱宋衷，爾後文獻多依之），他特別注重儒經中的天道之學，專長為《周易》以及揚雄仿《易》所撰的《太玄》。宋忠注《易》，根據古文費氏《易》（費氏為費直），以傳解經，顯然力求簡要。揚雄《太玄》引起注意，更是宋忠的功勞，他注此書，同樣專主文義，不顧吉凶占驗。簡言之，以宋忠為首的荊州學派在漢末異軍突起，強調由博返約，關心天道的原理而忽略天人之際的利害關係。王弼家族曾居留荊州，與劉表為姻親，很可能有宋忠之學的背景。劉氏政權滅亡後，宋忠入曹魏，也將新《易》學、《太玄》學帶入華北核心區。這些因素應該都在正始玄學的醞釀過程中發生了作用。[166]不過，荊州學派與正始玄學興起的關係也不能太過強調。宋忠的易學似乎仍傾向象數，和王弼差異很大。此外，東漢中葉以降，《易》古文學漸興，重義理是廣泛的趨勢，王弼易學頗多出自同時之古文經學大家王肅（一九五—二五六），可見他的學術基礎不拘一家，並非獨受荊州學派。[167]

至於玄學形成與漢代道家思想的可能關係，湯用彤說：「正始以後之學術兼接漢代道家（非道教或道術）之緒（由嚴遵揚雄桓譚王充蔡邕以至於王弼），老子之學影響逐漸顯著……。」[168]湯先生聲稱，道家思想在漢代一直未間斷，是有根據的，不過要指出，東漢黃老雖然流行，主要內涵是戒慎保身或神仙養生的觀念，至東漢晚期又有以黃老為名的宗教活動，相對來說，原理性的道家思想並不強大。[169]就玄學興起的問題而言，在湯氏列舉的「漢代道家之緒」中，王充（二五—約九六）最值得注意。王充《論衡》是東漢的思想巨著，此書內容繁多，大概言之，主旨在批判作者心目中的虛妄之說，可以算是一部合理主義的論述。王充一個主要的批判對象是天人感

---

166 關於荊州學派的論說，見唐長孺，〈漢末學術中心的南移與荊州學派〉，在其著，《唐長孺社會文化史論叢》（武漢：武漢大學出版社，二〇〇一），頁一—一二；余英時，〈漢晉之際士之新自覺與新思潮〉，《中國知識階層史論：古代篇》，頁二七八—二八一；湯用彤，〈王弼之周易論語新義〉，《魏晉玄學論稿》，頁八八—九〇。

167 參見朱伯崑，《易學哲學史》，第一卷，頁二四六—二四八。

168 湯用彤，〈讀人物志〉，《魏晉玄學論稿》，頁一二。

169 關於漢代的黃老觀念叢組與道家思想，見秋月觀暎，〈黃老觀念の系譜——その宗教的展開を中心として——〉，《東方學》，第一〇輯（一九五五年四月），頁六九—八一；田中麻紗巳，《兩漢思想の研究》（東京：研文出版，一九八六），第五章第三節〈後漢の道家思想〉。

應觀。這是漢代的核心信仰，也被儒者普遍接受，如果它是錯誤的，對於世界的正確理解應當是什麼呢？王充的答案是：道家的自然觀念。「天」是自然性的，自行自止，無意志，無目的，人間的事象跟「天」沒有對應關係。《論衡・譴告》有言：「夫天道，自然也，無為。如譴告人，是有為，非自然也。黃、老之家，論說天道，得其實矣。」[170]「譴告」指上天用災異來譴責人君失政，王充以為，這種造作論漏洞百出，全無根據，道家的看法才是正確的。同書〈自然〉也明白講出這層意思：「……謂天為人作農夫桑女之徒也，不合自然，故其義疑，未可從也。試依道家論之。」[171]王充拒斥儒家和陰陽家的天人感應說，代之以道家的自然思想，似乎在漢魏之際發生了深微的影響。他雖然活在東漢前期，但因僻居會稽上虞（今浙江上虞），著作流傳不廣。《論衡》受到重視，起於漢末。靈帝時，蔡邕因避宦官，居留會稽達十二年，他獲得此書，視為珍寶，攜之入中原。後來擔任會稽太守的王朗（一五六?—二二八，經學家兼文學家，王肅之父）也把這部著作帶至國都許昌流傳。有跡象顯示，《論衡》是當時清談的重要談助，產生了破壞儒家壁壘的作用。[172]

道家思想在東漢的潛流也可見於易學傳統。漢代易學以象數為主流。所謂象數，基本意思是，《周易》的根本意義存在於卦象，卦象不但可用以解釋經文，還代表了宇宙與人事全體的圖式。卦象有種種變異的方式；「卦」除了有「象」，「卦」與組成「卦」的「爻」還可用數字來代表，如陰爻之數為六、八，陽爻之數為九、七，易理因此也可根據數字進行推演。易象不是孤立的符號，卦、爻與陰陽、五行、節氣、時序、方位、天干地支等宇宙基本元素都有對應關係，彼此搭配，鋪陳出宇宙的圖像和運行規律。這些圖像和規律可供人們預測未來，透過它們跟現實狀態的對比，也能偵測天人關係中的訊息。象數思想的根本，是易卦與自然知識、陰陽五行學說的結合，再將之應用於天人關係。然而，漢代易學也有道家思想的成分，主要表現於以《老子》中的觀念來詮釋《周易》的卦象、經文或道理。這些詮釋未必都涉及天道的問題，但有些確實有關，最明顯的例子就是緯書「易緯」中的《乾鑿度》（並見《乾鑿度》與《乾坤鑿度》）。173《乾鑿度》約作於西、東漢之際。《乾鑿度》論宇宙之生成云：

> 有太易，有太初，有太始，有太素也。太易者，未見氣也；太初者，氣之始也；太始者，

170 黃暉，《論衡校釋（附劉盼遂集解）》（北京：中華書局，一九九〇），頁六三六。

171 同上，頁七七五。

172 蔡邕與王朗取得《論衡》的記載，可見楊明照，《抱朴子外篇校箋》下冊（北京：中華書局，一九九七），〈附錄・佚文第三〉，頁七四八—七四九（輯自《北堂書鈔》卷九八、《藝文類聚》卷五五、《太平御覽》卷六〇二、六一七、六九九）；周天游輯注，《八家後漢書輯注》，頁六六六（袁山松《後漢書》卷三，輯自范曄《後漢書》卷四九王充傳李賢注）。余英時特別強調《論衡》在漢末談論中的作用，見其〈漢晉之際士之新自覺與新思潮〉，《中國知識階層史論：古代篇》，頁二四七—二四八，三三八—三四〇；張蓓蓓則對王充與魏晉學術的關係有廣泛探討，見其〈魏晉學風窺豹〉，在其著，《中古學術論略》，頁一〇四—一一八。又，蔡邕於獻帝光和二年（一七九）赴會稽，如果十二年之說是正確的，則應於獻帝初平元年（一九〇）北返。古人計年數如計歲數，起年和迄年都算一年。

173 關於漢代易學中的道家色彩，可略見朱伯崑，《易學哲學史》，第一卷，頁一一五—二四九。

> 形之始也；太素者，質之始也。[174]

《乾坤鑿度‧乾鑿度》有文如下：

> 黃帝曰：……既然物出，始俾太易者也。太易始著，太極成；太極成，乾坤行。老神氏曰：性無生，生復體。天性情，地曲巧，未盡大道，各不知其性，乾坤既行，太極大成。[175]

這兩段陳述都好像表示，世界原來是「無」的，連「氣」或「元氣」都沒有，「太初」或「太極」出現後，才啟動了「有」的歷程。鄭玄也是如此理解的。他注《乾鑿度》「有太易有太初」之句云：「以其寂然無物，故名之為太易」；注「太初者氣之始也」則說：「元氣之所本，始太易。既自寂然無物矣，焉能生此太初哉？則太初者，亦忽然而自生。」[176]鄭玄注《乾坤鑿度》「太易始著太極成」句則曰：

> 太易，無也；太極，有也。太易從無入有。聖人知太易有理未形，故曰太易。[177]

孤立來看，鄭玄的注文好像是玄學世界觀的雛形，但如果放在相關文本的脈絡裡，應該不能如此理解。《乾鑿度》表達的基本上還是發生學的宇宙觀，「無」存在於宇宙的起點，元氣（太初、太極）誕生後，宇宙開始成長，然後有聖人出現，根據宇宙的原理建構文明，制訂道德準則，用以教化人群。《乾鑿度》呈現的是氣化、道德的世界圖像，沒有上天的意志，但有聖人，「無」似乎只是宇宙誕生的背景，對世界不具規範作用。簡言之，無論在《乾鑿度》本文或鄭玄的注，「無」都不是形上的概念。

雖然《乾鑿度》「從無入有」的觀念不宜過度解讀，這組文獻受到道家思想影響是很明確的，關於這一點，除了「無」，又可見於《易》的本質是「簡易」的說法。《乾鑿度》（非《乾坤鑿度》中的《乾鑿度》）借孔子之口說，「易」有三個意思：易、變易、不易。「易」即「簡易」。對此性質，《乾鑿度》有一段很長的鋪陳，簡引如下：

> 易者，以言其德也。通情無門，藏神無內也。光明四通，俲易立節。大地爛明，日月星辰，布設八卦，錯序律歷……不煩不撓，淡泊不失。此其易也。178

---

174 黃奭輯，《通緯・易乾鑿度鄭氏注》，頁一〇，收在上海古籍出版社編，《緯書集成》（上海：上海古籍出版社，一九九四），頁一六二六。

175 黃奭輯，《通緯・易乾坤鑿度鄭氏注》，頁二a—三a，《緯書集成》，頁一六五九—一六六〇。

176 黃奭輯，《通緯・易乾鑿度鄭氏注》，頁一〇，《緯書集成》，頁一六二六。

177 黃奭輯，《通緯・易乾坤鑿度鄭氏注》，頁二b，《緯書集成》，頁一六五九。

178 黃奭輯，《通緯・易乾鑿度鄭氏注》，頁一b—三b，《緯書集成》，頁一六二一—一六二二。

這段文字中，有個別地方玄虛難解，但大意還能掌握。《乾鑿度》是說，宇宙演生的一個特性是簡單（「易」），不做作。鄭玄的注就把這層意思寫得很明朗。他對「通情無門藏神無內」的解釋是：「佼易無為，故天下之性，莫不自得也。」「佼」即「仿效」，「佼易」指仿效簡易之德。這裡把「通情無門藏神無內」理解為：宇宙演生的過程中沒有情志的作用，一切都是簡單的，萬物自為。「佼易立節」的注則是：「佼易者，寂然無為之謂也。」[179]扼要地說，《乾鑿度》所說的「簡易」略當於道家的「自然」、「無為」。如果「簡易」是作為宇宙圖式的《易》的根本性質，它能不能適用於人事呢？按理應該可以。但《乾鑿度》的態度有些曖昧。此文對「簡易」的闡說只舉自然現象和規律為例，在「變易」、「不易」的討論上才引用人事。[180]無論如何，「易緯」在東漢思想中占有重要的地位，鄭玄尤其是核心學術人物，《乾鑿度》與《乾坤鑿度》鄭注清楚透露，道家世界觀在東漢一代具有一定的分量。

關於正始玄學的淵源，或許還有一項不宜忽視的因素。何晏、王弼的世界圖像雖然和漢代的主流思想差別很大，但有一個共同點：它們都立足於根本的「道」。從董仲舒（西元前一七九？—一〇四？）以降，「天人感應」可謂漢代思想的主旋律，由此自然導致對「天」的關心與描述。西、東漢之交，讖緯大盛。讖緯中含有各式各樣關於宇宙本源的想像，如天神、元氣、象數，影響東漢儒學甚鉅。讖緯中涉及預言的圖讖有「內學」之稱，「內」是祕密的意思，更凸顯了讖緯重「天」的性格。簡單地說，「天道」一直是漢代思想的核心問題，綿延數百年，而此議題顯然延續於漢末以後追尋原理的風氣中。前文介紹過的魏初玄談家荀粲好言「道」，這個

「道」就是「天道」。據說他「常以為子貢稱夫子之言性與天道，不可得聞，然則六籍雖存，固聖人之糠秕」，[181]依此看來，正始玄學的一個出發點，就是有關「性與天道」的談論了。

以上討論了漢末經學注重義理的傾向、漢代思想中的道家流派、橫亙漢魏思想的「天道」課題，藉以說明正始玄學的若干來源。不過也要指出，這些因素固然都是玄學的歷史基礎，或者說，在某種程度上促發了正始玄學的誕生，它們本身並不足以歸結為「以無為本」之說。正始玄學顯然是個突破。最終而言，這個思想的形成要歸功於何晏、夏侯玄、裴徽等人的探索以及王弼的理論建構。

在玄學的幾大要素中，除了道家取向的形上思想，方外追求也能看到明顯的思想史前導因素，相對而言，自然任真的價值與無為的政治觀幾乎全為實際的文化、政治生活所帶動，思想層面的淵源相當稀薄。以下先討論方外的問題，再簡單說明其他兩項要素。從回溯的觀點來看，正始玄學興起前，與玄學相關聯的主要價值和觀念之中，以方外追求力量最盛，其他則微弱許多。至少在學術思想的範圍，何晏、王弼顯然不甚重視個人生命的問題，但阮籍、嵇康等人崛起後，

---

179 鄭氏注文見同上，頁一b，《緯書集成》，頁一六二一。《乾鑿度》文字的解說見朱伯崑，《易學哲學史》，第一卷，頁一六三—一六四。

180 黃奭輯，《通緯・易乾鑿度鄭氏注》，頁一b—四a，《緯書集成》，頁一六二一—一六二三。

181 《三國志》，卷一〇，〈荀彧傳〉，頁三一九裴松之注引《荀粲傳》。

方外理想結合「自然」的人生價值，形成巨大的思想與文化潮流，沛然莫之能禦，這是有長久的積蓄的。前文已經描述，在漢末到曹魏的名士文化中，對於方外境界與個人自由的追尋一波波興起，板野長八主張漢魏之際思想具有儒道的「二重性」，其中「道」的部分，就是指以隱逸、神仙為表達方式的方外嚮往。至於道家形態的「天道」議論，在魏明帝時期（二二七—二三九）之前還看不到什麼苗頭。那麼，方外追求具有怎樣的思想資源呢？很明顯，最主要的是背景深遠的神仙思想。

中國神仙觀念起於春秋、戰國之時，似乎起先在燕、齊濱海地區流行，後來傳布至他地。學者注意到，神仙觀念興起之初，包含了兩個具有獨立性的內涵。一是不死；一是離開世間到天界。「長生」、「不死」、「保身」是屬於前一內涵的用語，後者的相關表述則有「度世」、「登遐」、「成仙」等。換句話說，神仙觀念意味兩種性質不同的永生，一是肉體生命的永存，一是超世間的存在樣態。就現在討論的課題而言，值得注意的是，早期神仙思想包含了脫離塵俗的意念。到秦漢時代，部分由於秦始皇和漢武帝的熱烈追求，神仙信仰大為興盛，神仙觀念中的兩個內涵趨向混合，而且有強烈的世俗化傾向。這是指，成仙基本上等同於肉體生命的永存，前往天界或神界只是達成這個目標的手段，天界並沒有脫離世俗的意義。關於這個發展，一個有名而具象徵性的例證是淮南王劉安全家跟雞犬一起升天的故事。到天界還帶雞狗，說明天界與人界沒有本質上的不同，就存在意義而言，不能算另一個世界。一位西漢末漢中官員唐公房，據說不但和家人、六畜升天，連房子都隨之俱去。此外，神仙也可以來世間；漢代長安還有以神仙為題材的歌舞特技表演。[182]

神仙觀念世俗化雖然是明顯的趨勢，其中遺世獨立的成分並沒有完全消失，它清楚流露於漢人述志類的賦（即所謂「騷賦」）。方外型的神仙書寫有兩個特色：一是往往和隱逸的意念連結在一起；另一則是重點在脫離世間，不死與否反為餘事。先以西漢文章為例說明。題賈誼作〈惜誓〉有如下的遊仙景象：

> 攀北極而一息兮，吸沆瀣以充虛。飛朱鳥使先驅兮，駕太一之象輿。蒼龍蚴虯於左驂兮，白虎騁而為右騑。建日月以為蓋兮，載玉女於後車。馳騖于杳冥之中兮，休息虖崑崙之墟。……乃至少原之壄兮，赤松王喬皆在旁。二子擁瑟而調均兮，余因稱乎清商。[183]

此文和其他騷賦一樣，都是以第一人稱進行述說。此賦一起頭，主人公即表示自己年老，心有所憾，於是升天。他固然遇見了仙人赤松子、王子喬，但護衛者都是原本即非人的神獸，他甚至攀

182 見Ying-shih Yü, "Life and Immortality in the Mind of Han China," *Harvard Journal of Asiatic Studies*, vol. 25 (1964-1965), pp. 80-122, esp. pp. 87-108；姚聖良，《先秦兩漢神仙思想與文學》（濟南：齊魯書社，二〇〇九），頁二四六—二四七，二五八—二五九。

183 〔宋〕洪興祖，《楚辭補注》（台北：天工書局影印，一九八九），頁二二七—二二九。

登到北極星，還駕駛宇宙最高神太一的象車。表面看來，這個場面並不特殊，升天時由神獸伴隨或護衛，在漢代是相當普通的觀念，其遠源甚至有可能追至仰韶文化。[184]但就神仙觀念的了解而言，值得注意的是，〈惜誓〉呈現的完全是「異界」，與世間的差別不能再大了。此外，在文、景帝時人嚴忌（原名莊忌）的〈哀時命〉，求仙和隱逸連為一體，方外性格極其明確：

> 務光自投於深淵兮，不獲世之塵垢。孰魁摧之可久兮，願退身而窮處。鑿山楹而為室兮，下被衣於水渚。……怊茫茫而無歸兮，悵遠望此曠野。下垂釣於谿谷兮，上要求於僊者。與赤松而結友兮，比王僑而為耦。使梟楊先導兮，白虎為之前後。浮雲霧而入冥兮，騎白鹿而容與。[185]

這裡是說，主人公要像務光一樣永離「塵垢」，他先是在山水間隱居，接著希望尋找仙人，因而升天游行。

東漢之時，方外神仙的觀念繼續存在。東漢初馮衍〈顯志賦〉有言：

> 游精神於大宅兮，抗玄妙之常操；處清靜以養志兮，實吾心之所樂。山峨峨而造天兮，林冥冥而暢茂；鸞回翔索其羣兮，鹿哀鳴而求其友。……陂山谷而閒處兮，守寂寞而存神。夫莊周之釣魚兮，辭卿相之顯位；於陵子之灌園兮，似至人之髣髴。蓋隱約而得道兮，羌窮悟

> 而入術；離塵垢之窈冥兮，配喬、松之妙節。惟吾志之所庶兮，固與俗其不同；既俶儻而高引兮，願觀其從容。186

如同前引〈哀時命〉文，這段話也是描寫在隱逸中求仙，差別在於，〈顯志賦〉特別強調這種生活的精神意義。引文一開始表達，主人公隱居，是要「游精神於大宅兮，抗玄妙之常操」，文末則說，升天求仙是為了徹底得道，脫離世俗。張衡（七八—一三九）〈思玄賦〉是以遊仙為主題的名文，篇幅甚長，表現的也主要是方外神仙的意象，譬如，該文這樣敘述主人公升天時的念頭：「何道真之淳粹兮，去穢累而飄輕。」馮衍〈顯志賦〉和張衡〈思玄賦〉還有一個共同點：都不重視長生，這更凸顯了神仙生活與求道的關聯。〈顯志賦〉通篇未涉及不死的問題；〈思玄賦〉中，僅有主人公從空中游行至東方仙島時，出現了一句：「留瀛洲而采芝兮，聊且以乎長

---

184 戰國兩漢升天想像的討論，可見張倩儀，《魏晉南北朝升天圖研究》（北京：商務印書館，二〇一〇），頁三四—七五。關於神獸伴隨升天思想在新石器時代的可能跡象，張光直多有討論，例見其〈濮陽三蹻與中國古代美術上的人獸母題〉，在張光直，《中國青銅時代・第二集》（新北：聯經出版公司，一九九〇），頁九一—九七。

185 《楚辭補注》，頁二六四—二六五。

186 《後漢書》，卷二八下，〈馮衍傳〉，頁一〇〇一。

生。」[187]不死的觀念在〈思玄賦〉全文沒有任何重要性，「聊且以乎長生」之語甚至令人感覺，求長生意義不大，是機會來時姑且為之的事。事實上，主人公並未久留天界，他最後體悟，在人間也可以過豐富的精神生活。

在漢代思想史上，方外神仙觀的最主要意義可能是保存了一個清楚的超世間，而求仙與隱逸結合，又使得方外生活具有現實性。前文談到，漢末名士文化中出現了隱士和處士的力量，多少代表「方外」理想的躍動。處士興起的這層思想史涵義其實已為漢末文學大家蔡邕所點出。郭泰死後，時人為其立碑，由蔡邕寫文。郭泰是漢末名士領袖中唯一的純粹處士，蔡邕稱他：「將蹈鴻涯之遐跡，紹巢許之絕軌，翔區外以舒翼，超天衢以高峙。」蔡邕以讚頌的口吻說郭泰是方外（「區外」）之士，而且顯然用了神仙飛天的比喻——這裡的「天衢」應該是指天空，而非與「方外」對立的京都。[188]蔡邕自己曾撰〈釋誨〉，為量材度力、隱居不仕的人生態度作辯護，在文末，抱持此一立場的華顛胡老唱起歌來：

> 練余心兮浸太清，滌穢濁兮存正靈。和液暢兮神氣寧，情志泊兮心亭亭，嗜欲息兮無由生。踔宇宙而遺俗兮，眇翩翩而獨征。[189]

這首歌提到超越世間的兩條途徑，一是洗心節欲，一是高舉遺俗，翩然獨往——這正是神仙飛天的姿態。簡言之，方外追求在漢末趨於強大，戰國以來不絕如縷的方外神仙觀既是這個嚮往的重要文化基礎，又為這個嚮往的興盛提供了想像工具。

再來略談自然任真和無為政治觀念的思想史關聯。在竹林七賢崛起，自然與名教成為重大議題之前，漢魏名士對於個人自由與精神解放的追求，主要以方外嚮往為表現方式，而非企圖在「方內」挑戰儒家。如前所述，漢末至魏初已出現個人不拘小節乃至任誕的行為，或如孔融、禰衡的不經言論。但在思想上以「自然」為依據，對禮教發出正面挑戰，似乎還未之見。在這個問題上，阮籍與嵇康應該算是發難的第一聲。然而，阮籍、嵇康論說之所以有力量，能引起廣大的共鳴，則必須說，多少是因為「自然」已成為知識界中的重要價值。存在於漢魏之際新思潮的自然觀念基本上有兩種。一是「天道自然」，也就是，「自然」是宇宙的根本性質。這個觀點的興起應該跟王充《論衡》的流行有關。正始玄學諸子當中，夏侯玄可能就持此立場。何晏〈無名論〉曾引其言：「天地以自然運，聖人以自然用。」[190]另一則是王弼以「自然」為人間生活之根

187 以上兩段引文皆見《文選》（台北：文津出版社影印，一九八七），卷一五，頁六五八。

188 同上，卷五八，〈郭有道碑文并序〉，頁二五〇二。關於「天衢」，《文選》李善注引「李陵書」（按，應為詩），認為指帝都，這個解說可能有問題。不過，「天衢」的確同時有天空和京都的意思，蔡邕之句或可造成歧義的效果，形成「方外」高於「方內」的意象。

189 《後漢書》，卷六〇下，〈蔡邕列傳〉，頁一九八九。

190 《列子・仲尼》張湛注引，見楊伯峻，《列子集釋》，頁一二一。夏侯玄的思想文字遺留極少，但幾乎全與「自然」有關。見張蓓蓓，〈夏侯玄學行考實綜論〉，在其著，《魏晉學術人物新研》（台北：大安出版社，二〇〇一），頁七六—八九。

本準則的主張。在漢魏之際的思想氛圍與士人文化中，「自然」價值從天道和政治的領域流入個人行為的範疇，可說乃事有必至，理之當然，但這個發展爆發了玄學的轉折與另一高潮，恐怕就不在當事人的意圖之內了。191

各種跡象顯示，漢魏之際，無為政治的思想是伴隨正始玄學一起出現的，在此之前並無徵兆。王弼的無為政治觀已如前述，何晏應該也有相同的理念。他的〈景福殿賦〉以下列文字作結：

> 聖上……招忠正之士，開公直之路。想周公之昔戒，慕咎繇之典謨。除無用之官，省生事之故。絕流遁之繁禮，反民情於太素。故能翔岐陽之鳴鳳，納虞氏之白環。蒼龍覿於陂塘，龜書出於河源。醴泉涌於池圃，靈芝生於丘園。總神靈之貺祐，集華夏之至歡。方四三皇而六五帝，曾何周夏之足言！192

景福殿是魏明帝於太和六年（二三二）在許昌所建的宮殿，何晏寫賦賀其落成。就撰作機緣而言，這是應時之作，應該很形式化。此文的確頗有浮面的頌詞，如引文中的「醴泉涌於池圃，靈芝生於丘園」，但在這種以皇帝為對象的文章結語，竟然出現實質性的政治意見，很值得重視。這段引文的關鍵語是：「除無用之官，省生事之故，絕流遁之繁禮，反民情於太素」，請求簡省政事，民歸樸素，是無為政治的最基本理念。何晏似乎擔心他的聲音不夠清楚，末句還寫上：

「方四三皇而六五帝，曾何周夏之足言！」希望明帝超越夏、周模式，返回太古。

東漢晚期局勢動盪，時人已有大難將臨之感，郭泰就曾引《左傳》「天之所廢，不可支也」之語，作為不仕進的理由。[193]在此情況下，政治思想很自然發生了變化。漢魏之際，這方面最重要的發展是法家與名理思想盛行，許多人希望借助法令刑罰和嚴謹的人才任用來重整政治秩序，謹守儒家矩矱者也大有人在。對照而言，無為政治觀並不見人提倡。然則，為什麼正始玄學會有濃厚的道家政治思想色彩呢？這裡可以提出兩點推測。首先是現實因素。正始玄學萌生於以何晏、夏侯玄為首的「浮華友」及其後進王弼等人之間，他們顯然對曹魏三代（曹操、曹丕、魏明帝）的法術政治深懷不滿，明帝也敵視他們。事實上，何晏大概剛一呈上〈景福殿賦〉，就和他的友朋被免官了，直到齊王芳即位才重返朝廷。王弼思想關注人世的問題，看來不是偶然的。其次，我們也沒有理由說，正始玄學中的無為政治觀純粹是對晚近政局的反應，這個看法的興起，應該也跟正始玄學的性質有關。如前所述，正始玄學是有獨創性、突破性的思想。這套思想的最大洞見在於「天地萬物以無為本」、「崇本以息末」，另一個基本價值則是「自然」。何晏、王

---

191 需要說明，「自然」在漢代是使用極廣的概念，已經走入了日常語言，舉例而言，有當然（一定）和本然（天生）的意思。但作為一個具有理論涵義的觀念，除了西漢早期之外，要到東漢末才開始有重要性。

192 《文選》，卷一一，頁五三七—五三八。

193 《後漢書》，卷六八，〈郭太傳〉，頁二二二五。

弼並不特別關注個人行為的自然性，但顯然重視群體生活之安定自然。要達成社會整體的自然，在上位者的無為是必要的。

以上所論並不意味，正始玄學興起以前，道家政治觀念渺無蹤影。事實上，戰國晚期以下，道家價值一直是中國政治思想氣候中的固定元素。以上所言，是指在漢魏之際，似乎不存在任何宣揚或闡說道家政治觀的個人或著作。就目前文獻所見，在東漢中後期，「無為」在地方政治——尤其是縣的層次——特受重視，這可能意味，「不擾民」是評判地方施政的一項重要標準。[194]此外，漢末亂局之中，出現了對政治的悲觀論調，國家和君臣關係的意義受到懷疑，其中可能埋藏著日後魏晉無君論的種籽。[195]

總結本篇關於玄學背景的討論，可以說，玄學的來源是多元且異質的，這個情況主要起自漢末名士文化的複雜性，正因玄學有著多重淵源，一旦形成，它就帶有巨大的力量，牽連深廣。但玄學又很難說是思想長期演變的自然結果，它誕生於一個特定的運動——正始玄談以及玄談家的經注，然後觸發了知識界的連鎖反應。漢末以來，中國陷入大動盪，文化也迸發出很多新面貌，道家學術思想的復興原來只是其中的一支，但玄學形成後，成功吸納或結合了其他許多力量，匯為洪流。

代結語：玄學與中古文化思想

我們也許可以這樣描繪玄學形成後中國思想界的場景。從曹魏正始時期（二四〇—二四九）開始，華北核心區的士人間興起一股蓬勃的新思潮，破壞原來的主流思想體系，嚴重削弱儒學的力量。玄學有鮮明的核心觀念，眾多的論辯課題，形成了一個有自主性的傳統。但它並無法取代正統儒教的地位，於是，儒教和玄學之間衍生出一種既對立又相互依存的關係，論思想的活力，幾乎全在玄學這邊。玄學興起後六、七十年，受到外力的巨大衝擊，這就是摧毀華北政治社會秩序的八王之亂與接連而來的胡族征戰。玄學的社會基礎在高層士人，隨著統治和文化菁英大舉南遷，玄學也幾乎從中原消失。玄學雖然在南方繼續興盛了兩個世紀左右，由於根據地縮小以及其他因素的牽動，影響大不如前。但是，四世紀以後的歷史演變證明，玄學已經造就了中國思想上的新局面，玄學本身的勢力雖然走下坡，它所創造的格局則強韌維持著，並誘發出其他的文化力

194　嚴可均輯《全上古三代秦漢三國六朝文‧全後漢文》中所收有關縣級地方官碑文，頗見「無為」的讚語。見卷九八，〈漢安長陳君閣道碑〉；卷一〇〇，〈濟陰太守孟郁脩堯廟碑〉（形容該郡成陽縣令呂亮）；卷一〇一，〈慎令劉脩碑〉；卷一〇四，〈槀長蔡湛頌〉、〈漢成陽令唐扶頌〉；卷一〇五，〈綏民校尉熊君碑〉。

195　參見蕭公權，《中國政治思想史》（新北：聯經出版公司，一九八二；一九四五年初版），頁三三六—三三八；余英時，〈名教危機與魏晉士風的演變〉，《中國知識階層史論：古代篇》，頁三三二—三三七。

量。可以說，改變中國的思想圖景，帶動文化新發展，是玄學最主要的歷史作用。接下來要約略說明這個問題，以為本文的結束。

玄學如何改變中國的思想圖景呢？玄學的興起，使得思想世界增加了很多重要的元素，譬如前文一再討論的道家取向形上思想、方外的追求、自然任真的價值以及無為的政治觀。另外可以再加上一項：個人意識或個人主體性。這項因素雖然沒有直接成為玄學議論的主題，卻是玄學的一個基礎價值，與方外追求、自然任真關係尤其密切。這些新因子對中國思想的衝擊幾乎是全面的，唯因題旨所限，本文無法詳及。這裡可以指出兩點最深刻的影響。一是心靈基本結構的改易；另一則是玄學大大促進了某些非正統文化活動的成長，宗教和文學因此一躍而為主流，造成文化思想情境的進一步變動。現在就透過這兩點來談玄學的歷史後果。

玄學中的兩個關鍵成分：形上本體的觀念與方外追求，改變了中國思想的基本架構。玄學興起之後，中古士人廣泛相信，現實世界背後存在著根本的、統一的道理，掌握這種道理有助於找到理想的生存方式。這種道理不同於漢代思想中的宇宙終極力量或根本要素，如有意志的「天」、陰陽五行，玄學的「理」極其抽象，不是實體，卻又規範著世界的運行，與現實息息相關。用王弼的話來說，這就是「本」與「末」的關係。另一方面，由於方外境界的確立，現實人間變成相對性的存在。以家庭、國家為核心的群體生活不再是人們唯一的生息之所，尋求個人的精神解放與生命永恆是正當，也是可能的。玄學的興盛導致本／末、方外／方內、自然／名教這些成對的概念居於士人心靈的核心，我曾經把這個新的心靈圖景稱為「二元世界觀」。[196]在中古思想裡，本與末、方外與方內、自然與名教之間有著非常複雜的關係，西晉以下，認為兩者可以調和的說法開始流行，郭象學說是這個立場最重要的理論代表，樂廣（？—三〇四）「名教中自有樂地」之語，也反映了類似的態度。[197]有人也許感覺，「二元世界觀」多少意味著二元對立，考慮及兩者間常有的協調與融合關係，我們也可把中古典型的心靈架構叫做「二重世界觀」。

「二元世界觀」或「二重世界觀」最重要的影響可能在助成宗教的勃興，特別是佛教。中國原來並沒有具有教義的宗教信仰，佛教在西、東漢之際傳入，基本上被當作道術之一種，傳播的範圍一直有限。佛教在東晉十六國之後大盛，原因固然甚多，玄學絕對起了關鍵作用。玄學的流行導致許多士人對佛教教理發生興趣，玄學的本體思想和相關概念成為他們理解佛教的基礎。尤有進者，佛教有強烈的出世性格，強調道俗之別，與中國原本的傳統格格不入，玄學的方外理想為其建構了正當性。總之，佛教大量承受玄學的資源，隨處可見，斑斑可考。現在先舉兩個早期的例子。支道林（即支遁，三一四—三六六）〈大小品對比要抄序〉云：

196　參見陳弱水，〈中古傳統的變異與裂解——論中唐思想變化的兩條線索〉，在其著，《唐代文士與中國思想的轉型》（桂林：廣西師範大學出版社，二〇〇九），頁六六—七三；〈墓誌中所見的唐代前期思想〉，同書，頁一〇〇—一〇九。另見陳弱水，《唐代文士與中國思想的轉型（增訂本）》（台北：臺大出版中心，二〇一六），頁七二—七九，一一三—一二三。

197　樂廣語見余嘉錫，《世說新語箋疏》，〈德行第一〉第二三條，頁二四。樂廣與王衍為西晉之最大清談領袖，《晉書》樂廣本傳說他們「宅心事外，名重於時」。見《晉書》，卷四三，頁一二四四。

夫般若波羅蜜者，眾妙之淵府，群智之玄宗，神王之所由，如來之照功。其為經也，至無空豁，廓然無物者也。無物於物，故能齊於物；無智於智，故能運於智。……明諸佛之始有，盡群靈之本無，登十住之妙階，趣無生之徑路。[198]

孫綽（約三二〇—三八〇）《喻道論》云：

或有疑至道者。喻之曰：夫六合遐邈，庶類殷充，千變萬化，渾然無端，是以有方之識，各期所見。鱗介之物。不達皐壤之事；毛羽之族，不識流浪之勢。……纏束世教之內，肆觀周孔之跡，謂至德窮於堯舜，微言盡乎老易，焉復覩夫方外之妙趣，冥中之玄照乎？[199]

毫無疑問，支道林利用了「本無」觀念，孫綽支持佛教的論辯則建立在方外的優越性上，甚至還因此貶抑了玄學（即所謂老易微言）。

這樣的情況持續了很久。譬如，五世紀初北涼道朗的〈大般涅槃經序〉有言：「大般涅槃者，蓋是法身之玄堂，正覺之實稱，眾經之淵鏡，萬流之宗極。其為體也，妙存有物之表，周流無窮之內，任運而動，見機而赴。」[200]說法就跟支道林接近。把佛教當作超越世間的真理，並不限於高層僧人和士人，在頗具民間色彩的北朝造像記，這類表述也屢見不鮮，幾乎變成格套了。茲舉一例。北魏宣武帝景明三年（五〇二）〈韓貞等造石窟記〉（擬題）起始即曰：

夫至道無名，故顯名以為真；玄寂難辯，假幻（？）象以明壞。是以如來□道濟萬類，大推隨方而拔群溺。201

造像記的現象尤其透露了玄學廣泛的文化影響。

相對於玄學對佛教興盛所起的作用，玄學對道教的影響小得多。道教不甚重方外、方內之別，不過，玄學和佛教的方外追求仍然為道教的發展創造了文化空間。此外，玄學的本末觀念似乎讓有些道教中人覺得，他們的信仰觸及了宇宙的本源，他們所實踐的，是世間最高的「教」。這種觀念有助於道教的自我定位，並多少鼓舞了道教的教義建構。葛洪（二八三—三六三）《抱朴子・內篇》是早期神仙道教的巨著，此書頗有玄學影響的痕跡。該書〈暢玄〉稱神仙道為「玄」，為「玄道」。〈道意〉曰：「道者涵乾括坤，其本無名。論其無，則影響猶為有焉；論其有，則萬物尚為無焉。」道教其實相信氣化（更精確地說，氣神合一），形上思想的性格並不強，這裡明顯是套用玄學的概念。〈明本〉說：「道者，儒之本也；儒者，道之末也。」也是玄

198 僧祐，《出三藏記集》（北京：中華書局，一九九五），卷八，頁二九八。

199 《弘明集》，卷三，《大正新脩大藏經》，第五二卷，頁一六。「冥中」他本作「寰中」，見《大正藏》同頁註十三以及石峻等編，《中國佛教思想資料選編》，第一卷（北京：中華書局，一九八一），頁二五。

200 僧祐，《出三藏記集》，卷八，頁三一三。

201 顏娟英主編，《北朝佛教石刻拓片百品》（台北：中央研究院歷史語言研究所，二〇〇八），頁八—九。

學氣候下的產物。[202]總之，中古時期釋、道俱盛，三教鼎立，在文化上，是傳統中國自秦漢以下最多元的時代，玄學為這個景象的出現提供了關鍵的思想條件。

玄學另一個巨大的歷史作用是促成獨立文學觀的形成與文學的興盛。在漢末士人文化大變動的時候，文學與藝術（如書法、繪畫、音樂）風氣也同時興起，可以說，藝術意識高張就是這個變動的一部分，它和玄學是同一環境的產物。曹魏以後，玄學諸子也表現出對文學、藝術的關心，他們尤其重視音樂，阮籍、夏侯玄、嵇康於此皆有所論。[203]然而，在玄學對文學和各類藝術的影響中，以文學最具重要性。詩文寫作在中國有悠久的歷史，但在價值上，地位一直不很高，兩漢文學觀的主流或可稱為政教功用主義，主張文章的目的在協助國家治理和人民教化。這個情況在東漢晚期以下有了變化，不但詩文寫作愈益興盛，而且認為文學有其內在意義的看法也逐漸萌芽。到五世紀初，東晉、南朝之交，文學已超越玄談，成為士人群中地位最高的活動，爾後文才更被視為才能的首要表徵。南朝的這個風氣約在六世紀初傳至北方，很快席捲全國，直至北宋不衰，對政治社會發生了重大影響。繁盛而創造不絕的文學無疑是中古時代最鮮明的特色之一。文學在兩晉由附庸蔚為大國的過程中，玄學頗有推動之功，顯示它在思想上的樞紐地位。

魏晉南北朝的文學理論與創作受玄學思潮浸潤極深，和玄學有著千絲萬縷的關係，這裡只能點出最明顯的地方。玄學對中古文學發達的最大貢獻，簡單說，在幫助建立獨立文學觀的內容，從而強化文學的獨立地位。首先，漢魏之際文風大起，突破點在於感情濃烈、直抒胸臆的詩文創作，文學史上有名的建安文學即以此見稱。玄學重視人的自然情性，肯定個人的價值，明確支持了這個新發展，也鼓舞了兩晉南朝文學思想對文章（特別是詩）抒情性質的強調。抒情價值的確立，意味個人情思、日常生活的書寫具有重要意義，文章自有其天地，固不必為政教之僕役也。兩晉南朝文論中，從情志的觀點界定文學，以鍾嶸（四六七？—五一九？）〈詩品序〉最為著名，茲徵引如下，以概其餘：

> 氣之動物，物之感人，故搖盪性情，形諸舞詠，照燭三才，暉麗萬有，靈祇待之以致饗，幽微藉之以昭告。動天地，感鬼神，莫近於詩。

又說：

> 若乃春風春鳥，秋月秋蟬，夏雲暑雨，冬月祁寒，斯四候之感諸詩者也。……至於楚臣去

---

202 以上引文分見王明，《抱朴子內篇校釋》（北京：中華書局，一九八五年二版），頁一—二，一七〇，一八四。

203 阮籍撰有〈樂論〉，夏侯玄有〈辨樂論〉，嵇康有〈聲無哀樂論〉。阮籍、嵇康文均見其文集。〈辨樂論〉逸文見嚴可均輯，《全上古三代秦漢三國六朝文》，《全三國文》卷二一，頁一一六八（原見《太平御覽》）。值得注意，夏侯之文有站在「自然」的立場批評阮籍之語。關於魏晉音樂思想，可參看戴璉璋，〈玄學中的音樂思想〉，《中國文哲集刊》，第一〇期（一九九七年三月），頁五九—八七；郭平，《魏晉風度與音樂》（合肥：安徽文藝出版社，二〇〇〇）。

境，漢妾辭宮，或骨橫朔野，或魂逐飛蓬，或負戈外戍，殺氣雄邊，塞客衣單，孀閨淚盡。或士有解珮出朝，一去忘返；女有揚蛾入寵，再盼傾國。凡斯種種，感蕩心靈，非陳詩何以展其義？非長歌何以騁其情？

前引〈詩品序〉語「氣之動物，物之感人，故搖盪性情，形諸舞詠，照燭三才，暉麗萬有」，其中「照燭三才，暉麗萬有」跟文學的抒情性質無關，而是指文章能夠揭露宇宙人生的全體相貌——文學具有觸及真實的大力量。這是玄學對中古文學觀的另一重要貢獻。玄學主張萬事萬物都有超越現象的本體，本體看不見，摸不著，無法言說（「無名」），卻是世界能夠妥當運轉的依據。王弼有「得意忘言」的理論，是「本無末有」觀念的一個變形。王弼面對曹魏時流行的「言不盡意」之說（語出《周易》繫辭上），主張在特定的意義上，言詞還是能「盡意」的。他認為，「言」的目的在表達「意」，但「言」和「意」是不同的東西，「言」只是捕捉「意」的工具，透過「言」企及「意」後，必須忘記「言」，「意」才能被掌握。簡單說，言意之間有著弔詭的關係，「意」高於、大於「言」，微妙的「言」則是通往「意」的道路。[204]玄學的本體和言意理論對中古文學有很大的影響。這種思維反映於文學論說，就是強調文學要有言外之意，依照古典的文學用語來說，是要以「興」的手法，使讀者感受事物幽渺不可見的深遠面相，文章也因此餘韻不絕。這個境界走到極致，文章可以超越文字，觸及宇宙人生的本體。關於言外之意，《文心雕龍・隱秀》有精采的表述：「文之英蕤，有秀有隱。隱也者，文外之重旨者也；秀也者，篇中之獨拔者也。隱以復意為工，秀以卓絕為巧。」什麼是「隱」呢？後文說：「夫隱之為體，義生文外，祕響旁通，伏采潛發，譬爻象之變互體，川瀆之韞珠玉也。」「隱」是文章看不見的部分，但也是精華，沒有它，「秀」是支撐不住的。[205]還要提一點，除了文學思想的塑造，玄學也為文學寫作提供了不少重要題材，玄言詩、遊仙詩、招隱詩、山水詩、田園詩都是顯豁的例子。玄學的這層影響也和文運的開拓息息相關。[206]

總結而言，中古宗教、文學的興盛有其自身的淵源和動力，其勢之起，或與玄學同時，或更在玄學之前，不過，玄學在思想上的突破為宗教、文學之發展減少阻力，開創機會，提供資源，使三者共創中國文化史的新章，則為不可掩的事實。

204 參見湯用彤，〈言意之辨〉，《魏晉玄學論稿》，頁二三—四五；湯用彤，〈魏晉玄學和文學理論〉，在其著，《理學・佛學・玄學》（北京：北京大學出版社，一九九一），頁三一六—三三一。

205 范文瀾注，《文心雕龍注》（香港：商務印書館，一九六〇），頁六三二。

206 玄學與中古文學之關係，論者甚多。孔繁《魏晉玄學和文學》（北京：中國社會科學出版社，一九八七）為簡要而不失全面的專著。本文關於玄學與文學關係的討論，有若干陳述取自作者舊文。見陳弱水，〈中古傳統的變異與裂解——論中唐思想變化的兩條線索〉，在其著，《唐代文士與中國思想的轉型》，頁六—一〇（臺大出版中心增訂本頁八—一二）。

本文原收入陳弱水主編，《中國史新論・思想史分冊》（台北：中央研究院・聯經出版公司，二〇一二），頁一七一—二四九。二〇二〇年二月微幅修訂。

王弼政治觀的一個解釋

這篇短文嘗試探討一個歷史問題：在東漢以下，在郡縣制的國家體制和意識形態已經根深柢固，儒家思想已成文化正統的時代，道家式的政治思想還有什麼意義？——為什麼有人抱持這樣的政治觀？他們都是空想家嗎？都只是抗議分子嗎？他們的具體關心和主張是什麼？這些主張與關心跟現實有何關係？很明顯地，道家式的政治思想有著不同的類型，不可一概而論，這篇文章只是一個個案研究，我想透過中國思想史上早逝天才王弼（二二六—二四九）的作品來考慮上述問題。因此，本文不準備對王弼的政治思想進行任何系統性的重建，事實上，這項工作已有很多人做過。我要推敲的是：王弼政治思想的歷史相干性（historical relevance）。

崛起於三世紀中葉的玄學運動是中國思想史上一個突破性的發展。玄學不只是個新的學術思想流派，它的出現與興盛，改變了中國的思想圖景，乃至於心靈結構，造成長期的影響。王弼是玄學理論創建的關鍵人物。他雖然在這個世界上只活了二十三年，著作卻不少，最主要的有三部：《周易注》、《老子道德經注》、《論語釋疑》，都是經注。前兩部是《易經》和《老子》的注，第三本大部分已經佚失，從書名看來，也許只是《論語》疑難章節的討論，而非全文注解，但也無法確定。王弼解經是義理式的，他不常作文句解釋，也不受特定經說傳統的拘束，而多直接闡釋經典內容的意旨。[1]義理式經注具有相當程度的主觀性，不容易令人信服，王弼之所以能取得歷史性的成功，關鍵在於，他不但對經典本身確有慧解，而且有一套思想體系作為解經的基礎。這套思想，就是玄學的發軔。

王弼思想的根本宗旨，是要指出，世間一切看得到接觸得到的，自然的、人文的，包括儒教的道理與規範，都是「有」，都屬於具體現象的範疇，但能使這些現象正常運作的，則是它們背後的原理，一個統一的原理。這個原理看不到摸不著，王弼稱之為「無」。「無」是「本」，「有」是「末」，必須掌握「無」，「有」的世界才能得到安頓，這叫「崇本息末」。王弼的著作有一個特色，就是，儘管其中充滿高度抽象的語言，這些文字卻讓人感覺，他很關心人生社會的問題——可能超過對形上理論的關心。王弼思想的這個傾向，學者注意已久，大家公認，他的政治觀具有相當濃厚的道家色彩。[2]如前所言，本文要探察的，並不是王弼政治思想的內在體系，而是他的思想與歷史環境的接榫點。

在設法闡釋王弼的政治觀之前，還是要略微表達個人對於他的整體思想的認識，以期標示政治（或集體秩序）問題在他思想中的意義。許多現代有關玄學的研究都認為，王弼思想的最大突

1 在王弼的《周易》、《老子》、《論語》注中，以《周易》注跟經說傳統關係最密切。漢代易學極發達，諸說並出，在易學史上，王弼雖以掃除漢易象數之學著名，他對漢易的若干學說仍有所繼承。參見朱伯崑，《易學哲學史》（北京：華夏出版社，一九九五），第一卷，頁二五〇—二七七。

2 兩項關於王弼政治思想的晚近研究，可見Rudolf G. Wagner, *Language, Ontology, and Political Philosophy in China: Wang Bi's Scholarly Exploration of the Dark*（Xuanxue）（Albany, New York: State University of New York Press, 2003），Chapter 3；劉澤華主編，《中國政治思想史（秦漢魏晉南北朝卷）》（杭州：浙江人民出版社，一九九六），第十章第三節第二小節〈王弼「名教出於自然」的政治哲學〉（劉澤華撰），頁四六五—四八四。

破在於，他在宇宙人生問題的思辨上提出了一個形上的觀點。在漢代，關於世界的根本原理，大抵是從宇宙生成和運轉的角度去說明，或歸之於「天」，或歸之於「元氣」，或者以陰陽五行或易經象數的理論去描述。王弼一掃諸說，把宇宙人生根本的「道」界定為非實體性的「無」，就大大強化了中國思想的形上層面。這種對於王弼思想意義的解釋，雖然基本上正確，但似乎不充分。

首先要重申，王弼以具有形上性格的「無」來界定「道」，並且從這個觀點出發，議論種種問題，的確是漢晉之際思想的一大突破，這個觀念也是玄學的一個根本立足點。各種跡象顯示，以「無」為萬物之本的說法並不是王弼個人的發明，這在年歲高他一輩的正始玄談名士中已經是共識，但王弼顯然對這個看法做了最精巧的闡說。王弼遺文之中，對此觀點的最明確表達，可能是在《論語釋疑》。該書解釋〈述而〉篇「子曰：志於道」，是這樣說的：

> 道者，無之稱也，無不通也，無不由也。況之曰道，寂然無體，不可為象。

世界最終的也是統一的道理，無形無質，無以名之，「道」也只是勉強的比喻之詞。同書釋〈陽貨〉篇「子曰：予欲無言」，則稱：「予欲無言，蓋欲明本。舉本統末，而示物於極也。」[3]照王弼的看法，有什麼東西孔子說不出來呢？那就是「本」，就是「道」了。《論語》是孔子及其弟子言論的結集，絕對沒有以「道」為「無」的想法，王弼曲言臆解，凸顯了他的思想軸心。

當然，關於「天地萬物以無為本」（《晉書・王衍傳》語）原則的表述，更多出現在王弼有關《老子》的論說，現在引一段《老子指略》中的文字，以概其餘：

> 夫物之所以生，功之所以成，必生乎無形，由乎無名。無形無名者，萬物之宗也。不溫不涼，不宮不商。聽之不可得而聞，視之不可得而彰，體之不可得而知，味之不可得而嘗。故其為物也則混成，為象也則無形，為音也則希聲，為味也則無呈。故能為品物之宗主，苞通天地，靡使不經也。[4]

個人認為，王弼雖然對「無」作為宇宙本體的性質持之甚堅，他的思想的重點其實在於「無」在具體事物中的作用。這個看法，更明確地說，就是「無」是所有個別事物的本質，要使事事物物運行順當，必須「崇本息末」，在「有」中體現「無」的道理。王弼所說的「無」和「本」，在大多時候是複數意義的，而非單一的終極性的「道」。「無」觀念的這個特性，在前段及本段的

3 以上兩則引文分見樓宇烈，《王弼集校釋》（北京：中華書局，一九八〇），頁六二四，六三三。本文所引王弼的所有文字，皆出自此書。又，《王弼集校釋》中王弼釋孔子「志於道」之文，係從邢昺《論語正義》輯出，在本段引文之後，原尚有「是道不可體，故但志慕而已」之語。中嶋隆藏以為這應是邢昺的文字，不可歸諸王弼。見其〈王弼『論語釋疑』佚文小考〉，《集刊東洋學》，七八（一九九七年五月），頁一一六—一一七。

4 《王弼集校釋》，頁一九五。

引文都表現了出來。《論語釋疑》釋「志於道」時說，作為「無」的「道」，「無不通也，無不由也」；前引《老子指略》文把「無」形容成「品物之宗主，苞通天地，靡使不經也」。這幾句話都強調「無」包含了所有的事物。《論語釋疑》釋「予欲無言」則有更微妙的說法。該條云：「舉本統末，而示物於極也」，意思大概是，如果以「無」的道理來掌握「有」，事物就會達到它們完美的狀態。

關於「無」的具體、應用性質，王弼也有直接的表達。《老子道德經注》對《老子》三十八章有一條很長的注，簡直是獨立的文章，通篇講的就是以「無」為本即以「無」為用的見解，注文的開頭部分有幾句話，可說是全文綱領：

何以得德？由乎道也。何以盡德？以無為用。以無為用，則莫不載也。故物，無焉，則無物不經；有焉，則不足以免其生。是以天地雖廣，以無為心；聖王雖大，以虛為主。[5]

《老子道德經注》注四十章「反者道之動」之句，對於同樣的觀念有簡明的揭露：「高以下為基，貴以賤為本，有以無為用，此其反也。」[6]總之，王弼以「無」為本的觀念不僅僅認為「有」生於「無」，「無」是萬有的本質，似乎更重要的是，事物必須透過其本質的實現才能獲得妥適的安頓。歸結而言，就是以「無」為用。

既然王弼強調「無」的作用，他重視人生社會問題就不足為奇了。那麼，王弼有怎樣的政治觀呢？由於他現存文字的抽象性質，確切掌握並不容易。尤有進者，依據經注來探討思想有特殊的困難，因為經注的形式目的在解釋經文，至少在個別語句的層面，易於隨順原典，即使個人風格強烈如王弼者，亦所難免。如何區分注者的學術見解與思想底蘊，實在是一大挑戰。由於本文旨在探究王弼思想之歷史涵義，以下將只設法指出其政治觀的幾個特點，無暇求全。雖然本文目標並不遠大，我在引用王弼經注時，還是會注意注語與正文的關係，以期盡量確認，這些引文能代表王弼個人的意見。

從王弼堅信「天地萬物以無為本」看來，他應該是反對政治社會上的強烈作為的，這的確是他的一個基本觀點。至於這個觀點的實質意義為何，有什麼內容，還需要推敲。各種跡象顯示，王弼的消極政治社會觀是立足於對人為集體秩序的肯定之上的。他對歷史文明基本上抱持接受的態度，可藉兩個例子來說明。王弼《周易注》訟卦象辭注有云：

> 无訟在於謀始，謀始在於作制。契之不明，訟之所以生也。物有其分，職不相濫，爭何由興？訟之所以起，契之過也。[7]

5 同上，頁九三。

6 同上，頁一〇九。

7 同上，頁二四九。文字據校改的版本。

這段文字解釋訟卦象辭「君子以作事謀始」之句，說爭訟的起源在於制度不佳，契約不明確。不過，《易經》本文並沒有提到制度或契約，王弼此注其實是以《老》解《易》，以他對《老子》七十九章的理解來解釋訟卦（《老子》該章有「契」字）。王弼注《老子》七十九章「和大怨，必有餘怨」句曰：「不明理其契，以致大怨已至」，和前引文的意思相同。[8]這裡不擬推測王弼為什麼把明確的書契當作良好秩序（無訟）的象徵，我想指出的是，王弼心目中的理想世界，絕非無知無識的前文明社會，他的思考與論述假定了制度運作的存在。[9]

再者，王弼心目中還存在著特定類型的政治體系。這是個以君主為首腦的秩序，有王有公，聖君賢臣是其理想狀態。王弼《周易注》「益卦六三」解「中行告公用圭」有言：「公者，臣之極也。凡是足以施天下，則稱王；次天下之大者，則稱公。」[10]這裡把「公」界定成「臣之極」，多少已經暗示他們是所謂郡縣制國家中的「三公」，而非封建諸侯。《老子道德經注》六十二章註明說：「立天子，置三公，尊其位，所以為道也。」[11]這段話雖然大抵是重述《老子》正文已有之意，但比對王弼著作的其他有關文句，無疑可反映他自己的看法。事實上，王弼對尚賢的理念頗致其意。譬如，《周易注》「比卦九五」注論王者之德：「夫无私於物，唯賢是與，則去之與來皆无失也。」[12]同書「臨卦六五」注對於君主應有的作風更有詳細的描寫：「處於尊位，履得其中。能納剛以禮，用建其正，不忌剛長，而能任之。委物以能，而不犯焉，則聰明者竭其視聽，知力者盡其謀能；不為而成，不行而至矣！」[13]總之，仔細爬梳王弼遺文，我們可以發現，他所假定人間秩序包含了以君相為頂點的官僚體制，更直截地說，就是戰國中晚期以下發展出來的政體。他並不是在歷史現實之外進行政治思考。[14]

王弼著名的《周易略例》有言：「夫眾不能治眾，治眾者，至寡者也」，又說：「夫少者，多之所貴者也；寡者，眾之所宗者也。一卦五陽而一陰，則一陰為之主矣……。」[15]這幾句話表面講的是一卦之主爻，但也是他對世界運行根本原理之認識的表達，如果我們知悉王弼以戰國中晚期以下的君主政體為當然，就會感覺，「少者」、「至寡者」也可以指統治者。

8 同上，頁一八八。訟卦象辭以《老》解《易》，已經《王弼集校釋》作者樓宇烈指出，見頁二五三—二五四。
9 可另參考同上，頁七五，《老子》二十八章「樸散則為器。聖人用之則為官長」注。
10 同上，頁四二九。
11 同上，頁一六二。
12 同上，頁二六二。
13 同上，頁三一三。類同的意思，又可見頁二九一—二九二，「大有上九」注。
14 此論點亦見劉澤華主編，《中國政治思想史（秦漢魏晉南北朝卷）》，頁四七九。
15 《王弼集校釋》，頁五九一。

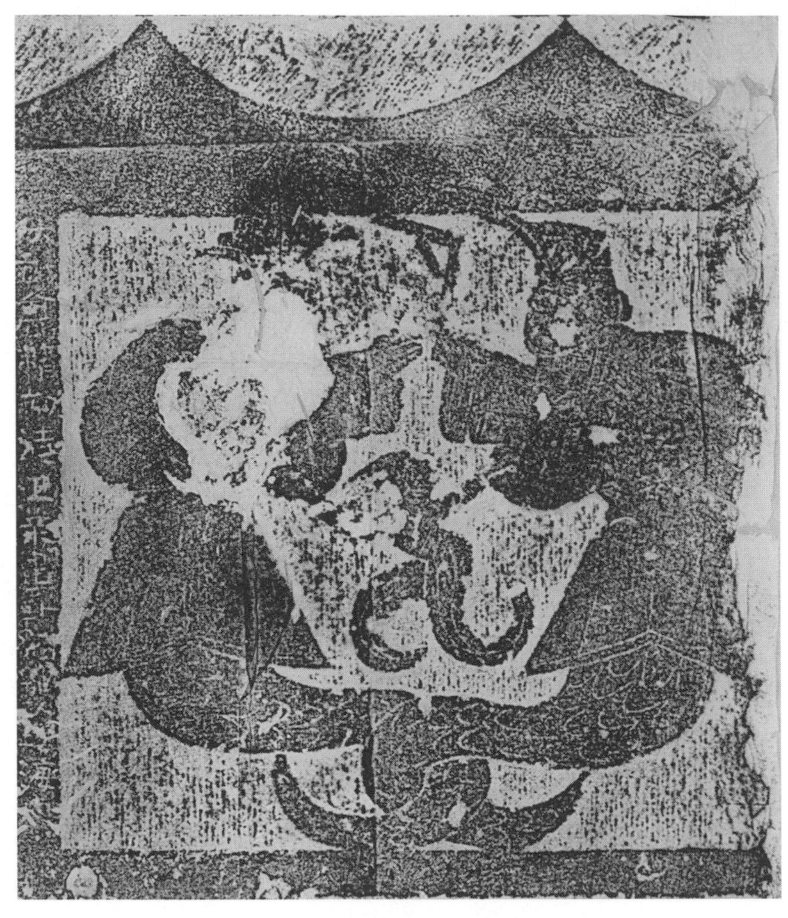

附圖一：漢代武梁祠石刻畫像伏犧女媧圖（中央研究院歷史語言研究所藏品登錄號27351）。此圖左側的榜題為：「伏戲（犧）蒼精，初造王業，畫卦結繩，以理海內」，反映了漢代中國普遍的人文化成文明世界觀。王弼的政治思想就是針對這種意識發出的。

接下來談王弼對於政治運作的構想。這個構想大概可以這麼概括：王弼希望政體只維持最起碼的人為性格，政治的運作應當盡量模仿「自然」，讓政體中的元素依照各自的原理運行，避免常規之外的干擾，如此，人間諸事就可得到安頓；君主「無為」，是達成此一運作模式的關鍵。用王弼自己的術語來說，在他的政治觀中，歷史文明與君主政體屬於「有」的範疇，「有」的妥善成就，則須以「無」為用。

「無為」之政術是王弼政治思想的根本理念，廣泛反映於他的傳世文字。現在簡略說明這個理念的內涵。分析而言，王弼的「無為」觀至少含有三個主要面相。首先，政府應當只具最起碼的規模，如果擴張過甚，將有損於這個體制存在的目的，也就是說，傷害到政府所要照護的對象。《老子道德經注》解《老子》三十二章「始制有名，名亦既有，夫亦將知止」云：「始制，謂樸散始為官長之時也。始制官長，不可不立名分以定尊卑，故始制有名也。過此以往，將爭錐刀之末」，明確地表達了這個看法。[16]其次，在「無為」的體制，君主的任務只是選擇恰當的人擔任官職，他要避免主動的作為，而讓臣下依職分發揮才能。這個觀點包含於王弼的尚賢理念，前文已有介紹。第三，統治者不宜以積極的手段整飭人民，鎮定無為，反而會有好的效果。個人覺得，王弼「無為」思想的第三面相最能透露他的政治觀的歷史涵義。以下就專門討論這個問

16 同上，頁八二。同註後文有言：「遂任名以號物，則失治之母也」，是說如果讓政治體制（「名」）來界定世間的存在（「物」），政治的目的就喪失了。

題。

王弼不是活在歷史真空，他存在於一個儒教久已成為正統的環境，儒家認為施政最重要的一個目的在於教化人民，牽引他們向善。換句話說，教育導向的積極政府觀是漢代以下的思想主流，一個根深柢固的文化力量，像王弼這樣具有道家傾向的政治思想家如果不嚴肅考慮政府與人民的關係，特別是教化的問題，其議論恐怕會流於與現實渺不相涉的空言。王弼顯然正視了這項問題，以下從王弼一段罕有的具體議論出發。

《論語釋疑》遺文中有對於〈泰伯〉篇孔子「興於詩，立於禮，成於樂」之語的詮釋。王弼認為，這幾句話講的是為政的次序（一般理解為個人的修養過程。）他的說法是這樣的：

> 夫喜、懼、哀、樂，民之自然，應感而動，則發乎聲歌。所以陳詩採謠，以知民志風。既見其風，則損益基焉。故因俗立制，以達其禮也。矯俗檢刑，民心未化，故又感以聲樂，以和神也。若不採民詩，則無以觀風。風乖俗異，則禮無所立，禮若不設，則樂無所樂，樂非禮則功無所濟。故三體相扶，而用有先後也。[17]

本段末句有「三體相扶」一詞，「三體」指的即是《論語》原文中的詩、禮、樂。不過，揆諸王弼的注文，政治過程中也有三個要素：俗、禮、刑。王弼一個鮮明的論點是認為，「俗」——民俗——是施政的基點，採詩可以幫助了解風俗，施政的目的則在對風俗有所損益。王弼表示

「刑」的功能有限，主張多用「禮」（包括「樂」）來調整風俗。這裡反映的態度是尊重自然形成的習慣，「因俗立制」，可以說呈現了溫和教化主義的觀點。

就上引文字而觀，良好集體生活的建立有兩個方面，一面是統治者，一面是人民，並不是統治者單向管理人民的問題。現在我們就看王弼是如何談論這兩方面的。先看統治者這一方。原則上，王弼贊成《老子》無為政治的主張。在《老子道德經注》十七章的注文，王弼說：「大人在上，居無為之事，行不言之教」，又說：「居無為之事，行不言之教，不以形立物，故功成事遂，而百姓不知其所以然。」「形」通「刑」，「不以形立物」是說不用刑罰來塑造人民，這是王弼政治思想中的一個強烈立場。[18]同書第五十七章注對王弼的無為政治觀有更全面的表達：

> 夫以道治國，崇本以息末；以正治國，立辟以攻末。本不立而末淺，故必至於以奇用兵也。

樓宇烈根據王弼的其他注文，把「以正治國」的「正」解釋為「政」，指政令威權，這是不錯的。[19]所以，王弼支持以「道」治國，認為使用政令只有反效果。特別值得提出的是，在這裡，

17 同上，頁六二五。
18 同上，頁四〇，四一。又可見頁七一，《老子道德經注》二十七章；頁八九，《老子道德經注》三十六章。
19 同上，頁一四九，一五〇。

王弼是正面論說自己的看法，而非順著《老子》本文作解人。《老子》五十七章根本沒有「以道治國」的講法，原文是「以正治國，以奇用兵，以無事取天下」，王弼對這幾句話按了一個「以道治國」的大帽子，還貶斥「以正治國」，好像是在糾正《老子》的表述。王弼所謂的「道」，當然就是「無」或「無為」。政治上的「無」意謂，統治者所能做的最好的事，就是不亂做事，用安靜微妙的方式起模範作用即可。

不過，王弼的無為政治觀並不是絕對的，他仍然相信移風易俗是政治的重要工作。譬如，《老子道德經注》四十二章注文云：「我之〔教人〕，非強使從之也，而用夫自然，舉其至理，順之必吉，違之必凶」，這幾句話與《老子》原文義不相稱，明顯代表王弼自己的意思。[20]又，《周易注》「觀卦九五」注曰：「上之化下，猶風之靡草，故觀民之俗，以察己之道」，[21]這段文字雖是根據「象辭」解釋「爻辭」（「觀我生，无咎」），但配合王弼的其他文字，譬如前引的《論語釋疑‧泰伯》注、《老子道德經注》四十二章注，可以確知他是看重教化的。[22]問題是：什麼是恰當的教化？移風易俗該到什麼程度？人民自己形成的風俗有什麼意義？

大體來說，王弼抱持著消極的社會觀。人民並不需要特別好，德行突出，他們只要不壞不虛假就可以了，王弼的理想是厚實，認為如果想要積極改造人民，或壓制管束他們，反而會啟動民風惡化的機制。《老子指略》中有不少文字，表達的就是這個意思。王弼似乎認為，自然形成的秩序不會太差，統治者不應過於使用機巧，破壞這種狀態：「鎮之以素樸，則無為而自正；攻之以聖智，則民窮而巧殷。」[23]在大體樸實的民俗基礎之上，再加上一點教化作用，就可以說是理想社會了。《論語釋疑》有一段話，相當全面地展現了這個看法：

> 夫推誠訓俗，則民俗自化；求其情偽，則儉心茲應。是以聖人務使民皆歸厚，不以探幽為明；務使奸偽不興，不以先覺為賢。[24]

引文中的「儉」字，當為「險」之誤。[25]就思想內容而言，「不以探幽為明」之語值得特別注意。這一方面是說統治者不必察察過甚，對人民的行為，睜一隻眼閉一隻眼就可以了，另一方面也意味，在無為的政治之下，人民不完全是純淨的，他們還是有一些無關宏旨的隱微錯惡。《老子道德經注》四十九章注中也透露出相同的意思：

20 同上，頁一一八。

21 同上，頁三一七。

22 王弼移風易俗之說還可見同上，頁一四〇，《老子道德經注》五十二章；頁一九五，《老子指略》；頁三一五，《周易注．觀卦》彖辭；頁三九七，《周易注．明夷九三》彖辭。

23 同上，頁一九八。

24 同上，頁六二六。

25 同上，頁六三五。

> 若乃多其法網，煩其刑罰，塞其徑路，攻其幽宅，則萬物失其自然，百姓喪其手足，鳥亂於上，魚亂於下。是以聖人之於天下歙歙焉，心無所主也。[26]

如果容我做一點推測，或許可以說，在王弼的心目中，自然演化的生活固然有其「徑路」與「幽宅」，但並無深究的必要，統治的重點是在保持秩序，不要讓社會複雜，人民真正變壞了。

談到王弼心目中的理想社會，便涉及了倫理思想的問題。到底對王弼而言，善惡好壞的標準是什麼？最扼要地說，王弼理想的人生社會狀態是「自然」，從「自然」的角度來看，「善」本身就是個有問題的觀念，這個觀念有強烈的人為性質，如果以此作為社會生活的目標，失將遠大於得。《論語釋疑》評解〈陽貨〉篇「性相近」之語，有這樣的說法：

> 今云近者，有同有異，取其共是。無善無惡則同也，有濃有薄則異也，雖異而未相遠，故曰近。[27]

王弼認為人性原本並沒有「善」或「惡」的方向性，他並不主張完全任性發展，但也反對偏離本性。[28]依照他的思路，大體順著人的本性發展而出的社會狀態，應該也不遠於無善無惡。

王弼顯然認為，無善無惡的「自然」並不是很差的狀態，相反地，人生社會的亂局主要起於人為的做作和干預。下面一段話非常清楚地表達了王弼的「自然」觀念：

> 夫燕雀有匹，鳩鴿有仇；寒鄉之民，必知旃裘。自然已足，益之則憂。故續鳧之足，何異截鶴之脛？畏譽而進，何異畏刑而進？[29]

這是說，野生動物自己會找到交配的對象，住在冷地的人一定能想到用皮毛來製衣禦寒。如果庸人自擾，要對自然的情態有所改易，反而會為施作的對象帶來災難。「畏譽而進，何異畏刑而進」是從「自然」的立場對儒、法兩家的批評。「譽」可設想為儒家名教，「刑」則是法令刑罰。不論是基於德行的美名或是刑罰的威懾所發動的行為，都是曲扭而可悲的。[30]另一方面，王弼似乎認為，即使自然真有什麼重大的缺陷，自然本身也會把這些問題處理掉，不必勞動不明就裡的人。《老子道德經注》三十六章注文這樣說：「因物之性，令其自戮，不假刑為大，以除將（戕）物也。」[31]王弼的基本觀點，一言以蔽之，就是「不禁其性，則物自濟」。[32]王弼對於

26 同上，頁一三〇。類似的意思又可見頁一四〇，《老子道德經注》五十二章。
27 同上，頁六三二。
28 同上註：「近性者正，而即性非正。」
29 同上，頁四七，《老子道德經注》二十章。
30 同樣的說法可見同上，頁一九六，《老子指略》。就傳世文獻所見，「名教」一詞最先出現於嵇康〈釋私論〉，大行於東晉以下，王弼之時可能還沒有。
31 同上，頁八九。
32 同上，頁二四，《老子道德經注》十章。

「自然」的作用有一些理想性的描寫，譬如《周易注》「坤卦六二」說：「任其自然，而物自生；不假修營，而功自成」，[33]又如《老子道德經注》解二十五章「道法自然」曰：「法自然者，在方而法方，在圓而法圓，於自然無所違也。自然者，無稱之言，窮極之辭也。」[34]其實，依照他有關政治議題的文字，現實界的「自然」並非完美，但以人為的大力量介入人們的生活，則決然是糟糕的。

關於王弼倫理思想的特色，有個例子也許可以讓我們看得更清楚。中國文化特別看重親屬關係，王弼主張，這些關係應當以自然的親愛為準，不必另創規範，要人遵行。他說：「自然親愛為孝」，[35]又說：「父父、子子、兄兄、弟弟、夫夫、婦婦，六親和睦，交相愛樂，而家道正。」[36]王弼並沒有反對「孝」以及種種家庭人倫關係的價值，但他以和樂親愛來界定這些價值，跟儒家的理念頗有差距。揆諸漢人史傳與漢代流行的孝子傳、孝子圖，「孝」的核心意義在於對父母的侍養、敬順、奉獻、報恩，親密並不在其內。[37]在漢魏的環境，如果嚴格採用王弼的標準，恐怕連華夏和夷狄都沒法分辨了。古代中國人批評外族不講倫常，不文明，習慣以親子無別來做例證，譬如《漢書》記賈誼曾孫賈捐之之言：「駱越之人父子同川而浴，相習以鼻飲，與禽獸無異」，同書又載漢朝使者指責匈奴：「父子同穹廬臥。父死，妻其後母；兄弟死，盡妻其妻。無冠帶之節，闕庭之禮。」[38]「同川而浴」、「同穹廬臥」的生活方式豈不也算「自然親愛」？簡單地說，儒家的「孝」是個高度積極的概念，王弼的「愛樂」則大體上是消極性的。「孝」是正統儒教的基礎價值，王弼在這個地方立異說，可以看出他的自然學說並不是空談。此外，王弼的「六親和睦」也不甚符合儒家對夫妻關係的看法。在儒家家庭價值系統中，夫妻關係的指導原則是「以義合」以及「夫婦有別」，不講究「和睦」或「愛樂」。傳世早期儒家著述中，只有《禮記．禮運》標舉夫妻和諧：「父子篤，兄弟睦，夫婦和，家之肥也。」[39]

在結束本文之前，要稍微討論王弼政治思想中的一個疑難，就是移風易俗的目的。王弼主張溫和的移風易俗，冀望達成社會淳樸的境地，這是沒有問題的。問題是，他常以「一」的概念來表述這樣的結果。自然的狀態怎麼會是「一」呢？難道不是各類風俗並存的「多」嗎？王弼自己

33 同上，頁二二七。

34 同上，頁六六五。

35 同上，頁六二一，《論語釋疑．學而》。

36 同上，頁四〇三，《周易注．家人上九》。

37 可見閻鴻中，〈東漢時代家庭倫理的思想淵源〉，收在《中國家庭及其倫理研討會論文集》（台北：漢學研究中心，一九九九），頁二八—三二；巫鴻著，楊柳、岑河譯，《武梁祠：中國畫像藝術的思想性》（北京：生活．讀書．新知三聯書店，二〇〇六），頁二八六—三一三。

38 《漢書》（北京中華書局點校本），卷六四下，〈賈捐之傳〉，頁二八三四；卷九四上，〈匈奴傳上〉，頁三七六〇。對高句麗、流求所做的同類批評，見《隋書》（北京中華書局點校本），卷八一，〈高麗傳〉，頁一八一四，一八二四。

39 「夫妻以義合」與「夫婦有別」的問題，本人曾有討論。見陳弱水，〈早期中國思想中的「義」及其演變〉，收在其著，《公義觀念與中國文化》（新北：聯經出版公司，二〇二〇），頁二三三，二三五—二三六。

附圖二：漢代武梁祠石刻畫像孝子圖，丁蘭親歿，立木為父。（中央研究院歷史語言研究所藏品登錄號12753-7，第一層最右側。）

附圖三：漢代武梁祠石刻畫像孝子圖，丁蘭親歿，立木為父。（中央研究院歷史語言研究所藏品登錄號12766-14，第三層左側。）

附圖四：山東泰安大汶口漢代畫像石趙苟哺父圖。出自《中國畫像石全集》（濟南：山東美術出版社，2000），第一卷，頁176-177，圖版230〈大汶口墓前室西壁圖像〉。圖像中的榜題由右至左為：「孝子丁蘭父」、「此丁蘭父」、「孝子趙苟」，這完全是錯誤的。不但丁蘭榜題下為趙苟哺父圖，趙苟圖左側也不是丁蘭圖，而是董永傭耕養父圖，趙苟圖前方正顯示董永耕作的模樣。這張圖像跟前二圖表現的都是極端的——近乎宗教形式的——奉養父母觀念，王弼的自然社會理想與此適成對照。（作者附識：方令光先生協助查尋此圖，謹此致謝。）

也說：「自然之質，各定其分，短者不為不足，長者不為有餘，損益將何加焉？」[40]然而，王弼把移風易俗視為歸結於「一」的說法是相當明確的。《老子道德經注》二十八章注文曰：「移風易俗，復使歸於一也」；[41]同書四十二章注說：「百姓有心，異國殊風，而王侯（得一者）主焉。以一為主，一何可舍？」[42]前引《論語釋疑・泰伯》「興於詩，立於禮，成於樂」句注，「風乖俗異，則禮無所立」之語也有風俗齊一論的嫌疑。《老子道德經注》甚至有以「自然」為「一」的論調：「農人之治田，務去其殊類，歸於齊一也。全其自然，不急其荒病，除其所以荒病。」[43]這些說法好像是要否定自然生起的風俗，而去創造一種非儒家式的齊整社會。是否如此，並不容易確定。個人的看法是，也許王弼真的以為社會如果淳樸，都是差不多的，因為「一」接近於「道」，是「樸散則為器」（《老子》二十八章語）以前的狀態。這個可能性最清楚表現於《老子道德經注》四十二章注：「百姓有心，異國殊風，而王侯（得一者）主焉。以一為主，一何可舍？」這幾句話所注的原文是「道生一，一生二，二生三……」，「一何可舍」的「一」無疑來自「道生一」。綜而言之，就王弼思想的整體而觀，他絕對沒有要用外力來齊一風俗的想法，如果淳樸的社會會有「一」的現象，那也是自然性的回歸。

現在要為王弼有關政治目的之看法作個總結。這個結論大體如同前面所提示的，就是，理想的社會生活，是在自然演化的狀態之上略施調整，不要全任人的本性發展，但要接近本性（「近性者正，而即性非正」），[44]自然與教化之間，王弼顯然較偏重自然。他說：「聖人……輔萬物之自然而不為始」，最好的統治者也只能為造化擔任輔助的角色，而不應越俎代庖。[45]還有一個小的理論問題，王弼既認為天地萬物以無為本，又多談「自然」，「無」與「自然」之間是什麼關係？這一點，王弼沒有明講，我們也無須強作解人，如果說，在王弼而言，「無」是「道」的強名，「自然」是在「無」的力量下所推動出的原初秩序，大概就雖不中亦不遠矣。

過去有一種流行的說法，認為玄學代表著反抗兩漢儒教的道家思想，在英語學術界，「玄學」還使用過「新道家」（Neo-Taoism）的稱號。這個說法並不能算錯，因為玄學諸子的確崇尚老、莊，王弼甚至以《老》解《易》，開創了中國形上思想的新局面。不過，「新道家」或類似的概念容易引起一種誤解，以為玄學運動企圖以道家思想來取代儒家。近幾十年研究所得到的共識是，除了少數的情況，如阮籍、嵇康，玄學家很少強烈反儒家，玄學是個儒道結合的思潮。本文大體同意這一看法，但以上討論王弼，顯示王弼雖不完全否定儒教，他對儒教明顯懷有保留的態度，兩者之間並非全面或任意的融合。此外，王弼思想以「無」與「自然」為綱領，當然有對

---

40 《王弼集校釋》，頁四二二，《周易注．損卦》彖辭注。王弼還有肯定人心歧異的表述，見同書，頁一三〇，《老子道德經注》四十九章。

41 同上，頁七五。

42 同上，頁一一七。

43 同上，頁一五五，五十九章。

44 同上，頁六三二，《論語釋疑・陽貨》。

45 同上，頁七一，《老子道德經注》二十七章。

現實反動的意味。至於反動的主要對象，也許是曹魏的刑名政治，也許是東漢的儒家名教，更大的可能性是，兩者兼而有之。本文想特別提示的是，王弼是一位追求根本原理的思想家，他的政治觀或許具有超越個人環境的歷史意義。王弼雖然身逢亂世，在他的時代，儒家早已成為無可置疑的正統意識形態，君主集權的郡縣制也已是根深柢固的政治結構與建國藍圖。他的遺文顯示，在這樣的大歷史環境，道家型的政治思想未必只是無根的烏托邦想望。道家型思想的一個根源是對儒家德化性格的不滿，懷有這種看法的人可以在多少接受現實的基礎上，提出替代方案。王弼的想望顯然是一個以「自然」演化為主導力量的社會秩序，在其中，德行以外的價值也有充足的空間，譬如安定、自適、快樂。

本文原刊於《古今論衡》，第十九期（二〇〇九年六月），頁八一—九二。二〇一〇年八月、二〇一九年八月微幅修訂。本文是本書前篇〈漢晉之際的名士思潮與玄學突破〉的副產品，文中有若干陳述與該文雷同。

中國中古佛教與國家關係的若干考察

——從歷史看「宗教」的中國處境

前言

我個人研究中國中古史（漢末至唐宋之際），經常會碰到和佛教有關的問題。在這些問題中，佛教與國家利益的關係是重要的一個，此外，在佛教和其他文化力量的關係上，如佛教與道教、儒家（所謂「三教交涉」），佛教與民間文化，也往往牽連及國家的角色以及中國的王權思想。總的看來，佛教與國家的關係是了解佛教處境的重要關鍵。更進一步言，佛教與國家的關係是宗教在中國處境的一個縮影，類似的情境不僅存在於中古和其他歷史時期，甚至投射到我們當代。本文探討中國中古佛教與國家的關係，文章的規模雖然不大，但想提出一些一般性的認識。

宗教（religion）有兩個主要意思。一是對於自然以外——更正確地說，人以外（extra-human）——力量的信仰、崇拜和相關活動，或許也可以說，一切關於「靈」的信拜。另一個意義的宗教則是指比較齊整且有明確菁英成分的信仰社群。這種形式的宗教常被稱為「制度性宗教」（institutional or organized religion），它們通常具有對宇宙人生的整體想像，而且有經典，有詮釋教義、主持儀式、體現神聖的教士，還常有宣傳信仰和道德教化的活動。[1]就如同我們所知的所有人類社會，前一意義的宗教在中國一直存在，真的是「自古有之」，史前時代就有。[2]至於制度性宗教，則顯然是外來的，由佛教的傳入而產生。本文要談制度性宗教，為求簡捷，大多直接使用「宗教」這個詞語。

在中國中古，宗教最重要的代表無疑是佛教。佛教大約在西元紀年之初，也就是西漢、東漢之交，傳入中國。佛教在中國活動的早期，其特殊、不同於中國原有信仰的性格並不甚為人所知，它被視為道術或方術的一種，主要傳布於外國人和外僑社群中。照四世紀中葉王度的說法：「漢代初傳其道，惟聽西域人得立寺都邑，以奉其神，漢人皆不出家。魏承漢制，亦循前軌。」[3]佛教開始表現它的特殊性，大概是在漢末。這些特殊性包括：有獨樹一格的信仰對象、

1 「人外力量」的說明，見蒲慕州，《追尋一己之福——中國古代的信仰世界》（台北：允晨文化實業公司，一九九五），頁一八—二〇。社會學家Robert Bellah (1927-2013）曾從演化的觀點，探討宗教在史前的起源以及在軸心時代（axial age，主要為西元前第一千紀中期）的突破，軸心時代產生的宗教就是制度性宗教的原型，至少在近東和印度是如此。Bellah的說法雖然引起不少爭議，不失為了解宗教全景的重要參考。見其*Religion in Human Evolution: From the Paleolithic to the Axial Age* (Cambridge, Mass. and London: Belknap Press of Harvard University Press, 2011)。本書前五章探索宗教的根源與前軸心時代宗教，後四章處理軸心時代。

2 關於中國史前考古遺址與器物中的宗教表現，可見張光直，〈中國遠古時代儀式生活的若干資料〉，在其著，《中國考古學論文集》（新北：聯經出版公司，一九九五），頁九三—一〇九；張光直，〈仰韶文化的巫覡資料〉，同前書，頁一一一—一二三。有關資訊中，視覺呈現最突出的可能是一九八七年河南濮陽西水坡仰韶文化遺址四五號墓中三組以蚌殼擺塑的動物（特別是龍、虎）圖案，線圖見張光直，〈仰韶文化的巫覡資料〉，頁一二一；照片見Kwang-chih Chang, "China on the Eve of the Historical Period," in Michael Loewe & Edward Shaughnessy, eds., *The Cambridge History of Ancient China: From the Origins of Civilization to 221 B.C.* (Cambridge: Cambridge University Press, 1999), p. 51.

3 《晉書》（北京中華書局點校本），卷九五，〈佛圖澄傳〉，頁二四八七。

神奇故事和宇宙觀；有經典，經典要翻譯；有僧人，他們不僅僅是術士，還要修行。至於佛教大盛，則要到四世紀初永嘉之亂以後，從此中國進入了很長的宗教繁盛期。

在漢朝末年，西元二世紀末，中國還出現了為爾後的道教奠基的教派，主要是太平道與天師道。在教義和組織上，看不出這些教派有什麼受佛教影響的明顯痕跡，道教和佛教的相似性，主要是南朝以下道教模仿佛教而產生的。儘管如此，從時序看來，本土制度性宗教在漢末的出現，仍然有可能受到了佛教的啟發。

從西元四世紀，東晉十六國開始，佛教就很興盛，至少到宋代都是如此。這是佛教在中國發展的一個方面，但另一方面，佛教也經常受到抵拒、批評、壓制乃至迫害。在很長的時間內，佛教在中國是個「有問題的存在」（problematic existence），不但佛教如此，道教也有類似的情況，但程度遠不如佛教嚴重。到了近代，以至當前，相同的情境再度出現，除了佛教、新興宗教，從西方傳入的基督宗教更是明顯，現在伊斯蘭教也碰到問題。本文的主題就在以政教關係為主軸，檢視中古時代佛教的基本處境及其變化。

關於中古時期佛教與國家的關係，研究非常多，但我總覺得，有些現象一直看得不是很清楚。這其中有兩個疑點。首先，過去的論述和研究往往是以類相從，把問題分類，進行了解。例如，「三武滅佛」——北魏太武帝（四二四—四五二在位）、北周武帝（五六一—五七八在位）、唐武宗（八四一—八四六在位）對佛教的迫害——是一組問題，有時加上後周世宗（九五五—九五九在位）的排佛。又如，「沙門不拜君親」（僧人不向皇帝和父母致敬）的爭論，是另外一組。國家對佛教僧人的管理制度與相關法律，又是一組。可是，在漫長的中古時代，同類事件發生的時間和環境往往差距很大，就佛教與國家的關係而言，類似事件的涵義未必相同。另外一個疑點是，在中古，佛教與國家的關係往往涉及道教和儒家，國家對佛教的壓迫常有道教勢力的鼓動，或者受到儒家觀念和朝廷士大夫的影響，這方面的問題不時會放在「三教交涉」的架構中來檢視。不過，就如同前述的疑點，在佛教與國家的具體衝突中，道教和儒家觀念扮有怎樣的角色，差別也非常大，使用單一架構，容易造成誤解。

以上要說的是，學界對於中古佛教與國家關係的一般性理解，比較缺乏歷史脈絡或情境的視點，歷史脈絡似乎只用於個案的探討。這篇文章則將以歷史脈絡——而非特定議題——為核心出發點，對中古佛教與國家的關係進行寬廣的勾勒，希望以此對佛教在中古中國的基本處境獲得一些新的認識。

第一階段：佛教與國家的共生共榮

關於中國中古佛教的基本處境，我想提出一個「三階段說」。第一階段從東晉十六國開始，大約到北周武帝滅佛（五七四—五七八）之前，也就是從四世紀初到六世紀中晚期，約兩個半世紀。就政教關係而言，這個時期最重要的特點是，佛教的勢力飛躍成長，扎根於社會，國家對佛教少有壓制。至少在北方，僧人廣泛參與社會的運作，佛教對民間生活有巨大影響。至於東晉南北朝時代的南方，基層佛教的資料很少，但從目前所能掌握的個案看來，政府對民間自發活動雖然不無忌諱，佛教有在基層社會發展組織的空間。[4]

佛教作為一種新形態的宗教，傳入中國，經過大約三個世紀，開始盛行。佛教進入中國，就結構而言，面對的其實是對制度性宗教不友善的環境。中國的國家強大，君王有至高的地位，政府則是有效的中央集權體制，對自生的社會力量經常採取壓制的措施。此外，中國雖然本來沒有制度性的宗教，但儒家是有深刻正統性的價值體系，還有普受尊奉的神聖文本（儒家經典），這也是對外來宗教的不利因素。在佛教開始盛行的四世紀，剛好是中國自秦建立統一帝國後，國家力量最破碎、最低落的時段，佛教能有大發展，明顯受惠於這個情勢。此外，中國本土思想也在這個時候出現變化，三世紀中開始，玄學興起，儒家受到很多挑戰，降低了佛教的壓力。[5]

這裡提出的主要圖景是，佛教在四到六世紀中晚期有飛躍的發展，國家對佛教少有壓制，佛教不但在中國的心靈和信仰生活上占領了很大的版圖，也深入民間，佛教寺院和僧人對社會有重要的實質影響。不過，這個圖景跟一般有關此時佛教與國家關係的「大敘事」有不一致的地方，以下略做討論。

首先，北魏太武帝時發生了滅佛事件（四四六—四五二），摧毀寺院佛像，僧尼被迫還俗，甚至殺害。這個事件經常被拿來和北周武帝、唐武宗的滅佛（五七四—五七八、八四四—八四六）相提並論，作為中古國家迫害佛教的重要象徵。純就現象而言，這麼說並沒有錯，而且太武滅佛也不能說只是一次性的事件，此事中的要素後來也有在佛教與國家的關係中繼續出現的。不過也要指出，太武滅佛與其他兩個主要滅佛事件的脈絡相當不同。這個事件發生時，北魏的鮮卑拓跋部統治者和佛教還接觸未久，若干特殊的情況觸發了太武帝的行動，有相當的偶然性。[6]更重要的是，事件並沒有對接下來佛教的命運發生重大影響。太武滅佛後的一百多年，是中古歷史上國家（包括南北）對待宗教最為寬鬆的時段，佛教空前興盛，在社會文化上扮演極其重要的角色。關於佛教在四至六世紀中的基本處境，佛教寺院和僧人的數目可能是最好的指標。

4　可見梁陳時期浙江烏傷（後世義烏）頭陀嵩和傅大士接續傳布佛教的例子：魏斌，〈南朝佛教與烏傷地方〉，在其著，《「山中」的六朝史》（北京：生活．讀書．新知三聯書店，二〇一九），頁二一三—二七三。

5　參見本書〈漢晉之際的名士思潮與玄學突破〉，特別是「代結語：玄學與中古文化思想」。

6　關於北魏太武帝毀佛的研究和描述很多，重要的相關研究可見：塚本善隆，〈北魏太武帝の廢佛毀釋〉，收在其著，《塚本善隆著作集》第二卷，《北朝佛教史研究》（東京：大東出版社，一九七四），頁三七—六六；佐藤智水，《北魏佛教史論考》（岡山：岡山大學文學部，一九九八），第一章〈北魏前期の政治と宗教〉，頁四七—六三；劉淑芬，〈從民族史的角度看太武滅佛〉，收在其著，《中古的佛教與社會》（上海：上海古籍出版社，二〇〇八），頁三—四五。

下面是有關數字。首先是北方大範圍的情況：

時間	地理範圍	佛寺數量	僧尼數量	資料來源
四七七	中國北方（北魏統治境內）	六、四七八	七七、二五八	《魏書》，卷一一四，〈釋老志〉，頁三〇三九
五一二—五一五	中國北方（北魏統治境內）	一三、七二七		《魏書》，卷一一四，〈釋老志〉，頁三〇四二
約五二〇年代	中國北方（北魏統治境內）	三〇、〇〇〇餘	約二、〇〇〇、〇〇〇	《魏書》，卷一一四，〈釋老志〉，頁三〇四八；《辯正論》，卷三，〈十代奉佛上篇〉，頁五〇七
約五五一	中國北方東半部（北齊統治境內）	四〇、〇〇〇餘	二、〇〇〇、〇〇〇餘	《續高僧傳》，卷八，〈法上傳〉，頁二六一；《廣弘明集》，卷六，〈劉晝〉，頁一二八
約五七四	中國北方（北周滅北齊後統治區域）	約四〇、〇〇〇	約三、〇〇〇、〇〇〇	《續高僧傳》，卷二四，〈靜藹傳〉，頁九〇九北周滅佛數據

書目：《魏書》（北京中華書局點校本）；法琳，《辯正論》，《大正新脩大正藏》，第五二卷；道宣撰，郭紹林點校，《續高僧集》（北京：中華書局，二〇一四）；道宣，《廣弘明集》《大正新脩大正藏》，第五二卷。

另外還有北方各時代首都的寺院和僧尼數字。除了北朝，也列出西晉的訊息，以供比較：

時間	地點	佛寺數量	僧尼數量	資料來源
西晉永嘉年間（三〇七—三一三）	洛陽（西晉首都）	四二		《洛陽伽藍記．序》，頁一
西晉（二六五—三一六）	洛陽、長安（兩京）	一八〇	三、七〇〇餘	《辯正論》，卷三，〈十代奉佛上篇〉，頁五〇二
約四七七	平城（北魏首都）	約一〇〇	二、〇〇〇餘	《魏書》，卷一一四，〈釋老志〉，頁三〇三九
五一八	洛陽（北魏首都）	五〇〇餘		《魏書》，卷一一四，〈釋老志〉，頁三〇四五
北魏末年（五三四及稍前）	洛陽（北魏首都）	一、三六七		《洛陽伽藍記》，卷五，頁三四九；同書〈序〉，頁一
約五五五	鄴（北齊首都）	約四、〇〇〇	八〇、〇〇〇	《續高僧傳》，卷一〇，〈靖嵩傳〉，頁三三七

書目：楊衒之撰，范祥雍校注，《洛陽伽藍記校注》（上海：古典文學出版社，一九五八）。前表已列者不重複。

從以上二表可以看出，從五世紀後期到六世紀後期，佛教在北方有驚人的成長。僧尼的數目從七萬餘增加到三百萬，寺院則從六千多間到四萬或以上。這些還是官方的數字，實際的佛教設施應該超過於此。這些數字有值得檢討的地方，例如在北朝末年，有大量人口是為逃避賦役而出家，實際上並非僧侶。[7]然而，北朝佛教極其興盛是明確的事實，最清楚的指標是寺院的數字，出家有很多假冒，佛寺則是耗費不低的實體建築，大量的寺院和寺院的迅速成長顯示太武滅佛並無重要後果，國家與佛教關係相當寬鬆。

不過，本文以北朝佛教整體發展的態勢——特別是寺院數目——為依據，主張在北周武帝廢佛以前，佛教與國家的關係寬鬆，似乎和相關研究中的一個重要觀點有衝突。如所周知，日本有豐厚的佛教研究成果，日本學界一貫強調，北朝佛教臣服於皇權，南朝則注重與王權的分離，甚至有以北朝佛教為「國家佛教」的通說。[8]北朝佛教確實有尊崇國家和君主的傳統，佛教教團也和國家關係密切。譬如，北魏初期的道人統法果就說道武帝（三八六—四〇九在位）「即是當今如來」，僧人應該向他敬拜；文成帝時兩度下詔（四五二、四五四），要求依照皇帝的身體鑄造佛像。[9]北朝佛教活動中還有為君主和其他國家統治者祈福的習慣。此外，北朝有僧官制度，僧侶集團的管理是國家體制的一部分。上述都是重要的事實，但問題是：能不能因此為北朝佛教貼上「國家佛教」的標誌，把佛教與國家某種密切的關係當作北朝佛教的本質？

學界在使用「國家佛教」概念的時候，似乎很少說明其內涵，我列出個人所見到的兩種說法，稍作檢討。北朝佛教與造像銘研究者佐藤智水曾在〈雲岡佛教の性格〉一文表示，北魏「國家佛教」有三個面向：（一）國家對於僧團的統制；（二）佛教在教義上強調對國家的奉獻；（三）民眾通過佛教被編入統治體系。[10]此外，「國家佛教」的概念在古代日本佛教研究上也經常出現，日本古代史名家井上光貞（一九一七—一九八三）曾對律令時代的國家佛教列出三個特點：（一）國家對寺院和僧尼的統制；（二）在國家統制的範圍內，保護並培植佛教；（三）國家對佛教的期待不在思想或哲理，而在透過咒力使國家繁盛。[11]先談佐藤教授的看法。佐藤在論文中其實並不是在為「國家佛教」下定義，他談的是北魏佛教的幾個面向，這樣說來，「國家佛教」是不是這些特色適當的標誌，就是可討論的了。至於他所指出的三個面向，前兩個沒有問題，最後一項「民眾通過佛教被編入統治體系」則是有疑義的。井上教授所提出的「國家佛教」要點，性質上接近佐藤教授的說法，是對古代日本國家與佛教關係的綜合整理，而不是對這個概念或日本古代佛教性質的界定。以第三點國家重咒力不重教理而論，教義是制度性宗教的重要因

7 《魏書．釋老志》：「正光已後，天下多虞，王役尤甚，於是所在編民，相與入道，假慕沙門，實避調役，猥濫之極，自中國之有佛法，未之有也。」（《魏書》，卷一一四，頁三〇四八）「正光」（五二〇—五二五）為北魏孝明帝的年號。

8 例見石松日奈子，《北魏佛教造像史の研究》（東京：株式會社ブリュッケ），第四、五章；鎌田茂雄著，關世謙譯，《中國佛教通史》第三卷（高雄：佛光出版社，一九八六），頁一一三，二八七，二八九，二九四。

9 《魏書》，卷一一四，〈釋老志〉，頁三〇三〇—三〇三一，三〇三六。

10 佐藤智水，《北魏佛教史論考》，第三章〈雲岡佛教の性格〉，頁一三四。

11 參見郭珮君，《教團、儀式、權力：東亞佛教交流中的天台佛教》（台北：國立臺灣大學歷史系博士論文，二〇一九年七月），第一章〈緒論〉，頁一二。井上光貞原作見其《日本古代の國家と佛教》（東京：岩波書店，一九七一），頁三三。

素，古代日本輸入漢傳佛教，有鑽研教義的面向，只不過這不是國家重視的部分罷了。

以上要表達的是，北朝佛教研究中有關「國家佛教」的說法，究其內容，只是對北朝時期佛教與國家關係的描述，並不適合把它視為北朝佛教的基本性格。這個說法所包含的一些事項，如佛教的皇帝崇拜、僧官制度，也可以在國家與佛教具有寬鬆關係的環境中存在。這一點，從中國佛教與國家關係後來的演變，可以看得更清楚。總之，從實際情況觀察，毋寧說，在北朝，佛教和國家處於相互支持的狀態，「國家佛教」概念的使用需要謹慎。[12]

以上討論北朝，接下來是東晉南朝。關於這個部分，傳世文獻中也有少數數字資料：

時間	佛寺數量	僧尼數量	資料來源
東晉（三一七—四二〇）	一、七六八	二四、〇〇〇	《辯正論》，卷三，〈十代奉佛上篇〉，頁五〇三
宋（四二〇—四七九）	一、九一三	三六、〇〇〇	同上
齊（四七九—五〇二）	二、〇一五	三二、五〇〇	同上
梁（五〇二—五五七）	二、八四六	八二、七〇〇餘	同上
陳（五五七—五八九）	一、二三二	三二、〇〇〇	同上
後梁（五五五—五八七，國都江陵）	一〇八	三、二〇〇	同上

按：本表所列資料亦見於道世撰，周叔迦、蘇晉仁校注，《法苑珠林校注》（北京：中華書局，二〇〇三），第六冊，卷一〇〇，〈傳記篇・興福部〉，頁二八九〇—二八九一。

唐初法琳（五七二—六四〇）《辯正論．十代奉佛》所列的南朝佛寺和僧侶數字是以朝代為單位，我懷疑這些是朝代結束時的數字，如東晉的部分，即代表晉末。《辯正論》另記梁時建康有七百餘所寺院。[13]我們知道，東晉南朝皇室和士族崇佛風氣很盛（約四世紀晚期之後），但就上面表列的數字看來，佛教的整體規模和深入民間的程度顯然不如北朝。不過，兩者的差距似乎不如數字本身所顯示這麼大。舉例而言，南朝佛教最盛的梁代有佛寺二、八四六間，約略同時的北魏末年為三〇、〇〇〇多間，但南北國家和社會規模相差甚遠，在此時，北朝控制的戶口數約為南朝四倍，就比例而言，南朝梁佛寺數量的涵義約同於北魏的一二、〇〇〇間，也就是，如果以寺院數量為指標，南朝梁佛教的興盛程度約為北魏的四成。簡單說，除了一般所認知的貴族性格，整體上，南方佛教也算興盛。[14]

12　佐藤智水《北魏佛教史論考》中〈雲岡佛教の性格〉一文，原來以〈雲岡佛教の性格——北魏國家佛教成立の一考察〉為題，刊登於《東洋學報》五九卷一、二期合刊號（一九七七年十月），頁二七—六六。該文收入書中時，副題刪除，文中首句從直指北魏佛教為國家佛教，改為表示北魏佛教具有強烈的國家佛教性格，似乎顯示作者覺得這個概念的使用需更謹慎。

13　梁代建康寺院數字見法琳，《辯正論》，卷三，〈十代奉佛上篇〉，《大正新脩大藏經》（以下簡稱《大正藏》），第五二卷，頁五〇三。《辯正論》同卷也列有北魏的寺院與佛寺數字（《大正藏》第五二卷，頁五〇七），這就是《魏書．釋老志》中北魏末（約五二〇年代）的數字，已見第一表。這是我推論《辯正論》東晉南朝數字所代表時點的依據。

14　關於南北朝戶口數，北朝末年（六世紀中晚期）北方戶數約為三五〇萬，南朝宋武帝大明八年（四六四）約為東晉南朝士族力量龐大，士族和皇室多崇佛，佛教在民間也相當興盛，顯示在中古前期的南方，佛教是處在寬鬆的權力環境中。不過，關於此時佛教與國家的關係，有個問題常被提起，就是要求佛教僧人敬拜君王的呼聲。佛教在中國興盛的初期，由於政治環境處於混亂破碎的狀態，佛教輕易就獲得了特權，譬如僧侶不服役，不納稅，也不用向尊位的俗人（父母、君王）致敬。[15]也就是說，佛教以「方外」或「道」自居，「方外」高於——至少是外於——「方內」，獲得國家承認。但僧人不向君王致敬的作為在東晉南朝受到挑戰。在國家方面，東晉成帝咸康六年（三四〇），執政庾冰兩度代皇帝下詔，要求僧人敬拜王者，因遭受反對未實施。再來是晉末控制朝廷的桓玄，曾於安帝元興二年（四〇三）令僧人禮敬皇帝，但年底篡位前就取消了。[16]最後則是宋孝武帝在大明六年（四六二）規定沙門敬拜人主，只實施了兩年。東晉南朝「沙門不拜王者」的爭論固然代表了要求佛教遵從中國王朝秩序的壓力，但由上述可以看出，這些要求力道不大，對佛教和國家的關係沒有造成衝擊。

以上談的是中古佛教與國家關係第一階段（四到六世紀中期）。簡單說，這個時期最主要的特點是，無論南北，佛教都有飛躍的發展——特別是在五世紀中葉以後，國家對佛教少有壓制。在這段期間，的確出現了不少排佛的言論，也發生過北魏武帝的滅佛事件，這其中的許多論說在往後一再出現，成為中國排佛傳統的構成要素，但整體而言，這些情況對佛教衝擊有限，佛教與國家的關係是寬鬆的。

第二階段：國家的控制與佛教的屈服

前文所說的國家與佛教關係寬鬆的情境，從北朝末期開始發生變化，最終出現了新的制度化生態。我把這個階段的起點訂在北周武帝滅佛（五七四—五七八），終點則是九世紀初，約唐憲宗即位（八〇五）時，不過，新的情勢至遲在唐玄宗朝（七一二—七五六）中期就已經確定了。在這個時段，無論在意識形態、制度或政治措施的層面，國家都陸續對佛教進行壓抑，使得佛教在中國的處境發生了根本的變化。這些狀況是在相當長的時間中發生的，涉及很多政權、現象和

九〇萬，劉宋以下至陳朝才有資料，但此時南方領土已大幅縮小，戶數甚少。參見梁方仲編著，《中國歷代戶口、田地、田賦統計》（上海：上海人民出版社，一九八〇），頁四一七。

15 佛教如何獲得特權，史料中跡象很少，學者判斷應該是在東晉十六國時自然形成。見謝重光，〈魏晉隋唐佛教特權的盛衰〉，《歷史研究》，一九八七年第六期，頁四七—四九。東晉末桓玄一段關於沙門不敬王者的說法，或可幫助我們推想有關情境：「曩者晉人略無奉佛，沙門徒眾皆是諸胡，且王者與之不接，故可任其方俗，不為之檢耳。」見僧祐撰，李小榮校箋，《弘明集校箋》（上海：上海古籍出版社，二〇一三），卷一二，〈桓玄與王令書論敬王事并王令答往復八首・桓難〉，頁六七七。必須說明，佛教興盛以後，僧人雖然不必服役，但佛寺仍多少是要納稅的，僧人也因此間接承擔賦稅，但在文獻記載和反佛論說，往往對稅、役不加分別。關於中古佛教與稅役的關係，參見諸戶立雄，《中國佛教制度史の研究》（東京：平河出版社，一九九〇），第三章第一節〈北魏均田制と佛教教團〉，頁三三八—三六六；第三章第三節〈唐代における僧侶の稅役負担について——僧侶の免課役に關連して——〉，頁三九六—四四三。

16 僧祐撰，李小榮校箋，《弘明集校箋》，卷一二，〈桓楚許道人不致禮詔并答往返五首〉，頁六九五—七〇一。

事件，期間也有轉折和起伏，並不是個單一趨向的過程。以下說明幾個重要的方面以及一個關鍵的歷史環節。

國家全體主義

首先是意識形態的方面。前面說過，從四世紀到六世紀中葉，中國佛教發展迅速而臻於極盛。但在此時，也出現了各種各樣的排佛論說，這些論說雖然沒有造成重大的後果，但在往後不斷出現，顯示背後有結構性的力量在支撐。中古前期主要的排佛論說可以歸納為四點。第一，佛教僧侶不納稅也不服勞役，有消費無生產，對國家造成極大的損害；第二，佛教來自胡地，受教化的中國人沒有理由信奉它；第三，佛教的教義荒誕不可信，報應和輪迴轉世尤為無稽之談；第四，佛教教人拋棄家庭生活和世俗責任，與中國忠孝的基本價值大相牴觸。[17]以上四點之中，第一點碰觸了國家的利益，第二和第四點經常被反佛者用來鼓動君主與朝廷，要求壓制佛教。這幾點是佛教和國家之間潛在的衝突源頭，但從南北朝末年到唐初，出現了另一種論說，使得王權直接和佛教碰撞，我稱之為「國家全體主義」（state totalism）。

大概說來，這個觀點強調，人類的所有活動都歸屬於統治者的權威，沒有例外。就國家和文化的關係而言，文化便是「王化」，文化（當時主要稱為「教」）僅是由統治行為中派生出的一個領域。佛教這種事物的興盛，侵犯了帝王應有的全面權威，應該要收復。這種論說並不是全新的。在中國，「國家全體主義」有很深的根源，最早表現於戰國法家的韓非思想，又陸續見於秦朝的意識形態乃至西漢受法家影響的儒家。[18]可是，在南北朝末期，這個論說進入了佛教和國家關係的範疇，佛教成為王權的敵人。

「國家全體主義」在北周武帝滅佛事件中扮有重要的角色，但在稍早，已經出現了明確的這種觀點。荀濟（？—五四七）先後仕宦於南朝梁和東魏，他強烈反佛，在一份給梁武帝的上書，宣稱佛教有十大罪狀：

一曰：營繕廣廈，僭擬皇居也。二曰：興建大室，莊飾胡像，僭比明堂宗祀也。三曰：廣譯妖言，勸行流布；轢帝王之詔敕也。四曰：交納泉布，賣天堂之虛果；奪大君之德賞也。五曰：豫徵收贖，免地獄六極之謬殃；奪人主之刑罰也。六曰：自稱三寶，假託四依，坐傲君王；此取威之術也。七曰：多建寺像，廣度僧尼；此定霸之基也。八曰：三長六紀，四大法集；此別行正朔、密行徵發也。九曰：設樂以誘愚小，俳優以招遠會，陳佛土安樂，斥王化危苦；此變俗移風徵租稅也。十曰：法席聚會，邪謀變通，稱意贈金，毀破遭謗；此呂尚

17 前文已經說明，僧人固然不服勞役，佛寺仍是要納稅的，見註十五。

18 參見劉澤華主編、葛荃副主編，《中國古代政治思想史》（天津：南開大學出版社，一九九二），第四章第四節，第五章第一節，第十一章第三節。

之六韜祕策也。[19]

上列的罪行林林總總，都跟皇帝的權威有關，從最具體的如佛教建物比擬皇宮、宗廟，到文化性的措施如佛教自訂節日、自行教化，都涵蓋在內。荀濟要傳達的意思十分明確：人類世界是一個以帝王為中心的整體，佛教的繁盛危害到這一秩序。

「國家全體主義」大舉爆發，是在周武滅佛之時。這是一個複雜的事件，醞釀了相當的時日，涉及不少因素，這裡略談「國家全體主義」的面向。[20]北周武帝在建德三年（五七四）推動一般所謂的「廢佛」或「滅佛」。這項措施原來的目標的確只是佛教，但最終禁絕的範圍很廣。該年五月十七日，武帝下詔，「斷佛、道二教，經像悉毀，罷沙門、道士，並令還民。並禁諸淫祀，禮典所不載者，盡除之。」[21]也就是，禁絕一切宗教和「淫祀」，背後的理路似乎是，所有的「教」都必須為王權所認可，不能有獨立性，儒家和禮典中的儀式祭祀已有這樣的性質，不在禁止之列。下詔後次月，武帝還成立了名叫「通道觀」的機構，號稱要研究各種教義學說——包括剛被禁斷佛、道二教，探索一以貫之的「至道」，以此治理世界。上述措施清楚反映武帝抱有一元的世界觀，認為這個世界應當由君主來主導。

北周武帝的「國家全體主義」明顯受到衛元嵩的強烈影響。衛元嵩是出身蜀地的僧人，因對佛教不滿，轉而傾心中國本土的陰陽曆算之學。他在天和二年（五六七）——周武滅佛前七年，上書武帝，要求限制佛教活動，同時自己還俗。衛元嵩的奏文大多佚失，但我們仍能從殘留的部分窺知他的基本想法。他在文中提出一個理想的世界圖景，他稱為「平延大寺」。在這個類似烏托邦的「大寺」中，人們以俗世的生活方式實踐佛教平等普濟的價值，皇帝則是這個世界的首腦。[22]唐初佛教學者道宣（五九六—六六七）這樣解說衛元嵩的立場：「我不事二家，惟事周祖，以二家空立其言，而周帝親行其事，故我事帝，不事佛、道。」[23]道宣又認為，衛元嵩是受《大智度論》中有關天王佛的描述所啟發。按，《大智度論》卷九十三說，天王佛國土中，「唯佛世尊以為法王」，佛即是王，所以此佛名為「天王佛」。[24]以衛元嵩的思想對照武帝的作為，應該能展現周武滅佛的特殊性格及其來源。

建德六年（五七七），武帝下詔後三年，武帝終於夫子自道，說出了他的想法。該年他和曾為僧人的任道林有一場關於禁佛的辯論。在這場辯論中，他明白表示，一切佛教所描述和所應許

19　道宣，《廣弘明集》，卷七，〈辯惑篇第二之三．敘列代王臣滯惑解下〉，《大正藏》，第五二卷，頁一三〇。

20　有關周武滅佛的詳細研究，見野村耀昌，《周武法難の研究》（東京：東出版株式會社，一九七六），特別是第六至十章。

21　《周書》（北京中華書局點校本），卷五，〈武帝本紀上〉，頁八五。

22　見道宣，《廣弘明集》，卷七，〈辯惑篇第二之三．敘列代王臣滯惑解下〉，《大正藏》，第五二卷，頁一三二。

23　同上。

24　道宣，《廣弘明集》，卷七，〈辯惑篇第二之三．敘列代王臣滯惑解下〉，《大正藏》，第五二卷，頁一三二；《大智度論》，卷九三，〈淨佛國土品之餘〉，《大正藏》，第二五卷，頁七一一。

的，都可見於帝王治下，佛教沒有正當的存在理由。[25]

到隋及唐初，隨著廢佛措施解除，佛教復振，北周末期的「國家全體主義」論說不復見於傳世文獻，但似仍有稀疏的蹤影。隋文帝仁壽二年（六〇二），佛教領袖曇遷（五四一—六〇七）曾對文帝說，「世有三尊，各有光明，其用異也。」這三尊是：「佛為世尊，道為天尊，帝為至尊。」[26]曇遷雖然表示三尊各有作用，但把皇帝稱為「至尊」，君王在世界上的樞紐地位是無可懷疑的。按，開皇五年（五八五）隋文帝有詔云：「佛以正法付囑國王，朕是人尊，受佛付囑。」[27]這裡所謂佛以正法囑咐國王，出自《仁王般若波羅蜜經》，佛陀將此經授予國王。[28]至於「人尊」，或譯為「人中尊」，在佛典中常代指佛陀，本來恐怕是指國王，如阿含部經典屢次所言。[29]把曇遷所稱的「至尊」和文帝早先自稱受佛託付的「人尊」相比，也可以得知，「至尊」之說大大提高了君王的地位。

在唐初，和隋朝的兩位皇帝不同，高祖與太宗對佛教都是反感的。武德八年（六二五），顯然由於皇室奉老子李耳為始祖，高祖訂三教先後為：道教為首，儒家其次，佛教最末。貞觀十一年（六三七）、十五年（六四一），太宗又重申道在佛先之意。[30]不過，太宗不只一次表達，他對道、佛這兩個「異方之教」都不喜歡，唯一看重的是「堯舜之道」、「周孔之教」，理由則是有助於治理，「如鳥有翼，如魚依水，失之必死，不可暫無耳」。這樣看來，太宗表面尊崇儒教，實際考慮仍是以帝王為中心。[31]

簡單來說，從南北朝末期到唐初，我們看到一種可以稱為「國家全體主義」的思維，以周武滅佛前後最為決絕。這種思維的基本意旨是，帝王為世界的中心，一切教義都必須服膺君主的權威，或為其治理服務。在實際上，這個「國家全體主義」潮流是以佛教為打擊目標的。唐代在太

25 道宣，《廣弘明集》，卷一〇，〈辯惑篇第二之六．周高祖巡鄴除殄佛法有前僧任道林上表請開法事〉，《大正藏》，第五二卷，頁一五四—一五五；道宣，《集古今佛道論衡》，卷乙，〈周高祖巡鄴除殄佛法有前僧任道林上表請開法事第三〉，《大正藏》，第五二卷，頁三七五—三七六。

26 道宣撰，郭紹林點校，《續高僧傳》（北京：中華書局，二〇一四），卷一八，〈曇遷傳〉，頁六六六—六六七。

27 法琳，《辯正論》，卷三，〈十代奉佛上篇〉，《大正藏》，第五二卷，頁五〇九。

28 《佛說仁王般若波羅蜜經》，卷下，〈受持品第七〉，《大正藏》，第八卷，頁八三二：「一切國土安立，萬姓快樂，皆由此般若波羅蜜。是故付囑諸國王，不付囑比丘、比丘尼、清信男、清信女。」此經題為鳩摩羅什譯，但梁僧祐《出三藏記集》卷四、隋法經等《眾經目錄》卷二皆認為此經來歷可疑。不過，這種說法也未必純為中土所造，《雜阿含經》已有類似的表述：「如來、應供、等正覺知人見人，常為記說：『我之正法，寄在國王，及我比丘僧等。』」見《雜阿含經》，卷二三（六〇四），《大正藏》，第二卷，頁一六六。

29 阿含部經典中其例甚多，可參見：《佛說寂志果經》，《大正藏》，第一卷，頁二七六（「王者人中尊」）；《大樓炭經》，卷六，〈天地成品〉，《大正藏》，第一卷，頁三〇九（「諸人民行種姓，剎利種為人尊」）；《中阿含經》，卷四一，〈梵摩經〉，《大正藏》，第一卷，頁六八九（「王為人中尊」）。

30 道宣，《集古今佛道論衡》，卷丙，〈高祖幸國學當集三教問僧道是佛師事第二〉，《大正藏》，第五二卷，頁三八一；同卷〈太宗下勅道先佛後僧等上諫事第四〉，頁二八二；同卷〈文帝幸弘福寺立願重施敘佛道先後事第八〉，頁三八六。另可見張遵騮，〈隋唐五代佛教大事年表〉，收在范文瀾，《唐代佛教》（北京：人民出版社，一九七九），頁二二一，二三〇，二三一。

31 見吳兢撰，謝保成集校，《貞觀政要集校》（北京：中華書局，二〇〇三），卷六，〈慎所好〉，頁三三一；卷八，〈論赦令〉，頁四五一。

宗以後，雖然不常見到這類論說，但出現了一連串——可以說有系統的——壓抑佛教的措施。[32]

阻斷佛教的社會連結

國家與佛教關係的另一點變化，可能是「第二階段」最重要的部分。這就是，在唐代前期，從唐高宗到唐玄宗時代，唐政權採取了系統性的措施，制止佛教從事社會活動，阻隔佛教與社會的連結。其中最關鍵的可能是唐高宗咸亨五年（六七四）五月禁止私人結社的詔書。

這份詔書宣告兩件事，一是官民的服式顏色要依照法令規定，不得僭越，一是禁止私人結社。關於後者，原文是這樣的：

> 春秋二社，本以祈農。如聞除此之外，別立當宗及邑義諸色等社，遠集人眾，別有聚斂，遞相繩糾，浪有徵求，雖於吉凶之家小有裨助，在於百姓，非無勞擾。自今已後，宜令官司，嚴加禁斷。[33]

這裡說的是，除了官方主持和准許的春秋二社，其他的民間結社，一律禁斷。民間結社部分，則以族人之間的聚合以及佛教的邑義為例，佛教顯然在主要目標之列。下詔禁止的理由是，結社往往對成員有需索，造成一般百姓的負擔。這個說法不足憑信。更重要的原因恐怕是，國家不願見到社會上有興盛的自發組織，政府權威受到威脅，詔中「遠集人眾」、「遞相繩糾」等語就反映了這層顧慮。這項禁令雖然不是專為佛教而發，但對佛教影響特別大。在南北朝以下的中古時期，中國的社會組織以自願結社為主，至少在北方，最主要的社團是環繞著佛教活動組成的，一般稱為「義邑」或「邑義」（後者主要指成員），也有叫「法義」的，由於「邑」的性質與一般私社相近，可通稱「社邑」或「邑社」。詔令中提及「邑義諸色等社」，大體指此。這些社團的成員除了佛教信眾和參與佛事的一般俗人，多數有僧人參與，甚至擔任領導者，是佛教與民眾結合的重要管道。私人結社的禁令大大削弱了佛教的社會基礎，抑制了制度性宗教在社會中扎根。[34]

32 本小節所論，有許多地方是取自本人〈排佛論說與六、七世紀中國的思想狀態〉，收在陳弱水，《唐代文士與中國思想的轉型（增訂本）》（台北：臺大出版中心，二〇一六），頁一三七—一四七。

33 王欽若撰，《冊府元龜》（北京：中華書局，一九六〇年影印明刻本），卷六三，〈帝王部・發號令二〉，頁七〇七—一。另見《全唐文》（台北：大通書局，一九七九年影印），卷一三，〈禁僭服色立私社詔〉。原詔無題，此題應為《全唐文》編者所擬。不過，在北宋所編的《唐大詔令集》，本詔禁止服色僭越的部分別為一詔，發布時間則為咸亨五年四月，而非五月。以此，禁止結社的詔書原本可能是獨立的，《冊府元龜》誤將兩份詔書混而為一。參考宋敏求編，洪丕謨、張伯元、沈敖大點校，《唐大詔令集》（上海：學林出版社，一九九二），卷一〇八，〈官人百姓衣服不得逾令式敕〉，頁五一五；《舊唐書》（北京中華書局點校本），卷五，〈高宗本紀下〉，頁九八—九九。

34 見劉淑芬，〈中古佛教政策與社邑的轉型〉，《唐研究》，第一三卷（北京：北京大學出版社，二〇〇七），頁二三五—二六〇。本小節的討論多取材於這篇論文。關於咸亨五年詔的相關研究，又可見孟憲實，〈唐朝政府的民間結社政策研究〉，《北京理工大學學報（社會科學版）》，二〇〇一年第一期，頁二五—三〇。此外，中咸亨五年詔發布的背景或原因是什麼，並不清楚。不過，唐初政權抑佛色彩鮮明，約於太宗、高宗朝之際訂立的宗教管理法規《道僧格》，已經有禁制僧人進入民間的條文。根據《道僧格》復原的研究，其中有兩個條文涉及宗教的社會參與。其一：「凡道士、女道士、僧、尼等有令俗人付其經像，歷門教化者，百日苦使」（「苦使」即「苦役」）；其二：「凡道士、僧尼，非在寺觀，別立道場，聚眾教化，並妄說罪福，及毆擊長宿者，並還俗……。」[35] 這是武則天掌政以前訂定的法令，當時道教位階在佛教之上，法律文字以道士居先，但佛教的社會影響遠大於道教，條文主要對象應當是佛教。這兩條都涉及佛僧對俗眾的「教化」，前條規定不准僧人到民家，後條要求說法須在固定場所。這些法規很可能已嚴重限制了佛教的社會連結。在咸亨五年詔發布之前，義邑已有衰微的跡象。舉例而言，刻造佛像是義邑能見度最高的活動，一直到隋代都很興盛，但入唐之後，明顯變得沉寂。在唐初，僧人也鮮少參與義邑事務，甚至連「義邑」或「邑義」的名稱都變得稀見。[36]

唐朝對佛教的壓制，最集中的時段在玄宗開元年間（七一二—七四一）。在此期間，朝廷採取了一系列針對佛教的措施（有時兼及道教），重點也是在抑制佛教的社會影響以及僧尼與俗人的接觸。現在將開元年間涉及佛教與社會關係的詔令列舉如下：

開元二年（七一四）七／一三　禁止官員家庭與僧道往來，家中設齋，須透過州縣申請

開元二年（七一四）七／二七　禁止兩京坊市鑄造佛像、寫經

開元五年（七一七）三月	僧尼道士不許與百姓家往來，詔中說以前曾有同樣命令
開元九年（七二一）四月	禁止士女捐錢給長安化度寺、洛陽福先寺之無盡藏
開元十年（七二二）二月	僧尼道士必須居留於名籍所在的寺觀
開元十二年（七二四）五月	要求僧道遵守戒律，不准「非處行宿，出入市廛」
開元十九年（七三一）四月	佛僧不得「巡歷鄉村，恣行教化」，宣講佛法只限於戒律，午後不得離開所居佛寺之院落
開元十九年（七三一）六月	僧道須居於所屬寺觀，不得「遠就山林，別為蘭若」，亦不得「聚眾」或「在俗家居止」
開元十九年（七三一）七月	意旨同於前詔，不准僧俗往來

宗景龍元年（七〇七）十月有詔，禁止百姓「結構朋黨，作排山社」，後來編入〈開元戶部格〉（敦煌文書S一三四四），也顯示唐政府對民間結社疑忌的性質。見郝春文主編，《英藏敦煌社會歷史文獻釋錄》，第五卷（北京：社會科學文獻出版社，二〇〇六），頁三七七。

35 鄭顯文，〈唐代《道僧格》研究〉，《歷史研究》，二〇〇四年第四期，頁四八，五二—五三。另參周奇，〈唐代宗教管理研究〉（上海：復旦大學歷史系博士論文，二〇〇五年四月），頁三二，三八；趙晶，〈唐代《道僧格》再探——兼論《天聖令·獄官令》「僧道科法」條〉，《華東政法大學學報》，二〇一三年第六期，頁一三九—一四四。

36 參見李文生、孫新科，〈龍門石窟佛社造像研究〉，《世界宗教研究》，一九九五年第三期，頁四二—五〇；劉淑芬，〈中古佛教政策與社邑的轉型〉，頁五八—五九。龍門以外的佛教造像資料中，也幾乎沒有入唐後義邑造像的形跡。

這些試圖切斷佛教與社會聯繫的法令不始於玄宗朝，睿宗於唐隆元年（七一〇）七月即有詔要求僧道，「不得假託功德，擾亂閭閻」，但以玄宗開元年間特為密集，有些禁制在玄宗朝之後仍一再重申。[37]簡單說，從高宗朝到玄宗朝將近六十年一連串的措施與法令（武則天當政時有中斷），深刻改變了佛教的運作方式，佛教活動被要求限縮在「單純」的寺院和信仰範圍，即使在這方面，僧人和俗世的接觸也一直受到防範。

高宗咸亨五年（六七四）關於民間結社的詔令並無法真正禁絕社邑活動，玄宗天寶元年（七四二）十月，朝廷再發布一份有關社祭的詔令，要求「百姓私社」與官社同日祭祀，應該就代表民間結社解禁了。[38]禁令雖然取消，民間結社的規模和活力無疑已大大弱化，而且僧人參與社邑活動的限制仍在，整體而言，佛教喪失了在社會上最重要的據點。[39]

制度的拘束

前文提及，唐初訂定的《道僧格》已對佛教的社會接觸有重大限制，在制度的層面，唐初朝廷還對佛教加強了其他方面的管控。僧官制度是其中最顯著的。僧官是管理僧侶的體制，創始於東晉、十六國晚期，在南北朝，僧官雖然是國家組織的一部分，但僧官都是僧人擔任，僧人形同自治。隋代也是如此。但從唐太宗時期開始，僧侶事務改由一般官署管轄，在中央，先後由鴻臚寺、禮部祠部和兩街功德使主管（有時為合管），地方則是州縣負責。安史之亂以後，地方權大，有些地方重新設置僧官，後來中央也有，但中央的最高僧官只是功德使的輔佐或僚屬（稱為僧錄），顯然缺乏實權。[40]總之，唐代的僧人管理制度和唐前有根本的不同，之前有濃厚的自治性質，在唐代，則是國家直接控制僧團。僧人的法律地位也有變化。在北魏，僧人除非犯了殺人或更嚴重的罪，其行為由僧團依內律來處置。在唐代，徒刑以上的罪行就要送交俗官，此外，

37　開元諸詔令的資料來源非常複雜，可見池田溫編，《唐代詔敕目錄》（西安：三秦出版社，一九九一），頁一四二，一五四，一六四，一六六，一七二，一八六—一八八。唐隆元年詔見宋敏求編，《唐大詔令集》，卷一一〇，〈誡勵風俗敕〉，頁五二三；《全唐文》，卷一九，〈申勸禮俗敕〉。另參劉淑芬，〈中古佛教政策與社邑的轉型〉，頁二六六—二七〇。

38　《冊府元龜》，卷三三，〈帝王部．崇祭祀二〉，頁三六一—三六二—一。另見《全唐文》，卷三三，〈飭敬祀社稷詔〉。

39　在目前所見的唐代佛教社邑資料中，只有房山石經題記（房山在今北京）有明顯的僧人參與社邑現象。另外，北宋初期，在距離房山不遠的定州（在今河北保定），也有類似情況。僧人和社邑的關係可能有地域差異，河北的情況或許也與當地在安史亂後不受朝廷管轄有關。參見唐耕耦，〈房山石經題記中的唐代社邑〉，《文獻》，一九八九年第一期，頁八四—一〇二；賈敏峰，〈從文物資料看北宋前期定州的佛教邑社〉，《文物春秋》，二〇一五年第六期，頁四三—四四。

40　諸戶立雄，《中國佛教制度史の研究》，第一章第四節〈唐初における佛教教團の統制——道僧格の規定を通して——〉，頁一〇八—一二五；謝重光、白文固，《中國僧官制度史》（西寧：青海人民出版社，一九九〇），第二至五章，特別是第四章第五節對於安史亂後僧官復起的討論；謝重光，《中古佛教僧官制度和社會生活》（北京：商務印書館，二〇〇九），頁一—一二六。

《道僧格》有很多刑罰的規定，刑律的性質很重。[41]

除了以上所述，唐朝廷對佛寺、僧尼出家都有嚴格的管制。佛寺似有規定的數額，全國總數是五三五八，其中僧寺三二四五，尼寺二一一三，要有朝廷賜額才是合法的寺。在僧人方面，唐代建立嚴格的度牒制度，有官方發給的憑證才能成為正式的僧尼，中宗神龍年間（七〇五—七〇七）並建立度僧的考試制度。度僧顯然每年有固定時點，但也有恩度和不度的情況，如唐玄宗反佛，曾經長達二十餘年不發度牒。[42]唐代佛教仍然興盛，私度的情況相當普遍，但在國家長期的制度性控管下，發展顯然不如南北朝。[43]以下是傳世資料中僅有的兩組唐代寺僧數字：

時間	佛寺數量	僧尼數量	僧人數量	比丘尼數量	資料來源
約玄宗開元年（七一二—七四一）中期	五、三五八	—	七五、五二四	五〇、五七六	《唐會要》，卷四九，〈僧籍〉，頁八六三；《新唐書》，卷四八，〈百官志〉，頁一二五二
武宗會昌五年（八四五）	四、六〇〇餘	約二六〇、五〇〇	—	—	《舊唐書》，卷一八上，〈武宗本紀〉，頁六〇四—六〇六

書目：〔宋〕王溥，《唐會要》（台北：世界書局，一九八九）；《新唐書》（北京中華書局點校本）。

前一組數字的年代和涵義都不確定。如前所述，佛寺五、三五八似為法定數額，至於僧尼，應不至有定額，可能代表某一時點的實際數量。第二組數字則出自武宗的毀佛詔令，準確度應該很高。和南北朝後期北方即有三、四萬寺院相比，四千餘佛寺意味佛教的規模有萎縮，國家的壓抑至少是部分原因。

佛教屈服的關鍵歷史環節

以上揭示中國自北朝末年到唐玄宗時代佛教與國家關係的劇烈變化，都是從國家的角度出

41 諸戶立雄，《中國佛教制度史の研究》，第一章第三節〈北魏の僧制・西魏の教團制規と道僧格〉，頁六〇—六四；第一章第四節〈唐初における佛教教團の統制——道僧格の規定を通して——〉，頁一一二—一一三，一二一—一二三。著名律師玄琬在貞觀十年（六三六）逝世前上遺表給太宗，希望僧人能不依俗法治罪，透露佛教界對此政策的不滿。見道宣撰，郭紹林點校，《續高僧集》，卷二三，〈玄琬傳〉，頁八六五。

42 參見張弓，《漢唐佛寺文化史》（北京：中國社會科學出版社，一九九七），〈造設篇〉三〈寺等・給額・寺名〉，頁二三二—二三四；諸戶立雄，《中國佛教制度史の研究》，第二章第三節〈唐代における度僧制について——公度制の確立と賣度・私度問題を中心として——〉，頁二九三—二九七。玄宗自言長期不度僧，見王溥，《唐會要》（北京：中華書局，一九五五年據商務印書館國學基本叢書原本影印），卷四九，頁八六一（開元十九年六月二十八日勅）；《冊府元龜》，卷一五九，〈帝王部・革弊一〉，頁一九二五—一至一九二五—二（開元十九年六月己未詔）。又，佛寺有定額的說法只見於一處，未敢完全肯定。見《舊唐書》，卷四三，〈職官志二〉，頁一八三一。

43 據稱文宗太和四年（八三〇），朝廷准許私度僧具名申請度牒，竟有七十萬人申請。傳世文獻中，此事首見於北宋初年，不知準確程度如何。見贊寧，《大宋僧史略》，卷中，《大正藏》，第五四卷，頁二四七。

發。就佛教方面來看，佛教界對國家發動的限制和壓迫，從北周武帝時開始，是盡力抗拒的，一直到高宗朝初年，都是如此。但情勢在玄宗時發生了重大變化，佛教界對玄宗的抑佛措施，全無公開反應，可以說是完全屈服。以後一直沒有改變，玄宗開元年間是傳統中國歷史上，佛教向國家俯首聽命的明確起點。各種跡象顯示，佛教由盡力爭取自己的地位和權益轉為任憑處置，關鍵在高宗龍朔（六六一—六六三）到玄宗開元（七一三—七四一）年之間。這裡要對此前的情況以及轉變的表現和可能緣由略作說明。

六世紀是中國佛教急速擴張的時代，北周武帝推動廢佛（五七四—五七八），無論滅北齊之前在關中，或是滅齊之後在東方，都面臨佛教界的辯難和抗爭。淨影寺慧遠（五二三—五九二）、中興寺道安、某位猛法師、靜藹（五三四—五七八）、智炫、知玄、任道林都和武帝力爭。道積進諫無效，與七位同道絕食而死；滅佛令下後，靜藹帶領四十多位門人入終南山，私自建了二十七座寺院，最後慘烈自戕而死。道安在北周末年去世，死前有遺訓給弟子說：「卿已出家，號曰道人，父母不敬，世帝不臣」，公然標示佛僧的獨立地位。[44]

到隋代和唐初，佛教界依然維持這樣的姿態。在隋代，雖然皇家有信仰佛教的風氣，煬帝已對佛教勢盛有所顧忌，展開了抑制的措施。大業二年（六〇六），他下詔要求僧道向王者致敬，明瞻領導僧人抗拒不從，此事因而停止。大業五年（六〇九），煬帝又下詔要求沙汰僧人，拆毀多餘的佛寺，天台宗創始者智顗（五三八—五九七）的弟子大志上書後自焚而死，詔令又不行。[45]唐貞觀十一年（六三七），太宗繼高祖之後，重申道教地位在佛教之上，引起僧人到皇宮抗議，其中一位智實堅持不離去，遭杖擊，於次年去世。法常也屢次抗議佛教遭受貶抑，他於貞觀十九年（六四五）去世後，有數萬士女在道旁送葬，「前後威儀四十餘里」。玄奘（六〇二—六六四）也一直希望道先佛後以及佛僧依俗法治罪的問題能夠解決。[46]

對於唐代抑制佛教的措施，佛教方面最大的抵抗行動發生在高宗龍朔二年（六六二）。當年四月，高宗下詔要求僧道向君王父母致拜，佛教界緊急發動遊說和抗議，希望詔令能取消。他們遊說高宗之子沛王（即後來的太子李賢）、皇后武則天的母親榮國夫人楊氏以及宰相以下百官。數百位京城僧人兩度到皇宮表達意見，還有其他僧俗提出請願。朝廷在五月廣召朝臣和長安附近地方官員討論此事，最終有五三九人主張不必致拜，三五四人贊成。高宗在六月下詔停止致

---

44 道宣撰，郭紹林點校，《續高僧集》，卷八，〈慧遠傳〉，頁二八一—二八三；卷二四，〈靜藹傳〉，頁九〇八—九一〇；〈道安傳〉，頁九一四—九一九；〈智炫傳〉，頁九二七—九二八；道宣，《廣弘明集》，卷一〇，〈辯惑篇第二之六．周高祖巡鄴除殄佛法有前僧任道林上表請開法事〉，《大正藏》，第五二卷，頁一五四—一五六；志磐，《佛祖統紀》，卷三九，〈法運通塞志第十七之五〉，《大正藏》，第四九卷，頁三五八。

45 道宣撰，郭紹林點校，《續高僧集》，卷二五，〈明瞻傳〉，頁九三六；志磐，《佛祖統紀》，卷三九，〈法運通塞志第十七之六〉，《大正藏》，第四九卷，頁三六二。

46 道宣撰，郭紹林點校，《續高僧集》，卷一五，〈法常傳〉，頁五二〇；卷二五，〈智實傳〉，頁九四五—九四七；慧立、彥悰著，孫毓棠、謝方點校，《大慈恩寺三藏法師傳》（北京：中華書局，二〇〇〇），卷九，頁一九二—一九三。

拜。[47]

武則天約於六六〇年開始掌大權，她雖然自幼信佛，她的參政顯然沒有為宗教政策帶來改變，唐室依然尊崇道教，高宗龍朔二年（六六二）令僧道拜君父，咸亨五年（六七四）禁邑社，對佛教都很不利。武則天開始明顯尊崇佛教，是在以太后身分執政的後期，關鍵點就是利用《大雲經》中的女王預言以及自身為彌陀下世的說法，建立女主執政的正當性，為稱帝做準備。她六九〇年登基改國號為周後，更積極提升佛教的地位，次年（六九一，天授二年）改變唐朝的長期政策，以佛教位居道教之上。六九二年起，兩次下令天下禁屠。七〇五年則天退位後，中宗皇帝和韋后繼續尊崇佛教，直到七一〇年，兩人在政治變亂中被殺，情勢才逐漸改變。不過要指出，武則天崇佛顯然政治考慮居多，對宗教的自主性還是很防備的，她在六九九年有敕，不准佛教中最具組織性的三階教從事個人修行以外的活動。[48]

如前所述，唐代前期對佛教的抑制，最密集出現在玄宗開元年間，在此期間發生的兩件事，顯露中國佛教與國家的關係發生了巨大的變化。首先是開元二年（七一四）閏二月，玄宗下詔，要求僧道向父母致拜，五十二年前，即高宗龍朔二年，同樣的措施引發軒然大波，這次佛教界卻闃然無聲，形成強烈的對照。這也是佛教入華以來，第一次僧人拜俗的命令沒有遭受抵制。其次，開元二十一年（七三三）十月，玄宗進一步下詔，要求佛僧向君王致拜，同樣不見佛教方面有任何反應。很清楚，玄宗開元年間佛教和國家的關係已經完全不同於唐初及其前，佛教已全然向王權屈服了。

僧道向君親致拜的法令其實沒有長期實施。肅宗上元二年（七六一）九月，肅宗撤銷了他父親玄宗的敕令，佛僧再次回到不必向君王致拜的狀態。肅宗有此舉動，推測是因為當時正值安史戰亂，朝廷為籌措軍費，採取了包括販賣度牒的措施，在財政上有求於佛教，肅宗個人在精神上也非常依賴佛教信仰。不過，肅宗的作為顯然沒有改變玄宗朝所凝塑的政教關係，終唐一代，再沒有佛教界為維護自身的地位和權益起而抗爭的情事，唐武宗滅佛之時也是如此。

佛教與國家的關係何以在高宗朝到玄宗朝之間的半世紀發生如此巨大的變動？這個問題還需要仔細考察，但由於資料的限制，也未必能獲得周全的認識。以目前所見，比較合理的解釋是，玄宗初年令僧尼拜父母以及其他對佛教的壓制，是朝廷企圖拆解武則天和韋后女主政治遺緒的措施的一部分，由於這些措施具有強烈的政治性，而且兩位女主確實崇佛，佛教界難有反彈。玄宗在此之後持續壓抑佛教，到開元二十一年進一步下詔僧尼致拜君王時，相對於國家，佛教已完全弱化了。[49]

47　有關資料見彥悰，《集沙門不應拜俗等事》，卷三至卷六，《大正藏》，第五二卷，頁四五四—四七四。

48　關於武則天與佛教關係的研究，主要集中於女主統治正當性建立的問題。本段所列相關事蹟，可見張遵騮，〈隋唐五代佛教大事年表〉，收在范文瀾，《唐代佛教》，頁一四三—一七一。

49　礪波護對唐代僧尼拜俗問題有精細的研究，並藉此揭示和討論佛教與國家關係的變化。見礪波護，《隋唐の佛教と國家》（東京：中央公論社，一九九九），〈唐中期の佛教と國家〉第三節〈玄宗朝の佛教政策〉，頁一五一—一八一；〈唐代における僧尼拜君親の斷行と撤回〉，頁二〇三—二六二。中譯見礪波護著，韓昇、劉建以上所說的，可以算是中國中古佛教與國家關係的第二階段。在這個階段，各個政權不斷對佛教採取壓抑的行動，隋文帝和武則天時代是僅有的明顯例外，尤其重要的是，唐代朝廷透過系統性的措施，把佛教隔絕於一般社會組織與活動之外。在經歷長時間的抵抗之後，佛教終於在玄宗朝徹底向國家權威屈服。本文這部分的討論主要根據礪波護、劉淑芬兩位學者以及我自己的研究，這些研究顯示，經過長久的醞釀，佛教和國家的關係在唐代前期發生歷史性的變化，這個變化及其來由似乎還沒有受到足夠的注意，特別在這裡標示出來，希望能成為學界對中國中古佛教與文化歷史的基礎認識的一部分。

第三階段：儒家復興潮流中的佛教與國家

現在要談最後一個階段。這個階段的時間大概是九世紀和十世紀，從唐憲宗時期到北宋初年。在這個時段，在佛教和國家關係的問題上，出現了一個新的重要因素，就是士人間的儒家思想復興與反佛潮流。士人是政府文官的主幹，這個社群出現反佛心態，長期而言，對佛教有很大的衝擊。在九、十世紀，這個變化興起未久，對佛教與國家關係的影響還不十分明朗，但已有跡象。以下是初步的描述。

八世紀中葉安史之亂之後，中國士人間出現了一個長期的儒家思想復振趨勢。安史亂後，不少士人認為，中國之所以陷入大亂，無法自拔，是文化價值上的失敗，要重振周孔六經之道，才能重整世局。唐代文學風氣鼎盛，文人在士人中有領導的地位，這個儒家復振運動主要發生在文人之間，因此具有很大的能量。文人主導的儒家復興初起的時候，並沒有涉及佛教的議題，他們關注的焦點是如何在文學中體現儒家的精神，以及在現實上振興作為政治秩序指導原則的儒家思想，很少涉及精神價值的問題。事實上，李華（七一五—七七四？）、獨孤及（七二五—七七七）、梁肅（七五三—七九三）等幾位重要的古文先驅都和佛教關係匪淺。[50]

不過，情勢在九世紀初起了變化。在這個時候，以韓愈（七六八—八二四）為首的若干士人開啟了以儒家之「道」為基準的反佛論述，這可以說是儒家思想陣營反佛的開端。這一派思想的主旨，是在創造一個以儒家價值為核心的一統世界，認為儒家的仁義是世界唯一正當的主導原則，並不限於政治秩序和家庭生活，在精神領域也是如此，其他思想的錯誤是根本而全面的。在唐代的大環境下，這意味著向佛教和道教宣戰，但由於佛教力量遠大於道教，佛教是主要目標，反佛就成為這派思想的重要標誌了。此外，安史亂後的儒家復興帶有強烈的夷夏意識（安史之亂

英譯，《隋唐佛教文化》（上海：上海古籍出版社，二〇〇四），頁六八—八三，八七—一一三。又，姚崇（姚元崇、姚元之，六五一—七二一）是玄宗朝初期抑佛政策的首要推動者。

50 參見陳弱水，〈中古傳統的變異與裂解——論中唐思想變化的兩條線索〉，收在陳弱水，《唐代文士與中國思想的轉型（增訂本）》，頁七九—九七。

的主力是胡人），佛教是外來宗教，反佛論述因此更容易得到支持，反過來說，道教的議題就比較缺乏關注。

上面所說是一種新的思想，和以前士人反佛有相當的差別。以前反佛的士人，雖然也重視價值上的問題，譬如主張僧侶要敬拜君親，但主要還是站在朝臣的立場，為國家利益發言，特別是批評僧人不納稅，不服役，又吸納了巨大的社會資源。韓愈雖然是突出的文壇領袖，在他自己的時代，以他為代表的新儒道觀和新反佛主張並沒有太受重視。但是，九世紀以後，在關懷國計民生的氣氛下，傳統的反佛論也在士人間活躍起來，這類說法與韓派思想合流，強調佛教的危害，一時間成為知識界的「政治正確」。

舉例而言，大詩人白居易（七七二—八四六）和元稹（七七九—八三一）於憲宗元和元年（八〇六）應考制舉，他們準備考試時自己出模擬題，撰寫策文。白居易後來把他的這些成果匯為《策林》，其中就有篇章大舉抨擊佛教，主要使用「國家全體主義」的論述，也批評佛教造成經濟上的耗損。關於全體主義的觀點，他是這樣說的：「天子者，奉天之教令；兆人者，奉天子之教令。令一則理，二則亂。若參以外教，二三孰甚焉！……區區西方之教，與天子抗衡，臣恐乖古先惟一無二之化也。然則根本枝葉，王教備焉，何必使人棄此取彼？」[51]其實，白居易本人佛教信仰很深，晚年尤其如此。模擬考的答案會這樣寫，應該意味這是流行的立場，策文這樣寫對考生有利。

總之，新的認為儒家和佛教不相容的思想和傳統的反佛論並存，構成很大的力量，從九世紀開始，士人間一直存在反佛論述，直到宋代，都是如此。士人間興起反佛思潮，對佛教相當不利。從西漢中期以下，受儒家教育的士人就是中國中高級文官的主要成分。唐代在八世紀以後，隨著科舉制度興盛，政府士人化的程度越來越深，士人間出現長期的反佛思潮，又增加了對佛教的壓力。

關於國家和佛教的關係，九世紀中葉發生了一件大事。會昌三年到六年（八四三—八四六），唐武宗推動了中古史上另一次重大的毀佛行動，寺院財產被沒收，佛像遭銷毀，僧尼還俗。從有關資料看來，這次滅佛行動的原因和以前的同類事件差不太多，主要是道教的鼓動，以及認為佛教造成國家的經濟損失。比較新的理由則是佛教是外來宗教，一本輯錄武宗滅佛詔令的集子竟被命名為《破胡集》，這顯然是安史亂後敵視胡人的氣氛所導致。[52]新起的士人反佛思潮和武宗滅佛看起來關係不深，但應該還是扮演了一定的角色。會昌五年八月七日武宗發出最猛烈的廢佛詔當天，宰相李德裕（七八七—八四九）等官員呈上〈賀廢佛寺德音表〉，其中陳述廢佛理由，起始即說：「臣聞仲尼祖述堯舜，憲章文武，大弘聖道，以黜異端。末季以來，斯道久

51 顧學頡校點，《白居易集》（北京：中華書局，一九七九），卷六五，〈策林四．六十七議釋教〉，頁一三六七—一三六八。九世紀儒家士人反佛現象的略述，可見陳弱水，〈中古傳統的變異與裂解——論中唐思想變化的兩條線索〉，頁一〇〇—一〇四。

52 《新唐書》（北京中華書局點校本），卷五九，〈藝文志三〉，頁一五二九。

廢，不遇大聖，孰能拯之？」[53]這裡指斥佛教為異端，完全是儒家士大夫的觀點。此外，在會昌廢佛之時及稍後，韓愈古文派文士劉蛻和孫樵都曾極力稱讚武宗的舉動。[54]

前文指出，佛教界在玄宗朝之後已向國家屈服，不再為自己的主張和利益進行抗爭，武宗滅佛事件則顯示傳統排佛因素與士人新興反佛思想的匯合，佛教面臨更大的壓力。武宗毀佛並未持久，宣宗即位後迅速恢復佛教的運作（大中元年，八四七），這是因為佛教根基深厚，統治階層和皇家內部奉佛者太多，但在佛教與國家的基本關係上，佛教已越來越居下風。

佛教界對於士人反佛和儒家復興有什麼回應嗎？以我目前的考察，在唐末以前，看不太出來，但到五代就有跡象了。關於這個問題，似乎還沒有任何系統的研究，不過我在史料中看到了一個重要的回應，和佛教與國家的關係有關，這裡稍作介紹，來結束本文。

這個例子是五代吳越和宋初佛學大家兼佛教領袖贊寧（九一九－一〇〇一）。贊寧是唐宋之際佛教的重要人物，今浙江德清人，年少時在杭州出家，佛教和世俗的學問都通曉，是一位學問家，也善文辭。他還是僧官，在吳越時已為兩浙僧統。宋太宗太平興國三年（九七八），吳越歸順宋朝，贊寧隨原吳越國主錢俶至汴京，他入宋後也在朝廷屢任僧官，死前為汴京左街僧錄。贊寧著作宏富，包括文集與律學、史學專著。他的壽命和僧侶生涯都很長，他的言論應能在相當程度上反映五代到宋初佛教界的看法。[55]

根據有關贊寧的記載，他尊崇君主，照現在的話來說，有著「政治和尚」的形象。這些記載反映多少實情，不容易判斷，但他對佛教和國家的關係確實表達過不少意見。在他留下的相關文字中，以《大宋僧史略》卷下〈總論〉最有體系。這篇文章最基本的觀點是，皇帝（天子）是世界的最高領袖，儒、釋、道三教都是幫助皇帝治理天下的工具，與皇帝合作得好，三教也能興盛。他說：「一人在上，高而不危。有一人，故奉三教之興；有三教，故助一人之理。」又說：「成智猶待於三愚，為邦合遵於眾聖。成天下之亹亹，復終日之乾乾……夫如是，則三教是一家之物，萬乘是一家之君。」既然三教都是天子治理的支柱，皇帝對三教要平等看待，不宜偏愛，使有的「教」受到損害。三教之中，贊寧自然特別強調佛教的特點。他認為佛教有宏大的治理功能，一教可有三教的作用：

> 釋氏之門，周其施用：以慈悲變暴惡，以喜捨變慳貪，以平等變冤親，以忍辱變瞋害。知人死而神明不滅，知趣到而受業還生，賞之以天堂，罰之以地獄。如範脫土，若模鑄金。邪

53 傅璇琮、周建國校箋，《李德裕文集校箋》（石家莊：河北教育出版社，二〇〇〇），卷二〇，頁三八九。

54 劉蛻，〈移史館書〉，《文苑英華》（北京中華書局影印宋明版合刊本，一九六六），卷六九〇（《全唐文》卷七八九）；孫樵，〈復佛寺奏〉，《唐文粹》（《四部叢刊初編》據上海涵芬樓藏明嘉靖本影印），卷二六下（《全唐文》卷七九四）。

55 關於贊寧的生平與著述，參考金建鋒，〈宋僧釋贊寧生平事跡考〉，《法音》，二〇一〇年第一〇期，頁二四—二九；〈釋贊寧著述考〉，《古籍整理研究學刊》，二〇一〇年第三期，頁九—一五。此外，王禹偁（九五四—一〇〇一）有文對贊寧介紹甚詳：〈左街僧錄通惠大師文集序〉，曾棗莊、劉琳主編，《全宋文》（上海：上海辭書出版社，二〇〇六），卷一五四，第八冊，頁二七（原收《小畜集》卷二〇）。

範漏模，寫物定成其寢陋；好模嘉範，傳形必告其端嚴。事匪口談，人皆目擊。是以帝王奉信，群下歸心，草上之風，翕然而偃，而能旁憑老氏，兼假儒家。

不過，贊寧主張，佛教雖然在三教之中特為優越，也要能欣賞其他二教的好處，了解外學，與它們和平共處，一起輔佐皇帝，尤其不要因和他教競爭而引起皇帝的不滿，以致損害本教。他說：

奉勸吾曹，相警互防，勿罹愆失。帝王不容，法從何立？況道流守寶，不為天下先，沙門何妨饒禮以和之。當合佛言，一切恭信：信于老君先聖也！信于孔子先師也！非此二聖，曷能顯揚釋教，相與齊行，致君於犧黃之上乎？[56]

贊寧這篇文字反映的，是以王者為中心的世界觀，如前文所論的「國家全體主義」。和以前的論述比較，贊寧的特點是在把儒教和帝王分開，積極尊崇皇帝，將佛教和其他二教同樣置於「輔助王化」的立場。這顯然是儒家強大的新思想環境下的產物，贊寧希望以此方法保護佛教，爭得相對於儒家的有利地位。

關於儒教復興對佛教造成的威脅，贊寧的著述中也有所反應。關鍵文獻是《宋高僧傳》的藥山惟儼（七四五—八二八）傳記。惟儼是禪宗名僧，根據禪宗燈錄如《祖堂集》（成於九五一年）、《景德傳燈錄》（成於一〇〇四年），他是石頭希遷（七〇〇—七九〇）的弟子，但依照惟儼去世後不久寫的碑銘，他卻是從學於馬祖道一。如所周知，道一和希遷都是南宗禪史的關鍵人物，兩人的法系構成南宗禪的主體，惟儼也是南宗重要的傳法者。[57]奇特的是，《宋高僧傳》〈惟儼傳〉幾乎不涉禪法，而且列於「護法篇」。理由是，惟儼駐錫澧州（州治在今湖南澧陽），曾經教化鄰州朗州刺史（州治在今湖南常德）李翱（七六四？—八三六？），李翱受佛理啟發，寫下有名的〈復性書〉，也就是說，惟儼的歷史意義首在護衛佛法，使得著名的儒者私下改宗。以上所述並不符合史實，但這裡要討論另外一個問題。[58]

〈惟儼傳〉有涉及以韓愈為首的儒家復興運動之處。該傳表示，韓愈、柳宗元（七七三—八一九）、劉禹錫（七七二—八四二）等人「述古言、法六籍，為文黜浮華、尚理致」，李翱是這

---

56 以上引文皆見贊寧，《大宋僧史略》，卷下，《大正藏》，第五四卷，頁二五四。《大宋僧史略》新近有英譯本，見Albert Welter, *The Administration of Buddhism in China: A Study and Translation of Zanning and the Topical Compendium of the Buddhist Clergy (Da Song Seng Shilüe)* (Amherst, New York: Cambria Press, 2018)。

57 見唐伸，〈澧州藥山故惟儼大師碑銘并序〉，姚鉉，《唐文粹》，卷六二（《全唐文》卷五三六）；〔南唐〕靜、筠二禪師編撰，孫昌武、衣川賢次、西口芳男點校，《祖堂集》（北京：中華書局，二〇〇七），卷四，頁二二三；〔宋〕道原，《景德傳燈錄》（台北：彙文堂出版社影印民國三十三年普慧大藏經刊行會本，一九八七），卷一四，頁六九—七〇、七六。關於馬祖道一與石頭希遷，可略見楊曾文，《唐五代禪宗史》（北京：中國社會科學出版社，一九九九），第七章第一節、第三節。

58 關於《宋高僧傳》所述惟儼與李翱交接的檢討，見陳弱水，〈〈復性書〉思想淵源再探——漢唐心性觀念史之一章〉，收在陳弱水，《唐代文士與中國思想的轉型（增訂本）》，頁三八一—三八二。

個群體的成員。這部分最重要的內容是引用一段韓愈的文字：

> 仲尼既沒，諸子異端，故荀孟復之，楊墨之流洗然遺落。殆周隋之世，王道弗興，故文中之有作，應在乎諸子左右。唐興，房魏既亡，失道尚華，至有武后之弊，安史之殘。吾約二三子同致君復堯舜之道，不可放清言而廢儒，縱梵書而猾夏，敢有邪心歸釋氏者，有渝此盟，無享人爵，無永天年。先聖明神，是糺是殛！[59]

這段文字直接簡練，形同約集同志，反佛歸儒的誓詞！此文不見於韓愈文集，也不見於任何其他唐宋之際文獻，當然不是韓愈所寫。在傳世文獻中，這段話首見於《宋高僧傳》，但應該也不是贊寧所偽造。《宋高僧傳》是在宋太宗端拱元年（九八八）完成獻給皇帝，〈惟儼傳〉中的引文大概出於唐末五代，如果是宋初，應該不會距離《宋高僧傳》的撰述時間太近，否則來源的疑竇容易顯露。上引「韓愈文字」有一句值得注意的話：「約二三子同致君復堯舜之道」，指的是儒者協助帝王成就至治的理想。〈惟儼傳〉的這段敘述和引文明確顯示，贊寧和宋初佛教社群注意到到士人間崇儒反佛的思潮，而且這個思潮帶有強烈的經世目標。贊寧以皇帝為天下至尊，又區隔儒家與王治，應該從儒家成為重要反佛力量這一點取得了解。

綜合考察中晚唐士人間的反佛思潮以及以宋初贊寧的著述，有關本文所說的第三階段佛教與國家的關係，可以暫時得到以下的看法。在唐代，佛教因為政府的法令和系統性政策而無法與社會有深度結合，終至玄宗朝後向國家權威屈服，基本上是被迫的。九世紀之後，士人間出現明顯的反佛思潮，以韓愈及其追隨者和後學為代表的流派強度尤其高，士人是國家的重要骨幹，佛教面對國家，就更形弱勢了。宋初佛教領袖贊寧曾對佛教與國家的關係表達過各種看法，其中一個重要主張是，君主高於所有的思想價值系統，儒家和佛教一樣，都只是輔助王治，在這個意義上，佛教和儒家是平等的，甚至比儒家具有更優越的治世功能。簡單說，贊寧的策略是結合王權來制衡儒教。這可能預示著，佛教在後世將更主動尊崇帝王的權威。

餘音

本文利用學術界的既有研究以及個人對原始文獻的探索，討論中國中古佛教與國家的關係，提出一個「三階段說」，希望能夠對這個問題提供比較宏觀的新認識，也藉此揭示制度性宗教在中古的基本處境。三階段撮述如下。第一階段是從四世紀佛教初盛到六世紀中晚期，在這個階段，雖然發生過北魏太武帝毀佛的事件，整體而言，無論在北方或南方，佛教和國家的關係都相

59 贊寧撰，范祥雍點校，《宋高僧傳》（北京：中華書局，一九八七），卷一七，頁四二四。

當寬鬆，佛教也得到極大的發展，北方尤其如此。第二階段大約從北周武帝滅佛（五七四－五七八）之時開始，到八世紀末為止。從六世紀晚期到八世紀初（唐玄宗開元年間），在政治的領域，出現了各種壓抑佛教（或擴大而言，壓抑制度性宗教）的觀念、行動和制度，佛教對此原先是抗拒的，但到玄宗朝終於向國家屈服，以後一直如此。第三階段是九、十世紀。九世紀初，士人間開始出現明顯的反佛主張，此一思潮長期存在，大約到五代（九〇七－九六〇），佛教終於有所反應，在佛教與國家關係的方面，宋初佛教領袖贊寧的策略是尊崇王權，以此抗衡儒家，佛教對王權的順從更增一層。

在我們當前的時代，制度性宗教和新興宗教又在中國面臨嚴苛的處境。現在距離中國中古已非常遙遠，目前的狀況和一千多年前的歷史有關係嗎？我的判斷是：有關係，一些根深柢固的相同要素在運作著，包括「國家全體主義」以及對社會自發組織的疑忌。那麼，當前的宗教處境是歷史的必然發展嗎？不能這樣說。目前的情境是二十世紀中葉的特定歷史事件以及其後的相關演變所造成的，因此有再變化的可能。問題的關鍵是，一九五〇年代以後中國的環境適合讓某些歷史上的深層元素再次活躍，再次構成強大的力量。變化的來臨不會容易，在此之前，還會有很多傷害要發生。

附識：我於二〇一九年十一月八日，應邀在輔仁大學歷史系舉辦的「第十五屆文化交流史：宗教、理性與激情國際學術研討會」發表主題演講，本文是在該演講稿的基礎上寫成的。

唐五代女性的意義世界

——兼顧基層與菁英的考察

前言

本文的題目是「唐五代女性的意義世界」，這個主題是從我的專書《唐代的婦女文化與家庭生活》引發的。[1] 我自一九九〇年代中葉開始比較正式地從事唐代婦女的研究，主要採取社會史的視角，原來並沒有進行思想或意識形態層面探討的想法。但是，隨著研究的深化，自然而然接觸到女性生活意義的問題。這裡的「意義」，主要是指行為在歷史現場產生的意義，譬如：唐代婦女的某些行動和生活樣態，當時人會如何理解？當事人自己可能如何考慮？她們的行動和這些理解，關係何在？這種層面的探討，有時是必要的，沒法和對行為的研究分開，這種研究就摻入了文化史的意識。

於是，當我在二〇〇七年把有關唐代女性的研究結集成書的時候，就命名為《唐代的婦女文化與家庭生活》。出版之後，我對這本書的「文化」部分一直不很心安。原因是，我的研究並不是以婦女文化為核心，書中有關的部分，基本上是對於我所觀察到的現象的意義層面之抉發，我沒有特意選擇文化涵義豐厚的課題，也很少針對婦女文化直接進行論說。雖然在文化的探討上，這是常見的取向，能夠呈現文化與社會結構交光互影的面貌，但對龐大複雜的唐代中國的了解而言，所得結果可能失之於片面零散。我覺得，我也許可以再做一件事：設法對唐代婦女文化建立理解的架構。譬如說，唐代充滿各式各樣的論說和經典文本，評估這些論說與婦女的基本關係，應該有助於掌握唐代女性所身處的意義網絡。又譬如，學界目前對唐代婦女的認識，大抵限於統治階層及其周邊的人，發掘一般民間婦女文化的可能樣態，也能提升我們對唐代婦女的認識。簡單說，本文的構想是兼顧基層與菁英生活形態，辨識唐代婦女文化的主要元素，勾勒其大略面貌，讓我們對唐代女性的處境能有更清楚、更均衡的認識，也可為往後有關唐代婦女個別問題的研究，提供比較可靠的解釋或評估基準。由於唐代基層社會的訊息存留很少，為了擴大資料的蒐集面，本文的涵蓋範圍也及於五代。

在進入論文主題之前，想先討論兩個概念層面的問題。首先是「文化」。本文的主題是唐代的婦女文化，在我們當代，「文化」不但是日常論述中最常出現的一個詞語，在學術界，這個概念也經歷了幾個世代的探討。長久以來，「文化」有幾種主要的通行涵義。在人文社會科學的研究上，學界當前大概的共識是：就描述和分析的有效性而言，「文化」最恰當的界定應該是生活中的意義或符碼（semiotic）層面，或者說，生活中「意義」的成分。[2]由於有關文化的研究往往

1 陳弱水，《唐代的婦女文化與家庭生活》（台北：允晨文化實業公司，二〇〇七）。簡體字版：陳弱水，《隱蔽的光景——唐代的婦女文化與家庭生活》（桂林：廣西師範大學出版社，二〇〇九）。

2 把「文化」比為符碼，是人類學家紀爾茲（Clifford Geertz, 1926-2006）的著名說法。見Clifford Geertz, "Thick Description: Toward an Interpretative Theory of Culture," in Clifford Geertz, *The Interpretation of Cultures: Selected Essays*（New York: Basic Books, 1973）, pp. 3-30. 歷史學家兼社會學家休厄爾（William Sewell）對「文化」概念曾有多面而審慎的討論，見William Sewell, "The Concept(s) of Culture," in Victoria E. Bonnell & Lynn Hunt, eds.,

涉及「意義」集中或濃厚的所在，譬如宗教、禮儀、節慶，「文化」有時也被想成特別具有象徵性質的行為和活動。本文討論「文化」，就是使用這個通行的涵義。為了讓題旨明朗，我直接把論文題目訂為「意義世界」，但「文化」的概念還是必須經常使用的。

另外一個問題是：如果把「文化」理解為「意義世界」，這個「世界」是什麼樣子？我們大概沒辦法清楚地說它是什麼樣子，除了訊息和觀點的限制，文化的特性也使得它難以描繪。我們可以比較確定的是：要避免把「文化」或「意義世界」想成體系（system）。文化內部通常有主要的力量，但也幾乎一定是多樣、分歧的，這個「世界」往往有破碎、斷裂、相互衝突的地方；文化也是動態的，會有演變。即使在小型的社會，例如村落，文化都可能有一定的複雜性，唐代中國更不必說了。正由於如此，文化之於社會成員，並不純然代表規範或指引的力量，文化有時也是可供社會成員運用，成為成就個人目的的工具。文化有運用的層面，正是文化流動性和複雜性的一個重要來源。在提供唐代女性文化靜態圖像的同時，也呈現它的複雜面向與非整體性，是本文的主要目的。[3]

還有一點補充說明。本文探討唐五代女性的意義世界，並非無所不包，我關注的是她們的意義世界中與婦女角色相關的部分。舉例而言，唐代宗教氣氛濃厚，信仰佛教或道教的女性很多，也有同時崇信兩者的，本文不處理宗教在婦女精神生活上的一般意義——也就是與男性差別不大的意義，而只探討特別作用於女性生活的部分。

一、三教與唐代女性

如何描繪歷史上的意義世界呢？一個方便的辦法是，從流行以及具有優勢地位的信仰和價值系統入手。文化雖然常有分歧、零碎和斷裂的地方，不宜視為單一整體，但很多社會都有明顯的信仰和價值系統，透過它們，容易建立起理解文化的架構。這個做法還涉及一項現實因素，就是主流價值系統往往有強大的書寫機制，遺留的資料繁多，觀察相對容易。不過這也提醒我們，文字材料的歷史涵義要仔細衡量，避免高估這類體系的影響。

唐代存在所謂的儒、釋、道「三教」，就是具體的信仰和價值系統，其中有正統性而且與現實生活關係最密切的，當然就是儒教或儒家。（就本文主題而言，「儒教」一詞比「儒家」適合。）儒教是形塑唐代婦女意義世界的大力量，這是學界都知道的。本文要把儒教當作探查唐代婦女意義世界的出發點，具體做法是：辨識出儒教婦女觀的要點，並以它們為課題，穿插或接續

Beyond the Cultural Turn: New Directions in the Study of Society and Culture (Berkeley and Los Angeles, CA: University of California Press, 1999), pp. 35-61.

3 關於從運用的觀點對「文化」性質的揭示，見Ann Swidler, "Culture in Action: Symbols and Strategies," *American Sociological Review*, 51:2 (April 1986), pp. 273-286; *Talk of Love: How Culture Matters* (Chicago: University of Chicago Press, 2001).

檢視其他二教的有關態度。

首先，要稍微描述儒教在唐代中國的位置。在唐代，儒教是怎樣的事物呢？當時的儒教，和歐亞大陸上許多其他地域的信仰體系頗有相似之處，這些體系現在一般稱為宗教（religion），更精確的說法應該是：制度化或組織化的宗教（institutional or organized religions）。譬如，儒教有經典，有教義，有詮釋經典和宣揚思想的菁英人士，這些人也有意願把儒家價值和規範傳布到廣大的社會，進行教化。不過，儒教和其他制度化宗教也有明顯不同的地方。最特別的是，除了在特定的情況，儒教很少訴諸神祇和超自然力量。另外，儒士是社會身分，不是專業教士，但他們掌握了絕大部分的教育管道和國家的文官系統，因此擁有制度支撐的龐大力量。[4]另一方面，在唐代，儒教有強烈的菁英性格，士人遠離社會基層，科舉制度規模還小，不像後世般深入帝國各角落，儒教在民間的滲透程度如何，需要審慎評估。

儒教還有一個特點，我稱之為「民族宗教」。意思大概是，儒教雖然有孔子這樣類似創教者的代表人物，它基本上是從兩周文化——特別是西周與春秋貴族文化——長期演化的基礎上形成的，創教運動的重要性相對低，借用孔子自己的說法，就是有不少「述而不作」的成分。這跟猶太教、印度教比較相似，和基督教、佛教差別就很大。古代貴族文化與民眾文化應該有一定程度的家族相似性，因此在華夏核心區的中原地帶，儒教跟社會上的習俗和價值取向有時並不容易區分。在唐代，許多中原以外的地區華夏化已久，民間的習俗與價值也有很多類儒教的色彩。儒教和民間文化這種交光互影的關係也是需要留意的。

現在就以唐代為時點，討論儒教與婦女的關係。對於女性，儒家有著清楚的基本看法，這就是「陽尊陰卑」、「男女有別」：男性尊於女性，女性在世界上扮演輔助男性的角色；男女之間應該盡量分開，女內男外，盡少接觸。儒家經典和思想論著中有關表述非常多，以下是幾個原則性特別強的：「天尊地卑，乾坤定矣；卑高以陳，貴賤位矣⋯⋯。乾道成男，坤道成女。」（《周易・繫辭上》）；「男帥女，女從男，夫婦之義，由此始也。婦人，從人者也。」（《禮記・郊特牲》）；「陽為夫而生之，陰為婦而助之。」（董仲舒《春秋繁露・基義》）。[5]《禮記》中的篇章屢言男女有別、男外女內，〈內則〉說得特別細：「男不言內，女不言外，非祭非喪，不相授器⋯⋯外內不共井，不共湢浴，不通寢席，不通乞假，男女不通衣裳。內言不出，外言不入。男子入內，不嘯不指，夜行以燭，無燭則止。女子出門，必擁蔽其面，夜行以燭，無燭則止。道路，男子由右，女子由左。」《白虎通德論》則宣稱「婦人本無外事」，婦人「陰卑無

4 在唐代，佛寺也有教育的功能，敦煌文書對此就頗有反映。參考Erik Zücher, "Buddhism and Education in T'ang Times," in Wm. Theodore de Bary & John W. Chaffee, eds., *Neo-Confucian Education: The Formative Stage* (Berkeley and Los Angeles: University of California Press, 1989), pp. 19-56; 嚴耕望，〈唐人習業山林寺院之風尚〉，收入嚴耕望，《嚴耕望史學論文選集》（新北：聯經出版公司，一九九一），頁二七一—三一六；張弓，《漢唐佛寺文化史》（北京：中國社會科學出版社，一九九七），頁九六七—九九五。

5 《春秋繁露》引文見蘇輿撰，鍾哲點校，《春秋繁露義證》（北京：中華書局，一九九二），頁三五一。

外事」。[6]

世界上主要的歷史文明似乎都是所謂的父權社會，男性地位高於女性，從比較歷史的觀點來看，儒教男尊女卑的立場並不特別，但「男女有別」就不同了。在世界主要的價值系統中，儒教對男女角色的區分是偏於嚴格一邊的，雖然可能還沒到伊斯蘭教的程度。對於這個問題，儒家典籍中甚至有「夫婦有別」的說法（最早見於《孟子・滕文公上》）。姑不論這個詞語如何理解，儒教強調親密關係中的區別性，顯現出儒家的男女觀有其極端色彩。需要指出，在戰國時代，主張男尊女卑、男女有別的並不限於儒家，其他如墨家、法家、《管子》乃至道家典籍中都有同樣的說法，顯示上述的男女觀是當時華夏士階層的普遍觀點，並非個別學派的立場。[7]但在後世，這套看法就由儒家來代表，並且被經典化了。

在儒教男女觀的籠罩下，關於女子的德行，基本的說法是「三從四德」。婦女要順從男性，沒有結婚時應當順從父親，結婚以後順從丈夫，夫死之後以兒子為主。「四德」（婦德、婦言、婦容、婦工）指女性——特別是已婚女性——應有的素質和儀態。此外，「貞順」也是女性德行的一個主要表達方式。「貞」的本義是「正」，不只是婦女的正當行為，但在唐代，已經大多指稱婦女要對丈夫忠誠（單方面的忠誠），從一而終；「順」則是順從男性。「貞順」同時涉及了「男女有別」和「男尊女卑」。

以儒家教訓為基礎的規範系統，在唐代常稱為禮教。儒家禮教以怎樣的形式存在呢？存在的樣式很多，首先是經典——更正確地說，對經典的詮釋。在唐代，「引經據典」是活生生的基本事實，任何有重要性的論述，至少是關於俗世（佛教、道教以外）問題的討論，都要引用經書的權威。儒家的禮教也存在於規則化的指引，譬如朝廷所頒布的禮典；有些士族家庭有自己的家禮、家法。社會上還通行常被稱為「書儀」的禮書，混合了以經典為主要依據的儒家禮法、官禮與民間習俗。[8]此外，唐代法律也高度儒教化了，法律的一個重要目的在實現符合儒家規範的社會秩序，罪名、刑罰、制度的訂定往往根據這個原則。戶主繼承就是個極其明顯的例子。在漢代的法律，如果家戶的男性戶主身亡，什麼人繼任，是根據輩分、親疏、性別、年齡等標準混合訂定優先次序的；到唐代，性別則成為絕對的優先原則，一戶之中，只有在完全無男性的情況下才能有女性戶主，否則戶主一定是男性，即使嬰兒也可擔任戶主。[9]透過文本、制度以及與之俱來

6　《白虎通德論》引文見《白虎通德論》（《四部叢刊初編》據景江安傅氏雙鑑樓藏元刊本影印；上海：商務印書館，一九一九），卷一，〈諡〉，頁一七b；卷一，〈爵〉，頁四b。另見同書卷一〇，〈喪服〉，頁七b。

7　戰國諸子的男女觀可見焦杰，《性別視角下的《易》、《禮》、《詩》婦女觀研究》（北京：中國社會科學出版社，二〇一一），頁二一八—二二〇。

8　唐代禮典和禮書的問題，可參考此書有關章節：張文昌，《制禮以教天下——唐宋禮書與國家社會》（台北：臺大出版中心，二〇一二）。

9　參見羅彤華，〈「諸戶主皆以家長為之」——唐代戶主之身分研究〉，收入羅彤華，《同居共財——唐代家庭研究》（台北：政大出版社，二〇一五），頁二一—五八；劉欣寧，《由張家山漢簡《二年律令》論漢初的繼承制度》（台北：國立臺灣大學出版委員會，二〇〇七），頁九三—一〇七，一四九—一六二。在這兩項研究，漢代戶主繼承制度的資料根據是西漢初的《二年律令》，但漢初法律應當有相當的延續性。

的生活中的言說和行為，禮教構成唐代文化中的巨大力量。

儒家禮教在唐代有無可置疑的權威，它在社會生活上實際涵蓋的範圍或深入的程度呢？這不是容易回答的問題，本文會有所討論。可以確定的是，唐代社會儒教化的程度雖然有過於前代，比起後世如明、清，應該是低的。我心中大概的圖像是，儒教雖然具有長期的正統地位，在社會上，實際高度儒教化的人群只占很小的比例。儒家化最深的當然是士人，隨著科舉的興起，這個階層在中晚唐趨於擴大，其中特別以長期在中古中國居於政治社會高位的士族為儒教文化之淵藪，北方士族尤其如此。至於統治階層的其他要素，如軍人、地方豪家，生活行為受禮教拘束的程度似乎相當低，但從禮教存在的形式看來（經典、論述、禮典、法律、民間文書），觀念的影響不能低估。至於一般平民，習俗與觀念中有儒教的成分，在行為的層次，大概並沒有禮法的考慮。

無論如何，由於儒教的大力量，陽尊陰卑、男主女從、男女有別、三從四德、貞順等是唐代婦女所處的文化環境中的重要元素。至於這些信仰和價值在社會上一般運作的情況如何，先做兩點推想。首先是「男尊女卑」。在唐代，儒教把這一點視為天經地義，宇宙自然之理，撰於玄宗開元二十六年（七三八）前後的鄭氏《女孝經》就說：「立天之道，曰陰與陽；立地之道，曰柔與剛。陰陽剛柔，天地之始；男女夫婦，人倫之始……婦地夫天，廢一不可。」[10]（〈廣守信章〉）這樣的觀點也透過各種媒介，在民間傳播，茲舉二例。敦煌文書P三六〇八是婚禮的祝願文字（「咒願文」），其中對結婚的描寫是：「女辭家以適人，臣蒙恩而事主」，把夫妻比做君臣。[11]童蒙書《太公家教》有這樣關於女子行為的教誨：「婦人送客，不出門庭；所有言語，下氣低聲；出行逐伴，隱影藏形；門前有客，莫出聞聽；一行有失，百行俱傾；能依此禮，無事不精。」[12]

關於「男尊女卑」的心態，重要的是，不只儒教，唐代盛行的佛教也有重男輕女的世界觀。佛教是歷史悠久而且演變複雜的傳統，有多重分歧的男女觀，但整體來說，仍然以重男輕女為基調。佛教在原始佛教時期有比丘地位高於比丘尼的規定。到部派佛教時期，明顯出現歧視女性的傾向，這方面主要的觀點有：女身污穢；在修道問題上，女子有特殊障礙；修行要有進展，提升至眾生存在的較高位階，女身必須先轉男身。西元紀年前後大乘佛教興起，出現了一些對女性的正面看法，譬如萬法皆空，男女的色相差別沒有意義；菩薩以女身示現；女性慈悲；女身可成佛。不過，大乘經論仍然包含了佛教原來歧視女性的說法，有的還很極端。[13]以上談的是佛教經

10　鄭氏《女孝經》（京都：中文出版社，一九八〇年影印明汲古閣刻增補津逮叢書本），〈廣守信章第十三〉，頁六b。

11　譚蟬雪，《敦煌婚姻文化》（蘭州：甘肅人民出版社，一九九三），頁五三。

12　鄭阿財、朱鳳玉，《敦煌蒙書研究》（蘭州：甘肅教育出版社，二〇〇二），頁三五一—三五二。據此書，《太公家教》敦煌寫本達四十二件之多。

13　例如《菩薩訶色欲法經》全篇斥責女人，已達妖魔化的地步，見《菩薩訶色欲法經》，收入《大正新脩大藏經》，第一五卷，頁二八六。此經於武周延載元年（六九四）被刻於龍門石窟北市綵帛行淨土堂西壁（壁龕號一八九六），經後題名人還有不少婦女。見劉景龍、李玉昆主編，《龍門石窟碑刻題記彙錄》（北京：中國大

典和教義。從古代印度的歷史環境來說，釋迦牟尼鼓吹平等思想，允許比丘尼僧團成立，女性成為出家修道人，佛教對女性的立場是相對開放的。[14]

在唐代，佛教信眾並不是孤立的社群，該教的觀點和故事普遍滲入人心。在佛教對女性文化的影響上，「轉女身」似乎是很明顯的一點，這個說法的意思是，女子如果能在下一胎變成男身，就是好報。這無論在僧人講道或社會觀念上都有表現。舉例而言，大力提倡淨土念佛的善導（六一三—六八一）解釋《觀無量壽佛經》文句時說：

> 乃由彌陀本願力故，女人稱佛名號，正命終時，即轉女身得成男子。彌陀接手，菩薩扶身，坐寶華上，隨佛往生，入佛大會，證悟無生。又，一切女人若不因彌陀名願力者，千劫萬劫恒河沙等劫終不可得轉女身。應知，今或有道俗，云女人不得生淨土者，此是妄說，不可信也。[15]

這段文字用意在鼓勵女性，表示女性也可成佛，但前提仍然是必須脫離女身，婦女即使得到阿彌陀佛直接接引，往生西方，也要先「轉女身得成男子」，才能託生蓮花。唐代小說中也可看到這樣的確信。唐初郎餘令（六一四?—六八一）《冥報拾遺》〈劉善經〉中描寫，汾州隰城人劉善經一日恍惚，聽見已過世的母親說，她因為生前做功德，得以投胎成為男兒，你如要見我，可至某處某家。[16]皇甫某《原化記》大約成於九世紀中葉，其中〈華嚴和尚〉有個情節，和尚預言，有條蟒蛇將投胎至他的弟子裴郎中家為女兒，十八歲就身亡，然後投胎為男子，之後出家修道。[17]

除了上段所述的「轉女身」，唐代佛教文本和故事流露男尊女卑意念者所在多有。這些意念的來源常難以得知，原因有二。首先，印度的主流男女觀和儒家有相似之處，有關的表述往往進入佛經，經翻譯為中國信眾所吸收；其次，唐代之時，佛教流行中國已久，兩方觀念頗有融合，佛教文獻多摻有華夏價值。關於唐代佛教表現的男女觀，現在再引變文〈廬山遠公話〉為例，這裡講的是「八苦」中的「生苦」，也就是與婦女生產有關的痛苦：

百科全書出版社，一九九八），頁五九四—五九六（編號二七〇三）。

14 本段所論，參考永明，《佛教的女性觀》（台北：佛光文化事業公司，一九九〇）；田上太秀，《佛教と女性——インド佛典が語る》（東京：東京書籍，二〇〇四）；植木雅俊，《佛教のなかの男女觀——原始佛教から法華經に至るジェンダー平等の思想》（東京：岩波書店，二〇〇四）；林欣儀，《捨穢歸真——中古漢地佛教法滅觀與婦女信仰》（新北：稻鄉出版社，二〇〇八），第四、五章，頁一五七—二八六。永明和植木雅俊強調佛教女性觀的平等性格。

15 善導集記，《觀念阿彌陀佛相海三昧功德法門》，卷一，《大正新脩大藏經》，第四七卷，頁二七。

16 道世著，周叔迦、蘇晉仁校注，《法苑珠林校注》（北京：中華書局，二〇〇三），卷二六，〈宿命篇・五通部・感應緣〉，頁八二六引；李時人編，《全唐五代小說》，第五冊（西安：陝西人民出版社，一九九八），外編卷二，頁二八八七。

17 李昉等編，《太平廣記》（北京：中華書局，一九六一年初版），卷九四，頁六二四—六二五；李時人編，《全唐五代小說》，第四冊，卷七七，頁二一六四—二一六六。

> 須臾母子分解，血似屠羊，阿孃迷悶之間，乃問是男是女。若言是女，且得母子分解平善。若是道（道是）兒，總忘卻百骨節疼痛，迷悶之中，便即含笑，此即名為孝順之男。若是吾（忤）逆之子，如何分免（娩），在其阿孃腹內，令母不安，蹴踏阿孃，無時暫歇，忽居心上，忽至腰間，五藏之中，無處不到。[18]

可以看出，雖然忤逆之子會給母親帶來生產的痛苦，整體來說，生男遠遠優於生女。女孩比較乖，不給母親找麻煩，但生女也不會帶來什麼喜悅。總而言之，儒教、佛教思想差距很大，但在唐代文化的場域，兩者都抱持男尊女卑的觀點（佛教較多例外），而且這個觀點看來穿透力很強，唐代大部分女性應該都是有低位感和弱勢感的。

既然儒教抱持明確的男尊女卑觀，佛教也有約略相同的傾向，是不是可以推斷：這是唐代文化中的一致觀點？應該不行，這其中至少有地域和族群導致的差異。在唐帝國長期郡縣統治的範圍，嶺南和安南（後世的廣東、廣西南半部以及越南中北部）有濃重的非華夏性格，唐宣宗（八四六—八五九在位）的一份詔書中說：「嶺外諸州居人，與蠻獠同俗」，言詞激烈的韓愈（七六七—八二三）則醜化該地土著為「衣服言語，都不似人」。[19] 嶺南風俗有不少迥異於其他地域之處，婦女文化顯然也在其內。宋太宗雍熙三年（九八六）〈嶺南長吏多方化導婚姻喪葬衣服制度殺人以祭鬼等詔〉就表達了這個意思：「朕博覽傳記，備知其土風：飲食男女之儀，婚姻喪葬之制，不循教義，有虧禮法。」[20] 雍熙三年距五代很近，宋太宗詔所寫，無疑有很大程度反映了唐五代的景況。敦煌發現的〈開元戶部格〉（S一三四四）引武周長安元年（七〇一）十二月二十日敕：

> 嶺南……並娶婦，必先強縛，然後送財。若有身亡，其妻無子，即斥還本族，仍徵娉財。或同族為婚，成後改姓。並委州縣長官，漸加勸導，令其變革。[21]

這裡所說的結婚方式、夫死無子回本家以及同姓婚姻，都不合於華夏風俗與儒家教義。[22]此外，

---

18 王重民等編，《敦煌變文集》（北京：人民文學出版社，一九五七年初版），頁一七九；李時人編，《全唐五代小說》，第四冊，卷九二，頁二六〇五。

19 分見宋敏求編，洪丕謨、張伯元、沈敖大點校，《唐大詔令集》（上海：學林出版社，一九九二），卷一〇九，〈禁嶺南貨賣男女敕〉，頁五二〇（《全唐文》，卷八一）；韓愈，《韓昌黎全集》（台北：新文豐出版公司，一九七七年影印《昌黎先生集》東雅堂本），卷四〇，〈黃家賊事宜狀〉，頁四七。

20 宋綬、宋敏求編，司義祖校點，《宋大詔令集》（北京：中華書局，一九六二），卷一九八，「政事五一」，頁七三二。

21 郝春文主編，《英藏敦煌社會歷史文獻釋錄》，第五卷（北京：社會科學文獻出版社，二〇〇六），頁三七八。

22 可參照《太平寰宇記》所載：欽州（在今廣西南端，原屬廣東）「別有夷人名高梁人，不種田，入海捕魚為業，婚嫁不避仝姓」。見樂史撰，王文楚等點校，《太平寰宇記》（北京：中華書局，二〇〇七），卷一六七，〈嶺南道十一〉，頁三二〇一。又，嶺南土著間，姓氏的意義顯然常不同於華夏地區。至於引文中所記唐

南漢中宗劉晟（九二〇—九五八）、後主劉鋹（九四二—九八〇）時期，宮中女性當政，最主要的有盧瓊仙、黃瓊芝、女巫樊胡子（或作樊胡）等，而且婦人多有官職，著官服出入宮廷。[23]根據以上所述，嶺南地區是否有普遍的男尊女卑心態，是頗成疑問的。

至於安南，即現在的越南中北部，就後世東亞文化而言，這裡特以重視女性權益、婦女地位高聞名。越南目前遺留最早的成文法典，是後黎朝的《國朝刑律》（*Quốc triều hình luật*; 又稱《洪德律》、《洪德法典》），該法典大約從一四二八年開始編纂，一四八三年正式頒行。《國朝刑律》與同時期的法律文書顯示，越南的女性有相當大的財產權，女兒有權分得家中遺產，女性嫁入夫家仍繼續保有自己的財產，因此她們可以攜帶大批財產結婚。妻子的其他權利也很高，丈夫的遺囑必須要妻子副署才有效力，如果丈夫離棄妻子五個月，就喪失夫權（即自動離婚），如有小孩，期限是一年。這類條文顯然有越南民間習俗的基礎。[24]越南中北部在唐代都是中國郡縣，唐帝國最南端的愛州（州治在今越南清化）還出過宰相姜公輔（七三〇／七三一—八〇五），其兄弟姜公復曾任太常博士。[25]姜氏兄弟是否懷有儒教的男女觀？答案幾乎一定是肯定的（太常博士之職要有禮學專長才能擔任）。他們家鄉以及安南其他地方的一般人呢？應該主要通行本地文化，儒、佛男女觀力量有限。[26]以上所述提醒我們，在擬測唐代文化——包括男尊女卑問題——的時候，不能假定普遍的同質性。

再來是「男女有別」和守貞。從大量的唐代墓誌可以看出，在上層社會，特別是士人階層，男外女內，內外不相接，是很清楚的價值。在墓誌有關家庭生活的表述中，往往強調婦女盡量待在家中，少與外界接觸，這即使是誇大，也表達了通行的理想。現在舉一個極端的例子，以清楚展現此意念。武宗會昌元年（八四一）的〈滎陽鄭夫人墓誌銘〉這樣描述誌主：

代嶺南娶婦強縛事，即所謂掠奪婚，也見於李昉等編，《太平廣記》，卷四八三，〈縛婦民〉，頁三九七九（原出《南海異事》）。由於資料所限，這個習俗在嶺南的涵義難以討論，但可能有男女婚姻自主的元素。關於唐宋嶺南婚姻不經媒妁，參見喬玉紅，《古代嶺南女性社會形象研究》（濟南：齊魯書社，二〇一七），頁一〇六—一〇八。

23 大略可見《新五代史》（北京中華書局點校本），卷六五，〈南漢世家第五〉，頁八一六—八一七；《資治通鑑》（北京：古籍出版社，一九五七），卷二八九，頁九四四九；卷二九四，頁九五八六；《宋史》（北京中華書局點校本），卷四八一，〈世家四．南漢劉氏〉，頁一三九二〇。

24 Alexander Woodside, *Vietnam and the Chinese Model: A Comparative Study of Vietnamese and Chinese Government in the First Half of the Nineteenth Century* (Cambridge, Mass.: Council on East Asian Studies, Harvard University, 1988), pp. 44-49; 蔡玉芳明，〈越南女性法律地位發展史（一四二八—一九四五）——法律的儒教化與現代化〉（台北：國立臺灣大學法律學研究所碩士論文，二〇一七），頁二八—四九；Nguyễn Ngọc Huy, *The Lê Code: Law in Traditional Vietnam: A Comparative Sino-Vietnamese Legal Study with Historical-Juridical Analysis and Annotation* (Athens, Ohio: Ohio University Press, 1987).

25 參見《新唐書》（北京中華書局點校本），卷一五二，〈姜公輔傳〉，頁四八三一—四八三三；王溥，《唐會要》（北京：中華書局，一九五五年據商務印書館國學基本叢書原本影印），卷四二，頁七六〇；樂史撰，王文楚等點校，《太平寰宇記》，卷一四一，〈山南西道九〉，頁二七三三。姜公輔與姜公復的關係不是完全清楚，也有可能是堂兄弟。

26 唐末劉恂《嶺表錄異》說「南中小郡，多無緇流」，可見嶺南的佛教影響也相對小，見劉恂，《嶺表錄異》（《文淵閣四庫全書》本），卷下，頁二a。該書已佚，文淵閣四庫全書本係自《永樂大典》輯出。

> 夫人性閑默澹重，不喜華飾，每親戚會集，以一出戶猶登山涉江。在夫家凡十四年，於晨夕侍問，鮮及庭砌，未嘗出行。去家僅踰年，夫人之姊既寡，告別適淮海，以車輿召夫人，語分離。夫人辭曰：某聞婦人送迎不出門，見兄弟不踰門，今姊雖遠訣，且束於聖人之教，不得盡私愛，不敢往。其姊竟不能強。遂就其家而訣去。[27]

誌主鄭瓊家在洛陽。她在去世前，入夫家共十四年，很少離開內庭，也不參加親戚聚會，甚至婚後一年，姊姊喪夫要移居淮河流域一帶（應該是投靠兒女），她也以聖人之教為理由，拒絕出門探望，姊姊只好自行上門告別。

至於守貞，唐代墓誌中，高層士族女性再婚的記載非常少，一般士人家庭稍多，但顯然仍是避忌。史傳文籍中相關例子也不多。此外，墓誌遇有女性再婚的記述，多為之隱晦，特別習慣說，是父兄強迫的（「父兄奪志」）。[28]五代孫光憲（？—九六八）所著筆記《北夢瑣言》記唐末司徒裴璩在女婿鄭某去世後，將女兒改嫁，有這樣的評論：

> 大凡士族女郎，無改醮之禮，五教（按：司徒之代稱）念女早寡，不能忘情，乃召門生故吏而告之，因別適人，亂倫再醮，自河東（按：裴璩出河東裴氏南來吳支）始也。[29]

孫光憲這裡所說的「士族」，應當主要指歷史悠久的中古名門。他說士族女子一般不再嫁，是晚唐五代高層士人文化情境的一個明確見證。此外，孫氏本人家世務農，背景寒微，他雖然明知裴璩之女結婚未久即喪偶，和夫婿感情不深，卻對裴璩的舉動如此憤慨，指斥為「亂倫」，或許意味，在此時，婦人從一而終已經是一般士人階層中的普遍價值。關於婦女守貞，五代有一則極端行為的記事。王凝是虢州司戶參軍（州治在今河南靈寶），死於任上，王凝的妻子李氏攜帶幼子，送其棺木返回在今山東的鄉里。她投宿旅店時，旅店主人見婦人獨自攜兒，覺得可疑，要她離開，她不願意。主人就牽她的手臂，把她拉出店外。李氏非常悲痛說：「我為婦人，不能守節，而此手為人執邪？不可以一手并污吾身！」於是以斧頭砍掉自己的手臂。從官職和名字看來，王凝顯然是士人，在唐五代，即使在士人社群中，這種極端舉動無疑罕見，但還是反映出守

---

27 周紹良主編，趙超副主編，《唐代墓誌彙編》（上海：上海古籍出版社，一九九二），會昌〇〇五，頁二二二一四（鄭瓊墓誌）。

28 參見岑靜雯，《唐代宦門婦女研究》（台北：文津出版社，二〇〇六），頁一二一—一二五，一三三—一四一，三〇〇—三〇二；陳弱水，〈隋唐五代的婦女與本家〉，收入其著，《唐代的婦女文化與家庭生活》，頁一五七—一五九；〈從〈唐晅〉看唐代士族生活與心態的幾個方面〉，《唐代的婦女文化與家庭生活》，頁二六三—二六五。近年有學者從繼室的婚齡來推論唐代婦女再嫁的問題，見羅彤華，〈唐代繼室婚姻研究〉，收入呂紹理、周惠民主編，《中原與域外——慶祝張廣達教授八十嵩壽研討會論文集》（台北：國立政治大學歷史學系，二〇一二），頁一一六—一三五。

29 孫光憲著，賈二強點校，《北夢瑣言》（北京：中華書局，二〇〇二），〈裴氏再行（歸登尚書附）〉，頁一一一。

貞觀念可能有的深度。[30]

不過，就如同文化不是單一的整體，儒教也不是，它的內部也有不一致、不協調的地方。就婦女文化而言，除了「男尊女卑」、「男女有別」這種涉及特定對象的觀念，儒家有不少價值是適用所有人的，它們也作用於婦女。其中最核心的一個，顯然有時和儒家嚴格的女性觀發生矛盾，造成後者的鬆動。這就是「孝」。

「孝」可以說是儒家最根本、在社會上影響最深，而且最有宗教動能的觀念，這個價值一方面有提升女性地位的功能，一方面讓婦女一生都可以和本生家庭有密切的關係，將其人生意義不只寄託於婚姻，也可附著於原生家庭。以「三從」為例。儒家強調對父母的敬從，因此，雖然母親是女性，兒子是男性，一般而言，母親對兒子的影響和權威還是很大的，這在唐代生活有很清楚的表現。[31]「三從」中的「夫死從子」，是「三從」中弱勢的一環，不但在現實中作用有限，儒家典籍也很少闡發。在唐代，有關母子關係在觀念層面的表述，可以舉敦煌發現的通俗讀物〈孔子項託相問書〉為例。該文有云：

> 夫子語小兒曰：「汝知夫婦是親，父母是親？」小兒曰：「父母是〔親〕。」夫子曰：「夫婦是親。生同床枕，死同棺槨，恩愛極重，豈不親乎？」小兒答曰：「是何言與！是何言與！人之有母，如樹有根；人之有婦，如車有輪。車破更造，必得其新；婦死更娶，必得賢家。一樹死，百枝枯；一母死，眾子孤。將婦比母，豈不逆乎？」[32]

〈孔子項託相問書〉不能算是儒家思想文獻，但上引文字反映的明顯是具有儒家色彩的世俗文化觀點。該文雖然在問妻子與父母之間何者為親，其實所謂「父母」只限於母親。母親是眾子之根，妻子絕對無法與其相比。拿妻子和母親比較，涉及了儒家「夫婦有別」的觀念，這個說法的用意是在防止夫妻的親密關係破壞兒子與尊親的連結。簡言之，母親在廣義的儒家文化中有很高的地位，母親的身分無疑是唐代女性意義感的一個重要來源。

至於「既嫁從夫」，我個人以及後續研究顯示，在唐代，出嫁的女兒跟娘家通常頗有聯繫，在某些情況下，女兒照顧娘家，娘家也能介入女兒的家庭生活，女性如果離婚，也需娘家人做見證。[33]在士人階層，夫亡妻子很少再嫁，但頗有歸宗（回住娘家）的情況，是一種可以選擇的生活方式。換句話說，丈夫死後，妻子作為父母家女兒的身分常常又活躍了起來。從這些現象看來，在唐代，「既嫁從夫」有時也是被打折扣的信條。為什麼會有這種情況呢？分析起來相當複雜，一個文化或價值上的原因，就是血親主義，女兒跟本生家庭的血緣聯繫被看得很重。種種資

30 《新五代史》，卷五四，〈雜傳〉，頁六一一—六一二。另見《資治通鑑》，卷二九一，頁九五一一。

31 見姚平，《唐代婦女的生命歷程》（上海：上海古籍出版社，二〇〇六），頁二七二—二八一；岑靜雯，《唐代宦門婦女研究》，頁一八七—一八八；廖宜方，《唐代的母子關係》（新北：稻鄉出版社，二〇〇九），頁三一七—三四六、三四七—三七四。

32 王重民等編，《敦煌變文集》，頁二三三。此文見於十一份敦煌文書。

33 陳弱水，〈隋唐五代的婦女與本家〉，頁九四—一三七；岑靜雯，《唐代宦門婦女研究》，頁一六二—一八四。

料顯示，在唐代，女兒並沒有被認為本質上一定是屬於夫家的，譬如說，年幼女兒死亡，就直接葬在家族墓地，當作自己家魂靈的一部分，冥婚也不算常見。[34]儒家向來重視血緣關係，有所謂的「親親」思想，除了以「孝」為核心價值，還對父母要求慈愛，兄弟之間講究「悌」。血親主義是唐代社會的重要心態，有若干部分與儒家教誨重疊，有些地方則不能特別算是儒家價值，但整體而言，可以說是儒家與社會生活交光互影特別深的所在。[35]

關於唐代女性文化中的血親主義問題，可以舉小說〈洞庭靈姻傳〉（〈柳毅〉）為例。這個故事生動有趣，此處只講跟血親主義有關的部分。唐高宗儀鳳年間（六七六—六七八），儒生柳毅應舉下第，要回家鄉湖南。為了向一位同鄉告別，他先到位於長安北面的涇陽，在路邊遇見一位牧羊的婦女，這位婦人告訴柳毅，她是洞庭湖龍君的小女兒，被父母嫁給涇水神的次子。她的丈夫性好逸樂，整天和婢女廝混，對她嫌厭。她向公婆投訴，又得罪了公婆。這是一位同時受到舅姑丈夫欺辱的神界女子。

柳毅是位有義憤的人，聽了這番話，就主動要替她向娘家求助。柳毅還家後，就去找洞庭龍君，龍君的弟弟是錢塘江神，性格非常衝動，聽說姪女受屈，立刻自行前往涇水，處理這件事，把姪女婿給吃了，將小龍女帶回本家。龍女回到家時，柳毅仍然在龍宮，洞庭龍君笑著跟柳毅說：「涇水之囚人至矣」，以回娘家為解放。這個故事表達最清楚的一個意念是，婚姻是兩個家族關係的建立，如果妻家的人在夫家受到虧待，這個關係可以取消，女兒重回本家，恢復她本有的女兒身分。在慶祝龍女歸來的宴會上，錢塘神唱了這樣的歌：

上天配合兮，生死有途。此不當婦兮，彼不當夫。
腹心辛苦兮，涇水之隅。風霜滿鬢兮，雨雪羅襦。
賴明公兮引素書，令骨肉兮家如初。永言珍重兮無時無。

這首歌表達出的是一種血緣親情重於夫妻義合的永恆本生家庭觀。[36]

現在稍談一個相關的議題。在唐代前期，學術思想中有一個重要因素，有時會和某些儒教觀

34 有學者主張唐代冥婚興盛，見姚平，《唐代婦女的生命歷程》，第六章〈冥間夫妻〉，頁一七三—一九八。所論不無可議。該章列出唐代冥婚十一例，這個數字算多還是算少，並不清楚，它應該與未婚死亡而又未冥婚的年輕男女資料相比照，才能評估其涵義。此外，該章所舉文學作品中的「冥婚」，全部都只是在冥界發生的婚姻關係，與父母為早殤兒女安排身後婚姻的性質不同，不宜混為一談。

35 參見羅彤華，〈歸宗與依附——唐人恤親思想研究〉，《漢學研究》，第三三卷第四期（二〇一四年十二月），頁六三—九四。士族家庭方面，可見鄭雅如，〈唐代士族女兒與家族光榮——從天寶四年〈陳照墓誌〉談起〉，《中央研究院歷史語言研究所集刊》，第八七本第一分（二〇一六年三月），頁一—六五。唐代重視親人關係，並不限於父系與兄弟方面，這點就不能說是儒家價值。此外，本段提及的夫亡歸宗與前文所談嶺南夫亡無子回本家的性質明顯不同。這個問題牽涉不少，此處只能指出，前者是可供選擇的生活方式，而且歸宗婦女仍保有夫家妻子的身分，在嶺南，妻子顯然是完全脫離夫家。

36 汪辟疆，《唐人小說》（香港：中華書局香港分局，一九八七），頁七四—八二；李時人編，《全唐五代小說》，第一冊，頁五七七—五八六。引文中的底線為作者所自加，以下引文有旁線者皆如此。以上兩段採自陳弱水，〈隋唐五代的婦女與本家〉，頁五九—六〇。

點產生對立。這種思想可稱為人情論，它的來源很早，但大盛於魏晉的玄學運動。這個看法認為，人的自然情感是人類行為應當遵循的準則。東晉以後，認為禮法宜有彈性，人情與禮教可以調和的想法，在思想界成為主流，可以稱作「緣情制禮」。在唐代前期，這個觀念還是相當流行，有些有關婦女生活的看法就採取了這個思路。

關於緣情制禮，最有名的例子是嫂叔服，也就是嫂嫂跟小叔之間的喪服問題。嫂叔之間本來是沒有喪服關係的，貞觀十四年（六四〇），唐太宗（六二六—六四九在位）主動提出，嫂叔在生活中可能關係密切，卻無服，要求檢討關係親密而喪服關係過輕的情況。結果訂定嫂叔服為小功五月。太宗和他的顧問大臣以人情為理由新訂嫂叔服，所謂的人情，主要就是指，很多男子（特別是孤兒）是由年長的嫂嫂扶養長大，嫂叔間的人情主要是嫂嫂對小叔的恩情。[37]由於古禮的制訂通常隱含著男女有別、男尊女卑的原則（不完全如此），根據人情修改禮則，一般對女性有利，代表認可女性的貢獻與價值。

此外，武則天（六二四—七〇五）也曾利用緣情制禮的觀念來提高女性的地位，這就是父在母死服的問題。她把父在母死的兒子與未嫁女為母服的喪期，由一年改為齊衰三年。理由是，原來的規定把喪期訂為一年，而非母死本喪的三年，是因為夫高於妻，父親的地位高於母親，父親還在世，不宜為母親長期服喪。武則天主張，這不合乎人情，有傷人子之心。這件事很有名，古今討論已多，這裡就不多談。[38]

接下來進入唐代文化中的另一個主要信仰和價值體系。唐代是宗教興盛的時代，佛教尤其流行，佛教也跟婦女文化關係密切。佛教很多信眾是女性，就有傳記性質的墓誌所見，女性信佛的比例遠高於男性。關於佛教與婦女文化，前面已經提到，佛教有男身高於女身的看法，經中也有歧視女性的言論，佛教在這些方面，似乎和儒教的女性觀相呼應。現在要提其他幾個情況。

首先，佛教自從西元三、四世紀在中國興盛以來，就受到本土文化很大的壓力。佛教的基本世界觀是，世間是空幻的，為煩惱之淵藪，佛教起自印度，印度有強大的出世高於俗世的傳統，中國早期僧侶秉持佛教原有的信念，以方外自持，不拜君親。但佛教為爭取本土社會認同，也宣揚孝道。現有關於這個主題的中古文獻中，除了《盂蘭盆經》是否為翻譯尚有疑義，其他全為本土撰述。[39]佛教講孝，與正統儒教有些不同，特別重視母親的恩德。佛教論孝最有名的作品是《佛說父母恩重經》。這部作品在唐代流行極廣，有數種版本，所存敦煌寫本多達六十件（現在通行《佛說父母恩重難報經》，成立在唐之後）。[40]該經題目雖然使用「父母」一詞，內容講的

37 王溥，《唐會要》，卷三七，頁六七二—六七四。

38 參見陳弱水，〈初唐政治中的女性意識〉，收入其著，《唐代的婦女文化與家庭生活》，頁二一二—二一六；廖宜方，《唐代的母子關係》，頁九三—九五。

39 漢文藏經中，有《報恩奉盆經》與《盂蘭盆經》相似，後者顯然是從前者演繹而來。《報恩奉盆經》內容素樸，沒有孝順的觀念，《盂蘭盆經》卻數度使用這個詞語。此經有可能部分為中國人士所編寫。見《盂蘭盆經》，收入《大正新脩大藏經》，第一六卷，頁七七九；《報恩奉盆經》，收入《大正新脩大藏經》，第一六卷，頁七八〇。

40 鄭阿財，〈《父母恩重經》傳佈的歷史考察——以敦煌本為中心〉，收入項楚、鄭阿財主編，《新世紀敦煌學

幾乎都是母親。其實，其他許多佛教的孝道論述，如在敦煌發現的《父母恩重讚》（S一一二六、S二二〇四）、《十恩德讚》（S二八九、S四四三八等十五件）、《孝道樂讚》（P二八四三、P三九三四、P四五六〇），都是如此。41

為清楚展現唐代佛教以報母恩為核心的孝道觀，現在將中唐僧人法照《淨土五會念佛略法事儀讚》中的〈父母恩重讚文〉全文錄出：

> 累劫有因緣，今來託母胎。月餘生五胞，七七六情開。漸重如山岳，動起怕身災。羅衣都不掛，秦鏡染塵埃。懷胎向十月，產難欲將臨。朝朝如重病，日日自暢吟。惶怖難為計，愁恨滿胸衿。含渧喚親眷，惟恐死來侵。月滿將臨逼，生時實是難。五內如力（刀）割，隣里競來看。生在於草上，傍人道是兒。母聞歡喜喚，忘却痛纏身。母身在濕處，將兒迴就乾。血乳充飢渴，羅衣障風寒。吐甘無悋惜，咽苦不嚬眉。但令子得飽，慈母不辭飢。紀年漸漸大，出即母心隨。一朝男女病，恨不母身當。愛別情難忍，生離實苦腸。兒行百里內，慈母一千強。男大差征伐，女長事他內。時逢冬歲節，慈母喉霑衿。每日思男女，逢日即問頻。若得好消息，修粲造福田。父母雖年老，恩怜無斷時。身年一百歲，長愁八十兒，故知恩愛重。今五識分離，黃泉由（猶）不捨，作鬼亦憂之。凡為男女者，供懃當莫移。祖住由上說，起得不作行。努力須行孝，孝行立身名。皇天將左（佐）助，諸佛亦讚之。心行於五逆，皇天不祐之。勸修三福業，淨土目前明。普告諸人者，同行不同心。得生極樂國，華間

聽法音。[42]

這篇讚文很長，有七十二句，從人生的胎兒階段寫到父母去世。雖然題目說要讚頌「父母恩重」，全文只有「父母雖年老」一句提到父親，其他全部寫母親。這種幾乎完全針對母親的描述，是唐代佛教孝道講說的一個重要特色。但也必須說，此讚提到子女時，則是十足的重男輕女。

中古佛教宣揚孝道，顯然是為適應本土社會所作的努力，希望佛教能被華夏接受，但中國佛教人士為什麼以母親為孝道的主要對象呢？應該有受到佛教傳統的特殊啟發。在印度，重視母親是佛教的特色，正統的婆羅門教是重父親的。[43]早期部派佛教的「四恩」觀念包括母恩、父恩、如來恩、說法法師恩，以母恩為首。中國佛教發展自己的孝道論述，往往採取教內的恩德觀念，根據這個觀點，與子女生命歷程關係最密切的顯然是母親，她就成為報恩的主要對象。在敦煌文

論集》（成都：巴蜀書社，二〇〇三），頁三〇—三一。

41 鄭阿財，《敦煌孝道文學研究》（台北：石門圖書公司，一九八二），第四章。

42 法照，《淨土五會念佛略法事儀讚》，卷二，《大正新脩大藏經》，第四七卷，頁四八九。

43 中村元，《原始仏教の生活倫理》（收入中村元，《中村元選集》，第一五卷「原始仏教五」，東京：春秋社，一九七二），頁一三七—一三八。從原始佛教開始，佛教典籍中parents（日文：両親）的意思一律寫為「母與父」，經典翻成漢文，都改為「父母」。

書，有祝福小孩出生的讚文，出生前叫做「難月」——母親受難、嬰兒臨劫的時段。P三七六五〈難月文〉有言：「遂因往劫，福湊今生，感居女質之身，難離負胎之患。今旬將已滿，朔似還周，慮恐有傷敗之唆，實懼值妖災之苦……惟願日臨月滿，果生奇異之神童；母子平安，定無憂嗟之苦厄。」[44]此文通篇表達佛教的生育觀，在此時刻，母子連體，母難深重，母親之大恩從此始。唐代佛教對民間影響巨大，隋文帝（五八一—六〇四在位）的詔書就曾說：「民間佛經多於六經數十百倍」，佛教有種種宣講、教化活動，前文所提到關於母恩的讚文可能還在法會中唱誦，佛教的親子觀應該能更強化母親的地位，提升女性作為母親的生命意義。[45]

佛教和唐代婦女文化可以看到的另一層關係是：佛教的基本教義以人生為生死苦海——人的執著虛妄所創造的苦海，人生的正途是破此執著，追求永恆的解脫，佛教的看法使唐代不少婦女懷有超越儒家禮教的價值觀，它甚至成為對抗正規禮俗的依據。就佛教的一般原理而言，女信徒對解脫的追求和男信徒的追求應該性質無殊，但在唐代的現實裡，至少在上層社會，由於婦女普遍只能在家庭內部活動，宗教信仰為她們在這種受限的情境中創造了獨立的意義空間，對婦女生活還是有特殊的影響。現在要提出，唐代女性佛徒有一種信仰表達特別具有文化涵義。唐代有女性入夫家，結婚生子，但在去世前以佛教信仰為理由，要求死後不與丈夫合葬，甚至要求葬在皈依師父的附近，或葬於寺院。在唐代，夫妻合葬是普遍的習俗，也被認為是處理身後事的正規方式，但不合葬也很常見，不算異端。這裡所說的情況是，婦女特地遺命不合葬。這樣的例子不少，在兩套大型唐代墓誌集《唐代墓誌彙編》與《唐代墓誌彙編續集》中，信佛的女誌主居然有將近十分之一提出這種要求，可以說，已經是一個「次文化」了。[46]這樣做的意思，簡單說，就是身後脫離夫妻關係，甚至身後出家。

唐代墓誌中存在若干對於這種不合葬願望的說明，意思大概都是，夫人信佛，深知苦空，遵守戒律，操持清淨，希望死後繼續維持這個狀態。不過，在這個基調上，有兩份墓誌具體表示，婦女想脫離束縛：「夫人宿植得本，深悟法門，捨離蓋纏，超出愛網，以為合葬非古，何必同墳？」（武周大足元年〔七〇一〕去世之長孫氏）；「薄言世途，誰不同穴？□以光懿，昭其達節。懇誠歸依，庶解纏結，了絕人我，深知生滅」（睿宗景雲二年〔七一一〕去世之韋氏）。[47]在佛教用語上，「蓋纏」、「愛網」、「纏結」指煩惱執著所造成的拘束，在要求不與丈夫合葬

44　譚蟬雪，《敦煌婚姻文化》，頁六二。這篇〈難月文〉還有其他三份寫本，見黃徵、吳偉編校，《敦煌願文集》（長沙：嶽麓書社，一九九五），頁六九八—六九九。其他有關「難月」的願文可見黃徵、吳偉編校，《敦煌願文集》，頁三三—三四，五六—五七，七〇七。

45　關於隋文帝的說法，見《隋書》（北京中華書局點校本），卷三五，〈經籍志四〉，頁一〇九九。另參《資治通鑑》，卷一七五，頁五四四九。

46　嚴耀中，〈墓誌祭文中的唐代婦女佛教信仰〉，收入鄧小南主編，《唐宋女性與社會》，下冊（上海：上海辭書出版社，二〇〇三），頁四八〇。

47　分見周紹良主編，趙超副主編，《唐代墓誌彙編》，長安〇五四，頁一〇二九—一〇三〇（王美暢夫人長孫氏墓誌）；周紹良、趙超編，《唐代墓誌彙編續集》（上海：上海古籍出版社，二〇〇一），景雲〇〇六，頁四四六（楊府君夫人韋氏墓誌）。

的場合做此表示，不就意味夫妻關係對她們是妨礙嗎？

唐代有婦女覺得家庭生活，至少夫妻關係，是她們希望掙脫的網羅，或許只是出於對佛教一般教義和生活經驗的體悟，但也有可能受到佛教一個特定觀念的影響。非常巧，古代印度有與中國儒家幾乎完全一樣的「三從」觀念，最早見於約在西元前三至二世紀成立的《摩奴法典》（*Manusmrti*）。這個觀念在現在通行的版本大約出現四次，其中兩條和儒家的「三從」幾乎雷同：

> 幼年時，她的父親保護她；年輕時，她的丈夫保護她；老年時，她的兒子保護她。一個女人永遠不適合獨立。（英譯：Her father protects her in childhood, her husband protects her in youth, and her sons protect her in old age; a woman is never fit for independence.）[48]

> 幼年時，她應該在父親的支配下；年輕時，應該在丈夫的支配下；丈夫死後，應該在兒子的支配下。女人永遠不該尋求獨立。（英譯：In childhood she should remain under the control of her father, in youth under that of her husband, and on the husband's death under that of her sons; the woman should never have recourse to independence.）[49]

這個印度觀念也走入了佛經，但在其中受到不同於原意的運用。在佛教的言說，「三從」的情境被指為女人成道的障礙。在《佛說玉耶女經》，《摩奴法典》中作為事實與規範的「三從」變成了「三鄣（障）」。[50]這個想法《賢愚經》卷四解釋得很清楚：

> 婦人之法，一切時中，常不自在，少小則父母護，壯時則其夫護，老時則子護。而汝不為夫、子所制，隨意修善。姊妹！我今誨汝，可善著心。[51]

《賢愚經》對「三從」的描述跟上引《摩奴法典》第一條完全相同，但重點是，這個情境的性質是「不自在」，不自由，應該超脫。這個意念也出現在唐代流行的大乘經典《華嚴經》：「處女

---

48 George Bühler, tr., *Laws of Manu* (Max Müller, ed., *Sacred Books of the East*, vol. 25 [Oxford University Press, 1886]), Chapter IX “Duties of Husband and Wife,” no. 3. 另見Gangā-Nātha Jhā, tr., *Manu-smṛti: The Laws of Manu with the Bhāṣya of Mēdhātithi* (Calcutta: University of Calcutta, 1926), vol. 5, discourse IX, section 1, verse 3, p. 3.

49 Gangā-Nātha Jhā, tr., *Manu-smṛti: The Laws of Manu with the Bhāṣya of Mēdhātithi* (Calcutta: University of Calcutta, 1922), vol. 3, part 1, discourse V, section 14, verse 147, p. 172. 其他兩條見Gangā-Nātha Jhā, tr., *Manu-smṛti*, vol. 3, part 1, discourse V, section 14, verse 146, p. 171; verse 148, p. 172.

50 《佛說玉耶女經》，《大正新脩大藏經》，第二卷，頁八六四。在東晉竺曇無蘭所譯的《玉耶經》，這「三鄣」則為「十惡」中的最後三惡，見《大正新脩大藏經》，第二卷，頁八六六。

51 《賢愚經》，卷四，《大正新脩大藏經》，第四卷，頁三七四。

居家隨父母，笄年適事又從夫，夫亡從子護嫌疑，由是常名不自在。」[52]總而言之，對家庭關係進行負面解讀也是佛教女性觀的一個元素，這一點說不定在唐代女性文化中造成了漣漪。

判斷要求不與配偶合葬的心願是否和婦女文化有特殊關係，有個方法：看男性佛徒是否有此要求？答案是，有的，但非常少，在《唐代墓誌彙編》、《唐代墓誌彙編續集》五千一百多篇墓誌中，我只看到三例，其中一例還是夫妻共同做此約定。這個數字不但遠低於女性的二三例，而且，由於墓誌的誌主絕大多數都是男性，比例上更是望塵莫及。[53]因此可以說，這是女性的特殊文化，而且可能與佛教教義有關。

唐代的夫妻觀中還有一個觀點與佛教有關係。這就是因緣天定說，小說、敦煌文書中都頗可見，顯然流行很廣。這不完全是基於佛教因果業力的論調，其中也有中國本土的天意、陰騭、虎媒、月下老人等元素。[54]敦煌文書中共有一〇份「放妻書」（離婚書），大多包含了這類陳述。以下是S〇三四三背放妻書樣本的開端：

> 蓋說夫妻之緣，恩深義重；論談共被之因，結誓幽遠。凡為夫妻之因，前世三年結緣，始配今生夫婦。若結緣不合，比是怨家……。[55]

在一位叫做□盈（或釋為留盈、富盈）的人的放妻書（P四五二五），因緣天定的陳述更是豐富：

> 蓋聞夫天婦地，結因於三世之中；男陰（陽）女陽（陰），納婚於六禮之下。理貴恩義深極……何期二情稱怨，互角憎多；無秦晉之同歡，有參辰之別恨。償了赤索，非繫樹蔭，莫同宿世怨家，今相遇會，只是二要□敵，不肯藂遂……。[56]

除了佛家的因緣，這裡還出現了月下老人的紅線（「赤索」）。在唐代，甚至連儒家教本《女論語》都有因緣之說：「女子出嫁，夫主為親；前生緣分，今世婚姻。」（〈事夫〉）因緣天定說

---

52 《大方廣佛華嚴經》（般若譯四十華嚴），卷二八，〈入不思議解脫境界普賢行願品〉，《大正新脩大藏經》，第一〇卷，頁七八九。

53 這三篇墓誌分見周紹良主編，趙超副主編，《唐代墓誌彙編》，開元一四六，頁一二五七—一二五八（源杲墓誌）；元和〇四七，頁一九八二（任氏墓誌）；周紹良、趙超編，《唐代墓誌彙編續集》，開元一七八，頁五七四—五七五（范安及墓誌）。女性類似案例的數字則依嚴耀中，〈墓誌祭文中的唐代婦女佛教信仰〉，頁四八〇。

54 參考牛志平，〈唐代婚姻的天命觀〉，《海南師院學報》，一九九五年第二期，頁五九—六一。本文前引〈洞庭靈姻傳〉中的歌詞，就有這種說法。

55 Tatsuro Yamamoto & On Ikeda, eds., *Tun-huang and Turfan Documents Concerning Social and Economic History, III Contracts, (A) Introduction & Texts* (Tokyo: The Toyo Bunko, 1987), p. 151 (70); 沙知錄校，《敦煌契約文書輯校》（南京：江蘇古籍出版社，一九九八），頁四七五。

56 Tatsuro Yamamoto & On Ikeda, eds., *Tun-huang and Turfan Documents Concerning Social and Economic History, III Contracts, (A) Introduction & Texts*, p. 141 (80)；沙知錄校，《敦煌契約文書輯校》，頁四七三。

的運用是很妙的。如果婚姻成功，可以說兩人果然是天作之合；但如果婚姻出問題，也可以說因緣天定，夫妻不和諧，表示兩人沒緣分，命中當分離。寬鬆地說，因緣天定說是一種命定主義或自然主義的觀點，這種觀點應該有降低禮教嚴格性的作用。事實上，緣分的觀念對婦女生活並沒有確切的涵義，但如同本文前言所說的，文化不只是規範或具指導力的原則，文化中的觀念和價值往往主要是人們生活與行動的工具，意義發生在運用之中。

道教是三教的另一個。道教在唐五代也相當盛行，但就現存文獻所見，當時的道教很少表露有關一般生活的看法，對世俗文化的影響無法和儒教、佛教相比。[57]一般認為，三教之中，道教的男女觀是最平等，男尊女卑色彩最淡的，這一點在早期道教（唐以前）尤其明顯。道教男女觀的特色大約有三點。首先，就教義而言，道教可以說是「氣」的宗教，道教相信氣是構成個人生命和宇宙萬物的共同元素，氣、神一體，透過「氣」的精純化的追求，精神能夠超脫，生命得以健旺延續，乃至永生不死，與萬有長存。「氣」之中，有陽氣、陰氣，都源於元氣，兩者需要平衡的關係，相互補充滲透，是生命更高追求的基礎。漢末經典《太平經》就曾使用陰、陽論述，指斥人間歧視與殺害女子（後者應指殺女嬰）。[58]

其次，在早期道教的最大組織天師道，女性和男性共同擔任教中的道官，女性有公共和領導的地位。成於南北朝、隋唐之際的《洞玄靈寶千真科》有以下的規條：

> 科曰：男女官各得依止。男官依止男官，女官依止女官。大法者為師，每一句至師所受教

訓，至時整理法服，赤心靈宇，恭敬謹肅，直詣師門……若女官無大法不解傳授者，可訪男官請受；若有高德女官，男官亦得詣請受法。59

這項條文顯示，男女道官拜師，原則是各求男女，但若有需要，女官可拜男官為師，男官也可尋求女官授法。成立於南朝的早期上清經典《洞真太上太霄琅書》更曾提出在道之前、男女無殊的原則性論說：

人無貴賤，道在則尊，尊道貴德，必崇其人。其人体道，含德厚淳，雖是女子，男亦師之。父師其子，君師其臣。奴婢僕使、僮客夷蠻，道之所在，緣之所遭，高下雖殊，皆當師

57 目前所見唐代道教相關文獻，絕大多數屬於經典的性質，敦煌文書S三五六二背有長篇道教齋文（學者訂名不一），為少見的涉及日常行事的文件。但該文並沒有透露出任何道教有關世俗文化的特殊觀點。參見馬德，〈敦煌文書《道家雜齋文範集》及有關問題述略〉，收入香港道教學院主辦，陳鼓應主編，《道家文化研究》，第一三輯（北京：三聯書店，一九九八），頁二二六—二四八。

58 王明編，《太平經合校》（北京：中華書局，一九六〇），卷三五，丙部之一，〈分別貧富法第四十一〉，頁三三—三四。

59 《洞玄靈寶千真科》（《正統道藏》，第五七冊，台北：新文豐出版公司，一九八五年影印上海涵芬樓本），亦五，一三，頁六三三。

事。[60]

這是比三個世紀後的韓愈更先進的「師說」。事實上，在早期道教，男女合氣之術是重要的修煉術，甚至是必經的「通過儀式」（rite of passage），稱作「《黃書》過度儀」，儀式中有道師在場，因此也談不上注意男女之別。[61]第三，道教信仰的對象有很多女仙、女神，這個趨向在四、五世紀以降的上清教法中特別明顯，這些神仙中，有些是道仙化的傳統神祇和女性傳說人物，其他則是求道女性的轉化，晚唐五代杜光庭（八五〇—九三三）的《墉城集仙錄》就專門匯集這些神仙的傳記。[62]女仙現象應該也可以理解為反映了道教重視——至少是不輕視——女性的心理。

不過，進入唐代，女性在道教內部的重要性已經降低，伴隨道教的歷史演變（包括模仿佛教）以及主流社會的壓力，男女道士在體制上的區分已非常清楚，以「治」的男女宗教師為核心的天師道組織不復存在，女道士和女性求道者的活動場域主要限於家庭與女冠居留的道觀。此外，男女合氣術也不易見到蹤影。至少在運作的層面，唐代道教已沒有突出的女性特徵。至於道教對唐代女性文化是否有重要影響，在現有的資料中很難看到。只有一點可以確定，和佛教一樣，道教為局限於家庭關係中的婦女提供了追尋終極意義的獨立空間。去世於中宗神龍三年（七〇七，也是景龍元年）的鄭道妻李氏是非常清楚的案例。李氏墓誌說她曾表示：「吾平生聞王母瑤池之賞，意甚樂之，余可行矣。」李氏於是「受法籙，學丹仙，高丘白雲，心眇然矣。」事實上，李氏逝世之前，和前文所提的不少唐代女性佛徒一樣，要求不與丈夫合葬，她跟家人說：

「汝曹無喪吾真！」[63]唐代墓誌中還有其他若干類似的描述，但女性以道教信仰為理由不與丈夫合葬的，我目前只看到這一例。[64]在女性的問題上，唐代道教表現最特殊的一點是，女道士戒規不嚴，離家的女冠頗有自由社交的機會，女冠和男性文士交往是個突出現象，她們也留下很多詩作。[65]不過，唐代女道士人數甚少，這個情況應該沒有廣泛的社會影響。總體而言，各種跡象顯

60 《洞真太上太霄琅書》（《正統道藏》，第五六冊，台北：新文豐出版公司，一九八五年影印上海涵芬樓本），卷四，〈擇師訣第九〉，頁六〇三。

61 本段以上所論，參見岳齊瓊，《漢唐道教修煉方式與道教女性觀之變化研究》（成都：巴蜀書社，二〇〇九），第一、二章，頁一九一七九。

62 杜光庭，《墉城集仙錄》，收入羅爭鳴輯校，《杜光庭記傳十種輯校》（北京：中華書局，二〇一三），下冊，頁五五九—七三九。

63 周紹良主編，趙超副主編，《唐代墓誌彙編》，景龍〇〇三，頁一〇七九（鄭道妻李氏墓誌）。

64 有學者統計，《唐代墓誌彙編》、《唐代墓誌彙編續集》中，信仰佛教的世俗女性約有三二〇例，信仰道教的約為十五例，佛、道兼信者約九例。可見道教與佛教的力量相去很遠。見蔡馨慧，〈從唐代墓誌看道教對女性的影響〉，《嶺東通識教育研究學刊》，第五卷第一期（二〇一三年二月），頁一二九。另有學者統計這兩部墓誌集表現的女性道教信仰情況為：出家之女冠十二例，未離家之女冠六例，在家道教信仰者十九例，對道教有興趣者十四例（往往兼及儒、釋）。見焦杰，〈唐代道教女信徒的宗教活動及其生活——以墓誌材料為中心〉，《陝西師範大學學報》，第四二卷第二期（二〇一三年三月），頁一二五—一二六。墓誌中有關唐代奉道婦女精神生活的描述，又可見焦杰，〈唐代道教女信徒的宗教活動及其生活〉，頁一二六—一二七。此文另收入焦杰，《性別史論稿》（北京：科學出版社，二〇一五）。

65 有關討論不少，大略可見焦杰，《唐代女性與宗教》（西安：陝西人民教育出版社，二〇一六），頁二二六—二三九，二六七—三〇四。

示，道教有男女少差別、崇敬女性的意識，但由於道教在唐代殊少介入世俗生活，它在女性的意義世界中扮演的角色難以偵測，應該是相當有限。

以上檢視了儒、釋、道三教有關婦女文化的主要元素，列舉如下。儒家最基本的觀念有：陽尊陰卑、男主女從、男女有別、三從四德、女子守貞，但「孝」的價值以及泛儒家文化範圍內的血親主義和緣情制禮論，有時會鬆動這些要素。佛教方面則複雜許多，有男身高於女身的觀念、種種歧視女性的言說，也有大乘佛教有利於婦女的理論與故事。武則天登基為帝正當性的建立，就運用了佛教的《大雲經》、《寶雨經》，她在儒家典籍中是不可能找到任何支持的。此外，佛教與婦女有關的觀念還有：宣揚孝道特尊母親，以家庭關係為女性之網羅，以及因緣天定說。佛教也為局限於家庭的女性提供了獨立的意義空間。在教義的基調上，道教的男女觀遠較儒教、佛教平等，但在唐代，男女道士在體制上的分離已經確立，道教婦女在教內的公共角色大大降低。就婦女文化而言，道教最明顯的作用是有助於婦女在家庭關係之外找尋自身的終極意義，這一點和佛教是相同的。

上述的三教觀念對社會的影響如何呢？儒教的運作主要存在於國家和士人階層，菁英性格強，但由於士人在文官和教育系統中有近乎壟斷的力量，唐代法律也高度儒家化，儒教仍有滲入民間的機制。此外，儒教本來就有古代華夏社會文化的根源，至少在觀念層面，民眾的接受程度應該不低。佛教的僧人背景多元，也活躍於社會各階層，佛教對民間文化的穿透力很強，可能過於儒教。三教之中，道教對一般社會的影響最不明顯，但道教在唐代相當興盛，有些地區更長期是道教的大本營（如漢中、蜀地），對婦女文化或許還是有某種程度的作用。

二、民間婦女文化

這一節嘗試探討民間婦女文化。前文已有部分涉及民間文化，現在要脫離三教的框架，進行考察。現有唐五代史料中，有關民間生活的很少，訊息的品質也不高，在婦女方面，比較容易觀察的是行為與心態，意義的直接表述幾乎沒有。本文主要從心態和生活樣態的跡象出發，來從事意義的推測，由於儒教在唐代具有正統地位，我將以儒教的有關價值作為主要的參照點。

就有限的資料所見，唐五代民間婦女文化與士人階層以及受儒教影響的菁英分子相比，一個明顯的差異是不太有婦女守貞、從一而終的價值。近代在敦煌發現大量託名王梵志的詩，民間色彩很強，其中描寫死後情景，一再提及妻子改嫁，非常直白，好像是當然之事。現在引兩首全詩如下：

得錢自吃用，留著櫃裏重。一日厥摩師，空得紙錢送。死入惡道中，良由罪根重。埋向黃泉下，妻嫁別人用。智者好思量，為他受枷棒。（按：「厥摩師」為死亡之意，來源尚不明。）66

受報人中生，本為前身罪。今身不修福，癡愚膿血袋。病困臥著床，慳心猶不改。臨死命欲終，吝財不懺悔。身死妻後嫁，惣將陪新婿。67

後一首不但述及死後妻子改嫁，財產也帶走。梵志詩中同樣的情景還有不少，再舉幾個例子：「撩亂失精神，無由見家裏。妻是他人妻，兒被後翁使」（「失精神」也指死亡）；「妻嫁後人婦，子變他家兒」；「无情任改嫁，資產聽將陪。吾在惜不用，死後他人財。」68這幾首詩大多有佛教警世的性質，要人生前多做功德，死後一切皆空。這樣的作品描寫人世，難免帶有負面眼光，但從詩中絕無遲疑的筆調，還是讓人感覺，夫死妻改嫁沒什麼價值上的疑問。

王梵志詩之外，敦煌文書中的放妻書似乎也透露民間有不重視或無視貞節問題的傾向。敦煌放妻書有個格套，接近文書末端之處會出現丈夫祝福妻子的話（也有夫妻互相祝福的情況），丈夫的祝語一定表示希望妻子再嫁，下一婚姻美滿。現在舉一份樣本，一個實例。P三七三〇背樣本：

……三載結緣，則夫婦相和；三年有怨，則來作讎隟（隙）。今已不合，相（想）是前世怨家，販（反）目生嫌，作為後代憎嫉。緣業不遂，見此分離，聚會二親，夫與妻物色，具名書之。已歸一別，相隔之後，更選重官雙職之夫，弄影庭前，美逞琴瑟合韻之態。解緣

（怨）捨結，更莫相談。69

再來是前文已引用過的□盈放妻書（P四五二五）：

……今親姻村老等，與妻阿孟對眾平論，判分離，別遣夫主□盈訖。自後夫則任娶賢夫（婦？），同牢延不死之龍（寵？）；妻則再嫁良媒，合巹契長生之奉。70

這些雖然是發現於敦煌的文件，但無論樣本或實際的放妻書都有遵循固定格套的跡象，離婚書中對妻子的再嫁祝福語，明顯不是一個小地方人士隨意寫出來的。我們無法得知這個格套流行多

66 項楚校注，《王梵志詩校注》（上海：上海古籍出版社，一九九一），卷二，〈得錢自喫用〉，頁一二七。

67 項楚校注，《王梵志詩校注》，卷二，〈受報人中生〉，頁一三八。

68 分見項楚校注，《王梵志詩校注》，卷一，〈撩亂失精神〉，頁四五；卷五，〈有錢不造福〉，頁六九三；卷二，〈好住四合舍〉，頁二三五。又可見項楚校注，《王梵志詩校注》，卷二，〈見有愚癡君〉，頁二二七；卷五，〈有錢但喫著〉，頁五九一。

69 Tatsuro Yamamoto & On Ikeda, eds., *Tun-huang and Turfan Documents Concerning Social and Economic History, III Contracts, (A) Introduction & Texts*, p. 155 (66); 沙知錄校，《敦煌契約文書輯校》，頁四七七。

70 Tatsuro Yamamoto & On Ikeda, eds., *Tun-huang and Turfan Documents Concerning Social and Economic History, III Contracts, (A) Introduction & Texts*, p. 141 (80); 沙知錄校，《敦煌契約文書輯校》，頁四七三。

廣，但如果說它反映了某些區域（如西北）一般民間的認知和心理，應該不為過。

民間婦女文化另一個與儒家禮教有重要差別的地方在於，民間女性參與家外活動的需要和機會很多，對於男女有別、男外女內的重視程度似乎不高。這可以分幾個方面來談。首先，婦女參與社會上經濟活動的情形很普遍。鄧小南曾利用吐魯番文書，研究當地婦女生活，特別以女性在家外的活動為主，涵蓋時期為六至八世紀。她發現吐魯番女性廣泛參與社會生活。事實上，有相當比例的婦女因家中無男性而擔任戶主（因地而異，百分之十至百分之三十）。婦女家外活動的事項林林總總，包括承擔賦稅攤派、與官府交涉事務、擔任雇工、從事交易借貸典押、擔任保人、提出訴訟。不過，沒有見到婦女在契約中擔任證人（知見人）的例子，女性的社會地位無疑低於男性。此外，吐魯番阿斯塔那二〇六號墓還發現一批唐代長安的文書，其中也有婦女從事商業交易的紀錄。[71]關於女性參與經濟活動的問題，我查閱了敦煌契約文書，其中也有類似吐魯番的訊息，但事例很少，顯示在敦煌，至少涉及法律的事務，基本上由男性承擔。不過，敦煌文書中，有一份契約的證人是比丘尼，比丘尼是出家人，在尊崇佛教的唐代有特殊地位，應該無法反映一般女性的處境。[72]除了敦煌吐魯番文書，唐代小說也有不少婦女參與工商業的描寫。在這些情節中，女性幾乎都是從事小型買賣和手工工作，如賣菜、賣酒、賣餐點、賣紡織品、縫紉、製鞋，也有擔任傭工的情況。[73]傳世文獻中還有婦女承擔較大規模商貿活動的記載。[74]至於田家婦女協助農事，就不在話下了。唐代婦女廣泛參與經濟活動的原因很簡單，民間一般過的是核心家庭的生活，就戶籍實例所見，大部分家戶只有四至六人，無論城居或在鄉村，女性必須協助承擔家計，不少時候還是家中主人。在這樣的生活形態下，男女有別、男外女內的意義往往相當有限。

民間婦女協助承擔家計的生活形態，可能還有「男尊女卑」問題上的涵義。唐代一般女性法律和社會地位低於男性，事無可疑，但在家庭生活中，由於女性——特別是妻子——具有實際上的高度重要性，往往可能地位並不低。敦煌發現的俗文學作品〈鷰子賦〉（其實並非賦體）藉鳥類世界描寫唐國人間像，開頭是這樣的：

71 鄧小南，〈六至八世紀的吐魯番婦女——特別是她們在家庭以外的活動〉，《敦煌吐魯番研究》，第四卷（北京，一九九九），頁二一五—二三七。

72 見〈吐蕃未年（八〇三）閏十月廿五日尼明相賣牛契〉（S五八二〇、S五八二六），收入Tatsuro Yamamoto & On Ikeda, eds., *Tun-huang and Turfan Documents Concerning Social and Economic History, III Contracts, (A) Introduction & Texts*, p. 80 (141). 這份契約的賣主也是比丘尼，訂約時敦煌為吐蕃所統治。

73 見寧欣，〈唐代婦女的社會經濟活動——以《太平廣記》為中心〉，收入鄧小南主編，《唐宋女性與社會》，上冊（上海：上海辭書出版社，二〇〇三），頁二三五—二四六。另可參崔蠡，〈義激〉，收入《文苑英華》（北京中華書局影印宋明版合刊本，一九六六），卷三七九，頁一九三三—一九三四（《全唐文》卷七一八）；李復言撰，程毅中點校，《續玄怪錄》（收入程毅中點校，《玄怪錄‧續玄怪錄》，台北：文史哲出版社，一九八九），〈定婚店〉，頁一八〇。

74 見李肇，《唐國史補》（上海：上海古籍出版社，一九七九），卷下，頁六二記俞大娘航船事。另有小說情節見李昉等編，《太平廣記》，卷二八六，〈板橋三娘子〉，頁二二七九—二二八一（原出薛漁思《河東記》）。

> 仲春二月，雙鶯翱翔，欲造宅舍，夫妻平章。東西步度，南北占詳，但避將軍太歲，自然得福無殃。……[75]

兩隻燕子，一雄一雌，築巢之前，先互相商量規畫。「夫妻平章」，不是平等共事的景象嗎？童蒙書《太公家教》有言：「癡人畏婦，賢女敬父。」「癡人畏婦」也應該主要是民間社會的情景。[76]

其次，唐代佛、道興盛，婦女大量參與其間，許多宗教活動是在公共領域進行，也有女性的身影，宗教以外的場合也有類似情況。現在存世的唐五代石刻資料中，可以看到若干大型宗教碑刻，上面有很多男女信眾的題名，這些都是女性家外活動的紀錄，她們有時應該也是和男性在一起的。以下舉幾個例子。在今山東濰坊雲門山，有玄宗天寶十一載（七五二）十七位女佛徒的題名，她們的師父叫做「維那頭聶□」，或許也是女性。[77]浙江餘姚的〈結九品往生社碑〉建於文宗開成五年（八四〇），是一座念佛結社的紀念物，碑文聲稱要募一、二五〇名社員，碑上題名者有一二〇位，許多是俗家女性，大概是原始社員。[78]五代閩國康宗通文三年（九三八）閩縣白塔天王院僧人師幹建造義井，由僧尼男女弟子共同捐資。[79]再來是道教的例子。高宗儀鳳二年（六七七）的〈大唐潤州仁靜觀魏法師碑〉位於江蘇鎮江，該碑紀念道士魏隆，上刻有十七行弟子的名字，除了許多女官（女冠），也有不少一般女信徒。[80]婦女也出現在宗教狂熱的場景。唐懿宗咸通十四年（八七三）皇帝遣使至法門寺迎佛骨，《舊唐書》有這樣的紀錄：

> 四月八日，佛骨至京，自開遠門達安福門，綵棚夾道，念佛之音震地。上登安福門迎禮之，迎入內道場三日，出於京城諸寺。士女雲合，威儀盛飾，古無其比。[81]

我們可以想像，無數女性在道路、寺院迎送佛骨。

除了佛教、道教的活動，在節慶或特殊事件群眾聚集的場合，也可見到大量女性，這樣的記載涉及很多地區，如鎮江、太原、長安、洛陽、姑臧（武威）、江陵、桂州（桂林），可見婦女出遊，在公開場合活動，是很普遍的。[82]此外，中國中古民間結社發達，在北朝有許多環繞佛教

---

75 王重民等編，《敦煌變文集》，頁二四九。

76 鄭阿財、朱鳳玉，《敦煌蒙書研究》，頁三五四。

77 段松苓，《益都金石記》（台北：文海出版社，一九六七），卷二，頁一。

78 陸增祥，《八瓊室金石補正》（台北：新文豐出版公司，一九七七年據民國甲子年〔一九二四〕吳興劉氏希古樓刊本影印），卷七三，〈結九品往生社碑〉，頁二一—二四。

79 陳棨仁，《閩中金石略》（台北：新文豐出版公司，一九七七年據菽莊叢書第二種影印），卷二，〈義井甎題記〉，頁二一。

80 國家圖書館善本金石組編，《隋唐五代石刻文獻全編》，第二冊（北京：北京圖書館出版社，二〇〇三），頁一三七—一四三，原出繆荃孫等纂《江蘇省通志稿》（民國十六年影印本），〈藝文志〉三，〈金石〉三。魏道士有幾位弟子是佛教僧人。

81 《舊唐書》（北京中華書局點校本），卷一九上，〈懿宗本紀〉，頁六八三。

82 寧欣，〈唐代婦女的社會經濟活動〉，頁二四九—二五〇。

和道教活動而結成的「義邑」（有時亦稱「邑義」，意思微有差別），到了唐代，這類組織仍繼續存在，但形態似乎有變化。敦煌有不少可泛稱為「社邑」的組織，主要性質是互助，有時亦有佛教色彩。社邑的成員也有女性，而且還有專由女性組成的「女人社」、「優婆夷社」、「優婆夷邑」。這些都是婦女涉足社會的明證。[83]

婦女至家外參加宗教活動，並不限於基層。前文曾指出士人家庭有女性要求死後不與丈夫合葬，卻葬在寺院或師父墓塔附近，她們一定與佛教社群往來密切。上段所述宗教碑刻上的女性題名，相信也有不少來自菁英階層。此外，敦煌文書中保留了一封「武威郡陰夫人」給僧人的信，這位僧人和夫人的丈夫顯然地位都很高，寫信時，僧人已離開敦煌，往東到酒泉、張掖一帶，行前並透露對陰夫人丈夫的不滿。在信中，夫人以弟子自稱，為丈夫說項，並力勸僧人回敦煌。這封信生動展現了一位俗家女性和僧人的深厚關係。[84]很顯然，在唐代，宗教是連結婦女和社會的重要管道，不但在民間如此，對高層婦女也可有相似的作用。不過需要提醒，唐代宗教場合還是有男女之防的，對婦女的自由度不能太過高估，小說〈廬山遠公話〉中描寫一位崔相公常去聽經，一日夫人要求他轉述經意。顯然她並不方便自己去聽。[85]

民間婦女的訊息還可在晚唐五代政治史料中看到。唐末五代大亂，大量政治軍事人物起自民間，照歐陽修（一〇〇七—一〇七二）在《新五代史・晉家人傳》的說法，五代朝廷禮樂崩壞，「天子而為閭閻鄙俚之事者多矣」，[86]這些「閭閻鄙俚之事」也有涉及婦女的。最明顯的可能是有許多女性涉入政事，李克用的夫人劉氏（？—九二五）、後唐莊宗皇后劉氏（？—九二六）、後唐明宗時的王淑妃（？—九四七）、後漢高祖皇后李氏（？—九五四），都積極參與軍政事務。[87] 據說後晉出帝皇后馮氏也「頗預政事」。[88] 李克用（八五六—九〇八）以及後唐、後晉、後漢皇帝都是源出西突厥的沙陀人。李克用夫人劉氏應該也是胡人；莊宗皇后劉氏則是魏州成安人（今河北邯鄲成安），父親從事醫卜；王淑妃來自邠州賣餅人家（州治在今陝西彬縣）；馮后是定州人（州治在今河北定縣），父親是州吏員；李氏晉陽人（山西太原），出身農家。[89] 很明顯，這些女性的行為以及她們和丈夫的關係很大程度上是胡人與民間文化的表現，她們就像一般基層家庭的主婦，積極參與家內外事務。此外，後梁開國君主朱全忠（朱溫，八五二—九一二）父親早死，母親王氏到一位劉姓人家受雇，帶他寄養於劉家。朱全忠的父親雖然在鄉里教書，但

83 參見郝春文，〈再論北朝至隋唐五代宋初的女人結社〉，收入郝春文，《中古時期社邑研究》（台北：新文豐出版公司，二〇〇六），頁三一五—三四七。

84 〈武威郡陰夫人上某和尚書〉（S五二六），收入郝春文主編，《英藏敦煌社會歷史文獻釋錄》，第三卷（北京：社會科學文獻出版社，二〇〇三），頁二一一—二一二。

85 王重民等編，《敦煌變文集》，頁一七八—一七九。

86 《新五代史》，卷一七，〈晉家人傳〉，頁一八八。

87 《新五代史》，卷一四，〈唐太祖家人傳〉，頁一四一，一四四，一五四；卷一八，〈漢家人傳〉，頁一九一—一九二；卷二七，〈朱弘昭傳〉，頁二九〇；卷二八，〈趙鳳傳〉，頁三〇八。

88 《資治通鑑》，卷二八三，頁九二五五。

89 《新五代史》，卷一四，〈唐太祖家人傳〉，頁一四一，一四三；卷一五，〈唐明宗家人傳〉，頁一五八；卷一七，〈晉家人傳〉，頁一八〇；卷一八，〈漢家人傳〉，頁一九一。

家世微賤，王氏喪夫後所為，應該也是民間常見的。[90]對五代皇家的這些婦女而言，男女之防的儒家禮法恐怕是很陌生的，她們和丈夫的關係也應當相對平等。

民間文化與儒教最親近的地方大概是「孝」和血親主義，這項因素也和女性發生關聯。我先舉兩個事例。第一個是，唐末平盧節度使王師範（八七四－九〇八）的舅舅柴某一次酒醉後毆殺侍妾張氏，張氏的父親來控告。王師範一再壓低姿態，希望重金和解。張氏的父親堅決不肯，表示這是「骨肉至冤」，要求公道。王師範只好處死他的舅舅。[91]侍妾一般出身都低，張父應該是平民。再者，敦煌文書S六四一七背是一位女性三子（孔姓）控告姊姊二娘子的訴狀稿，控告的理由是，父親孔員信去世時，她年紀還小，遺產由姊姊管理，父親囑咐等三子長大後，把她的份分出（有財產清單），但姊姊一直不給。訴狀中說：「三子不是不孝阿姊，只恐老頭（後？）難活，全沒衣食養命。」三子特別聲明她非不孝，某個意義上，是把姊姊當母親看待，但「孝」在這裡似乎也是血親倫理的最高表徵，非萬不得已，不應違反。[92]

事實上，中國孝道文化的一種極端行為正是起於唐五代的民間。後梁太祖開平元年（九〇七），棣州蒲臺縣（屬今山東博興）有一百姓王知嚴的妹妹，因為感傷父母早亡，砍下自己的兩個指頭來獻祭父母。這件事報告給皇帝，梁太祖指示，「遺體之重，不合毀傷」，這和割股療親一樣，都是不知禮教的「村閭」之人所為，要求以後不再奏聞。[93]梁太祖所提的割股療親，韓愈〈鄠人對〉和《新唐書．孝友傳》都有記述，後者明說是起自「委巷之陋」。《新唐書》所列因此受旌表的人名雖然看起來沒有女性，但婦女也受影響，是可以推知的。[94]據說這個做法出於玄宗（七一二—七五六在位）時人陳藏器《本草拾遺》人肉可治羸疾之說，但揆諸唐代的文化情境，很可能也受到佛教捨身供養觀念與行為的影響。無論如何，從唐代民間產生的自殘示孝行為觸動了儒教最敏感的神經，割股療親在帝制晚期也大行於士人階層。[95]

現在根據以上的考察，嘗試對唐代民間的婦女文化進行擬測。從各種跡象看來，在唐代民間，家庭並不是時時充滿價值、意義的場域，好像家庭的目的就是在達成理想世界的實現。看起來在民間，家庭主要是基於情感、因緣共同營生的所在，女性在其中，盡力支持家庭，日常行為並沒有強大道德規範的約制。家庭情感的核心主要在夫婦之間，如王梵志詩所云：「世間何物重？夫妻最是好。」[96]夫妻關係有時可能相當平等。就家庭生活的倫理意涵而言，最高價值在血

90 陳尚君輯纂，《舊五代史新輯會證》（上海：復旦大學出版社，二〇〇五），卷一，〈太祖紀一〉，頁四；《新五代史》，卷一，〈梁本紀第一〉，頁一。

91 劉崇遠，《金華子雜編》（《文淵閣四庫全書》本），卷下，頁五。

92 Tatsuro Yamamoto & On Ikeda, eds., *Tun-huang and Turfan Documents Concerning Social and Economic History, III Contracts, (A) Introduction & Texts*, p. 140 (81).

93 陳尚君輯纂，《舊五代史新輯會證》，第一冊，卷三，〈太祖紀三〉，頁一三三—一三四。

94 《新唐書》，卷一九五，〈孝友傳〉，頁五五七七—五五七八。

95 參考邱仲麟，〈不孝之孝——隋唐以來割股療親現象的社會史考察〉（台北：國立臺灣大學歷史系博士論文，一九九七），頁二七—三一。唐人自殘可能也有避役的因素，但這和婦女無關。

96 項楚校注，《王梵志詩校注》，卷五，〈世間何物重〉，頁一三八。

親聯繫，特別是對父母的「孝」，但父母也要盡量護衛家人，包括出嫁的女兒。這是民間文化與儒教最主要的重合點。女性如果要求強度比較高的意義生活，宗教是方便的選擇，她可藉此走入社會，不僅受到心靈的洗禮，也可以獲得朋友和社群的支持和慰藉。

三、尚美主義與女性形貌

除了以上所談，唐代婦女的意義世界還有一個突出的元素：社會某些部分似乎特別重視女子的姿容。注意女性姿容是人類社會的普遍現象，不但女性自己重視，也是男性用以衡量女性的重要標準，可說也是男性霸權的一個表徵。唐代文化在這方面的特色是，存在頌揚女性容貌姿態的正式習慣，直接、強烈，似乎把「美」當作女性的核心本質，或可稱為「尚美主義」（aestheticism）。這個傾向並非無所不在，但常可見到，也存在於儒教化的士人階層，墓誌銘就頗有這類表現，有的還很誇大露骨。

先舉兩個實例。高宗上元二年（六七五）陝州司戶張某妻子程大燕墓誌的銘詞這樣描寫她：「地即仙家，人來似花，粧樓艷粉，織室開霞。」[97]「粧樓」指女子私室，「織室」則是完成女性織布職責的地方。兩邊都很重要，但即使是工作場所的「織室」也因夫人的美麗而生光彩。在一份中宗神龍二年（七〇六）的墓誌，處士陳泰（州學生）夫人房氏的形象是這樣的：「巫雲授彩，洛雪凝姿，箴誡兩兼，容德雙美」，說她「美」、「德」兼具，重點還是在姿容。「巫雲」指巫山神女，「洛雪」講的是洛神，語出曹植〈洛神賦〉「飄颻兮若流風之迴雪」，這兩個是唐代讚美女性經常使用的形容。[98]

關於這兩篇墓誌，程大燕去世時應尚年輕，房氏則為七十二歲，上引文字都是對她們整體生命的描繪。但即使在指涉老年的脈絡，女性的根本形象仍然可以是美人。慶州刺史孟孝敏夫人陸氏於高宗永淳二年（六八三）去世，享壽八十五歲，墓誌這樣刻畫她的離世情境：「雲臺神女，畹晚何依？雪浦仙妃，飄飄永去。」[99]至於在室女的死亡，當然可以帶有「美」的突然消逝的悽愴。武后永昌元年（六八九）都水監丞獨孤思泰長女獨孤婉的墓誌有這樣的陳述：

> 謝遂飛雪，初散□而飄飄；巫嶺行雲，遽靜光而歌滅。……輕虹黯色，痛美人之不歸，□風□□，悲少女之行□。[100]

97 周紹良主編，趙超副主編，《唐代墓誌彙編》，上元〇一七，頁六〇五（程大燕墓誌）。
98 周紹良主編，趙超副主編，《唐代墓誌彙編》，神龍〇四三，頁一〇七一（陳泰夫人房氏墓誌）。
99 周紹良主編，趙超副主編，《唐代墓誌彙編》，神龍〇三二，頁一〇六三（孟孝敏夫人陸氏墓誌）。
100 周紹良、趙超編，《唐代墓誌彙編續集》，永昌〇〇四，頁三〇〇（獨孤婉墓誌）。

「謝」指謝道韞。在這裡，獨孤婉不但被比做如道韞般的才女，她還像道韞看到的雪花，飄落即化去。[101]上述案例比較特別的一點是，都出自高宗至中宗時期，就現有資料所見，墓誌中大力讚美女子容貌，的確以這個時段為多，此前——包括北朝後期和隋代——與此後也有，只是比較零星，強調的程度也不如，原因尚待考。[102]

前引墓誌都出自統治階層中的士人家庭，其他類似的書寫也有來自軍人社群的。把女性視為美的展現的心理分布很廣，顯然也存在一般民間，這在敦煌文書頗有表現。敦煌文書中有一份佛教齋會祈願文冊，涉及十餘份寫本（以S五六三九、S五六四〇為主），其中含有對各式各樣已亡現存人士祈福文字的樣本。這個冊子題目不明，學者訂名也不同，為引用方便，現在姑稱為《諸雜齋文》。在這份文獻，關於女性的許多部分都涉及姿容，年輕女性尤其如此，最清楚的是以下這一條：

> 女莊嚴
>
> 伏願碧山覺壽，紅樹增春；必期鏤玉之誠，獲展星河之慶。
>
> 伏願蓮花點於性海，明月照於心臺；常居翠柳之年，永鎮芙蓉之悵（帳）。
>
> 伏願青絲不變，紅粉增春；德齊嵒下之松，壽等月中之桂。
>
> 伏願綠眉狀月，長分八字之鮮；玉貌如春，獨占〔三〕春之色。[103]

「莊嚴」是表達向佛祈願的特定用語，「女莊嚴」應該是有關年輕女子的祈願。[104]這段文字主要表達兩個願望，一是長壽，一是美貌長存，它們又是二而一的，長壽就意味美貌長存，「伏願青絲不變，紅粉增春」可說代表了全文的精神，「綠眉狀月，長分八字之鮮」更是對容貌與化妝的細部描寫。另外要指出，《諸雜齋文》的製作是在河西歸義軍曹元德、曹元深、曹元忠（九三

101 《世說新語．言語第二》：「謝太傅寒雪日內集，與兒女講論文義。俄而雪驟，公欣然曰：『白雪紛紛何所似？』兄子胡兒曰：『撒鹽空中差可擬。』兄女曰：『未若柳絮因風起。』」兄女即謝道韞。見余嘉錫，《世說新語箋疏》（台北：華正書局，一九八九），〈言語第二〉，第七一條，頁一三一。

102 高宗朝以前、玄宗朝以後墓誌標榜婦女之美的例子還是不少。北朝的部分可參見趙超，《漢魏南北朝墓誌彙編》（天津：天津古籍出版社，一九九二），頁一〇九（穆玉容墓誌）；羅新、葉煒，《新出魏晉南北朝墓誌疏證》（北京：中華書局，二〇〇五），頁二一六（宋靈媛墓誌）。隋代可參考周曉薇、王其禕，《柔順之象——隋代女性與社會》（北京：中國社會科學出版社，二〇一二），頁八六—八七。唐代可例見周紹良、趙超編，《唐代墓誌彙編續集》，貞觀〇〇一，頁八（張娥子墓誌）；開元〇五九，頁四九四—四九五（王叡夫人劉氏墓誌）；元和〇四六，頁八三二—八三三（梁朝墓誌）；大和〇三八，頁九一一（柏元封墓誌）。有關唐代婦女容貌的觀念，大略的討論可參見李志生，〈唐人理想女性觀念——以容貌、品德、智慧為切入點〉，《唐研究》，第一一卷（二〇〇五），頁一六三—一六六。

103 王三慶，〈敦煌文獻《諸雜齋文》一本研究〉，收入敦煌學會編輯，《敦煌學》，第二四輯（台北：樂學書局，二〇〇三），頁二一；〈亡文範本等〉，收入黃徵、吳偉編校，《敦煌願文集》，頁二一四。本段引文亦見於郝春文主編，《英藏敦煌社會歷史文獻釋錄》，第三卷，頁八八（S五三〇背）。《諸雜齋文》和〈亡文範本等〉為同一文獻，也請參看全文。

104 參考郝春文，〈關於敦煌寫本齋文的幾個問題〉，《首都師範大學學報》，一九九六年第二期，頁六七；郝春文主編，《英藏敦煌社會歷史文獻釋錄》，第三卷，頁九一。

五—九七四）時代，顯示「尚美主義」絕非只是唐前期的現象。關於本節所述，上引文字是一個突出的例子，《諸雜齋文》的其他部分、其他敦煌祈願文字以及非祈願文字，都有把容姿當作女性存在要素的情況，接下來再舉兩個例子。[105]

前一節談過敦煌放妻書有丈夫祝福妻子再嫁、婚姻美滿的格套，有份放妻書樣本（S三四三背）還放入了本文所說的「尚美主義」元素，祝福妻子重獲美貌：「愿妻娘子相離之後，重梳蟬鬢，美掃蛾媚（眉），巧逞窈窕之姿，選娉（聘）高官之主。」[106]驚人的是，甚至連一份放良書（奴婢解放書）樣本（S三四三背）都有這類表述。這份文書描寫細緻，值得多引，以見唐人心態之一斑；

> 婢
>
> 蓋以人生於世，果報不同，貴賤高卑，業緣歸異。上以使下，是先世所配；放伊從良，為後來之善。其婢某乙，多生同處，勵力今時，效納年幽；放他出離，如魚得水，任意沉浮，如鳥透籠，翱翔弄翼。娥媚秀柳，美娉窈窕之能（態）；拔鬢抽綜（絲），巧逞芙蓉之好。徐行南北，慢步東西，擇選高門，娉為貴室。……[107]

唐代文獻傳世極為有限，但從高層士人到一般民間、奴婢的資料中都可看到對女性容貌姿態的強烈重視，應該不是偶然的。容貌與身體之美，無疑也是唐代女性意義世界中的要素，人生愉悅的重要來源。

最後簡單談一個問題。關於唐代婦女的研究，除了傳世文獻與新出文書，還有圖像和陶俑可資利用，這些材料對於唐代女性的意義世界，包括婦女與美貌的課題，能提供什麼認識嗎？這是複雜的問題，由於論文性質的限制，無法詳細檢討。現在僅就婦女圖像資料與本文題旨關係最密切的所在略抒己見。

在一般的印象，出土與傳世的唐代婦女圖像和陶俑顯示了唐代女性開放少束縛，自我表現意識強，而且活躍於公共場合。主要的理由是：在這些圖像中，女性顯得健碩豐滿，常穿胡服、男裝，有時低胸露肌，還有不少騎馬的造型。唐代婦女的圖像其實有多元性，也有時代的變化，並不如上面所言這麼單純，但以上的描述也確實有根據。不過，這些圖像是否能得出唐代有開放的婦女文化的結論呢？答案恐怕不簡單。

這裡提出兩點看法。首先，現在看到的婦女圖像有代表性的問題。這些圖像和陶俑幾乎都出

105 其他祈願文字中的「尚美主義」成分可例見黃徵、吳偉編校，《敦煌願文集》，頁三〇（S三四三），頁六四（S一四四一），頁八六、九四（S二八三二）。

106 Tatsuro Yamamoto & On Ikeda, eds., *Tun-huang and Turfan Documents Concerning Social and Economic History, III Contracts, (A) Introduction & Texts*, p. 151 (70); 沙知錄校，《敦煌契約文書輯校》，頁四七五。

107 Tatsuro Yamamoto & On Ikeda, eds., *Tun-huang and Turfan Documents Concerning Social and Economic History, III Contracts, (A) Introduction & Texts*, p. 151 (70); 沙知錄校，《敦煌契約文書輯校》，頁五〇四。

自洛陽、山西、長安以及西北地方，來源有限，具有地域的性格，而且其中的婦女形象往往依託於特定的模式，製作時使用了粉本、模子。因此不能簡單說，現有圖像中的女性是唐代婦女典型或一般面貌的呈現。北宋《宣和畫譜》論唐代宗、德宗時期（七六三—八〇五）著名仕女畫家周昉，有以下一段話：

> 世謂昉畫婦女，多為豐厚態度者，亦是一蔽。此無他，昉貴游子弟，多見貴而美者，故以豐厚為體。而又關中婦人，纖弱者為少。至其意穠態遠，宜覽者得之也。此與韓幹不畫瘦馬同意。108

這段文字指出，周昉畫女性「以豐厚為體」，有三大因素。第一是階級，周昉出身貴冑家庭，看到的女性自然多有福態；第二是地域，關中女性本來就少纖弱者；第三則是美學選擇，就如同韓幹（？—七八三）畫馬不畫瘦馬。這樣的畫評意謂，圖像中的唐代婦女形貌有其特定的形成背景，不能逕認為是寫實性的呈現。除了《宣和畫譜》所論，其實還有其他因素影響到目前所見唐代婦女圖像與陶俑的風格，例如，女性形象重豐厚，大概是玄宗朝才開始的，中晚唐而愈盛，這個趣味的形成，多少和楊貴妃（七一九—七五六）「姿質豐豔」有關。109

要指出的另外一點是，今存唐代婦女圖像固然有代表性上的疑難，但這些資料還是有寫實的成分。舉一個顯著的例子。唐代前期圖畫和陶俑中有很多穿男裝和胡服的女性，有些騎馬，是中國藝術史上獨一無二的現象。這個情景就和文獻記載相符，也切合安史亂前西域胡風盛行的歷史情境。這樣的女性形象無疑反映，在唐代前期，特別是從高宗朝到玄宗朝（六五〇—七五六），至少在兩京一帶和西北地區，不少女性有相當廣闊的公共行動空間，穿著男裝和胡服的習慣，應該也意味她們有超脫家庭角色和室內空間的意識。穿胡服或男裝的婦女統治階層和民間都有，但恐怕很少出自士人家庭。[110]唐代的婦女圖像還可以印證本節所說的「尚美主義」文化。這些圖像顯露了唐代女性特重姿容的面向。她們的服裝華麗而大方，常戴假髮，髮型高聳多變，重視飾物，講究化妝，有不同的時尚流行。前引《諸雜齋文》「伏願綠眉狀月，長分八字之鮮」，是指眉毛染綠，像兩個半月，畫成「八」的樣式，「綠眉」或「黛眉」似乎流行於整個唐代，八字眉則是九世紀以後的風尚。[111]唐代圖像有時給人一種感覺，女性像藝術品般裝扮著。

唐代的圖像和陶俑還顯示了另外一個問題。圖像中的女性，很多並不是一般婦女，而是侍女

---

108 《宣和畫譜》（台北：臺灣商務印書館，一九六六，叢書集成簡編影印津逮叢書本），卷六，頁一六八。

109 本段所論，主要參考羅世平，〈唐代仕女畫及其相關問題〉，收入鄧小南主編，《唐宋女性與社會》，上冊，頁三〇一—三二一；齊東方，〈濃妝淡抹總相宜——唐俑與婦女生活〉，收入鄧小南主編，《唐宋女性與社會》，上冊，頁三二二—三三七。

110 參見榮新江，〈女扮男裝——唐代前期婦女的性別意識〉，收入榮新江，《隋唐長安——性別、記憶及其他》（香港：三聯書店，二〇〇九），頁三七—八一。

111 參見孫機，〈唐代婦女的服裝與化妝〉，《文物》，一九八四年第四期，頁五七—六九。本節有關唐代婦女圖像與陶俑的討論，除了參考學界既有研究，也查核了很多圖像集。謝謝王怡婕同學協助蒐集資料。

和樂妓。在唐代，這些奴婢占人口比例有限，但由於她們就在統治者、有權者身邊，文獻和圖畫中常有她們的身影。本文擬測唐代女性的意義世界，很不幸，無法把她們包括在內，因為這些女子在史料中大抵屬於背景，面目模糊。有一點可以推斷的是，宗教應該在她們的生活中占有重要分量。

結語

以上介紹了若干唐代有關婦女的文化要素以及它們的相互關係，並且關注它們在社會基層的可能樣態。現在做簡單摘要，看能否呈現一個「世界」的輪廓。

在唐五代女性的意義世界，儒家教義中的男尊女卑、男女有別、男外女內、女子貞順等原則是核心的力量，但這些原則多少跟對母親的「孝」和血親主義心態有衝突，以至被沖淡了。在唐代前期，認為行為準則應考慮自然人情的想法還相當流行，這種態度又減緩了禮教的力道。唐代盛行佛教，對民間的影響尤其可觀。大體來說，佛教也重男輕女，但特別注重母親的恩德，忽視父親，它的因緣和合的世界觀也可能讓人際關係具有彈性，甚至對儒家整體的教化觀有鬆動的作用。唐代女性生活以家庭的主要範圍，扮好她們在家中的角色，為家族做出貢獻，顯然是女性意義感的主要來源，但佛教、道教信仰為女性信眾在這狹小的範圍提供了獨自的意義空間，佛教以婦女家庭角色為網羅的說法，說不定也鼓舞了某些人的信仰追求。三教之中，儒教的直接影響主要存在於士人和統治階層的若干成分，佛教對菁英和民間都有穿透力，道教雖然活躍，對一般文化的影響不明顯。總的來說，儒教和佛教的言說與態度構成有關婦女的有形意義網絡的核心圈，但這只限於高度華夏化的地域，有些地區如嶺南、安南，由於族群基礎的差異，可能基本上不在這樣的意義網絡中。此外，在唐代的某些時空，如七世紀中到八世紀中（約高宗朝至玄宗朝）的兩京和西北，由於西域胡風和其他多重因素（如北朝遺俗、女性當政、民間文化）的影響，不少女性擁有活動於公共場所以及展現自我的機會。

在民間婦女文化方面，與正統儒教最大的差別應該是，家庭並不是深度價值導向的場域，民間多經營小家庭生活，家庭主要是基於情感、因緣共同營生的所在。可以推測，在角色扮演上，女性一般遵循習俗的軌道，但並沒有強大的道德約制。就家庭生活的倫理意涵而言，最高價值在血親聯繫，特別是對父母的「孝」，這是民間文化與儒教最主要的重合點。民間女性也多走出家庭，除了與生計有關的工作，經常參與宗教活動，這些都是她們獲得社會感的來源。事實上，在菁英階層，宗教也是女性與社會聯繫的重要管道。無論在菁英或基層，在有關婦女的事物上，存在著尚美主義的文化，很多人重視女性的容貌姿態，這被認為是她們生命的重要質素。唐五代的中國地域廣袤，又延續了將近三個半世紀，文化上一定有相當的異質性，希望本文勾畫出了這個時空中婦女意義生活的一些共同面貌。

本文原刊於《中國史學》（日本中國史學會），第二九卷（二〇一九年十月），由於刊物字數的限制，第三節未刊。此處所收為全稿。又，本稿與《中國史學》版本有少數文字差異。